KB112464

베딕 점성학 지침서

입 문 서 II

베딕 점성학 입문서 II

발행일	2016년 10월 14일		
지은이	베스 림		
펴낸이	손 형 국		
펴낸곳	(주)북랩		
편집인	선일영	편집	이종무, 권유선, 안은찬, 김송이
디자인	이현수, 이정아, 김민하, 한수희	제작	박기성, 황동현, 구성우
마케팅	김회란, 박진관		
출판등록	2004. 12. 1(제2012-000051호)		
주소	서울시 금천구 가산디지털 1로 168, 우림라이온스밸리 B동 B113, 114호		
홈페이지	www.book.co.kr		
전화번호	(02)2026-5777	팩스	(02)2026-5747

ISBN   979-11-5987-151-1 04180 (종이책)   979-11-5987-152-8 05180 (전자책)
        979-11-5987-259-4 04180 (세트)

잘못된 책은 구입한 곳에서 교환해드립니다.
이 책은 저작권법에 따라 보호받는 저작물이므로 무단 전재와 복제를 금합니다.

이 도서의 국립중앙도서관 출판예정도서목록(CIP)은 서지정보유통지원시스템 홈페이지(http://seoji.
nl.go.kr)와 국가자료공동목록시스템(http://www.nl.go.kr/kolisnet)에서 이용하실 수 있습니다.
(CIP제어번호 : CIP2016024923)

(주)북랩 성공출판의 파트너

북랩 홈페이지와 패밀리 사이트에서 다양한 출판 솔루션을 만나 보세요!

홈페이지 book.co.kr   1인출판 플랫폼 해피소드 happisode.co.kr
블로그 blog.naver.com/essaybook 원고모집 book@book.co.kr

Vault of the Heavens

베딕 점성학
입문서
II

베스 림 지음

북랩 book Lab

CONTENTS

살펴보기/브래드 피트/브래드 피트의 144바바 요가의 조합/제니퍼 애니스톤/제니퍼 애니스톤의 144 바바 요가의 조합

❙ 미스터 라오에 대하여

❙ 신을 찾아 나선 삶의 여행

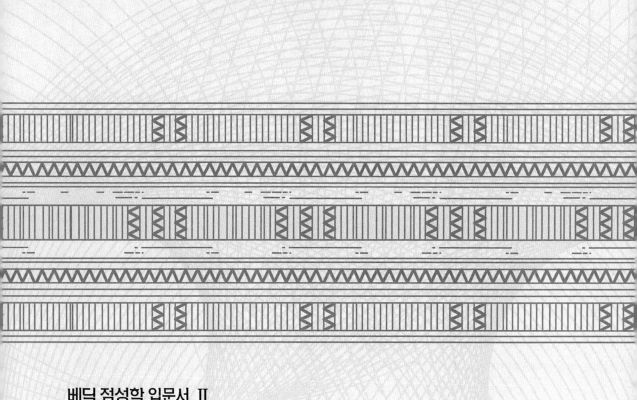

베딕 점성학 입문서 Ⅱ

Vault of the Heavens

1

남자는 태양에서,
여자는 달에서

미국인 베스트셀러 작가 존 그레이(Gohn Gray)는 "남자는 화성에서, 여자는 금성에서 (1993)" 책을 통해 하룻밤 사이에 전 세계적으로 유명한 작가이자 남녀관계의 전문 구루 (Guru) 같은 인물로 떠올랐다. 이 책은 출간되자마자 순식간에 베스트셀러에 올라 121주간이나 계속 머물러 있었다. CNN에서 "1990년대에 쓰인 가장 수준 높은 논픽션"이라고 평가할 만큼, 마치 남녀관계에 관한 바이블(Bible)처럼 다루어졌고 전 세계적으로도 번역되어 남녀관계에 새로운 패러다임의 문을 여는 주도적 역할을 하게 되었다. Mr. Grey 이전에는 글로리아 스타이넘(Gloria Steinem)의 여성운동이 주류를 이루며 당시만 해도 미국사회에서 팽배해 있던 남녀불평등을 해소하는 데 커다란 기여하고 있었다. 그러나 Ms. Steinem이 주장하는 남녀평등운동은 남녀가 신체적으로나 정신적으로 서로 동등하다는 전제하에 있었다. 그리하여 한편으로는 가정이나 사회적으로 여성의 지위를 향상시키는 데 크게 성공하였지만, 다른 한편으로는 근본적으로 다른 남녀의 성적인 차이를 부정하고 여장부 같은 여성상을 이상화시키는 반면, 남자들을 마조히스트(masochist)로 매도시키는 심각한 성적 왜곡문화를 낳게 되었다. 그러한 때 출간된 존 그레이의 책은 이러한 패러다임을 전환시키는 데 가히 혁명적인 역할을 했다고 해도 과언이 아니다.

존 그레이에 따르면, 남녀관계에서 가장 흔하게 발생하는 문제점들은 남녀라는 다른 성性들이 가진 근본적인 심리적 차이에서 비롯된다고 한다. 그레이는 남자와 여자가 화성과 금성이라는 서로 아주 다른 행성에서 왔기 때문이라는 은유법을 사용하면서, 각 성性은 자신들 행성의 사회 문화, 관습에 적응해 있으며 다른 행성에 대해서는 무지하다는 것이다. 한 예로, 어떤 문제가 발생하면 여자는 문제에 대해서 이야기하기를 좋아할 뿐인데 남자는 여자가 불평하는 것으로 받아들이고 바로 해결방식을 제시한다는 것이다. 그러한 근본적인 관점이나 대응 방식의 차이점들로 인해 남녀관계가 자주 틀어지게 되는데, 이 책은 남녀가 각자 독특한 방식으로 스트레스나 스트레스적인 상황들에 대처하는 법들을 이해함으로써 남녀관계를 더욱 증진시킬 수 있다고 제시하고 있다. 그러나, 존 그레이 뿐만 아니라, 이후 시발되어진 로맨틱 러브 장르에 관한 무수한 자기계발서들은, 남녀관계가 무슨 위너와 루저를 결정하는 하나의 게임인 것처럼 잘못 주입시키는 결과를 가져왔으며, 또한 남녀가 근본적으로 다르기 때문에 남녀가 로맨틱 러브에 성공할 수 있기 위해서는 서로 다른 심리성향을 배워서 "관계"를 조작하려 하게끔 제시하고 있다는 점이다. 그리하여, 글로리아 스타이넘과 존 그레이 이후 이십여 년이 지나는 시간 동안, 비단 미국이나 다른 서양사회뿐만 아니라 비교적 보수적인 남녀가치관을 가진 동양사회에서도 남녀 간에 겪는 성적인 주체성의 혼란이 그 어느 시대보다 가중되는 결과를 가져왔으며, 싱글 혹은 이혼율도 가장 높아지는 심각한 사태에까지 이르렀다.

아마도 존 그레이는 점성학에 대해선 잘 알지 못한 채, 단순히 남녀 간에 성적으로 양극화적인 성향을 강조하기 위해 화성과 금성이라는 은유법을 사용하였던 것으로 짐작된다. 그러나 그가 잘못 이해한 부분은 양극적인 행성들이 화성과 금성이 아니라 바로 태양과 달이라는 사실이다. 동양철학에 의하면 만물은 음양의 조화와 이치로 인해 생성되고 유지되며 소멸된다. 인도철학의 표현을 빌리면 하타요가(하(Ha,태양)와 타(Ta,달)의 연결(Yoga, 연결하다))로 인해, 유가(Yuga)와 칼파(Kalpa)가 시작된다. 해는 양(陽)의 파워이고, 달은 음(陰)의 파워이며, 해가 뜸으로 인해 하루가 시작되고, 달이 뜸으로 인해 밤이 시작되며, 그리하여 칼파와 유가라는 시간의 사이클들로 연이어지게 된다. 해는 아트만, 영혼, 순수자아의 상징으로서 자체적으로 빛을 발광하며 만물이 성장하는데 필요한 원천적인 힘을 제공한다. 달은 지바, 마음, 개체적 자아의 상징으로서 뜨거운 태양 빛을 반영하여 적절하게 써늘한 빛으로 식혀준다. 그리하여 생물과 식물들이 사랑과 영양을 공급받고 제대로 성장할 수 있게 한다. 전통적으로 남자의 역할은 사냥을 나가 가족을 먹여 살릴 수 있는 양식을 조달하는 것이었기 때문에 그들의 신체는 태양처럼 강인하면서도 한결같이 책임을 완수하는 데 필요한 단순성의 기질을 가지고 있었다. 반면에 여자의 역할은 아이들을 낳고 키우며 다양한 집안일들을 이행하는 한편 다른 가족 일원들이 모두 편안하고 안녕할 수 있도록 보살피는 것이었다. 그래서 여자의 신체는 달처럼 부드럽고 섬세하고 유동적이면서, 동시에 다양한 임무들을 잘 다룰 수 있도록 다면적이면서 복합적인 성향과 기질을 가지게 되었다. 그러므로 태양과 달은, 비단 심리적이나 상징적인 의미에서뿐만 아니라, 생리학적으로도 남녀 간에 상반되는 메카니즘을 더 잘 대변하는 행성인 것이다.

그런데 화성과 금성은 서로 양극이 아니라 오히려 비슷한 면들을 많이 가지고 있다. 두 행성이 모두 "열정(Passion)"을 대변한다는 점에선 같다. 단지 추구하는 방식이 서로 다를 뿐이다. 화성은 원하는 것을 향해 의지력과 행동력으로 실천하는 파워를 상징하며, 금성은 충족을 향한 욕구를 모두에게 가장 공평하고 만족스럽게 선택하는 파워를 상징한다. 화성과 금성은 서로 양극으로 작용하는 파워들이 아니라, 서로 보충해주고 보완해주는 파워들이다.

그래서 차트에서 같이 조합을 이루고 있을 때 서로가 가진 역량들을 가장 잘 발휘할 수 있게 된다. 생물학적으로도 46개의 염색체들이 23쌍의 조합을 이루어 신체가 형성되는데, 그 중에 22쌍은 모두 XX의 조합인 반면에, 오직 한 쌍만이 XY, 혹은 XX가 됨으로써 남녀 간의 성별을 결정짓게 된다. 이 뜻은, 남녀 간에 서로 다른 점보다 비슷한 점들이 훨씬 더 많다는 사실이다. 그래서 생물학적으로 남녀를 상징하는 심볼로 화성과 금성의 기호들을 사용하고 있는 것도, 어찌 보면 단순한 우연만은 아닌 것이다.

반면에 태양과 달은 서로가 맡은 역할이나 영역이 다르기 때문에 같이 있을 때보다, 서로 멀리 떨어져 있을수록 자신의 역량들을 더 잘 발휘할 수 있다. 남자의 영역과 이행해야 할 임무는 세상 밖에 있으며, 여자의 영역과 맡은 임무는 세상 안에 있다. 그래서 남자의 차트에서는 태양의 안녕상태가, 여자는 달의 안녕상태가 최대의 행복과 충족을 좌우하는 핵심 포인트가 된다. 행성으로서 태양은 대낮에 하늘 한가운데서 빛을 발하고 있을 때 가장 파워풀해지는 반면, 한밤의 어둠에 갇혀 빛을 잃고 있을 때 가장 약해지게 된다. 달 역시도, 태양의 정반대편에 서서 보름달이 될 때 가장 길성이 되는 반면, 합치를 하는 그믐달이 가장 흉성이 되는 것이다. 남자는 태양처럼 바깥에서 자신이 해야 할 일에 집중하며 생산적일 수 있을 때 가장 파워풀하고 충족을 느낄 수 있으며, 여자는 안에서 내조하며 가족과 주변을 두루두루 잘 보살필 수 있을 때 가장 큰 충족과 행복을 느낄 수 있게 되는 것이다. 하지만 오늘날 우리가 살고 있는 근대사회에서는 모든 것이 빛의 속도처럼 빠르게 변화해가고 있어 이러한 남녀 간의 차이나 전통적 역할들도 더 이상 어떤 분명한 잣대로 규정짓기가 어려워졌다. 단순히 화성의 활동적인 기질과 금성의 수동적인 기질만을 강조하여 남녀차이를 구분 지으려 하거나, 달과 태양, 음양의 강세를 강조하는 가부장적인 제도의 방식으로 남녀를 분별하고 이해하려는 시도도 모두 불완전한 방식이 되게 되었다. 하지만 아무리 시대가 변하고 문화가 바뀌더라도, 태양의 본분은 하늘 한가운데서 빛을 발광하는 것이며 달의 본분은 반영된 빛으로 모든 생명을 밤에 편안히 쉬게 해주는 것이라는 근본진리는 변하지 않는다. 아무리 남녀 간의 성향이나 역할들이 변했다 하더라도, 남자는 남자다울 수 있을 때, 그리고 여자는 여자다울 수 있을 때, 우리는 최대한의 행복과 충족을 느낄 수도 있다는 사실도 변하지 않는다. 근원적으로 우리는 태양과 달의 후예들이며, 남자는 화성이 아니라 태양에서, 여자는 금성이 아니라 달에서 왔기 때문이다. 그리하여 남자의 차트에서는 태양이, 여자의 차트에서는 달이 가장 충족되고 행복한 삶을 위한 핵심적인 열쇠를 쥐고 있다.

◈ 태양과 달, 그리고 행성들의 라지타디 아바스타즈: 행복의 조건

우리는 남녀노소 구분 없이 누구나 가장 행복하고 충족된 삶을 수 있기를 원한다. 무엇이 우리를 가장 행복하게 하느냐 하는 행복의 조건은 사람마다 모두 다르다. 그러나 기본적으로 생명을 유지하고 보호할 수 있는 의식주 문제의 해결이 가장 근본적인 행복의 조건이라는 사실은 누구에게나 같다. 일단 이러한 기본적인 의식주 문제가 충족되면, 우리는 좀 더 안정적이고 안전하게 느낄 수 있기를 원하며, 사랑과 우정을 나눌 수 있는 파트너십과 사회적 유대관계를 원하며, 자신에 대한 긍지와 자부심을 느낄 수 있기를 원하며, 그리고 그러한 바탕 위에 최종적으로 자아실현을 경험할 수 있기를 원하는 식으로, 행복의 조건은 점차적으로 옮겨가게 된다. 이렇게 우리가 일반적으로 필요로 하는 행복의 조건들을 아브라함 매슬로우의 인간 욕구 5단계 이론이 잘 설명하고 있다.

매슬로우의 욕구 5단계(Hierarchy of needs)

그런데 사람이란 타고난 성향이나 진화수준에 따라서, 매슬로우의 모델처럼 누구나 한결같이 단계적으로 발전하는 욕구변화를 거치지는 않는다. 세계적으로 많은 위인들이 사실상 기본적인 의식주 문제가 채 해결되지 않았음에도, 가장 위에 있는 자아실현의 단계, 자신의 이상을 세상에 실현하고자 하는 욕구에 인생을 바치고 헌신한 경우가 상당하다. 한편으론, 의식주 해결이 전혀 문제가 되지 않을 슈퍼리치들이나 유명인물들이 자아실현보다는 더욱 나은 의식주를 위해 엄청난 욕심을 부리는 경우들도 자주 볼 수 있다. 마하트마 간디나 마더 테레사 같은 이들은, 가장 풍요로운 환경을 누릴 수 있었음에도 불구하고 자청하여 가난하고 빈곤한 환경에 살면서 자신들의 이상을 실현하기 위해 평생을 바쳤다. 반면에 세월호 사건의 배후인물인 유병언 같은 이는, 안으로는 자신의 권력과 부를 쌓기 위한 수단으로, 밖으로는 종교와 이상을 부르짖으며 평생을 혹세무민하며 호화롭게 살다가 결국엔 쓸쓸하고 비참한 주검을 맞이하기도 했다. 이들 중에서 누가 더, 사는 동안, 그리고 죽을 때, 가장 행복하고 충족을 느꼈을까? 아마 마하트마 간디이거나 마더 테레사 일거라고 사람들은 흔히 단정할 수 있다. 혹은 유병언 같은 이는 최소한 살아 있는 동안은 아주 행복하고 만족스러웠을 거라고 쉽게 말해 버릴 수도 있다. 하지만, 우리들 삶에서 느끼는 행복과 충족의 기준이란 지극히 개인적인 것이다. 단지 겉모습만으로 제 삼자들이 판단할 수 있는 성질의 것이 아닌 주관적 경험에 기인하고 있다. 아무리 겉으로는 가난하고 비참해 보이는 사람이더라도 안으로는 무한한 행복과 감사하는 삶을 살고 있을 수도 있다. 그러한 삶의 경이로움은 네팔이나 동남아의 가난한 농부들이나 아낙네들의 수줍은 듯 빛나는 눈동자들에서 쉽게 발견할 수 있다. 반면에 약물중독으로 요절한 할리우드의 유명가수 위트니 휴스톤(Whitney Houston)이나 그녀의 외동딸 바비 브라운(Babbi K. Brown)같은 사람들은, 충분히 행복하고 충족스러운 삶을 누릴 수 있는 여건에 있었음에도 불구하고 얼마나 안타까운 엔딩을 맞이 하였는가? 우리는 이러한 예들 등을 통해, 진정한 행복의 여건을 알 수 있기 위해서는 겉으로 드러난 모습 외에 안으로 더 깊이 들여다보아야 하는 뭔가가 분명히 있다는 사실을 짐작할 수 있다.

베딕 점성학에서는 이렇게 사람들마다 다른 행복의 조건이나 충족도를 태양과 달, 그리고 다른 행성들이 가지고 있는 라지타디 아바스타를 통해 파악할 수 있다. 특히 태양과 달은 우리의 "영혼과 마음"이라는 기본적 바탕을 형성하기 때문에 그들이 처해있는 라지타디 아바스타는 우리가 바깥세상과 내면 세상에서 행복과 충족을 느낄 수 있는 가장 결정적인 요소들이 된다. 나머지 다섯 행성은 우리의 살과 장기 등, 부속적인 요소들을 형성하기 때문에, 어느 한 부분이 부족하거나 열악한 여건에 있으면, 다른 것으로 대체하거나 보충해줄 수 있다. 그러나 아트만, 타고난 영혼이 가진 파워, 그리고 태어나면서부터 이미 결정지어진 의식과 마음의 파워는 어느 누구도 무엇으로도 대신 채워질 수 없는 골수와도 같이 독특한 캐릭터, 개성을 형성하고 있다. 그래서 태양과 달이 가진 라지타디 아바스타를 이해하게 되면, 어떻게 우리 자신이 원하는 대로 행복하고 충족스러운 삶을 찾을 수 있을 것인지 쉽게 알 수 있다. 혹자들은 숙명론적인 관점에서 우리가 누릴 수 있는 행복과 불행도 태어나는 순간 이미 모든 것이 정해져 있다고 말한다. 그러니 아무리 애를 쓰거나 노력한다고 해서 바뀔 수가 없다고 일축해 버린다. 당연히 우리가 태어난 환경, 숙명적인 여건은 절대로 변할 수 없다. 예를 들어 남자나 여자로 태어났거나, 어떤 나라에, 어떤 집안에, 어떤 부모와 형제들을 가지고 태어났느냐 하는 여건들은 이렇게 변할 수 없는 숙명적인 여건들에 속한다. 출생차트에서 태양과 달, 그리고 다른 행성들의 위치가 이러한 숙명적인 상황들을 나타내고 있다. 그러나 우리가 어떤 식으로 생각하고, 반응하고, 행동하고, 선택하느냐 등의 사항들은 운명運命의 영역, 즉, 늘 흐르고 있고 변화하고 있는 의식의 영역에 속한다. 행성들이 가진 라지타디 아바스타, 그리고 현재에도 계속 운행하고 있는 행성들이 출생차트에 미치는 영향들이 그러한 운명적 영역에 속한다. 행성들은 비록 출생차트에서의 위치는 고정되어 있으나, 현재에도 미래에도 끊임없이 운행하고 있기 때문에, 이러한 행성들 간의 함수관계로 인해 생기는 라지타디 아바스타, 그들의 상태를 잘 이해함으로써 우리는 삶을 운명적 선택으로 변환시키기 위한, 그리하여 더 행복하고 충족적인 삶을 살 수 있기 위한 의식적인 노력을 기울일 수 있다. 그리하여 숙명보다는 운명적 방향으로 우리들 삶을 회전시킬 수 있다. 그러한 운명의 길은 태양과 달의 그림자 행성들인 라후와 케투가 열쇠를 쥐고 있으며, 그리고 이들이 바로 우리가 과연 삶에서 궁극적인 행복과 충족을 얻을 수 있을지 없을지를 결정하게 된다.

▨ 라후와 케투: 운명적 기로

우리의 운명은 누구나 변화할 수 있는 무한한 잠재성과 가능성을 가지고 있다. 우리는 모두 일곱 행성의 파워를 각자의 의식 속에 가지고 있기 때문이다. 하지만 어떤 삶의 길, 어떤 삶의 유형이 우리를 가장 행복하고 만족을 느낄 수 있게 하는가 하는 사실은 라후와 케투에게 달려 있다. 하늘에 실제로 존재하는 일곱 행성들은 우리가 가진 잠재성과 가능성들을 상징한다. 그러나 라후와 케투는 식蝕 포인트들로서 실체가 없는 그림자 행성이기 때문에 태양과 달이 교차하는 운명의 기로, 영혼과 마음이 일치할 수 있는 행복과 충족의 길을 나타내고 있다. 그리하여 각 개인의 출생차트에서 라후와 케투가 가리키는 방향을 따라 우리들의 행복을 찾기 위한 여로가 결정된다. 라후와 케투는 태양계의 왕과 왕비, 태양과 달까지도 사라지게 만드는 파워풀한 일식과 월식 포인트들이다. 그리하여 이들은 운명적 기로에서 우리들 삶을 좌지우지하고 있는 막강한 카르믹 파워를 상징하고 있다.

은하를 휘젓는 스토리를 통해 우리는 라후와 케투가 원래는 한 몸을 가진 아수라였는데, 데바로 위장하여 몰래 암리타를 받아 먹었다가 태양과 달의 고자질로 인해 로드 비슈누에게 몸이 반동강이 나게 되었다는 사실을 배웠다. 그러나 이미 암리타를 받아 먹은 뒤였기 때문에 죽지는 않았지만, 두 동강 난 몸 중에서 머리 부분은 라후가 되고, 몸통 부분은 케투가 되어 떠돌며, 호시탐탐 태양과 달에게 원한을 갚기 위해 기회를 엿보게 되었다. 그래서 일식과 월식 현상이 정기적으로 일어나게 되는 것이다. 천문학상으로 라후와 케투는 태양의 길인 조디액과 지구를 회전하는 달의 길이 서로 교차하는 점들로서, 실체 행성이 아니라 일식이나 월식이 일어날 때만 확인 가능한 수학적 계산 포인트들이다. 그러나 우리의 의식과 마음을 제압하는 막강한 파워를 지니고 있기에, 베딕 점성학에서는 다른 일곱 행성과 마찬가지로 "그라하(Graha, 붙잡고 놓아주지 않다)"라는 행성의 지위를 부여하고 있다.

베딕 신화에 따르면 라후는 특히 달을 삼키기를 좋아하며 케투는 태양을 삼키기를 좋아한다. 태양계에서 가장 파워풀한 두 행성, 태양과 달을 삼켜버릴 만큼 파워풀한 행성들이라는 점에서, 베딕 점성학에서 이들이 차지하고 있는 비중은 막강하다. 이들이 사이에 끼어들게 되면, 영혼과 마음까지도 사라져 버리게 만드는 파워, 우리의 인지력이나 의지력의 영역 밖에 있는 배후세력 즉, 카르마의 세력을 상징하고 있기 때문이다. 삶의 궁극적인 목적은 더 높은 의식의 수준으로 진화하고자 하는 것이다. 만약 모든 행성이 좋은 아바스타에 있으면서 조화를 이루고 있다면, 이러한 진화의 과정이 순조롭고 평탄하게 이루어질 것이다. 그렇지 않은 경우에는 좀 더 어렵고 힘들게 진화의 과정을 거치게 된다. 하지만, 모든 행성이 완벽하게 좋은 아바스타에만 있을 수는 없다. 태양과 달을 제외한 다른 다섯 행성은 길성이든 흉성이든 모두 음과 양, 두 개의 라시를 다스리는지라 긍정과 부정적 가능성들도 함께 보유하고 있기 때문이다. 라후와 케투는 실체가 없는 행성이기 때문에 아무런 라시도 오운하지 않는다. 대신에 그들이 위치하고 있는 라시의 오너 행성이 가진 라지타디 아바스타에 따라 그들의 품위를 판단할 수 있다. 예를 들면 만약 라후가 산양 라시에 있으면 케투는 그로부터 일곱 번째인 천칭 라시에 있게 된다. 그런 경우 라후는 화성의, 케투는 금성의 라지타디 아바스타를 참조하면 된다. 만약 라후가 쌍둥이 라시에 있으면, 케투는 인마 라시에 있게 된다. 그런 경우 라후는 수성의, 케투는 목성의 라지타디 아바스타를 참조하면 되는 방식이다.

물고기 라시(−) 목성	산양 라시(+) 화성	황소 라시(−) 금성	쌍둥이 라시(+) 수성
물병 라시(+) 토성			게 라시(−) 달
악어 라시(−) 토성			사자 라시(+) 태양
인마 라시(+) 목성	전갈 라시(−) 화성	천칭 라시(+) 금성	처녀 라시(−) 수성

　　라후와 케투의 정확한 위치는 사실상 일식과 월식이 일어나는 시점에만 확인될 수 있다. 그 외의 경우에는, 달이 회전하는 속도가 일정하지 않기 때문에 평균을 내어 그들의 위치를 짐작할 수밖에 없다. 일반적으로 점성학자들은 "True Node" 혹은 "Mean Node" 산출방식을 선택하지만, 저자는 Mr. Ernst Wilhem이 추천하는 "Interplated True Nodes" 산출방식을 따른다. 이러한 산출방식의 차이점들이 메인 호로스코프(Main Horoscope)인 라시 차트(Rasi Chart)에선 별로 크게 다른 영향을 미치지 않지만 부속 차트(Vagas)들에선 지대한 영향을 미치게 된다. 이에 대한 좀 더 상세한 설명은 나중에 부속 차트 장章에서 다루겠지만 라후와 케투는 우리의 운명적 기로를 결정한다는 점에서 특히 애정관계에 가장 큰 영향력을 행사하게 된다. 만약 남녀의 차트에서 서로의 라후와 케투가 태양이나 달, 라그나 등에 개입이 되면, 그러한 관계는 정상적인 이성이나 의지력을 벗어난, 카르마적 관계가 된다. 그래서 설령 다른 사람들이 아무리 미쳤거나 정신 나간 짓이라고 비난을 듣는 관계일지라도 어떤 식으로든 해결이 되기 이전에, 감정적으로든 물질적으로든 혹은 시간적으로든 반드시 먼저 격렬하게 태우거나 빚진 것을 지불하게 만든다. 라후와 케투는 이지나 이성으로 마스터할 수 있는 행성들이 아니라, 무의식 세계 속에 있는 의식의 그림자, 잠재의식의 영역에서 우리들의 영혼과 마음을 잡아 쥐고 놓아주지 않는 그라하이기 때문이다.

　　그러므로, 이 책의 후반부에서 전체적 내용을 종합하기 위한 예시 차트들을 다룰 때, 세 쌍의 유명인물(안젤리나 졸리, 브래드 피트, 제니퍼 애니스톤/힐러리 클린턴, 빌 클린턴, 모니카 레인스키/프린세스 다이애나, 프린스 찰스, 카밀라 파커 존스)들을 선택한 이유는 태양과 달, 그리고 라후와 케투의 관계들이 어떤 비상식적이면서도 카르믹적인 결과들을 가져왔는지 하는 점들을 그들의 차트들이 잘 대변하고 있기 때문이다.

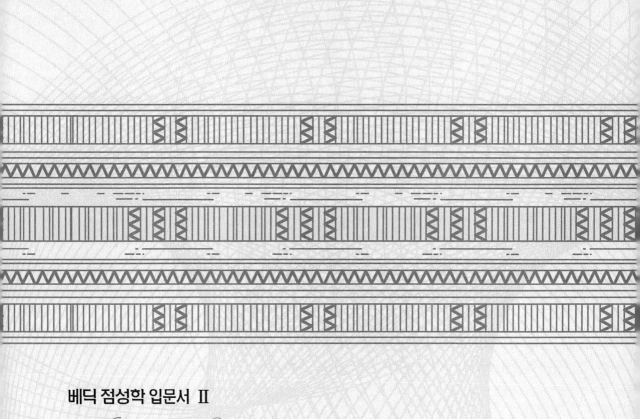

베딕 점성학 입문서 Ⅱ

Vault of the Heavens

2

라시 차트(Rasi Chart)와 바가(Vargas)들

▨ 라시 차트는 순간적으로 포착한 하늘의 사진

라시 차트는 "나"라는 한 개인이 출생하던 날, 그 시간, 그 장소에서 하늘을 올려다봤을 때, 당시에 운행하고 있는 행성들이나 별들의 위치를 순간적으로 포착한 사진과도 같다. "나"의 로컬 스페이스(local space)에서 행성들의 천문학적 위치를 계산한 차트인 것이다. 같은 사물이더라도 가장자리에서 바라보거나 중간에서 바라볼 때 서로 모양새가 달라 보이는 것처럼, 똑같은 행성과 별들의 천문학적 위치이지만 내가 태어난 장소에 따라, 같은 날 같은 시각에 태어난 사람일지라도 다르게 보인다. 이러한 로컬 스페이스에 따라 하늘에 행성과 별들이 정렬한 모습을 계산한 메인 차트(Main Horoscope)인 라시 차트(Rasi Chart)는, "나"라는 개인의 불변하는 객관적 환경, 즉 타고난 숙명의 모습을 나타낸다.

하지만 우주에서 고정된 건 아무것도 없다. 마찬가지로 삶에서 고정적인 건 아무 것도 없다. 우리가 출생하던 당시에 포착한 하늘의 모습은 불변하지만, 그러나 지금 이 순간에도 하늘은 끊임없이 움직이며 변화하고 있다. 순간적으로 포착한 사진에 담긴 모습은 불변하지만, 그러나 지금 이 순간에도 우리의 모습은 끊임없이 계속 변화하고 있는 것과도 같다. 숙명宿命과 운명運命도 같은 개념이다. 우리가 타고난 숙명은 변할 수 없지만, 현재의 순간에 우리가 살고 있는 운명은 끊임없이 변화하고 있다. 서로 같으면서도 다른 두 힘이, 서로 뗄래야 뗄 수 없는 관계이기 때문이다. 흔히들 우리의 지구가 속한 태양계에서 태양은 한 자리에 고정되어 있다고 믿는 경향이 있다. 하지만 사실은, 지구를 비롯한 다른 행성들이 각자 주기대로 태양의 주변을 도는 동안, 태양도 자신의 중심점인 배리센터(Barycenter)를 따라 회전하고 있다. 가만히 한 자리에 서 있으려니 좀이 쑤셔서 자신의 주변이라도 맴돌고 있어야 하는 모습에 비유하면 되겠다. 그런데 태양의 사이즈는 다른 행성들에 비해 워낙 크다 보니 자칫 무게 균형을 잡기가 어려울 수도 있다. 머리가 너무 큰 사람은 몸무게 중심을 제대로 잡기가 어려운 경우와 마찬가지이다. 이러한 태양의 회전을 도와주고 있는 행성은 목성이다. 목성은 태양계에서 태양 다음으로 가장 큰 행성으로서, 태양이 목성과 무게의 균형을 맞추어 배리센터를 한 번 회전하는 데 약 12년이라는 시간이 걸린다. 목성이 태양을 한 번 회전하는 데도 약 12년이라는 시간이 걸린다.

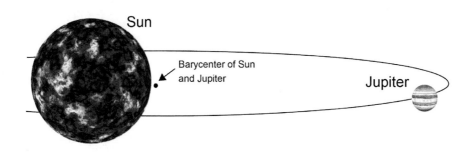

이렇게 현재 운행 중에 있는 행성들은 유동성을 가진 운명運命의 영역을 관장하는 힘, 즉 우리가 가진 의식의 힘이다. 행성들은 모두 비슈누가 "의식"으로 환생한 모습들이다. 숙명과 운명이라는 두 힘은, 음양의 힘처럼, 서로 다르면서도 같은 원천적 힘들이 조화와 균형을 이루면서 "시간(Time)"이라는 테두리를 같이 돌아가고 있다. 우주는 어떤 분명한 시작점이나 종결점이 없이 억겁 년을 통하여 계속 이어지고 있다. 우리의 삶도, 한 번의 출생으로 시작되고 한 번의 죽음으로 끝나 버리는 단편적 스토리가 아니라 까마득한 언제, 어디에선가부터 시작되었으며, 또 얼마나 앞으로 계속 이어질지 아무도 모른다. 불변하는 우리의 영혼, 아트만을 상징하는 태양은 제자리에 있는 듯 보이지만 계속 배리센터를 움직이고 있을 뿐 아니라, 또한 태양계 전체를 이끌고 2억6천만 년에 한 번씩 은하계를 도는 운동을 계속하고 있기 때문이다. 개체적 에고, 지바, 마음을 상징하는 달은, 태양을 중심으로 도는 다른 행성들과는 달리, 혼자 잘나고 고고한 척, 홀연히 그리고 외롭게 지구를 중심으로 돌고 있다. 거시적인 관점에서 보면, 분명히 달도 태양의 부속하에 있지만, 최소한 자신의 관점에서 보면, 스스로의 의지로 독자적인 길을 돌고 있는 것처럼 착각하고 있다. 우리 각자가 타고난 달, 숙명적 자아自我는 로컬스페이스에 의해 짜여진 나의 삶이 세상의 전부이고 우주의 모든 것 인양 착각 속에 살고 있다. 그러나 영혼 안에 내재하고 있는 운명적 대자아大自我는 달이 가진 1개월이라는 주기와는 비교조차 하기 어려울 정도의 시간, 억만년 겁을 통해 흐르고 있는 막강한 힘의 원천이다. 그러므로 달이 지구 주변의 궤도를 이탈하지 않는 동시에 영혼의 궤도, 태양의 길에 대한 상대적 감각을 지킬 수 있을 때, 가장 조화롭고 균형 있게 숙명과 운명의 길을 같이 병행할 수 있는 것이다.

이러한 숙명과 운명의 길을 잘 걸을 수 있도록 빛을 밝히고, 개인적 삶이던 거시적 삶이던 어느 한쪽으로도 치우치지 않고 전체적인 조화와 균형을 이루며 걸을 수 있는 방법을 보여주는 것이 점성학이다. 사과나 배는 씨앗의 형태로 있을 땐 서로 분간하기 힘들지만,

한 개의 작은 씨앗 안에는 한 그루 사과나무와 배나무를 키울 수 있는 분명하고 완전한 정보들이 담겨있다. 같은 이치로, 개인의 출생시간에 로컬스페이스에서 순간적으로 포착한 하늘의 사진은 거대한 우주적 영혼의 막대한 정보가 내 작은 영혼의 씨앗 안에 모두 담긴 것과도 같다. 사과나무 씨앗일지, 배나무 씨앗일지 과연 어떤 모양으로 얼마만큼 크게 혹은 작게 자랄 수 있을지, 혹은 물이나 영양공급을 제대로 받지 못해 중간에 썩어 없어지고 마는지 어떤지, 하는 사항들은 아무도 확신할 수 없다. 그렇지만 경험 많은 농부는 서로 비슷해 보이는 씨앗을 금방 알아볼 수 있을 뿐 아니라, 노련한 농부일수록 더 성공적으로 나무들을 키울 수 있는 방법을 알고 있다. 점성학 차트에는 이러한 모든 정보를 담고 있다. 어떤 씨앗이 어떤 나무이며, 어떻게 자라고 얼마만큼 수확을 거둘 수 있을지 등, 어디에서 왔고 어떻게 살다가, 어디로 갈지 하는 등, 태양계뿐만 아니라 전 은하계가 돌아가는 원리들에 대한 정보들을 모두 담고 있다. 그러나 우리의 개체적 자아, 지바, 마음의 눈을 상징하는 달이 가진 역량에 따라, 얼마만큼 대우주적 자아의 역량에 맞출 수 있을지, 없을지 하는 사실이 결정된다.

그래서 베딕 점성학 차트는 출생할 때 달의 위치에서부터 숙명과 운명, 그리고 다샤 (Dasa)라는 시간(Time)의 연결고리가 시작된다. 그리고 태양이나 다른 행성들과의 함수관계를 통해, 층층으로 숨겨진 우주적 정보를 자세히 밝힐 수 있게 된다. 하지만 모든 씨앗 안에 담긴 정보는 완벽하지만, 키우는 사람에 따라 다른 나무를 수확할 수 있듯이, 점성학 차트들 안에 담긴 정보들은 천문과학, 인문과학, 그리고 철학 종교적으로 완벽하다. 그렇지만, 얼마나 이러한 정보들을 정확하게 잘 읽을 수 있느냐 하는 사실은 점성학자의 개인적 능력에 달려있다. 점성학적 예측이나 리딩(Reading)이 틀렸다고 해서, 점성학 자체에 오점이 있는 것이 아니라, 정보를 해석하는 사람의 역량이 부족해서이기 때문이다. 그래서 서툴기보다는 노련한 점성학자일수록 더 상세하고 정확하게 그러한 정보들을 잘 파악하고, 분석하고, 또 이해할 수 있을 것이다.

☒ 호로스코프(Horoscope), 라시 차트(Rasi Chart), 부속차트(Vargas) 들의 차이

호로스코프(Horoscope)라는 말은 서양점성학에 사용하는 단어이다. 그리스어로 "시간"을 의미하는 "호라(hora)"라는 단어와 "보는 사람"이라는 의미의 "스코포스

(skopos)"라는 단어가 합쳐져서 호로스코포스(horoskopos)라는 단어가 되는데, 라틴어로는 "호로스코프(horoscope)"라는 구영어식 표현이 사용되게 되었다. 호로스코프란 개인의 출생시 별들과 행성들의 위치에 따라 산출해낸 도면, 즉 블루차트(blue chart)로서 특정한 원칙이나 방법들을 통해 차트를 해석하여 개인의 성격이나 환경을 이해하고, 미래를 예측하고자 하는 것을 일컫는다. 서양 점성학에서는 한 개의 둥근 차트를 이용해, 그 안에 출생시 행성들의 위치와 현재 운행하고 있는 행성들의 위치를 같이 표기하여 읽는다. 서양 점성학에는 베딕 점성학처럼 시간(Time)을 예측할 수 있는 다샤 시스템(Dasa System)이 없다. 단지, 단기적으로 어떤 특정한 사건들이 일어나는 타이밍을 현재 운행하고 있는 행성들의 위치, 즉 현재 운행(트랜짓, Transit)에만 의지하고 있다.

• 미국 전 대통령 조지 부시(George Bush, Jr.)의 호로스코프

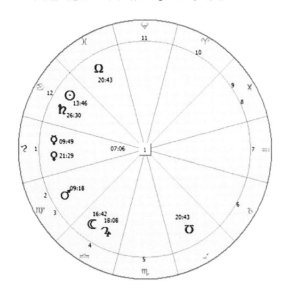

베딕 점성학이 서양 점성학보다 독특한 점은, 시간(Time)을 예측할 수 있는 다샤 시스템이 많이 있다는 것뿐만 아니라, 호로스코프처럼 천문학적 위치를 나타내는 라시 차트(Rasi Chart)와 함께 15개의 부속 차트(Inner Vargas)들을 동시에 사용하고 있다는 점이다.

• Mr. Bush의 호로스코프를 베딕점성학 남인도 스타일로 변형한 라시 차트

Vimshottari		1	2	3	4	5		Caranavamsa		1	2	3	4	5	
Me/Ra/Mo	07/31/2015 16:48							Pi/Aq	09/04/2015 21:29						
Me/Ra/Ma	10/17/2015 07:32							Pi/Pi	04/04/2016 22:52						
Me/Ju/Ju	12/10/2015 15:27							Pi/Ar	11/04/2016 00:16						
Me/Ju/Sa	03/30/2016 00:40							Pi/Ta	06/05/2017 01:39						
Me/Ju/Me	08/08/2016 02:37							Pi/Ge	01/04/2018 03:02						
Me/Ju/Ke	12/03/2016 09:25							Pi/Cn	08/05/2018 04:26						
Me/Ju/Ve	01/20/2017 16:28							Pi/Le	03/06/2019 05:49						
Me/Ju/Su	06/07/2017 15:59							Pi/Vi	10/05/2019 07:13						
Me/Ju/Mo	07/19/2017 01:27							Pi/Li	05/05/2020 08:36						
Me/Ju/Ma	09/26/2017 01:13							Pi/Sc	12/04/2020 10:00						

라시 차트는 개인의 로컬스페이스에 따라 라그나, 행성, 별들의 실제 천문학적 위치를 나타내는 차트이다. 그리고 라시 차트에 기준하여, 특정한 계산방식들을 따라 15개 부속 차트들을 별도로 뽑아내게 되는데, 이를 "부속 차트 혹은 인너바가스(Inner Vargars)"라고 한다. 인너바가스를 간단하게 줄여서 "바가(Varga, Vargas는 복수형)"라고 한다. 그러므로 인너바가들은 라시 차트처럼 천문학적인 차트가 아니라 개인들마다 독특하게 타고난 부속차트들이다. 각각의 바가들은 삶의 다양한 영역들을 나타낸다. 이러한 차트들을 숫자로 표기할 때는 라시 차트가 첫 번째 바가이기 때문에 "1"로 표시하며, 다음의 호라차트는 두 번째 바가이기 때문에 "2"로 표시하는 등, 라시와 15 바가들, 총 열여섯 개의 차트들까지 뽑아내지만, 숫자로는 마지막의 열여섯 번째 바가를 "60"이라는 숫자로 표기한다. 이러한 바가 차트를 표기하는 숫자들이 가진 의미는 "1"로 나타내는 라시 차트를 "60"토막까지 세분화하였다는 것을 나타낸다. 그러니까, 360도의 조디액을 30도씩 열두 개 라시들로 나누어 행성들의 위치를 표기한 것이 라시 차트인데 부속차트들은 30도씩의 열두 개 라시들을 각자

바가의 숫자만큼 더 세분화를 시킨 것을 의미한다. 두 번째 호라 차트는 30도를 이등분한 것이기 때문에 "2"라는 숫자로 나타내며, 세 번째 드레카나 차트는 30도를 3등분한 것이기 때문에 "3"이라는 숫자로 나타내는 등등, 마지막 열여섯 번째 사시티얌사 차트는 30도를 60 등분 한 것이기에 "60"이라는 숫자로 나타낸다.

• 미국 전대통령, George Bush, Jr. 열여섯 개 바가들

⬚ 바가의 다섯 그룹 분류

베딕 점성학의 바이블과도 같은 "브리핟 파라샤라 호라 샤스트라(Brihat Parasara Hora Shastra, BPHS)에는 열여섯 개 다른 바가, 1에서 60까지를 계산하는 방법들이 있다. 그래서 총 60개 바가까지 있을 거라는 추측을 할 수도 있지만 BPHS에는 총 열여섯 개 바가들만 제시되어 있다. 이러한 열여섯 개 바가는 각자 다른 삶의 영역들을 나타내는데, 열여섯 개 바가들을 다시 다섯 개 그룹으로 묶여져 있다. 바가들을 표기하는 숫자들은, 한 개의 라시가 가진 30각도를 해당 바가 숫자만큼 세분화하여 차트를 계산하였다는 의미이다. 이러한 바가들을 계산하는 방법들은 초보점성학도들을 위한 이 책의 범주를 벗어나기 때문에 더 구체적인 설명을 생략하기로 한다. 컴퓨터 소프트웨어를 이용하면, 이러한 바가들과 필요한 모든 정보를 1~2초 만에 바로 산출할 수 있기 때문에, 이 책에서는 차트를 읽는 법을 다룰 뿐, 계산하는 방법은 다루지 않는다.

열여섯 바가 중에 첫 번째 그룹은 삶의 외적인 영역들을 나타내며 나머지 그룹들은 모두 내적인 영역들을 나타낸다.

첫 번째 그룹은 "에테르"의 요소들, 즉 우리 삶의 내외부적 공간을 형성하고 있는 구체적인 대상들을 나타내는 차트다. 이러한 차트들에는 1 라시 차트, 2 호라 차트, 3 드레카나 차트, 4 차투르탐샤 차트, 7 삽탐샤 차트, 9 나밤샤 차트, 10 다샴사 차트, 12 드와다삼샤 차트라는 총 여덟 개의 차트가 있다.

두 번째 그룹은 "공기"의 요소들, 즉 첫 번째 그룹 차트가 나타내는 구체적인 삶의 대상들과 관계를 맺게 되는 우리의 "의식" 같은 이해할 수 있는 능력, 헌신적 성향, 유동성의 능력 등을 나타낸다. 변화에 대해 능동적이고 열려있는 자세, 그리고 쉽게 적응할 수 있는 건강한 유연성 등을 보여준다. 이러한 차트들에는 16 쇼담샤, 20 빔삼샤, 24 챠투르빔삼샤 라는 총 세 개의 차트들이 있다.

세 번째 그룹은 "불", 즉 우리 의식이 가지고 있는 저력과 재능들을 나타낸다. 우리가 필요로 하거나 원하는 것들을 가지기 위해 얼마만큼 고프고 절실한지를 보여준다. 그리하여 첫 번째 그룹이 나타내는 삶의 구체적인 대상들을 실현시킬 수 있는 능력, 어려움이나 시련들을 이겨내고 행복과 성공을 이룰 수 있을지 없을지 등을 알 수 있다. 이러한 차트들에는 27 삽타빔삼샤와 30 트림삼샤 총 두 개의 차트들이 있다.

네 번째 그룹은 "물"의 요소들, 즉 어떤 좋은 일이나 나쁜 일들이 일어날 수 있게 하는 어떤 긍정적인 힘이나 부정적인 힘, 우리가 가진 메리트(Meirt)나 디메리트(Demerit)의 영역들을 나타낸다. 이러한 차트에는 40 카베담샤, 45 악샤베담샤 총 두 개의 차트가 있다.

다섯 번째 그룹은 "흙"의 요소들, 즉 우리 개인이 각자 감당할 수 있을만큼 타고난 실제적인 시간, 에너지, 그리고 유용가능한 자원들을 나타낸다. "흙"이 상징하는 것처럼, 삶에서 지극히 실질적이고 구체적인 것들을 만들어낼 수 있는 능력을 보여준다. 이러한 차트에는 60 샤시티얌샤 총 한 개의 차트만 있다. 첫 번째 라시 차트처럼 아주 중요한 바가로서, 몇 분 간격으로 태어난 쌍둥이들의 서로 다른 성향, 삶들을 분간할 수 있게 하는 핵심차트이다.

⊠ 열여섯 바가들의 특질과 의미들

통상적으로 근대의 베딕 점성학자들은 라시 차트와 나밤사 차트만 거의 90프로 이상으로 사용하고 다른 바가들을 잘 사용하지 않았다. 비록 BPHS에서는 열여섯 개 바가들이 있음이 분명히 명시되어 있고, 또 바가들을 계산하는 방법까지 상세하게 기술되어 있지만, 그러나 이러한 바가들을 어떻게 사용하고 적용하는지 설명이 부족하였다. 게다가 컴퓨터 시대가 도래하기 이전까지만 해도 정확한 라시 차트를 산출해내는 것도 고도의 복잡한 계산과 집중력을 요하는 어려운 작업이었다. 그나마 나밤샤 차트는(30도를 각 3도 20분으로 9등분한 차트) 나머지가 없이 꼭 떨어지기 때문에 계산하기도 쉽고 또 BPHS에서 다른 바가들에 비해 나밤샤 차트의 중요성이 거듭 강조되어 있기 때문에 항상 라시 차트와 나밤샤챠트를 같이 읽는 것이 의례적인 차트 리딩(Chart Reading)방식으로 전해져 내려왔다. 하지만 컴퓨터 시대가 도래하면서, 비효율적이고 비능률적인 수작업으로 차트들을 계산하는 것이 더 이상 불필요해졌을 뿐만 아니라, 출생시간의 분초까지 적용하여 매 30초 간격으로 변하는 열여섯 번째 사시티얌사(30도를 60등분한 차트) 바가까지 순식간에 산출해내는 것이 가능해졌다. 그리고 Mr.Wilhelm은 본인 자신이 산스크리트어를 익혔기 때문에 힌디어나 타밀어로 번역된 BPHS만을 사용하는 다른 점성학자들과는 달리 BPHS외에도 다른 중요한 점성학 고서들을 모두 직접 공부하여 그동안 BPHS만으로 불충분하거나 상당히 감추어져 있던 베딕 점성학지식들을 많이 밝혀내고 재해석할 수도 있었다. 그리하여 트로피칼 베딕 점성학 시스템에서는 BPHS가 기술한 열여섯 바가들을 모두 사용하고 있다.

- **1 라시 차트(Rasi Varga)** – 데하(Deha, 신체)가 속한 육체적, 정신적 환경들을 나타내며, 그리고 데하가 걷게 되는 "삶의 길(The Path)"를 의미한다.

- **2 호라 차트(Hora Varga)** – 데하가 가지고 있는 책임과 자원들, 삼파(Sampa, 성취)를 나타낸다. 즉 데하가 삶의 길을 걷는 데 있어 물질적, 정신적으로 필요한 자원들을 조달하고 책임들을 완수할 수 있는 능력을 나타낸다.

- **3 드레카나 차트(Drekkana Varga)** – 형제들과의 관계와 행복 여부, 친척들이나 동료들과의 관계에서 원활한 조화를 이룰 수 있는 사회적 능력을 나타낸다.

- **4 차투르탐샤 차트(Chaturthamsa Varga)** – "여유로울 수 있는 부" 즉 기본적인 삶의 질을 유지하는 데 필요한 이상의 잉여재산이나 자원들을 나타낸다. 사람마다 삶에서

데하가 얻게 되어 있는 부의 크기는 모두 다르다. 어떤 사람들은 별다른 노력이나 애를 쓰지 않아도 쉽게 백만장자, 억만장자가 되는 반면, 어떤 사람들은 아무리 열심히 일해도 부자가 되기는커녕 날마다 기본적인 의식주 해결하기에도 벅참을 느낀다. 네 번째 바가는 이렇게 데하가 가지게 되어 있는 다양한 부의 사이즈를 나타낸다.

■ 7 삽탐샤 차트(Saptamsa Varga) – 데하가 남기게 되는 삶의 흔적들을 나타낸다. 이러한 것들은 자녀들이나 손주들의 형태, 혹은 저서들이나 어떤 레거시(legacy)나 발명 같은 개인적 업적들일 수도 있다. 그런데 자녀들은 데하가 혼자서 창조하지는 못하고, 파트너와 합동작업이 필요하다. 그래서 일곱 번째 바가는 섹스를 나타내는 차트이기도 하다. 연인관계나 자녀들의 여부를 예측하는 데 가장 중요한 차트이다.

■ 9 나밤샤 차트(Navamsa Varga) – 라시 차트 다음으로 중요한 바가로써 소울 코스(Soul Course), 즉 우리 영혼의 길을 나타낸다. 데하가 이 삶에서 기혼 혹은 미혼으로 살 것인지, 기혼의 삶이라면 어떤 배우자를 만나서 어느 수준의 충족과 행복을 얻게 되는지 혹은, 미혼으로 살더라도 어떤 영성의 길을 선택하고 어느 만큼 충족과 행복을 얻게 될 것인지 등의 사실들을 알 수 있다.

■ 10 다삼샤 차트(Dasamsa Varga) – 우리들이 하게 되는 일, 그리고 거두게 되는 열매들을 나타낸다. 얼마만큼 자신의 일에 충족을 얻을 수 있고, 성공적으로 열매를 거둘 수 있을지에 대한 디테일들을 알 수 있는 차트이다.

■ 12 드와다삼샤 차트(Dvadasamsa Varga) – 부모님이나 선조들의 영향, 물질적, 육체적, 정신적 유전자들을 알 수 있는 차트이다.

■ 16 쇼담샤 차트(Shodamasa Varga) – 운송 수단으로부터 얻게 되는 행복이나 불행들을 나타낸다. 운송수단이라 함은 비단 자동차나 다른 바퀴가 달린 것들만 의미하는 것이 아니라, 우리의 영혼을 운반하고 있는 몸, 즉 우리의 신체까지 포함한다. 그래서 자신의 신체에 대해 얼마나 흡족할지 아닐지 하는 요소들도 포함하고 있다.

■ 20 빔삼샤 차트(Vimsamsa Varga) – 종교적이나 영적인 성향, 영적 수행이나 신께 헌신할 수 있는 능력 등을 나타낸다.

■ 24 차투르빔삼샤 차트(Chaturvimsamsa Varga) – 지식이나 배움, 이해할 수 있는 능력을 나타낸다.

■ 27 밤샤 차트(Bhamsa Varga) – 우리가 가진 저력, 힘, 재주와 재능 등을 나타낸다. 원하는 것을 실현해낼 수 있는 의식의 힘이나 능력을 알 수 있는 차트이다.

■ 30 트림삼샤 차트(Trimsamsa Varga) – 데하(신체)가 겪는 불행, 어려움, 시련 등을 나타낸다. 라시 차트와 비슷한 성격을 가진 바가인데, 보다 구체적으로 몸이 겪게 되는 힘든 경험들을 알 수 있는 차트이다.

■ 40 카베담샤 차트(Khavedamsa Varga) – 전체적으로 삶에서 행운을 가져올 수 있는 메리트(merits), 혹은 불행을 가져오는 디메리트(demerits) 등을 나타낸다. 궁극적으로 우리가 얼마나 삶에서 원하는 것들을 성취할 수 있는가, 하는 정도를 알 수 있는 차트이다.

■ 45 악샤베담샤 차트(Akshavedamsa Varga) – 삶의 모든 영역을 알 수 있는 차트인데, 라시 차트를 더 디테일하게 보완하는 역할을 한다.

■ 60 샤시티얌샤 차트(Shastyamsa Varga) – 어쩌면 라시 차트보다 더 비중이 크다고 할 수 있는 바가이다. 라시 차트는 출생시간이 약 2시간 간격으로 라그나가 바뀌기 때문에, 같은 날 같은 병원에서 비슷한 시각에 태어난 아이들이 아주 유사한 라시 차트들을 가지고 있을 수 있다. 혹은, 몇 분 간격으로 태어난 쌍둥이들은 라시 차트뿐만 아니라, 인너바가(Inner Vargars)들도 거의 비슷하다. 그렇지만, 쌍둥이들의 외모는 비슷할지 몰라도, 성격이나 삶의 유형들이 전혀 다른 경우가 아주 흔하다. 이러한 차이를 알 수 있는 바가가 샤시티얌샤 차트이다. 라시들이 가진 30도 각도를 60으로 나누어 산출하기 때문에, 출생시간이 약 2~30초 간격으로 벌어져도 차트의 모습이 달라진다. 그래서 첫 번째 바가인 라시 차트(Rasi Chart)와 더불어, 가장 많은 무게를 차지하는 인너바가이다. 라시 차트가 아무리 훌륭해도 샤시티얌샤 차트가 허약하면, "빛 좋은 개살구"라는 말처럼 삶의 성공을 기대하기가 어렵다. 삶을 이끌어 가는데 필요한 아주 구체적인 것들을 만들어낼 수 있는 파워풀한 바가이기 때문에, 유일하게 혼자서 "흙"의 그룹을 이루고 있다. 하지만 샤시티얌샤 차트를 바르게 사용할 수 있기 위해선, 출생시간이 아주 정확해야 한다는 난제가 있다. 그러나 중장년층의 경우에는 렉트피케이션(Rectification, 출생시간 조율) 방법을 사용해 삶에서 일어난 사건들을 기준으로 정확한 출생시간을 찾는 것이 쉽게 가능하다.

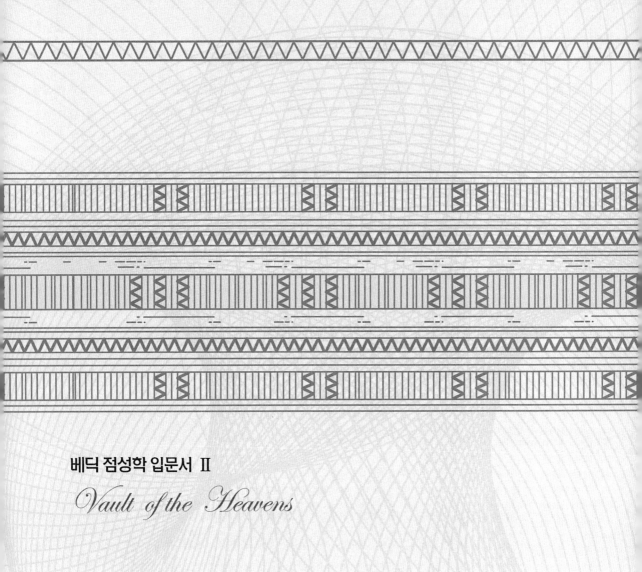

베딕 점성학 입문서 II

Vault of the Heavens

3

일곱 카라카와 열두 바바들

▨ 라시 차트(Rasi Chart)와 일곱 카라카들

라시 차트는 열여섯 바가들 중에서 첫 번째 바가로써, 로컬스페이스에서 올려다 본 행성들의 실제 천문학적 위치들을 나타내는 차트이다. 나머지 열다섯 바가들과 타이밍 예측을 위한 다샤(Dasa)들은 라시 차트를 기준으로 계산된다. 이러한 차트들을 읽고 적용하는 법들을 설명하기 이전에, 한 가지 더 짚고 넘어가야 할 아주 중요하고 핵심적인 개념이 있다. 행성들을 일반적인 개념으로 칭할 때는 "그라하(Graha)"라는 표현을 보통 사용한다. 그런데 보다 구체적으로 행성들이 가진 특성이나 하는 역할들로 칭할 때는 "카라카(Karaka)"라는 표현을 사용한다. 카라카는 영어로 "Indicator(나타내는)"라는 뜻을 가지고 있다. 예를 들어, 행성들이 나타내는 사람들을 가리킬 때, 태양은 아버지를 나타내는 카라카, 달은 어머니, 화성은 형제들, 수성은 친구나 친척들, 목성은 자녀들, 남편, 스승이나 성직자들, 금성은 아내, 토성은 일반 사람들, 라후와 케투는 조부모들 등을 나타내는 카라카들이다(보다 상세한 행성들의 "카라카" 특질들에 대해선 하늘의 금괴, 제2장 참조).

그런데 이에 더하여, 행성들은 각자가 맡은 일반적인 카라카십(Karakaship, 카라카 하는) 이외에, 개인에 따라 각자 다르게 맡게 되는 개인적인 카라카십들이 별도로 있다. 일반적인 카라카십과는 다르게, 개인적인 카라카십은 사람들마다 달라지는데, 라시 차트에서 각 행성들이 가지게 되는 각도에 따라 결정된다. 개인적인 카라카십을 결정할 때는, 하늘에 실체를 가지고 있는 일곱 행성만 사용하며, 그림자 행성인 라후와 케투는 제외한다.

1. **아트마 카라카 (Atma Karaka, AK):** "Self, 나"를 나타내는 카라카로서 라시 차트에서 첫 번째 높은 각도를 가진 행성이다.
2. **아마티야 카라카 (Amatya Karaka, AmK):** "중요한 사람"를 나타내는 카라카로서, 두 번째로 높은 각도를 가진 행성이다.
3. **브라투 카라카 (Bhratu Karka, BK):** "형제들"을 나타내는 카라카로서, 세 번째로 높은 각도를 가진 행성이다.

4. 마트루 카라카 (Matru Karaka, MK), 푸트라 카라카 (Putra Karaka, PuK):
"마트루"는 어머니, "푸트라"는 자녀들을 나타내는 카라카로서, 네 번째로 높은 각도를
가진 행성인데 두 개의 카라카십을 가지고 있다.

5. 피트리 카라카 (Pitri Karaka, PiK): "아버지"를 나타내는 카라카로서, 다섯 번째로
높은 각도를 가지고 있는 행성이다.

6. 그나티 카라카 (Gnati Karaka, GK): "친척들"을 나타내는 카라카로서, 여섯
번째로 높은 각도를 가지고 있는 행성이다.

7. 다라 카라카 (Dara Karaka, DK): "배우자"를 나타내는 카라카로서, 일곱 번째로
높은 각도를 가지고 있는 행성이다.

▣ 라시들의 기호

→ à시계방향으로 진행됨

♓︎ Pisces Meena	♈︎ Aries Mesha	♉︎ Taurus Vrishabha	♊︎ Gemini Mithuna
♒︎ Aquarius Kumbha			♋︎ Cancer Kataka
♑︎ Capricorn Makara			♌︎ Leo Simha
♐︎ Sagittarius Dhanus	♏︎ Scorpio Vrischika	♎︎ Libra Thula	♍︎ Virgo Kanya

• 남인도 스타일 차트

▣ 행성들의 기호

☉	☾	♂	☿	♃	♀	♄	☊	☋
태양	달	화성	수성	목성	금성	토성	라후	케투

Mr. 부시는 사자 라시 라그나로서, 라그나의 각도는 07:06이다. 토성의 각도가 26:30로서 가장 높다(AK). 두 번째로 금성이 21:29(AmK), 세 번째로 목성이 18:08(BK), 네 번째로 달이 16:42(MK, Puk), 다섯 번째로 태양이 13:46(PiK), 여섯 번째로 수성이 09:49(GK), 일곱 번째로 화성이 09:18(DK)이다.

• 미국 전 대통령, George Bush, Jr.의 차트.

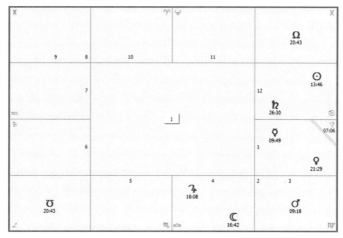

AK	AmK	BK	MK PuK	PiK	GK	DK
♄	♀	♃	☾	☉	☿	♂

AK	AmK	BK	MK	PiK	PuK	GK	DK
♄	♀	♃	☾	☉	♀	♂	Lg

AK - AatmaKaaraka, (Self)
AmK - AmaatyaKaaraka, (Minister)
BK - BhraatruKaaraka, (Siblings)
MK - MaatruKaaraka, (Mother)
PiK - PitruKaaraka, (Father)
PuK - PutraKaaraka, (Children)
GK - GnaatiKaaraka, (Relatives)
DK - DaaraaKaaraka, (Spouse)

• 미국 전 영부인, Hillary Clinton의 차트.

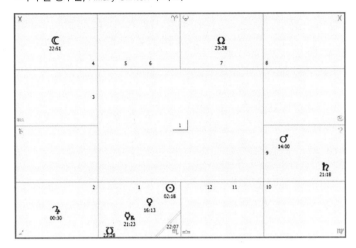

　　Ms. 클린턴은 전갈라시 라그나로서, 라그나 각도는 22:07 이다. 달의 각도가 22:51로서 가장 높다(AK). 두 번째로 수성이 21:23(Amk), 세 번째로 토성이 21:18(BK), 네 번째로 금성이 16:13(MK, PuK), 다섯 번째로 화성이 14:00(PiK), 여섯 번째로 태양이 02:18(GK), 일곱 번째로 목성이 00:30(DK)이다.

AK	AmK	BK	MK PuK	PiK	GK	DK
☾	☿	♄	♀	♂	☉	♃

AK	AmK	BK	MK	PiK	PuK	GK	DK
☾	Lg	♀	♄	♀	♂	☉	♃

AK - AatmaKaaraka, (Self)
AmK - AmaatyaKaaraka, (Minister)
BK - BhraatruKaaraka, (Siblings)
MK - MaatruKaaraka, (Mother)
PiK - PitruKaaraka, (Father)
PuK - PutraKaaraka, (Children)
GK - GnaatiKaaraka, (Relatives)
DK - DaaraaKaaraka, (Spouse)

▣ 라시 바가를 읽는 법

　　두 줄의 사선으로 그어진 라시가 라그나가 되며, 첫 번째 라시 또는 하우스가 된다. "하우스"라는 용어는 서양 점성학에서 넘어온 용어로 "공간"이라는 의미를 가지고 있다. 베딕점성학에서는 "첫 번째 라시, 두 번째 라시 등의 표현을 사용하는 것이 더 정확하지만,

이미 "하우스"라는 표현이 점성학계에서 보편적으로 사용되고 있는 개념이기 때문에 두 용어를 동시에 사용하기로 한다. 그러나, "라시 차트"라고 칭할 때는 구체적으로 첫 번째 바가(Varga)를 의미하는 것이니, "첫 번째 라시, 두 번째 라시…"하는 표현들과, "라시 차트"라는 표현을 혼동하지 말 것을 강조하는 바이다.

▣ Mr. 부시의 라시 차트의 예

두 줄의 사선으로 그어진 사자 라시가 라그나를 표시하며, 첫 번째 하우스가 된다. 그 다음 처녀 라시가 두 번째, 천칭 라시가 세 번째, 전갈 라시가 네 번째, 인마 라시가 다섯 번째, 악어 라시가 여섯 번째, 물병 라시가 일곱 번째, 물고기 라시가 여덟 번째, 산양 라시가 아홉 번째, 황소 라시가 열 번째, 쌍둥이 라시가 열한 번째, 게 라시가 열두 번째 하우스가 된다(하우스들의 특성에 관해선 하늘의 금괴, 제8장 참조).

첫 번째 하우스에 수성과 금성이 같이 합치를 하고 있고, 두 번째 하우스에 화성이 있고, 세 번째 하우스에 목성과 달이 같이 합치를 하고 있고, 다섯 번째 하우스에 케투가 있고, 열한 번째 하우스에 라후가 있고, 열두 번째 하우스에 태양과 토성이 같이 합치를 하고 있다. 그 이외의 하우스들에는 아무런 행성들이 없다. 그렇다고 빈 하우스들이 아무런 의미나 역할들을 하지 않는다는 의미는 아니다. 일곱 행성은 각자 로드십을 가지는 라시들이 나타내는 하우스들을 관장하고 있다. 그리하여 다른 라시에 있더라도, 자신이 로드하는 하우스들을 모두 보살피고 있다(하늘의 금괴, 제3장 참조).

수성은 첫 번째 하우스에 있으면서 두 번째 하우스(처녀 라시)와 열한 번째 하우스(쌍둥이 라시)를 관장하고 있다. **금성**은 첫 번째 하우스에 있으면서 세 번째 하우스(천칭 라시)와 열 번째(황소 라시)하우스를 관장하고 있다. **화성**은 두 번째 하우스에 있으면서 네 번째 하우스(전갈 라시)와 아홉 번째 하우스(산양 라시)를 관장하고 있다. **목성**은 세 번째 하우스에 있으면서 다섯 번째 하우스(인마 라시)와 여덟 번째 하우스(물고기 라시)를 관장하고 있다. **달**은 세 번째 하우스에 있으면서 열두 번째 하우스(게 라시)를 관장하고 있다. 로드하는 라시가 없는 **케투**는 다섯 번째 하우스인 인마 라시에 있다. 그래서 인마 라시의 로드인 목성의 성격을 따른다. 마찬가지로 로드하는 라시가 없는 **라후**는 열한 번째 하우스인 쌍둥이 라시에 있다. 그래서 쌍둥이 라시의 로드인 수성의 성격을 따른다. **태양**은 열두 번째 하우스에 있으면서 첫 번째 하우스(사자 라시, 라그나)를 관장한다. 토성은 열두 번째 하우스에 있으면서 일곱 번째 하우스(악어 라시)와 여덟 번째 하우스(물병 라시)를 관장한다.

▣ Mrs. 클린턴의 라시 차트의 예

두 줄의 사선으로 그어진 전갈 라시가 라그나를 표시하며, 첫 번째 하우스가 된다. 그 다음 인마 라시가 두 번째, 악어 라시가 세 번째, 물병 라시가 네 번째, 물고기 라시가 다섯 번째, 산양 라시가 여섯 번째, 황소 라시가 일곱 번째, 쌍둥이 라시가 여덟 번째, 게 라시가 아홉 번째, 사자 라시가 열 번째, 처녀 라시가 열한 번째, 천칭 라시가 열두 번째 하우스가 된다.

첫 번째 하우스에 태양, 금성, 수성, 케투가 같이 합치를 하고 있고, 두 번째 하우스에 목성이 있고, 다섯 번째 하우스에 달이 있고, 일곱 번째 하우스에 라후가 있고, 아홉 번째 하우스에 화성과 토성이 있다.

태양은 첫 번째 하우스에 있으면서 열 번째 하우스(사자 라시)를 관장하고 있다. **금성**은 첫 번째 하우스에 있으면서 일곱 번째 하우스(황소 라시)와 열두 번째 하우스(천칭 라시)를 관장하고 있다. **수성**은 첫 번째 하우스에 있으면서 여덟 번째 하우스와 열한 번째 하우스를 관장하고 있다. **케투**는 첫 번째 하우스에 있으면서 전갈 라시의 로드인 화성의 성격을 따른다. **목성**은 두 번째 하우스의 오운 라시(인마 라시)에 있으면서 두 번째, 다섯 번째(물고기 라시)하우스들을 관장하고 있다. **달**은 다섯 번째 하우스에 있으면서 아홉 번째 하우스(게 라시)를 관장하고 있다. **라후**는 일곱 번째 하우스에 있으면서 황소 라시의 로드인 금성의 성격을 따른다. **화성**은 열 번째 하우스에 있으면서 첫 번째 하우스(전갈 라시, 라그나)와 여섯 번째 하우스(산양 라시)를 관장한다. **토성**은 열 번째 하우스에 있으면서 세 번째(악어 라시), 네 번째(물병 라시)하우스들을 관장한다.

▨ 바바들과 하우스들의 구별

베딕 점성학에서 가장 중요한 것은 하우스들이 아니라 "바바들"이다. 하우스들은 단지 조디액을 고르게 열두 등분으로 나누어 놓은 "공간"들을 의미한다. 그러나 "바바"들은 특정한 것들을 구체적으로 형상화시킬 수 있는 수학적 포인트들을 나타낸다. 마치, 라그나 포인트(커스프)가 "나"라는 사람의 시작 포인트를 나타내듯이, 조디액 내에 분포되어 있는 12개 바바 포인트들은 해당 하우스의 숫자와 일치하는 경우도 있지만, 일치하지 않는 경우도 많이 있다. 이러한 바바 포인트들은 차트에서 푸른색 숫자로 표기되어 있다.

열두 개 하우스들(혹은 라시들)은 태양의 길, 조디액을 나타낸다. 열두 개 바바들은 개인의 길, 즉 달에 의해 형성되는 차트 주인의 구체적인 삶을 나타낸다. 그래서 태양은 라시들을 선호한다. 개인적 에고에 때 묻지 않은 궁극적 진리, 이상을 의미하기 때문이다. 반면 달은 바바들을 더 선호한다. 지바, 즉 개인의 영혼에 더욱 가깝고 친밀하기 때문이다. 바바들이 훌륭한 효과들을 내기 위해서는, 먼저 라시들의 상태가 좋아야 한다. 먼저 태양의 빛이 앞에 오고 달은 그러한 태양의 빛을 반영하기 때문이다. 이는 라시들을 로드하는 행성들의 품위가 좋아야 한다는 의미이기도 하다.

Mr. 부시의 라시 차트에서는, 첫 번째 하우스인 사자 라시에 첫 번째 바바 포인트가 있고, 두 번째 하우스인 처녀 라시에 두 번째와 세 번째 바바, 세 번째 하우스인 천칭 라시에 네 번째 바바, 네 번째 하우스인 전갈 라시에 다섯 번째, 다섯 번째 하우스인 인마라시에는 아무런 바바가 없으며, 여섯 번째 하우스인 악어 라시에 여섯 번째 바바, 일곱 번째 하우스인 물병 라시에 일곱 번째 바바, 여덟 번째 하우스인 물고기 라시에 여덟, 아홉 번째 바바, 아홉 번째 하우스인 산양 라시에 열 번째 바바, 열 번째 하우스인 황소 라시에 열한 번째 바바, 열한 번째 하우스인 쌍둥이 라시에는 아무런 바바가 없으며, 열두 번째 하우스인 게 라시에 열두 번째 바바 포인트들이 있다.

이러한 바바 포인트들을 관장하는 행성들은 해당 라시의 로드 행성들이다. 즉, 첫 번째 바바는 태양이, 두 번째와 세 번째 바바는 수성이, 네 번째 바바는 금성이, 다섯 번째 바바는 화성이, 여섯 번째와 일곱 번째 바바는 토성이, 여덟 번째와 아홉 번째 바바는 목성이, 열 번째 바바는 화성이, 열한 번째 바바는 금성이, 열두 번째 바바는 달이 관장한다. 그리고 해당 라시에 행성들이 있으면, 그러한 바바들과 행성들은 서로 합치를 이루고 있다고 표현한다. 그리하여 서로의 로드십이나 행성들의 관계, 라지타디 아바스트들 등의 여건들에 따라 합치하지 않은 행성들보다 서로 더 깊은 관계를 맺고 지대한 영향들도 상호 간에 미치게 된다.

특히 이러한 바바포인트들은 라시 차트를 제외한 다른 열다섯 개 바가들에 가게 되면 아주 무질서하게 분포되어 있다. 바바포인트들의 정확한 각도들은 모두 칼라소프트웨어 안에 확인이 가능하도록 이미 프로그램화 되어 있다. 그러나 일반적으로 바가(Vargas)들에는 해당 바바의 숫자로만 표기되어 있다. 특정한 예측을 위해 필요한 경우에만, 마우스를 클릭하여 확인이 가능하도록 디자인되어 있으니, 초보 수준의 점성학도들은 이처럼 정확한 각도까지 너무 신경을 쓰지 않아도 된다.

• Mr. 부시의 출생도에서 열여섯 개 바가들에 위치한 바바 포인트(커스프)들의 도표

Mrs. 클린턴의 라시 차트에서는 라그나인 전갈 라시에 첫 번째 바바 포인트가 있고, 인마 라시에 두 번째, 물병 라시에 세 번째, 물고기 라시에 네 번째, 산양 라시에 다섯 번째와 여섯 번째, 황소 라시에 일곱 번째, 쌍둥이 라시에 여덟 번째, 사자 라시에 아홉 번째, 처녀 라시에 열 번째, 천칭 라시에 열한 번째와 열두 번째 바바 포인트들이 있다. 이러한 바바 포인트들을 관장하는 행성들은 라시들의 로드들이다. 즉, 첫 번째 바바 포인트는 화성이, 두 번째는 목성이, 세 번째와 네 번째는 토성이, 다섯 번째와 여섯 번째는 화성이, 일곱 번째는 금성이, 여덟 번째는 수성이, 아홉 번째는 태양이, 열 번째는 수성이, 열한 번째와 열두 번째는 금성이 각각 관장하고 있다. 그리고 같은 라시에서 합치를 이루고 있는 행성들과는 더욱 깊은 관계를 가지게 된다.

• Mrs. 클린턴의 출생도에서 열여섯 개 바가들에 위치한 바바 포인트(커스프)들의 도표

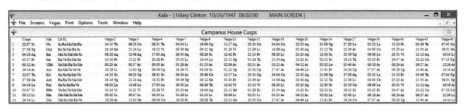

▣ 라시들과 하우스들의 타입

네모난 박스 형식으로 구성된 남인도 스타일의 차트는 라시가 고정되어 있는 반면, 하우스의 위치가 이동된다. 그래서 남인도 스타일은 라시들을 분석하는 데 유용한 방식이다. 다이아몬드 형식으로 구성된 북인도 스타일의 차트는, 하우스가 고정되어 있는 반면, 라시의 위치가 이동된다. 그래서 북인도 스타일은 하우스들을 분석하는 데 유용한 방식이다. 이처럼 두 형식의 차트가 모두 나름대로 사용 이점을 가지고 있기 때문에, 점성학도들은 처음부터 두 스타일에 같이 익숙해져야 한다.

• Mr. 부시의 라시 차트를 북인도 스타일로 나타낸 것

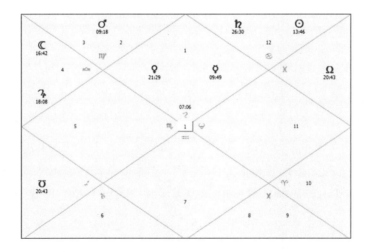

• Mrs.클린턴의 라시 차트를 북인도 스타일로 나타낸 것

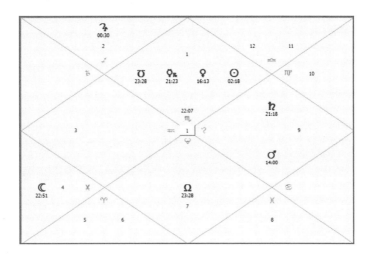

▣ 하우스들의 타입에 따른 그룹 분류

· 트리코나 (Trikonas, 삼각하우스): 첫 번째, 다섯 번째, 아홉 번째

트리코나 하우스들은 재물, 행운, 은혜, 축복 등을 가져다주는 하우스들이다. 트리코나 하우스들에 위치하고 있는 행성들은 자신의 특질이나 로드로서 다스리고 있는 하우스의 역량들을 잘 발휘할 수 있게 해준다.

· 두스타나(Dusthana, 어려운 하우스): 여섯 번째, 여덟 번째, 열두 번째

두스타나 하우스들은 변화가 필요함을 나타내는 임시적 하우스들이다. 이들은 보통 차트 주인에게 어려움들을 강요한다. 보다 어려운 카르마들이 이러한 하우스들을 통해서 나타나게 된다. 두스타나 하우스들에 위치한 행성들은 자신의 특질이나 로드로서 다스리고 있는 하우스들의 역량을 발휘하는 데 어려움을 겪게 된다. 만약 길성이 이들에게 영향을 미치고 있으면, 원래는 겪지 않아도 될 어려움을 어느 정도 겪으면서 성취를 할 수 있게 해준다.

· **우파차야 (Upachaya, 나아지는 하우스): 세 번째, 여섯 번째, 열 번째, 열한 번째**

우파차야 하우스에 있는 행성들은 자신이 가진 효과들을 차트 주인의 일생을 통해서 점차적으로 나아지는 방식으로 주게 된다. 차트 주인은 일생 동안 이러한 행성들을 더욱 더 잘 활용할 수 있도록 노력하게 된다. 세 번째 하우스에 있는 행성은 차트 주인이 기술이나 재능 등을 개발함으로서 나아질 수 있도록 해준다. 여섯 번째 하우스에 있는 행성은 여섯 번째 하우스가 나타내는 어려움이나 장애들을 억지로라도 극복하도록 강요해서 나아지게 해준다. 열 번째 하우스에 있는 행성은 차트 주인의 지위나 커리어가 활짝 피게 해서 나아지게 해준다. 열한 번째 하우스에 있는 행성은 삶을 통해 얻는 것들이 늘어나게 해서 나아지게 해준다.

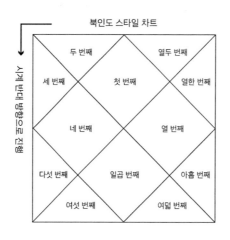

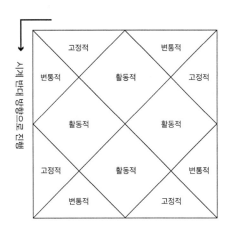

시계 반대 방향으로 진행

	고정적	변통적	
변통적	활동적	고정적	
활동적		활동적	
고정적	활동적	변통적	
	변통적	고정적	

⊠ 바바들의 특성들

바바들은 차트에 있는 구체적인 포인트들로서, 개인의 삶에서 실제적이고 구체적인 사건들을 만들어 내게 된다. 그러므로 열두 개 바바들은 해당 바바에 관련된 구체적인 대상, 구체적인 것들을 나타내고 있다. 브리핱 파라샤라 호라 샤스트라(BPHS)는 열두 바바들의 특성들에 대해 다음과 같이 묘사하고 있다.

· 첫 번째 바바

신체, 외모, 인식하는 능력, 카스트, 강함과 약함, 안락함, 고통, 그리고 존재의 진정한 상태를 라그나(교차하는) 바바에서 알 수 있다.

· 두 번째 바바

부, 곡식들, 가족, 죽음, 수집한 것들, 친구들, 금속들, 미네랄들, 보석들 등등은 모두 다나스타타(Dhanasthaana, 부의 장소)에서 알 수 있다.

· 세 번째 바바

용기, 거느리는 하인들, 형제들 등등 우파데샤(Upadesa, 첫 가르침), 여행, 부모의 결여, 죽음, 그리고 분별능력은 어려운 장소(세 번째 하우스)에서 알 수 있다.

· 네 번째 바바

운송수단들과 다른 비슷한 것들, 친척들, 어머니, 행복 등등 또한 어떤 그러한 열망, 그리고 비축한 것들, 토지, 집은 네 번째에서 알 수 있다.

· 다섯 번째 바바

얀트라(Yantra, 마술용 비법이나 부적), 만트라, 지식, 또한 지성(창조 지성), 계속되는 것, 자녀들, 그리고 왕의 총애를 잃음 등은 자녀 하우스에서 알 수 있다.

· 여섯 번째 바바

외삼촌, 적들, 상처들이나 비슷한 것들, 또한 계모들을 여섯 번째 바바에서 고려하게 된다.

· 일곱 번째 바바

아내, 먼 여행, 교역, 시력을 잃음, 그리고 자신의 죽음을 아내 바바에서 알 수 있다.

· 여덟 번째 바바

수명, 전투, 사기꾼들, 통과하기 어려운 것들/튼튼한 요새들, 죽은 이의 부, 영혼의 거취, 현명한 이의 이전과 이후 등을 모두 분열/공간/홈 바바에서 알 수 있다.

· 아홉 번째 바바

행운, 아내의 남형제, 종교적 법, 남동생의 아내, 성지순례 등을 모두 다르마스타나(Dharmasthaana, 다르마의 장소)에서 알 수 있다.

· 열 번째 바바

왕조, 공중, 직업, 존경, 아버지, 집에 없는, 의무 등을 모두 비요마스타나(Vyomasthana, 하늘 하우스)에서 알 수 있다.

· **열한 번째 바바**

다양한 물건들의 취득, 아들의 아내, 수입, 증가/진전, 그리고 가축동물 등을 바바스타나(Bhavasthana, 바바의 장소)에서 알 수 있다.

· **열두 번째 바바**

잃음/비용, 적의 행동들의 결과, 마지막 소유물을 얻음 등을 모두 현명한 비야야(the wise Vyaya)에서 알 수 있다.

▨ 바바들의 구체적인 특성들

· **첫 번째 바바**

"신체, 외모, 인식하는 능력, 카스트, 강함과 약함, 안락함, 고통, 그리고 존재의 진정한 상태를 라그나(교차하는)바바에서 알 수 있다."

라그나가 첫 번째 바바가 된다(위에서 제시한 Mr. 부시의 라그나 바바의 포인트는 사자라시 07:06도에 있다. Mrs. 클린턴의 라그나 바바 포인트는 전갈라시 22:07도에 있다). 그런데 로컬스페이스가 남극이나 북극 쪽에 가까울수록, 한 개의 라시에 바바들이 골고루 분포되지 않는 경우들이 있게 된다.

첫 번째 바바는 우리의 몸, 신체를 나타낸다. 그래서 라그나를 통해 외모나 모습들을 알 수 있다. 인식하는 능력이란 주변에 대한 인지, 정보를 인지할 수 있는 능력 등을 나타낸다. 예를 들어 라후가 첫 번째 바바에 있는 경우, 인식능력이 흐리고 주변 상황 파악을 잘 하지 못한다. 수성이 있는 경우, 주변의 모든 정보들을 있는 대로 흡수한다. 첫 번째 라시는 브레인(두뇌)를 나타내기 때문이다. 또한 카스트(Caste)를 알 수 있다. 인도의 카스트 제도는 원래 신분의 등급을 매기는 것이 아니라 직업을 구분하기 위한 목적으로 세워진 것이다. 오늘날의 근대사회에서 카스트는 직업에 의해 결정된다. 사업을 하거나 보석을 다루는 사람들 등은 바이샤(Vaysa, 상인계층)에 속한다. 교사나 교수,

점성학자, 상담자 등은 브라민(Bramin, 승직계층)에 속한다. 경찰이나 직업군인 같은 사람들은 크샤트리야(Kshatriya, 무사계층)에 속한다. 요식업이나 서비스업에 종사하는 사람들은 수드라(Sudra, 하인계층)에 속한다. 이처럼 라그나 바바는 우리가 세상에서 하는 일들을 나타낸다. 그리고 신체적으로 타고난 힘, 강함이나 약함의 정도 등을 알 수 있다. 라그나는 우리가 누구인가에 대해 많이 나타낸다. 우리가 가진 힘이나 능력에 따라 세상에서 할 일들을 선택하고, 예술가 혹은 점성학자 등으로 자신을 표현할 수 있게 된다. 라그나는 또한 우리가 타고난 능력, 강하고 남성적인지 혹은 부드럽고 여성적인 성향으로 태어났는지 등을 나타낸다. 신체가 누리는 안락함이나 느끼게 되는 고통 등도 알 수 있다. 우리가 세상에 자신의 자리를 찾으려 할 때 느끼게 되는 순조로움이나 어려움 등도 같이 의미하고 있다. 라그나를 통해 우리는 "나"라는 존재의 진정한 상태를 알 수 있다. 우리들이 가장 자연스럽게 느끼고 있는 존재의 상태, 정치인, 예술가, 혹은 점성학자가 가장 자연스러운 모습인지 아닌지 등을 라그나 바바를 통해서 알 수 있다.

· 두 번째 바바

"부, 곡식들, 가족, 죽음, 수집한 것들, 친구들, 금속들, 미네랄들, 보석들 등등은 모두 다나스타타(부의 장소)에서 알 수 있다."

두 번째 바바가 나타내는 부富는 구체적으로 우리의 책임을 완수하는 데 필요한 부를 나타낸다. 나와 가족, 책임지고 있는 조직이나 회사 등을 돌보거나 책임지는 데 필요한 부, 세상의 의무들을 이행하는 데 필요한 부를 의미한다. 곡식들이란 음식으로 먹여 살릴 수 있는데 필요한 부를 나타낸다. 남아 돌아가서 낭비할 수 있는 부가 아니라, 책임을 이행하는데 필요한 부이다. 가족이란 돌보고 먹여 살려야 하는 책임이다. 그래서 두 번째 바바는 가족을 나타낸다. 두 번째 바바는 자신의 죽음도 나타낸다. 그리고 수집한 물품들이나 재물들, 귀한 것들 등도 부富로써 큰 가치를 가지고 있지만, 동시에, 관리를 해야 하는 책임도 있다. 가족들이나 친구들은 우리가 돌봐야 하는 사람들이지만, 그러나 그들은 우리를 돌봐주기도 한다. 서로를 돌봐주는 관계인 것이다. 그리고, 금속들, 미네랄들, 보석들 등등 팔면 가치가 있는 모든 것들을 나타낸다. 이러한 것들은 모두 부의 근원으로 우리의 책임을 이행하는 데 도움이 된다. 예를 들어, 부자 집에 태어났으면, 평생 너무 열심히 일을 하지 않아도 된다. 그러므로 가족은 부의 근원이다. 친구들이 많으면 어렵거나 필요할 때 도움을 얻을 수 있기 때문에 또한 부의 근원이다. 두 번째 바바는 우리가 돌봐야 하는 모든 것들인 동시에, 우리를 돌봐주는 것으로 되돌려 주는 것들을 나타낸다.

· 세 번째 바바

"용기, 거느리는 하인들, 형제들 등등, 우파데샤(Upadesa, 첫 가르침), 여행, 부모의 결여, 죽음, 그리고 분별능력은 어려운 장소(세 번째 하우스)에서 알 수 있다."

용기란 어떠한 어려움이나 두려움들을 극복하고 전진할 수 있는 능력을 의미한다. 삶을 산다는 것은 결코 쉬운 일이 아니다. 삶의 길에서 부닥치게 되는 온갖 문제나 어려움을 극복하고자 하는 능력이 바로 용기를 의미한다. 거느리는 하인들이란 고용인들이나 직원들, 도우미 등등 우리를 위해 일하는 사람들을 모두 포함한다. 그런데 사람을 거느리기가 결코 쉽지 않다. 형제들이란 부모님의 사랑을 나누어야 하는 경쟁상대들이기 때문에 어렸을 때 혹은 자랐어도 항상 다투고 싸운다. 우파데샤(첫 가르침)란 어떤 것이든 처음으로 배우게 되는 것을 나타낸다. 뭐든지 새로운 것을 처음 배울 때는 항상 어렵다. 그러나 익숙해지면 나중에는 우리에게 도움이 되는 것들이다. 수학이나 과학 등은 처음에는 소화하기 어렵다. 일단 외우고 나면 살아가는데 도움이 되는 훌륭한 도구가 된다. 세 번째 바바는 짧은 여행을 나타낸다. 보통 사무적인 이유로 가게 되는 여행을 의미하는데, 몇 시간씩 장거리 운전을 하거나 비행기를 갈아타는 등, 가기는 어렵지만 일단 그곳에 가면 우리가 하고자 하는 일들을 완수할 수 있다. 부모님의 결여란, 돌아가시는 것을 의미한다. 설사 어른이더라도 부모님을 잃는 것은 누구에게나 절대 쉽지가 않은 일이다. 세 번째 바바는 특히 아버지의 죽음을 나타낸다. 아홉 번째에서 일곱 번째가 되는 바바이기 때문이다. 또한 자신의 죽음, 그리고 어떻게 죽을 것인지 하는 것을 나타낸다. 분별능력이란, 옳고 그른 것을 알 수 있는 능력을 의미하는데 결코 쉬운 일이 아니다. 뭐든지 논리적으로 풀려고 하는 것이 쉽지 않지만 일단 해결하게 되면 유용한 정보를 얻게 되는 큰 보상이 있다. 이처럼 세 번째 바바는 어려움의 장소를 나타내는데, 초기에는 뭐든지 어렵지만, 나중에 그만큼 보상이 있는 모든 것들을 나타낸다. 거느리는 하인들,

직원들이란 처음에는 다루기 어렵지만 일단 숙련이 되면 고용주에게 많은 도움이 된다. 형제들도 마찬가지다. 같이 자랄 때는 어렵더라도 나중에 어른이 되면 서로에게 아주 큰 도움과 의지가 될 수 있다. 보통 독자나 독녀로 자란 사람들은 형제들과 함께 자란 사람보다 면역력이 약하다는 사실이 잘 알려져 있다. 용기란 처음에는 내기가 어렵지만, 일단 내게 되면 승리를 거둘 수 있는 보상이 있다. 우파데샤의 행위도 마찬가지로, 뭐든지 처음에는 배우기 어렵지만 일단 습득하고 나면 나중에 큰 도움과 보상이 있게 된다.

· 네 번째 바바

"운송수단들과 다른 비슷한 것들, 친척들, 어머니, 행복 등등 또한 어떤 그러한 열망, 그리고 비축한 것들, 토지, 집은 네 번째에서 알 수 있다."

운송수단들과 다른 비슷한 것들이란, 자동차를 비롯하여 몸을 운반하여 주는 모든 것들을 의미한다. 두 번째 바바와 비슷하며 가치가 있는 어떤 것들을 나타낸다. 두 번째 바바는 우리의 책임을 이행할 수 있게 도와주는 것들을 의미하는데 굳이 소유하지 않아도 된다. 예를 들어 본인 소유 주택이 아니어도 된다. 가족에 대한 책임을 이행하기 위해선 어떤 셋집이라도 괜찮다. 그러나 네 번째 바바는 본인 소유의 재산, 부, 사치스럽고 호화로운 것들, 본인 명의 집이나 자동차 등 소유하고 있으며 풍요롭고 사치스런 의미를 지닌 부를 의미한다. 여분의 돈이나 저축, 주식, 호화스런 것 등은 책임을 이행할 필요가 없는 재산들이다. 없어도 살 수 있지만 그러나 가지고 있으면 더 좋은 부를 의미한다. 친척들이란 가족, 친지들을 모두 포함한다. 두 번째 바바는 직계가족들을 의미하지만, 네 번째 바바는 가족뿐만 아니라 모든 범위의 친척들을 다 포함하는 대가족을 의미한다. 어머니는 우리에게 행복의 근원이다. 임신 중에 어머니가 행복했으면 행복한 아이가 된다. 어머니가 임신 중에 행복하지 않았으면 태어나도 행복한 아이일 수가 없다. 태어나서도 어머니가 행복하게 모유를 수유하였으면 행복한 아이가 된다. 어머니가 건강하지 않아 혹은 다른 이유로 제대로 모유 수유를 받지 못하고 자랐다면 행복한 아이로 자랄 수가 없다. 어머니는 우리가 행복할 수 있는 가장 근본적인 능력을 부여한다. 어떤 그러한 열망이란, 뭐든지 우리가 아주 원하고 열망하는 것들을 가슴 속 안에 감추어져 있다. 그래서 네 번째 바바는 감추어져 있는 것들을 나타낸다. 행복함이나 열망들은 우리속 안에 모두 감추어져 있다. 저축금도 감추어져 있다. 이처럼 뭐든지 감추어져 있지만 우리를 행복하게 하는 것들을 나타낸다. 그래서 중독증에 대한 것을 살필 때 네 번째 바바가 중요하다. 남이 모르는 비밀스러운 행복을 주는 것들은 중독증의 성질을 가질 수 있기 때문이다.

· 다섯 번째 바바

"얀트라(Yantra, 마술용 비법이나 부적), 만트라, 지식, 또한 지성(창조 지성), 계속되는 것, 자녀들, 그리고 왕의 총애를 잃음 등은 자녀 하우스에서 알 수 있다."

얀트라란 마술용 비법이나 부적 등, 매직의 파워가 있는 것들을 의미한다. 만타라는 진언을 외거나 영적 수행법처럼 우리들의 의식을 더 낫게 만드는 것들이다. 다섯 번째 바바가 나타내는 지식이나 창조 지성은 상상력을 활발하게 사용하거나 증진시키는 능력을 가진 지성을 의미한다. 세 번째 바바는 논리적으로 추론을 할 수 있는 지성을 의미한다. 반면에 다섯 번째 바바는 신이 내려주신 지성의 성질을 가지고 있다. 계속되는 것이란, 다섯 번째 바바가 가진 아주 중요한 특성이다. 어떤 것이든 마음 먹은 것에 대해 계속할 수 있고 한결같을 수 있는 능력, 꾸준히 진보하고 진전할 수 있는 능력을 나타낸다. 다섯 번째 바바가 약한 사람들은 뭐든지 이것저것 시작은 잘하지만 끝을 못 보고 흐지부지 해버리게 된다. 자녀들이란, 우리가 가진 위대한 창조성의 일부이다. 우주적 창조 지성이 자손의 증식을 통해 계속 이어가려는 힘을 의미한다. 왕의 총애를 잃는다 함은 어떤 직위에서 떨어짐을 의미한다. 열 번째에서 여덟 번째에 있는 바바이기 때문인데, 여덟 번째 바바는 파괴나 추락 등을 나타낸다. 만약, 다섯 번째 바바에 4개 이상의 행성들이 있는 경우에는, 어떤 일정하거나 고정적인 커리어를 가지기 힘들게 된다. 특히, 정치적 선거나 커리어에 연관된 것들에 대해 예측하고자 할 때 다섯 번째 바바가 아주 중요한 비중을 차지한다.

· 여섯 번째 바바

"외삼촌, 적들, 상처들이나 비슷한 것들, 또한 계모들을 여섯 번째 바바에서 고려하게 된다."

여섯 번째 바바는 두스타나(어려운 장소들, 여섯/여덟/열두 번째 바바들) 바바이기 때문에, 나쁜 장소라는 성격을 가지고 있다. 그러나 단순히 부정적인 의미의 바바로 다루기보다는 더 넓은 관점에서 이해해야 한다. 여섯 번째 바바는 삶에서 일어나는 어려움들을 나타내고, 또 그러한 어려움들을 다룰 수 있는 능력을 나타낸다. 적들이란, 비단 사람만 의미하는 것이 아니라, 어떤 사고나 질병, 부채 등도 포함한다. 그러한 적들을 싸우고 극복할 수 있는 능력을 의미한다. 상처들이나 비슷한 것들이란, 상처받았을 때 이를 극복하고, 치유하고, 회복할 수 있는 능력, 아팠을 때 치료하고 회복할 수 있는 능력 등을 나타낸다. 여섯 번째 바바가 좋은 사람들은 힐링이나 극복할 수 있는 능력이 뛰어나다. 하지만 극복하기 이전에, 먼저 그러한 어려움들이 있어야 하기에, 여섯 번째 바바가 보통 부정적인 성격을 띠고 있다. 여섯 번째 바바는 네 번째에서 세 번째가 되기 때문에, 외삼촌이나 이모 같은 어머니의 형제들을 나타내기도 한다. 그래서 계모를 의미하는데, 옛날에는 남자들이 보통 여러 명의 아내를 거느렸다. 이러한 아버지의 다른 부인들은 어머니의 여자 형제로 여겨졌다. 통상적으로 계모가 악하다는 편견을 가지고 있지만, 그러한 의미에서의 계모가 아니라, 어머니의 다른 여자 형제라는 개념을 가지고 있다. 여섯 번째 바바가 지닌 어려운 성격으로 인해, 악한 어머니, 즉 나쁜 계모를 의미한다는 뜻이 아니다. 요즘처럼 이혼가정들이 일반적인 시대에서는, 좋은 여섯 번째 바바는 훌륭한 계모를 나타낸다. 낳아준 어머니보다 길러준 어머니가 더 훌륭한 경우도 아주 흔하다. 여섯 번째 바바는 또한 우파차야(시간이 지날수록 나아지는, 세 번째/열 번째/열한 번째 하우스들) 바바이기 때문에, 시간이 지날수록 나아진다는 개념을 가지고 있다. 상처들은 시간이 지나면 나아진다. 우리를 괴롭히던 적들도 한참 시간이 지난 후에 만나면 오히려 친구가 될 수도 있다. 경제적 빚들이나 채무들도 시간이 지나면 갚음으로서 해소된다. 여섯 번째 바바는 네 번째에서 세 번째가 되기 때문에, 집을 사기 위해 대출받는 것처럼 좋고 건강한 빚을 의미한다. 쇼핑하고 사치하느라 사용한 신용카드 빚은 아주 나쁜 빚들이다. 이처럼, 좋은 빚인지 나쁜 빚인지 하는 것들은 모두 여섯 번째 바바의 안녕 상태에 달려 있다.

· 일곱 번째 바바

"아내, 먼 여행, 교역, 시력을 잃음, 그리고 자신의 죽음을 아내 바바에서 알 수 있다."

일곱 번째 바바는 배우자, 파트너를 나타내는데, 성적 파트너뿐만 아니라 비즈니스 파트너도 포함한다. 세 번째 바바는 단거리나 짧은 여행을 의미하는 반면, 일곱 번째 바바는 길고 먼 여행을 나타낸다. 서양 점성학에서는 열두 번째 하우스가 외국여행을 의미하지만 사실은 일곱 번째 바바가 훨씬 정확하게 외국여행을 나타낸다. 교역이나 무역이라 함은 어떤 형태로든 뭐든지 사고파는 것들을 포함한다. 서양 점성학에서는 세 번째 하우스가 교역을 다스리며, 일반 베딕 점성학자들도 세 번째 바바를 사용하는 경향이 있다. 그러나 위에서 BPHS가 분명하게 명시한 것처럼, 일곱 번째 바바가 교역을 다스린다. 시력을 잃는다는 것은, 두 번째 바바는 "눈"을 나타내는데, 두 번째에서 여섯 번째 바바이기 때문에, 굳이 시력을 잃는다는 뜻이 아니라 눈이 얻게 되는 질병을 의미하고 있다. 그리고 일곱 번째는 자신의 죽음을 나타내는 중요한 바바이다. 성적 행위를 의미하기도 하는데 중국철학에 따르면 섹스는 자신의 작은 죽음으로 표현하고 있다. 섹스를 통해 자신이 죽는다는 뜻은, 성적 행위를 나눌 때마다 우리 안의 기가 조금씩 줄어들기 때문이다. 남자들은 죽을 때 보통 사정을 하거나 오줌과 배설을 한다. 그래서 일곱 번째 바바는 죽음의 시간을 예측할 때 고려해야 하는 가장 중요한 바바이다.

· 여덟 번째 바바

"수명, 전투, 사기꾼들, 통과하기 어려운 것들/튼튼한 요새들, 죽은 이의 부, 영혼의 거취, 현명한 이의 이전과 이후 등을 모두 분열/공간/홈 바바에서 알 수 있다."

여덟 번째 바바는 얼마나 장수할 수 있을지 하는 수명을 알 수 있는 바바이다. 전투란 어떤 형태로든 싸우는 것을 의미하는데, 재판 등에서 싸우는 것도 포함한다. 가장 강력한 두스타나 바바로서, 여섯 번째는 적을 나타내지만, 여덟 번째 바바는 적과의 실제 싸움을 나타낸다. 뭔가 감추거나 속이고 거짓말을 하는 사기꾼들, 남의 것을 훔치는 도둑들도 이곳 바바에서 알 수 있다. 여섯 번째 바바는 도둑이 아니라 적을 의미한다. 여덟 번째 바바는 감추어져 있는 것을 나타낸다. 네 번째 바바는 내면에 감추고 있는 감정 등을 의미하는 반면, 여덟 번째 바바는 행위적으로 감추는 것을 의미한다. 통과하기 어려운 것들/튼튼한 요새들이란 군대의 요새 같은 막강한 벽, 여행하다가 만나게 되는 큰 장애, 어떤 불가피한 사정이나 예기치 못했던 기상적 여건 등으로 인해 여행을 계속하지 못하고 되돌아서야 하는 것 등을 나타낸다. 죽은 이들의 부富는 유산이나, 정신적 유물, 혹은 이혼 위자료 등도 포함한다. 여덟 번째 바바는 또한 영혼의 거취를 나타내는 바바로서, 전생과 후생, 이전과 이후를 알고자 하는 이들에게 아주 중요한 어컬트(Occult) 장소이다. 특히 점성학자들에게 가장 중요한 바바이다. 분열/공간/홈 이란, 어떤 결점, 금방이라도 부서지거나 허물어질 것처럼 내재하고 있는 약점 등을 나타낸다. 이러한 상태에 있는 결점은 언제라도 어떤 큰 스트레스가 덮치면 금방 산산조각나게 된다. 그러므로 여덟 번째 바바를 통해 내재 되거나 타고난 신체적, 정신적, 심리적 약함 등을 알 수 있다. 조제업자들이 어떤 하자가 있는 제품을 생산하였을 때, 보통 그러한 문제점들은 감추어져 있다. 이러한 결함들도 포함하는 바바이다.

· 아홉 번째 바바

"행운, 아내의 남 형제, 종교적 법, 남동생의 아내, 성지순례 등을 모두 다르마스타나 (Dharmasthaana, 다르마의 장소)에서 알 수 있다."

아홉 번째 바바는 12개 바바 중에서 가장 큰 행운을 나타내는 중요한 트라인(Trine, 첫 번째/다섯번째/아홉 번째 하우스들) 바바이다. 좋고 순탄한 인생을 살 수 있기 위해선 아홉 번째 바바가 큰 작용을 한다. 아내의 남 형제를 나타내는데, 배우자를 나타내는 일곱 번째에서 세 번째에 있기 때문이다. 종교나 종교적 법칙들, 영적 수행, 영적 진리, 정의로움, 바른 일 등을 나타내는 다르마 바바이다. 남동생의 아내라 함은 형제들을 나타내는 세 번째에서 일곱 번째에 있기 때문이다. 성지순례라 함은 어떤 종교적인 목적으로 여행을 하는 것을 말한다. 같은 인도를 간다 하더라도, 인도에 구루를 만나기 위해 가면 아홉 번째 바바를 고려하고, 일 때문에 인도를 가는 것이라면 일곱 번째 바바를 고려해야 한다. 보통 서양 점성학에서는 아홉 번째 하우스에서 아버지를 고려하는데, BPHS에서는 열 번째 바바를 아버지의 장소라고 말한다. 그러나 일반적으로 아버지의 수명을 고려할 때는 아홉 번째 바바를 고려하고, 아버지의 역할을 알고자 할 때는 열 번째 바바를 고려한다. 아버지가 나에게 미치는 모든 영향, 가르침, 돌보고 키워준 역할 등을 포함한다. 그러므로 아버지의 신체적 안녕 상태는 아홉 번째 바바에서, 아버지가 나에게 미치는 영향은 열 번째 바바에서 고려한다.

· 열 번째 바바

"왕조, 공중, 직업, 존경, 아버지, 집에 없는, 의무 등을 모두 비요마스타나(Vyomasthana, 하늘 하우스)에서 알 수 있다."

첫 번째 바바인 라그나가 내 인생의 시발점, 즉 아침 해가 떠오르는 시점이라고 표현한다면, 열 번째 바바는 정오, 해가 가장 높이 떠 있는 중천을 의미한다. 즉, 내 인생의 가장 높은 점이라고 할 수 있다. 그래서 열 번째 바바는 엠파이어(empire), 나의 왕국, 내가 왕인 곳을 나타낸다. 사업 오너이면 비즈니스, 대통령이면 나라, 요가선생이면 요가 스튜디오, 레스토랑 오너이면 레스토랑, 주부이면 집 등등 내가 최고위치인 장소를 나타낸다. 공중이라 함은 어떤 공간을 의미하는데 우주비행사들에게는 우주 전체가 그들의 공간이다. 지배자들에게는 다스리는 영역이 그들의 공간이 된다. 직업이란 커리어를 의미한다. 어떤 직업인지, 얼마나 직업적 성공이나 존경, 명성 등을 얻을 수 있을지도 열 번째 바바에서 알 수 있다. '집에 없는'이라는 뜻은 집을 나타내는 네 번째에서 일곱 번째에 있으니, 일이나 취미 등, 어떤 이유로든 집을 떠나면 열 번째 바바를 고려한다. 열 번째 바바가 아주 활발한 사람들은 항상 집에서 부재중이다. 워크홀릭 같은 경우가 좋은 예이다. 의무라 함은, 우리가 해야 하는 것, 맡고 있는 큰 책임이나 커리어, 카르마 등을 나타낸다. 하늘 하우스라 함은, 공중에서 시간을 보내게 한다는 것을 의미한다.

· 열한 번째 바바

"다양한 물건들의 취득, 아들의 아내, 수입, 증가/진전, 그리고 가축동물 등을 바바스타나(Bhavasthana, 바바의 장소)에서 알 수 있다."

다양한 물건들의 취득이란, 어떤 물건들뿐만 아니라 직위, 학위, 타이틀, 명예장, 훈장, 혹은 다른 어떤 유형과 무형의 원하는 것들을 성취하는 것을 모두 나타낸다. 자녀들을 나타내는 다섯 번째 바바에서 일곱 번째에 있으니, 아들의 아내를, 혹은 딸의 남편을 나타낸다. 그리고 커리어를 통해 얻은 수입을 나타낸다. 어떤 식으로든 증가/향상/진전/ 승진 등을 하는 것, 운동선수라면 고단수로 올라가는 것 등을 나타낸다. 가축이라 함은 집에서 키우는 동물이지만 수입을 가져다주는 동물을 의미한다. 애완용으로 키우는 동물은 네 번째 바바가 나타낸다. 열한 번째 바바는 농장의 동물 등을 의미한다. 여섯 번째 바바는 야생동물을 나타낸다. "바바스타나"라 함은, 이처럼 뭔가를 구체적으로 얻는다는 것을 뜻하고 있다.

· 열두 번째 바바

"잃음/비용, 적의 행동들의 결과, 마지막 소유물을 얻음 등을 모두 현명한 비야야(the wise Vyaya)에서 알 수 있다."

열두 번째 바바는 마지막 바바이다. 그래서 가장 중요한 특성은 잃음/비용을 나타내는 바바라는 사실이다. 두 단어는 서로 비슷한듯 하면서도 다른 개념을 가지고 있다. 잃음이라고 할 때는, 뭔가를 주거나 지불하였지만 돌아오는 건 아주 적다는 의미이다. 비용이라 함은, 어떤 필요한 물건을 지불하고 샀는데, 그만큼 쓸모를 가지고 있음을 의미한다. 예를 들어, 컴퓨터나 캠코더를 비싼 돈을 지불하고 샀을 때, 이로 인해 일의 가치를 높일 수 있으면 비용에 속한다. 반대로, 며칠 사용하지도 않았는데 고장이 나거나 실수로 파손이 되었다면 잃음, 즉 손실이 된다. 뭔가를 지불하고 그만큼 가치가 돌아오지 않으면 손실에 속하고 가치가 돌아오면 비용에 속한다. 두스타나(여섯/여덟/열두 번째) 바바들 중의 마지막으로서 굳이 나쁜 바바가 아니다.

두스타나 바바들은, 나쁜 라지타디 흉성들의 영향하에서 뭔가 잘못되면 나쁜 바바이지만 그러나 좋은 영향하에 있으면 나쁜 바바들이 아니다. 우리가 버는 것보다 더 많이 쓰면 나쁜 것이고, 돈을 벌면서도 제대로 쓸 줄을 모르면 불행해진다. 비용 자체는 좋은 것이며, 어려움들 자체는 필요한 것이며, 비밀도 어느 정도는 있어야 한다. 모두 어떻게 적절한 균형과 조화를 이루느냐 하는 것이 더 중요한데, 이러한 것들은 모두 라지타디 아바스타에 달려있다. 적의 행동들의 결과라 함은 여섯 번째 바바는 적을 나타내며, 여덟 번째 바바는 실제 싸움을 나타내며, 그러한 싸움의 결과는 열두 번째 바바에서 알 수 있다는 뜻이다. 그래서 재판의 결과를 알고자 한다면 열두 번째 바바를 고려해야 한다. 만약 여섯 번째 바바가 어려운 라지타디 아바스타에 있다면 아주 고약한 적들을 만나게 됨을 의미한다. 여덟 번째 바바가 어려운 라지타디 아바스타에 있으면

지독하게 치열한 싸움을 의미한다. 그러나 그러한 싸움의 결과는 열두 번째 바바가 결정한다. 아무리 여섯 번째, 여덟 번째 바바가 어려운 상태에 있어도, 열두 번째 바바가 좋은 상태에 있으면 싸움에서, 혹은 재판에서 이기게 된다. 그러므로 어떤 재판의 여부를 알고자 할 때, 여섯 번째, 여덟 번째, 열두 번째 바바를 같이 고려해야 한다. 마지막 소유물을 얻는 것이라 함은, 죽기 전에 원하는 것을 성취하는 것을 나타낸다. 죽기 직전에 소원성취, 마지막 욕구를 충족시킨다는 뜻이다. 열두 번째 바바가 나쁜 라지타디 아바스타에 있으면, 죽기 전에도 어렵고, 쉽게 죽지도 못하고, 죽어서도 편치가 않게 된다. 그래서 열두 번째 바바는 깨달음을 나타내는 장소이기도 하다.

▧ 바바들이 가진 심리적 특성들

바바가 형상화시키는 것들, 즉 뭐든지 우리가 가지는 것들은 이에 따른 심리적인 영향을 남기게 된다. 예를 들어, 네 번째 바바는 어머니를 나타내는데 어머니가 돌아가는 경우 그에 따른 심리적인 여파가 있을 것이다. 만약 네 번째 바바가 나쁜 라지타디 아바스타에 있으면 심리적인 여파도 아주 어렵고 힘든 것이 된다. 좋은 라지타디 아바스타에 있으면, 어머니가 돌아가는 사건이 남기게 되는 심리적 여파도 무난하고 순조로운 것이 된다. 열두 개 라시들을 이해하기 위해 세가지 성향(활동적, 고정적, 변통적)과 4 원소들(불, 흙, 공기, 물)에 따라 두 그룹으로 나눈 뒤, 조합적으로 나타나는 효과들을 분석하게 된다. 열두 개 바바들도 마찬가지 방식으로 이해할 수 있다. 바바들을 세 가지 타입(앵글, 이어지는, 내려가는)과 네 가지 목표(다르마, 아타, 카마, 목샤)에 따라 두 그룹으로 나눈 뒤, 이를 조합한 효과들을 분석하면, 삶에서 일어나는 일련의 사건들에 대해 바바들이 가지는 심리적인 영향들을 파악할 수 있다.

▣ 하우스 혹은 바바들의 세 가지 타입

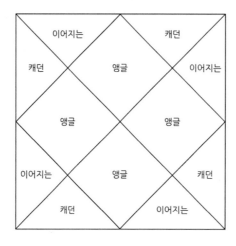

▣ 앵글 하우스: 첫 번째, 네 번째, 일곱 번째, 열 번째

앵글 하우스들은 "행동"을 나타내며, 차트에서 파워 하우스들이다. 이러한 바바들의 로드들은, 힘과 행동의 열매를 거둘 수 있는 능력을 부여하고 있다. 앵글 하우스에 있는 행성들은 보통, 자신이 가진 특질이나 로드로서 관장하고 있는 하우스의 역량들을 아주 잘 발휘할 수 있게 해준다. 상당한 비중의 역량과 모멘텀이 이러한 행성들을 받쳐 주고 있다.

▣ 파나파라, 이어지는 하우스: 두 번째, 다섯 번째, 여덟 번째, 열한 번째

파나파라, 이어지는 하우스들은 차트에서 견고함, 안정성, 안전성을 부여하고 있다. 이러한 바바의 로드들이 나쁜 라지타디 상태에 있으면 안정성이 결여된다.

▣ 캐던, 내려가는 하우스: 세 번째, 여섯 번째, 아홉 번째, 열두 번째

캐던, 내려가는 하우스들은 차트에서 소통, 고려, 평가 등을 할 수 있게 하는 하우스들이다.

이러한 바바의 로드들은 "재능과 재주들"을 주는 장소들이다. 행동을 통해서 자신의 가치를 느낄 수 있을 때 우리가 가진 재능이나 능력도 향상될 수 있다. 만약 이러한 바바들이 손상되었으면, 재능이나 재주가 부족할 뿐만 아니라 앞으로 진보할 수 있는 능력이 뒤떨어진다. 그래서 삶에서 좌절감을 느끼고 앞뒤로 꽉 막힌듯한 압박감에 사로잡히게 된다. 만약 세 번째와 아홉 번째 바바에 문제가 있으면, 앞으로 나아갈 수 있는 능력이 떨어지며 과거에만 사로잡혀 살게 된다. 여섯 번째와 열두 번째에 문제가 있으면, 잠자리에서 나오기조차 싫어하며 세상에 아무런 좋은 일이나 할 만큼 가치가 있는 일이 없는 것처럼 느끼게 만든다.

▣ 아타, 카마, 다르마, 그리고 목샤(Artha, Kama, Dharma, Moksha) 하우스들

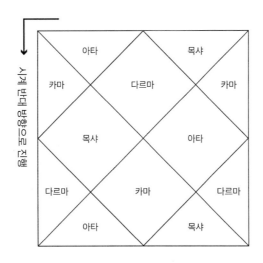

아타, 카마, 다르마 그리고 목샤는 우리가 살아가면서 각자 다른 시간의 모퉁이에 섰을 때, 누구나 한번쯤은 크고 작은 방식으로 숙고하게 되는 삶의 주요한 네 가지 목표들을 말한다. 이러한 네 가지 다른 목표들을 세 개의 하우스가 단계적으로 나타내고 있다. 처음 하우스는 목표를 향한 초기의 행동을 나타내며, 다음 하우스는 목표에 도달하기 위해서 반드시 겪어야 하는 어려움들 그리고 다음 하우스는 목표의 최종 완성을 나타낸다.

아타(Artha)는 간단히 말해서 "성취"를 뜻한다. 우리가 살아가는데 가장 기본적으로 필요로 하는 것들을 성취하기 위한 행동들을 나타내며, 다른 세 개의 목표들을 받쳐주고 있는 목표이기도 하다. 아타는 사람들이 시간과 에너지를 가장 많이 소모하게 되는 삶의 목표이다. 생존하는데 최소한으로 필요로 하는 것들을 얻기 위한 행동의 동기를 계속해서 부여하고 있다. 적절한 수준의 부, 건강의 유지, 물질적인 채무를 갚는 것, 뭔가 의미 있는 일을 하는 것 등은 모두 아타의 범주 안에 들어간다. 두 번째, 여섯 번째, 열 번째 하우스들이 아타를 나타낸다.

카마(Kama)는 충족시키기 원하는 욕구들을 나타낸다. 카마는 에고를 끊임없이 얽히게 만든다. 개인적인 관심사, 욕망, 명성, 사람에 대한 사랑과 섹스 등은 모두 카마의 영역에 들어간다. 세 번째, 일곱 번째, 열한 번째 하우스들이 카마를 나타낸다.

다르마(Dharma)는 "정의로움, 꾸준함"이라는 뜻이다. 최상의 선과 지속적인 행복을 얻기 위해서 우리가 따르게 되는 바른 행동의 지침을 나타낸다. 바로 다르마가 우리들 삶에 의미와 목적을 부여하고 있다. 우리가 가지고 있는 니치(Niche, 독특함)를 찾아내고, 우리가 타고난 지성이나 재능을 계발하고, 우리에게 적합한 어떤 믿음제도를 따르는 것 등은 모두 다르마의 범주 안에 들어간다. 첫 번째, 다섯 번째, 아홉 번째 하우스들이 다르마를 나타낸다. 크리슈나는 우리가 다르마를 따를 때 물질적인 풍요로움을 얻게 된다고 하였다. 부를 갖는 데 중요한 하우스가 바로 다르마 하우스들이다.

목샤(Moksha)는 "깨달음"을 의미한다. 영적인 초월이나 신과의 만남으로 얻어지는 희열 등을 통해 아픔이나 고통으로부터 자유로워짐을 나타낸다. 정신적/감정적인 고요함과 평정심, 감정적으로 집착하지 않는 마음, 죄의 정화, 한 개인보다 훨씬 더 큰 어떤 위대한 힘에 대한 믿음과 의지 등은 모두 목샤의 범주 안에 들어간다. 목샤는 삶의 네 가지 목표 중에서 가장 중요하며, 영원히 계속되고, 영원히 기쁘게 해 주는 유일한 목표이다. 유일하게 취할 가치를 있는 단 한 개의 목표를 가지고 목샤는 유지되고 있다. 나머지 목표들은 이렇게 높은 목표를 달성하는 데 보탬이 될 수 있도록 이상적인 방식으로 짜여 있다. 네 번째, 여덟 번째, 열두 번째 하우스들이 목샤를 나타낸다.

✗ 바바들이 가진 각자 다른 타입의 자신감들

다르마 바바들은 자신감과 자존감을 부여하는 장소들이다. 이러한 바바들이 손상되어 있으면 자신감이나 자존감이 결여되거나 부족하게 된다.

아타 바바들은 물질적인 것들을 얻게 해주는 장소들이다. 우리의 책임을 완수할 수 있게 하고, 물질적인 것을 소유할 수 있는 파워를 주며, 물질적인 생활에 필요한 것들을 충족시켜주는 바바들로서, 자신이 느끼는 가치를 확신할 수 있게 한다. 예를 들어 좋은 가족이 있으면 심리적으로 우리가 가진 자기 가치성을 높여주며, 커리어가 좋으면 자신이 느끼는 가치도 한층 높이 느끼게 된다.

카마 바바들은 욕구를 나타내는 바바들이다. 카마 바바들은 모두 다르마 바바들의 정반대편에 있다. 다르마 바바는 자기 자신감을 나타내는 반면, 카마 바바는 사회적 자신감을 나타낸다. 우리가 원하는 것을 충족시킬 수 있는 자신감은 주변 환경에 의해 많이 좌우된다는 것을 의미하고 있다. 우리 주변에 있는 사람들, 우리가 자라온 사회, 문화, 관습 등에 따라 우리가 가지는 욕구도 깊은 상관관계를 맺게 되는 것이다.

목샤 바바들은 어떤 식으로든 물질적인 어려움으로부터 자유로워지는 것을 나타낸다. 깊은 사고력의 힘을 키우고, 의식을 집중할 수 있는 능력을 얻기 위해선, 먼저 감정적으로 마음이 안정적일 수 있어야 한다. 감정이 여러 갈래로 흩어져 있으면 묵상이나 집중을 제대로 할 수가 없다. 최종적으로 자신이 원하는 것을 충족시킬 수 있기 위해서는, 한 길로 집중하고 몰입할 수 있는 묵상의 저력이 필요하다. 아인슈타인이나 에디슨 같은 뛰어난 발명가들이나 연구가들 등은, 충족된 결과를 얻을 수 있을 때까지 수십 년 동안 오직 한길로 집중하는 삶을 보냈다. 이처럼 원하는 것이나 목표가 성취되어야만 다음 단계로 넘어갈 수 있게 된다. 그래서 목샤 바바들은 모든 물질적, 정신적인 제약으로부터 궁극적으로 자유로워지는 것, 최종적인 깨달음을 알 수 있는 장소들이다.

이렇게 열두 개 바바들을 세 가지 하우스 타입과 네 가지 목표로 조합할 때 각 바바가 나타내는 심리적인 저력이나 힘들은 다음과 같다.

첫 번째 바바는 다르마, 행동, 자아를 나타내는 앵글 하우스이다. 이 바바가 손상되었으면, 자신이 무엇을 할 수 있고, 무엇이 될 수 있을지에 대한 자신감이 부족하게 된다.

두 번째 바바는 아타, 물질적인 책임감을 충족시킬 수 있게 하고, 자신이 가진 가치에 대해 안정감을 부여하는 하우스이다. 자신이 느끼는 가치가 높은 사람일수록 그만큼 안정적으로 될 수 있다. 무엇이 우리를 가치 있다고 느끼도록 해주는가? 어릴 때 가족들이 잘 먹여주고, 입혀주고, 보호해 주었으면, 그만큼 자신이 가치가 있다고 느낄 수 있게 된다. 뭔가 좋은 것으로 먹여지고 보호받을 만큼 가치가 있는 사람이라고 느끼면서 자라게 되면, 그만큼 높은 자기 가치관도 가질 수 있게 된다. 이 바바가 손상된 경우에는, 가족들이 제대로 먹여주지 못했거나 혹은 불량음식들만 먹으면서 자라게 된다. 그래서 자신이 느끼는 가치성도 낮다. 자기 가치관이 높은 사람은 다른 사람이 칭찬을 해주거나 뭔가를 준다 해도 행복하게 받을 수 있다. 손상된 경우에는 다른 사람들에게 받는 것이 어려워진다. 자신이 받을 가치가 없는 것처럼 느끼며, 칭찬이나 선물 등을 받는 것을 좋아하지 않는다. 혹은, 심리적인 결핍으로 인해 보상심리가 작용하여 온갖 것을 축적하거나 사재기를 하는 사람이 된다. 거대한 조직이나 회사의 사장들은 그만큼 큰 책임감을 가지고 있기에 자신이 느끼는 가치성도 높다. 대가족을 부양하는 가장들은 그만큼 많은 사람들을 먹여 살리고 있기 때문에, 자신이 느끼는 가치성 뿐만 아니라 다른 사람들이 인정해 주는 가치성도 그만큼 높게 된다. 그에 비해 개 한 마리 키우는 법 없이 평생을 독신으로 살며 TV 앞에서 몇 시간씩 넋 놓고 허송세월 하는 사람들은 그만큼 가치성도 낮아진다. 책임져야 할 사람이 아무도 없고 부양가족 하나도 없는 사람은 가치도 아주 낮고 인생을 낭비하는 것이며, 반면에 맡은 책임감이 큰 사람일수록 삶의 공헌도나 가진 가치도 높다.

세 번째 바바는 욕구와 자신감, 사회적으로 얼마나 쉽게 잘 적응하고 어울릴 수 있는가 하는 능력을 나타낸다. 그래서 길성이나 좋은 라지타디 행성이 세 번째 바바에 있으면 아주 사교적으로 되며 흉성이나 나쁜 라지타디 상태에 있는 행성에 세 번째 바바에 있으면, 자신이 원하는 것이나 욕구충족을 위해 경쟁할 수 있는 능력이 부족하게 된다. 세 번째 바바는 형제들을 나타낸다. 형제들이 많은 가족에서 자라난 사람들은 사회적인 능력을 계발할 수 있는 기회도 그만큼 높게 된다. 일반적으로 외동으로 자라난 사람들은 사회적 능력이 뒤떨어진다. 팀 일원들이나 동료들 같은 사람들은 같은 목표를 위해 같이 협조하고 일하는 사람들이다. 세 번째 바바가 손상된 사람들은 싸움에서 경쟁할 수 있는 능력이나, 이길 수 있는 능력이 부족하다. 사회적인 능력도 부족하며, 그룹 속에 있으면 마음이 편하지가 않다.

네 번째 바바는 목샤 바바로서 행동의 힘을 나타내는 앵글 바바이다. 원하는 것을 충족하기 위해 얼마나 집중할 수 있는가, 그리고, 어떤 감정과 느낌을 가지고 있는지 알 수 있는 힘을 나타낸다. 이 바바가 손상된 경우에는 자신이 느끼는 감정이나 인상에 대해 잘 모른다. 네 번째 바바는 우리가 무엇을 느끼는지 알고, 또 보여줄 수 있는 능력을 나타내는데, 손상된 경우에는, 작은 것으로도 상처를 잘 받게 된다. 네 번째 바바가 강한 사람들은 자신이 상처받은 감정을 보여줄 수 있다. 자기감정에 솔직할 수 있고 당당할 수 있다. 손상된 경우에는, 그러한 상처들을 보여주지 않는 대신에, 화를 내게 된다. 상처와 화는 전혀 다른 성질의 것이다. 예를 들어 토성과 라후에 의해 손상된 네 번째 바바를 가진 사람은, 자신의 약하고 복잡하며, 혼란된 감정을 보여주지 않고 감추고 있다. 그 대신에, 안으로 느끼는 것과 완전히 다른 감정을 보여준다. 그리하여 감정적으로 완전히 무질서하며 혼란스럽게 된다. 조울증과 우울증이 교대로 반복하는 양극성 장애증이 좋은 에이다.

다섯 번째 바바는 자기 자존감을 나타내는 다르마 바바이다. 자신이 누구인가에 대한 확신감을 부여한다. 첫 번째 바바는 행동의 자신감을 나타내지만, 다섯 번째 바바는 자신에 대한 자신감을 나타낸다. 그렇다고 이러한 자기 자신감이 반드시 행동으로 나타나는 건 아니다. 만약 첫 번째 바바가 손상되었으면, 비록 다섯 번째 바바가 강해도, 즉 자기 자존감이 높다 해도 굳이 행동으로 보여주지는 않는다. 그러나 내적으로 가진 자아 존중성, 자기애가 높다.

여섯 번째 바바는 두스타나 바바로서 어려움 속에서 얼마나 살아남을 수 있는 능력을 가졌는지를 나타내는 아주 중요한 바바이다. 재능이 없으면 우리는 살아남을 수 없다. 일을 통해 우리는 자신의 능력과 가치를 높일 수 있다. 여섯 번째 바바가 손상되면 질병이나 어려움을 극복하기 어렵다. 강한 바바는 살아남을 수 있는 능력, 자연의 재난에서 다시 재기할 수 있는 능력, 질병에서 힐링할 수 있는 능력, 적과 싸워서 이길 수 있는 능력, 돈을 관리할 수 있는 능력 등이 뛰어나다. 자신이 아플 때 병을 고쳐주고, 재난 당했을 때 구조해

주는 사람이 우리에겐 바로 영웅이고 가치도 가장 높은 사람들이다. 그래서 의사들이 높은 가치를 가지고 있는 것이다. 힐링할 수 있기 때문에 가치가 있는 사람이다. 만약 암에 걸렸을 때 가진 재산을 다 주고라도 고쳐주는 사람이 바로 영웅이고 가장 가치도 높게 된다. 신체적인 능력이나 힘을 가진 사람들, 생존할 수 있게 도와줄 수 있는 능력이 뛰어난 사람일수록 더 높은 가치를 가지고 있다. 적으로부터 침략당했을 때는 군대들이 가장 가치 있는 사람들이다. 어떤 능력이든 우리를 더 가치 있게 만들어 주는 능력을 여섯 번째 바바가 가지고 있다. 여섯 번째 바바가 좋은 상태에 있는 사람들은 능력이 아주 뛰어난 사람들이다.

일곱 번째 바바는 카마와 앵글이 조합된 바바로서, 밖으로 나가서 자신의 욕구를 사람들과 어울려서 선두적으로 충족할 수 있는 능력을 나타낸다. 좋아하는 사람이나 비즈니스에 연관된 사람들이 있으면, 먼저 접근하여 원하는 욕구를 충족시킬 수 있는 능력을 의미한다. 일곱 번째 바바는 연인관계나 비즈니스 파트너 등을 다룬다. 이 바바가 손상된 사람들은 사회적으로 무능하게 된다. 만약 일곱 번째 바바에 토성과 라후가 있으면 사회적인 행동을 아주 약화시킨다.

여덟 번째 바바는 감정적으로 안정적일 수 있는 능력, 신뢰할 수 있는 능력, 어떤 일이 일어나든 감당해 낼 수 있는 능력 등을 나타낸다. 삶에서 아무도 믿을 수가 없으며, 궁극적으로 유일하게 신뢰할 수 있는 사람은 우리 자신밖에 없다. 그래서 여덟 번째 바바는 어떤 일이 일어나든, 감정적으로 살아남을 수 있는 안정성을 나타낸다. 강력한 두스타나 바바로서 우리가 깊이 갈망하는 안정성을 가장 심하게, 기대치 않았던 방식으로 뒤흔들게 된다. 여덟 번째 바바뿐만 아니라, 다른 모든 캐던 하우스들은 우리가 원하는 안정성을 얻기 위해서 뭔가를 대신 지불하도록 만든다. 자신의 가치성에 대한 확고함을 나타내는 두 번째 캐던은, 설령 자신이 원하는 것을 얻지 못했더라도, 신은 언제나 우리가 원하는 것을 주는 게 아니라, 우리에게 필요한 것을 준다는 믿음을 가지게 해준다. 자존감을 나타내는 다섯 번째 캐던은, 설사 누군가의 모함으로 인해 내가 범하지 않는 잘못을 둘러쓰고 감옥을 가게 되더라도, 내가 누구이고, 우리가 누구인가에 대해서만 확고하다면 결국에는 살아남을 수 있게 해준다. 감정적으로 안정적이고 확고함을 나타내는 여덟 번째 캐던은 무슨 일이 일어나든, 어떤 비극이 일어나든, 우리는 감당할 수 있고, 살아남을 수 있게 해준다. 사회적인 가치성을 나타내는 열한 번째 캐던은, 자신의 사회적 가치에 대해 확고하다면, 아무리 동료들이나 그룹들이 주는 왕따들도 문제없이 해결할 수 있게 해준다.

아홉 번째 바바는 다르마의 바바로서, 옳고 그름을 알 수 있고, 자아를 이해할 수 있고, 우리에게 진정한 자신의 모습, 우리가 믿는 어떤 모습일 수 있는 능력을 준다. 첫 번째 바바는 행동할 수 있게 하고, 다섯 번째 바바는 자신이 누구인지에 대한 확신을 주는 다르마 바바들이다. 그러나 아홉 번째 바바가 약하게 되면, 그러한 모습이 정말 자신이 되어야 하는 모습일지 믿지 못한다. 예를 들어, 토성, 화성, 혹은 라후가 아홉 번째 바바에 있을 때, 자신이 자라난 문화나 관습에서 인정이나 지지를 받지 못했다는 것을 나타낸다. 좋은 아홉 번째 바바는 자라난 문화에서 지지나 도움을 많이 받았으면 믿음이나 신념도 강하다. 반면에 아홉 번째 바바가 손상된 사람들은 자신이 하는 일이 옳은 일이라고 믿지 못하는 어려움이 있다. 자신이 되고자 하는 모습에 확신을 갖기 어려운 고충을 겪는다. 세 개의 다르마 바바들 중에 어느 하나라도 손상이 되면, 자신이 타고난 다르마에 맞게 살지 못하는 경향이 있다. 자아에 대한 확신이 부족하기 때문이다. 만약 아타 바바들 중에 어느 하나라도 손상이 되면, 물질적인 삶을 제대로 조율하는 데 어려움을 겪는다. 이상적으로 같은 그룹의 바바들이 모두 좋은 여건하에 있어야 삶의 길이 더욱 평탄하게 된다. 언제든지 같은 그룹에 속하는 바바들 중에 하나라도 손상이 되면 많은 장애와 어려움들을 겪게 된다.

열 번째 바바는 뭔가 좀 더 가치 있는 일들을 할 수 있는 파워를 나타내는 앵글 바바이다. 좋은 리더(leader)가 되기 위해서는 열 번째 바바가 좋아야 한다. 그래야 사람들이 따를 수 있다. 만약 손상이 되었으면, 물질적인 필요를 충족시킬 수 있는 행동의 힘이 충분하지 않기 때문에, 생산적인 행동을 할 수가 없다. 만약 열 번째 바바는 좋으나 여섯 번째 바바가 손상되었으면, 비록 가치 있는 행동을 할 수 있는 파워는 있지만 가치를 가진 아무런 재주나 재능이 없게 된다. 만약 열 번째 바바는 좋으나 두 번째 바바가 약하면 가치 있는 행동을 할 수 있는 파워는 있지만 책임을 질 수 있는 능력이 없어 무책임해지게 된다. 마치 활발하고 에너지가 넘치는 여섯 살짜리 아이가 리더가 되려고 하는 것과 비슷하다.

열한 번째 바바는 자신이 속한 사회에서 안전성을 느끼는 것, 사회적으로나 같은 그룹들에게 인정을 받는 것을 나타낸다. 학위나 자격증, 타이틀 등을 얻는 것을 다스리는 바바이다. 사회 제도적으로 누구나 아픈 사람을 고칠 수는 없게 되어 있다. 그래서 의술을 시행할 수 있기 위해서는 의대를 거쳐 자격증을 취득해야만 한다. 그래야만 사회적으로 의사로서 인정을 받을 수 있다. 열한 번째 바바는 이처럼 사회적으로 자신이 가진 위치에 대해 얼마나 확고하고 자신 있게 느끼느냐 하는 것을 나타낸다. 미국 전 대통령 빌 클린턴의 경우에는, 아주 강력한 열한 번째 바바를 가지고 있다. 그는 비록 섹스 스캔들로 법을 깨뜨렸지만, 자신이 가진 세상에서의 위치에 아주 확고한 자신감을 가지고 있었다. 자신이 대통령이라는 사실에 대해 철벽같은 안정성을 가지고 있었기에, 비록 온 세상이 발칵 뒤집힐 만큼 부끄러운 구설수에 올랐지만, 그러나 그처럼 작은 일로 인해 절대로 내려갈 이유가 없었다. 그는 자신이 가진 사회적 위치에 대해, 왜 사람들이 자신을 좋아하는지에 대해 절대적인 신념과 확고함을 가지고 있었다. 그래서 여전히 대통령으로 임기를 마칠 수 있었다. 이에 비해 다른 정치인들은 조금만 문제가 생겨도 금방 사표를 내고 만다. 그들은 자신이 있는 사회적 위치에 대해 안정적으로 느끼지 못하기 때문이다. 열한 번째 바바는, 누가 뭐라고 하든, 어떤 일이 있든, 나 스스로가 내 가치를 규명한다는 확고한 사회적 신념과 능력을 나타낸다. 열한 번째와 다섯 번째 바바들은 사랑과 애정을 나타내는데, 열한 번째 바바는 큰 그룹의 사람들로부터 받는 사랑을 의미하며, 다섯 번째 바바는 내가 사랑을 표현하는 것을 의미한다.

▣ 미국 전 대통령, Mr. 빌 클린턴의 라시 차트

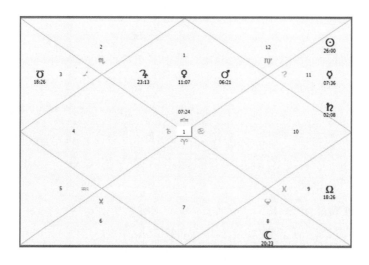

열두 번째 바바는 자유로움이나 깨달음을 얻을 수 있는 능력을 나타내는 바바이다. 깨달음이란 비단 영적인 해탈뿐만 아니라, 어떤 제한적이고 구속하는 것으로부터 자유로워질 수 있는 능력, 어떤 것이든 좌절하게 만들고 압력을 주는 것들로부터 자유로울 수 있는 능력을 의미한다. 연구나 임상 실험을 통해 백신이나 불치병을 고칠 수 있는 약들을 계발하는 사람들은 아주 강한 열두 번째 바바를 가지고 있다. 명상이나 묵상을 통해 진리에 도달할 수 있는 능력, 감정적으로 상처주거나 십자가 같은 무거운 짐을 지거나 어떤 어려움이 닥쳐도, 묵묵히 감내하며 앞으로 나아갈 수 있는 능력 등은 모두 훌륭한 열두 번째 바바가 주는 것이다. 반면에 이 바바가 손상된 사람들은, 온갖 나쁜 일들을 죄다 가슴에 쥐고 놓지를 못하며, 감정적으로도 풀 수가 없다. 온갖 응어리와 나쁜 기억들을 씹으며 사는 사람들처럼 불행한 사람들이 세상에는 아주 많다. 모두 열두 번째 바바가 심하게 손상되었기 때문이다. 열두 번째 바바는 진정한 이해를 할 수 있는 능력을 준다. 아무리 나쁘고 어려운 일이라도 털어버리고 계속 나아갈 수 있을 때, 완전히 전혀 다른 삶의 장이 열릴 수도 있다. 묵상할 수 있는 능력이 나아지기 위해서는 작은 것, 낮은 것을 놓을 수 있어야 한다. 우리의 작은 에고를 놓을 수 있어야 큰 깨달음을 얻을 수 있다. 진리에 도달하기 위해선 지금 쥐고 있는 것을 놓을 수 있어야 한다. 그래야 바로 눈앞에 있는 진리를 볼 수 있다. 그러나 손상된 열두 번째 바바를 가진 사람들은 앞으로 나아갈 수 있는 능력이 없다. 대신에 늘 공상이나 상상에 빠져 허우적거린다. 우울증이란 자신을 위해 좀 더 나은 미래를 꿈꿀 수 없는 데서 오는 정신적 병이다. 좋은 열두 번째 바바를 가진 사람들은 항상 더 좋은 미래에 대한 비전을 가질 수 있다. 열악한 열두 번째 바바는 더 나은 미래를 꿈꿀 수 없기 때문에 아주 정체적인 삶에 갇혀 살게 만든다. 반면에 여섯 번째 바바가 손상된 사람들은 특별한 재주가 없어서 정체적인 삶을 살게 된다. 네 번째, 여덟 번째, 열두 번째는 모두 목샤 바바들로서 진리에 도달하는데 아주 중요한 바바들이다. 특히 여덟 번째 바바가 나쁜 사람들은 진리를 대면할 수 있는 감정적인 능력이 부족하여, 점성학 같은 어컬트들을 공부할 수 없다.

▨ 브리핳 파라샤라 호라 샤스트라(BPHS) - 144 바바 요가들의 조합

다음은 BPHS에서 열두 개 하우스의 로드들이 12개 다른 하우스들에 위치하고 있을 때 나타나는 효과들에 대해 묘사한 내용들을 그대로 번역해 놓은 것이다. 이러한 조합들은 총 144(12x12)가지 다른 조합의 가능성들이 있다. 그래서 "144 바바 요가들의 조합"이라고 부른다. 칼라 소프트웨어 프로그램 안에 이미 144 바바 요가의 조합들이 그대로 입력되어 있어, 개인의 출생 정보를 입력하면, 차트 주인에게 해당되는 12개 바바 조합들이 나오게 되어있다. 아주 오랜 옛날에 쓰인 이 내용들을 근대시대에 살고 있는 우리들 삶에 문자 그대로 적용하기에는 한계가 있으며, 또한 144바바 요가 조합 외에도, 행성들의 라지타디 아바스타나 다른 종류의 요가 조합 등 별도로 고려해야 할 사항들이 많기 때문에 정확한 차트리딩을 위해선 상당한 조율을 요한다. 하지만 144 바바의 요가 조합은 우선 한 눈에, 차트 주인의 전체적 삶에 대한 첫 인상을 파악하는 데 많은 도움이 될 수 있다. 참고로 144 바바 요가들의 조합을 고려할 때는 바바가 아닌, 하우스 로드들의 위치를 고려해야 함을 명심해야 한다. 예를 들어, Mr. 부시의 차트에서 두 번째와 세 번째 바바 포인트들이 두 번째 하우스인 처녀 라시에 있다. 처녀 라시의 로드인 수성은 첫 번째 하우스인 라그나에 위치하고 있다. 그리고 네 번째 바바 포인트는 세 번째 하우스인 천칭 라시에 있다. 천칭 라시의 로드인 금성도 첫 번째 하우스인 라그나에 있다. 이런 경우, 바바 포인트는 신경 쓰지 말고, 두 번째 하우스의 로드가 첫 번째 하우스에 있는 경우, 그리고 세 번째 하우스의 로드가 첫 번째 하우스에 있는 경우 등으로 읽으면 된다.

▣ 라그나 로드

첫 번째가 첫 번째에 있는 경우: 라그나 로드가 라그나에 있으면, 용감한 팔을 가졌으며, 적절한 신체의 축복을 받았으며, 합리적이며, 앞뒤로 움직이며, 두 명의 배우자를 유지하거나, 혹은 서로 잘 통하기도 한다.

첫 번째가 두 번째에 있는 경우: 라그나 로드가 부의 장소에 있으면, 이득을 보도록 타고났으며, 배움이 뛰어나며, 행복하고, 온화한 품성을 가졌으며 정의롭고 많은 배우자에게 존중 받으며 많은 덕을 가지고 있다.

첫 번째가 세 번째에 있는 경우: 라그나 로드가 형제들의 장소에 있으면, 사자와 같은 용맹함을 타고 났으며 모든 성공을 거두게 될 것이며 존경받으며 총명하고 그리고 두 명의 배우자를 유지한다.

첫 번째가 네 번째에 있는 경우: 라그나 로드가 행복의 장소에 있으면, 어머니와 아버지와의 행복을 타고 났으며, 많은 형제들과 같이 있으며, 아름다운 자질들을 가지고 있다.

첫 번째가 다섯 번째에 있는 경우: 라그나 로드가 자녀들의 장소에 있으면, 아이들과 중간 정도의 행복을 누릴 것이며, 첫 번째 아이를 잃을 것이다. 그들은 몹시 노할 것이며, 왕의 총애를 누리며, 아마도 존경받을 것이다.

첫 번째가 여섯 번째에 있는 경우: 라그나 로드가 여섯 번째에 있으면, 신체적 안녕함이 없게 타고 났으며, 만약 사웁야(길성)의 어스펙트가 없이 파파(흉성)와 합치를 하고 있으면, 그는 적들에게 짓눌리게 될 것이다.

첫 번째가 일곱 번째에 있는 경우: 라그나 로드가 일곱 번째에서 파파(흉성)의 라시에 있으면, 배우자는 살지 않을 것이며, 슈바(길성)의 라시에 있으면 그는 방랑할 것이며 혹은 가난하며, 혹은 관심이 없으며 혹은 왕일 수도 있다.

첫 번째가 여덟 번째에 있는 경우: 라그나 로드가 여덟 번째에 있으면, 신성한 지식에 대한 경험을 타고 났으며, 질병이 있으며, 도둑이며, 상당한 분노를 가졌으며, 게임/도박을 하며, 다른 사람들의 배우자를 추구한다.

첫 번째가 아홉 번째에 있는 경우: 라그나 로드가 행운의 장소에 있으면, 행운을 타고 났으며, 사람들에게 소중하며, 비슈누를 경배하며 강렬한 스피치를 하며 배우자, 아이들, 그리고 부를 가지고 있다.

첫 번째가 열 번째에 있는 경우: 아버지의 행복을 타고 났으며, 왕들에게 존중 받으며, 사람들에게 알려져 있으며, 분명히 자신의 힘으로 부를 획득하게 될 것이다.

첫 번째가 열한 번째에 있는 경우: 라그나 로드가 이득의 장소에 있으면, 항상 이득을 보도록 타고 났으며 온화한 태도를 가졌으며 유명하며 많은 배우자를 유지하며 덕을 갖추고 있다.

첫 번째가 열두 번째에 있는 경우: 라그나 로드가 손실의 바바에 있으면, 신체적 안녕이 뺏길 것이며, 헛되게 낭비를 하며, 만약 라그나 로드가 슈바의 어스펙트나 합치를 얻지 못하고 있으면 화를 아주 잘 내는 사람이 된다.

▣ 두 번째 로드

두 번째가 첫 번째에 있는 경우: 부의 로드가 라그나에 있으면 자녀들을 가지며, 부와 합치하며, 집안의 가시이며, 탐욕스럽고, 거칠고, 다른 사람들의 일을 행한다.

두 번째가 두 번째에 있는 경우: 부의 로드가 부의 장소에 있으면, (건강한) 자부심을 가졌으며, 두 명 또는 더 많은 배우자를 유지하며, 비록 제한 없이 자손들을 만들지만 자녀들이 부족하다.

두 번째가 세 번째에 있는 경우: 부의 로드가 형제의 장소에 있으면 용감하게 타고 났으며, 총명하며, 덕이 넘치고 원기왕성하며 만약 슈바(길성)와 섞었으면 열심히 적극적이다. 파파(흉성)와 섞었으면, 신들을 원망한다.

두 번째가 네 번째에 있는 경우: 부의 로드가 행복한 바바에 있으면 모든 성공이 완전히 주어졌다. 목성과 합치를 하며 고양의 품위에 있으면, 그는 왕처럼 된다. 목성이나 금성, 혹은 또한 고양의 품위에 있으면 그는 왕과 같다.

두 번째가 다섯 번째에 있는 경우: 부의 로드가 자녀들의 바바에 있으면 그는 완전한 부를 타고 났으며, 부를 획득하는 습관이 있다. 그래서 그에게 태어난 자녀들도 또한 그러하다.

두 번째가 여섯 번째에 있는 경우: 부의 로드가 악한 바바에 있으면 슈바와 함께 있으면 적을 통해 부를 얻는다. 파파와 함께 있으면 적을 통해 뺏기게 되며, 손상된 허벅지를 가졌다.

두 번째가 일곱 번째에 있는 경우: 부의 로드가 일곱 번째에 있으면, 그는 다른 이들의 배우자들을 추구한다. 그리고 만약 파파가 어스펙트를 하거나 합치를 하면, 배우자가 잃어버리게 된다.

두 번째가 여덟 번째에 있는 경우: 부의 로드가 여덟 번째에 있으면, 풍요로움과 부를 가지게 된다. 배우자나 정부에게 행복을 얻을 연유가 아주 희박하며, 손윗형제로 인한 행복도 없다.

두 번째가 아홉 번째에 있는 경우: 부의 로드가 다르마 바바에 있으면 부자이며, 모든 일에 열성적이고 부지런하며, 호기심이 많고, 어릴 때 아프지만 나중에는 행복하다. 그리고 성지순례를 하며, 종교를 따르며, 영적인 수행 등을 행한다.

두 번째가 열 번째에 있는 경우: 부의 로드가 카르마의 장소에 있으면, 그는 원기왕성하고, 존중 받으며, 배움이 뛰어나며, 많은 배우자와 위대한 부를 얻는다. 그러나 자녀들로부터 행복은 받지 못한다.

두 번째가 열한 번째에 있는 경우: 부의 로드가 이득의 장소에 있으면, 모든 이득이 주어졌으며, 의회들에서 높은 지위에 있으며, 사람들에게 존경과 칭송을 받는다.

두 번째가 열두 번째에 있는 경우: 부의 로드가 손실의 장소에 있으면 성급하고 부를 뺏기게 되며, 다른 이들의 재산을 탐하며, 첫 번째 아이로 인한 행복이 결코 없을 것이다.

▣ 세 번째 로드

세 번째가 첫 번째에 있는 경우: 형제의 로드가 라그나에 있으면, 자신의 손으로 획득한 부를 가졌으며, 경배하는 것에 익숙하며, 성급하거나/잔인하며, 비록 총명하지만 배움이 없다.

세 번째가 두 번째에 있는 경우: 형제의 로드가 두 번째에 있으면, 땅딸하며, 용감하지만 이기지 못하며, 아주 적게 진취적이거나 행복하지도 않으며, 아마도 다른 이들의 배우자나 부를 원할 수도 있다.

세 번째가 세 번째에 있는 경우: 형제의 로드가 형제의 장소에 있으면, 형제들과 행복이 주어졌으며, 부와 자녀들을 누리며 명랑하고 즐겁게 편안한 사람이다.

세 번째가 네 번째에 있는 경우: 형제의 로드가 행복의 장소에 있으면, 행복을 지녔으며, 부를 가지며, 현명하게 타고 났으며, 버릇없는 배우자를 부양하는 것을 참는다.

세 번째가 다섯 번째에 있는 경우: 형제의 로드가 자녀들의 장소에 있으면, 자녀들이 있으며, 훌륭한 자질들을 가졌다. 만약 크루라(흉성)과 합치하거나 어스펙트를 받으면 잔인한 배우자를 유지한다.

세 번째가 여섯 번째에 있는 경우: 형제의 로드가 여섯 번째에 있으면, 형제들과 적 관계이며, 엄청난 부자이며, 외삼촌들과 적대시하며, 그러나 외삼촌의 아내에게는 사랑받는다.

세 번째가 일곱 번째에 있는 경우: 형제의 로드가 일곱 번째에 있으면, 왕을 섬기는 외는 아무런 할 일도 없다. 그는 어린 시절에는 안 좋지만, 그러나 인생 후반에는 분명히 행복하다.

세 번째가 여덟 번째에 있는 경우: 형제의 로드가 여덟 번째에 있으면, 그는 도둑으로 타고 났으며, 먹고 살기 위해 노예처럼 일하도록 되어 있으며, 왕의 문전에서 죽는다.

세 번째가 아홉 번째에 있는 경우: 형제의 로드가 아홉 번째에 있으면, 아버지로 인한 행복이 없으며, 여자들을 통한 행운이 있으며, 사랑스런 자녀들 등을 가지게 된다.

세 번째가 열 번째에 있는 경우: 형제의 로드가 열 번째에 있으면, 모든 기쁨을 누리도록 타고 났으며, 부를 자신의 손으로 얻으며, 버릇없는 여자들을 부양한다.

세 번째가 열한 번째에 있는 경우: 형제의 로드가 열한 번째에 있으면, 그는 사업/직업에서 항상 이득을 보며, 비록 배움이 부족하지만 총명하며, 성급하고, 다른 사람들을 섬긴다.

세 번째가 열두 번째에 있는 경우: 형제의 로드가 손실의 장소에 있으면, 악한 행위들에 낭비하며, 그들의 아버지는 잔인하며, 여자들을 통해 행운이 깃든다.

■ **네 번째 로드**

네 번째가 첫 번째에 있는 경우: 행복의 로드가 라그나에 있으면, 그는 지식과 캐릭터로 장식되었으며, 토지와 운송수단들을 가지며, 어머니와의 행복이 가득하다.

네 번째가 두 번째에 있는 경우: 행복의 로드가 부의 장소에 있으면, 즐거움에 혼신을 쏟을 것이며, 모든 종류의 부를 가졌으며, 가족들과 어울리며, 존경 받고, 성급하며, 속임수를 쓴다.

네 번째가 세 번째에 있는 경우: 행복의 로드가 형제의 장소에 있으면, 용감하고 덕을 타고 났으며, 하인들이 있으며, 그는 부지런하고 질병으로부터 자유롭고 자선적이며, 자신의 손으로 부를 획득하였다.

네 번째가 네 번째에 있는 경우: 행복의 로드가 행복의 바바에 있으면, 만트라(진언)들을 행하거나 가르치며, 모든 부副들이 주어졌으며, 좋은 캐릭터를 가졌으며, 존경 받으며, 유식하며, 여자들에게 사랑받고 행복하다.

네 번째가 다섯 번째에 있는 경우: 행복의 로드가 자녀의 바바에 있으면, 행복하고, 모두에게 사랑 받으며, 덕이 높은 비슈누 헌신자이며, 존경 받으며 자신의 손으로 획득한 부를 가졌다.

네 번째가 여섯 번째에 있는 경우: 행복의 로드가 악의 바바에 있으면, 어머니와의 행복이 없으며, 화를 내며 도둑이고 악마에게 끌리며 나쁜 성향을 지녔으며, 자신의 쾌락에 따라 행동한다.

네 번째가 일곱 번째에 있는 경우: 행복의 로드가 일곱 번째에 있으면, 위대한 지식을 타고 났으며, 아버지가 획득한 부를 잃을 것이며, 회의에서 그가 벙어리처럼 되게 만들 것이다.

네 번째가 여덟 번째에 있는 경우: 행복의 로드가 구멍의 바바에 있으면, 집을 원하며, 편안함에 빠지며, 아버지와 행복할 이유가 아주 적게 타고 났으며, 환관(내시)과도 같을 것이다.

네 번째가 아홉 번째에 있는 경우: 행복의 로드가 행운의 바바에 있으면, 모든 사람에게 사랑을 타고 났으며, 신에게 헌신하며, 덕이 있고 존경받으며, 모든 편안함을 누리게 된다.

네 번째가 열 번째에 있는 경우: 행복의 로드가 카르마의 바바에 있으면, 왕족들에게 영광을 누리도록 타고 났으며, 연금술사이며, 아주 명랑하고, 모든 편안함을 즐기며, 자신의 감각들을 정복한 이다.

네 번째가 열한 번째에 있는 경우: 행복의 로드가 이득의 장소에 있으면, 숨겨진 질병으로 괴로움을 겪으며, 덕이 있고, 좋은 자질들을 갖추었으며, 자선적이고, 다른 이들을 도우면서 기뻐한다.

네 번째가 열두 번째에 있는 경우: 행복의 로드가 손실의 장소에 있으면, 집을 원하고 편안함에 빠지며, 나쁜 요소들을 가졌으며, 손실을 보며, 항상 나태함에 젖어있다.

▣ 다섯 번째 로드

다섯 번째가 첫 번째에 있는 경우: 자녀들의 로드가 라그나에 있으면, 그는 지식이 풍부하며, 즐거움을 주는 아이들을 가졌으며, 구두쇠이며, 꼬인 마음을 가졌으며, 그리고 다른 이의 재산을 취한다.

다섯 번째가 두 번째에 있는 경우: 자녀들의 로드가 부의 장소에 있으면, 그는 많은 자녀와 부를 소유할 것이며, 가족을 부양하는 이가 된다. 세상에서 아주 유명하며, 존경받으며 여자들에게 인기를 누린다.

다섯 번째가 세 번째에 있는 경우: 자녀들의 로드가 형제의 장소에 있으면 그는 형제들에게 사랑 받으며, 믿을 수 없거나/남을 중상하며 구두쇠이며, 그리고 항상 자기 사업/일을 하려고 한다.

다섯 번째가 네 번째에 있는 경우: 자녀들의 로드가 행복의 바바에 있으면, 그는 행복한 사람이며, 어머니와의 행복이 주어졌으며 락시미와 같이 있으며, 현명한 이해력을 가졌으며, 왕이나 수상 혹은 구루 일 것이다.

다섯 번째가 다섯 번째에 있는 경우: 자녀들의 로드가 자녀들의 바바에 있으면, 슈바와 합치를 하였으면, 그는 자녀들을 가질 것이다. 파파와 합치를 하였으면, 그는 자녀들을 원할 것이다. 그리고 좋은 자질들을 가졌으며 친구들에게 헌신적이다.

다섯 번째가 여섯 번째에 있는 경우: 자녀들의 로드가 악한 바바에 있으면, 자녀들이 적들처럼 되도록 하며, 혹은 죽었거나/소용없는 후손들이거나, 혹은 구입한 자녀가 허용될 것이다.

다섯 번째가 일곱 번째에 있는 경우: 자녀들의 로드가 일곱 번째에 있으면, 존경 받으며, 모든 다르마들이 주어졌으며, 자녀들과의 행복이 함께 하며, 그리고 또한 다른 사람들 도와주는 것을 즐긴다.

다섯 번째가 여덟 번째에 있는 경우: 자녀들의 로드가 구멍의 바바에 있으면, 자녀들로 인한 행복이 아주 작게 주어졌으며, 폐렴으로 인한 기침을 하게 될 것이며, 화를 내고, 행복을 빼앗긴다.

다섯 번째가 아홉 번째에 있는 경우: 자녀들의 로드가 행운의 장소에 있으면, 자녀들이 있으며, 빛나는 로드 혹은 비슷한 이가 되거나 혹은 자의로 인해 작가가 된다. 유명하며 그리고 가문의 이름을 빛낸다.

다섯 번째가 열 번째에 있는 경우: 자녀들의 로드가 로얄 바바에 있으면, 그에게 라자 요가를 가져다 주며, 많은 안락함을 즐기며 축복 받은 이로 이름을 날린다.

다섯 번째가 열한 번째에 있는 경우: 자녀들의 로드가 이득의 바바에 있으면, 그는 유식하며, 사람들에게 사랑 받으며, 작가이며, 훌륭한 전문성을 가졌으며, 많은 자녀들과 상당한 부를 가지게 된다.

다섯 번째가 열두 번째에 있는 경우: 자녀들의 로드가 손실의 바바에 있으면, 그는 자녀들로 인한 행복이 없게 되거나, 혹은 얻은 아이를 가지거나 혹은 구입한 아이를 소유하게 된다.

▣ 여섯 번째 로드

여섯 번째가 첫 번째에 있는 경우: 여섯 번째 로드가 라그나에 있으면, 그는 몸이 약하며, 유명해지며, 자신의 사람들이 적敵이며, 좋은 자질이 주어졌으며, 부자이며 존경 받으며 성급하다.

여섯 번째가 두 번째에 있는 경우: 여섯 번째 로드가 부의 장소에 있으면, 성급하거나/잔인하며, 자신의 마을에서 유명하며, 먼 나라에 속하며, 행복하며, 그리고 항상 자신의 일에 헌신적이다.

여섯 번째가 세 번째에 있는 경우: 여섯 번째 로드가 형제의 장소에 있으면, 그는 화를 잘 내는 사람이며, 어떤 신중한 행동/용기도 없으며, 적대시하는 형제들과 무례한 하인들과 함께 엮였다.

여섯 번째가 네 번째에 있는 경우: 여섯 번째 로드가 행복의 바바에 있으면, 어머니와의 행복이 없으며, 총명하며, 믿을 수 없거나/남을 중상하며, 미움이 깊으며, 마음이 변덕스러우며 그리고 아주 풍부하다.

여섯 번째가 다섯 번째에 있는 경우: 여섯 번째 로드가 자녀들의 장소에 있으면, 부 등등이 오르락내리락하며, 자녀들과 친구들과 적의 관계에 있으며, 행복하며, 자수성가하며, 자비롭게 보살핌을 받았다.

여섯 번째가 여섯 번째에 있는 경우: 여섯 번째 로드가 악의 장소에 있으면, 그는 자기 인척들 간에 적의가 있으며, 다른 사람들과 우호적인 관계에 있으며, 부나 행복 등이 적당하다.

여섯 번째가 일곱 번째에 있는 경우: 여섯 번째 로드가 배우자의 장소에 있으면, 그는 아내의 편안함을 버리며, 유명하며, 좋은 자질들을 갖췄으며, 존경 받으며, 성급하고, 부를 가지고 있다.

여섯 번째가 여덟 번째에 있는 경우: 여섯 번째 로드가 여덟 번째 장소에 있으면, 그에게는 질병이 있으며, 현명한 사람의 적이며, 다른 사람의 재산을 탐하며, 다른 사람의 아내들을 추구하며, 반칙을 한다.

여섯 번째가 아홉 번째에 있는 경우: 여섯 번째 로드가 행운의 장소에 있으면, 그는 나무와 돌로 일을 하며, 사업에서 때로는 부족하고, 때로는 수입이 늘어난다.

여섯 번째가 열 번째에 있는 경우: 여섯 번째 로드가 열 번째 바바에 있으면, 명예를 즐기며, 자신의 마을/가족들에게 유명하며, 아버지에 대한 헌신이 없으며, 강연자이며, 다른 나라에 살며, 그리고 행복하다.

여섯 번째가 열한 번째에 있는 경우: 여섯 번째 로드가 이득의 장소에 있으면, 적들이 부의 원천이며, 좋은 자질들을 갖췄으며, 성급하고, 존경받으며, 그러나 또한 자녀들과의 행복이 없다.

여섯 번째가 열두 번째에 있는 경우: 여섯 번째 로드가 손실의 바바에 있으면, 항상 나쁜 일에 비용을 쓰며, 배운 사람들을 적대시하며 살아있는 생명을 해치는 일에 적극적으로 개입한다.

▣ 일곱 번째 로드

일곱 번째가 첫 번째에 있는 경우: 배우자의 로드가 라그나에 있으면, 그는 다른 사람의 아내들 사이에 있으며, 난봉꾼/자유 사상가이다. 사악하며, 눈에 띄며, 경솔하며, 그리고 바타(Vata)의 고통으로 가득하다.

일곱 번째가 두 번째에 있는 경우: 배우자의 로드가 부의 장소에 있으면, 많은 여자를 가졌으며, 아내와의 합치로 부를 얻으며, 그리고 할 일을 미루는 사람이다.

일곱 번째가 세 번째에 있는 경우: 배우자의 로드가 형제의 장소에 있으면, 그는 물 때문에 죽게 된다. 어떤 때는 딸이 태어날 수도 있고, 혹은 어려움 끝에 아들이 살 수도 있다.

일곱 번째가 네 번째에 있는 경우: 배우자의 로드가 행복의 바바에 있으면, 아내는 그의 의지를 따르며 살지 않는다. 그는 진리에 자신을 바치며, 총명하며, 덕이 높은 영혼이며, 그리고 치아의 질병에 걸린다.

일곱 번째가 다섯 번째에 있는 경우: 배우자의 로드가 다섯 번째 장소에 있으면, 그는 존경 받으며, 모든 자질들을 갖추었으며, 항상 빡빡한 즐거움이 함께하며, 모든 부를 지배하는 자이다.

일곱 번째가 여섯 번째에 있는 경우: 배우자의 로드가 악의 바바에 있으면, 아내에게는 고통이 따르며, 혹은 여자들에 대한 파워풀한 욕망이 있으며, 자신을 적대시하며, 화를 내고, 그리고 행복을 버린다.

일곱 번째가 일곱 번째에 있는 경우: 배우자의 로드가 일곱 번째 바바에 있으면, 결혼생활의 행복이 주어졌으며, 현명하며, 눈에 띄며, 총명하며, 그리고 바타의 질병만이 있다.

일곱 번째가 여덟 번째에 있는 경우: 배우자의 로드가 죽음의 바바에 있으면, 그는 결혼생활의 행복이 없으며, 아내는 계속되는 질병에 시달릴 뿐만 아니라 고약한 성품이며, 궁합이 맞지 않다.

일곱 번째가 아홉 번째에 있는 경우: 배우자의 로드가 다르마의 바바에 있으면, 다양한 여자들과 합치하며, 그의 마음은 자신의 아내에게 뺏겼으며, 많은 기획을 행하는 이다.

일곱 번째가 열 번째에 있는 경우: 배우자의 로드가 카르마의 바바에 있으면, 아내는 스스로의 의지를 따르며 다르마에 헌신하며, 부와 자녀들 등이 함께 있다.

일곱 번째가 열한 번째에 있는 경우: 배우자의 로드가 이득의 바바에 있으면, 필요한 것들이 아내를 통해서 오며, 자녀들 등과 아주 적은 행복만이 있으며, 딸들을 낳는다.

일곱 번째가 열두 번째에 있는 경우: 배우자의 로드가 손실의 바바에 있으면, 가난하며, 그리고 또한 초라하며, 그의 아내는 또한 언제나 소비하는 성향이 있다. 그는 옷들로 밥벌이를 한다.

▣ 여덟 번째 로드

여덟 번째가 첫 번째에 있는 경우: 여덟 번째 로드가 몸의 장소에 있으면, 그에게는 신체적 안녕함이 없을 것이며, 데바들과 브라민들을 경멸하며, 상처/농양/종양들 등이 있다.

여덟 번째가 두 번째에 있는 경우: 여덟 번째 로드가 부의 장소에 있으면, 힘이나 저력들이 많이 부족하게 타고났으며, 아주 적은 부를 가지며, 잃어버린 소유물들을 되찾지 못한다.

여덟 번째가 세 번째에 있는 경우: 흠의 로드가 형제들의 바바에 있으면, 형제들과의 행복이 없도록 타고났으며, 나른하며, 하인들에 잊혀졌으며, 부족한 힘을 타고 났다.

여덟 번째가 네 번째에 있는 경우: 흠의 로드가 행복의 바바에 있으면, 어린아이 때 어머니를 잃으며, 집과 토지의 행복이 부족하며, 의심의 여지가 없이 가짜 친구이다.

여덟 번째가 다섯 번째에 있는 경우: 홈의 로드가 자손들의 바바에 있으면, 맹하게 타고 났으며, 분별력이 아주 적으며, 장수하고 부자이다.

여덟 번째가 여섯 번째에 있는 경우: 홈의 로드가 악의 바바에 있으면, 적들을 정복하며, 어린 시절에는 몸에 질병이 있으며, 뱀들과 물에 대한 두려움이 있다.

여덟 번째가 일곱 번째에 있는 경우: 홈의 로드가 아내의 바바에 있으면, 두 명의 아내들을 가지며, 만약 파파와 합치를 하면 직업에서 영구적인 실패를 하게 될 것이다.

여덟 번째가 여덟 번째에 있는 경우: 홈의 로드가 죽음의 바바에 있으면, 긴 수명을 누리게 될 것이며, 로드가 약하면 중간 정도 수명을 누릴 것이다. 아마도 도둑이며, 비난받을 만 하고 또한 다른 사람들을 비난한다.

여덟 번째가 아홉 번째에 있는 경우: 홈의 로드가 타파스(Tapas, 수행)의 장소에 있으면, 다르마를 모독하며 무신론자이며, 사악하고 의지적인 아내의 로드이며, 다른 사람의 재산을 훔친다.

여덟 번째가 열 번째에 있는 경우: 홈의 로드가 카르마의 바바에 있으면, 아버지와의 행복이 없으며, 중상적/비방적이며, 직업이 없다. 만약 길성이 어스펙트를 하면 그렇게 되지 않는다.

여덟 번째가 열한 번째에 있는 경우: 홈의 로드가 이득의 바바에 있으면, 파파와 합치를 하면, 부가 없으며, 슈바와 하비치를 하면, 어린 시절에는 힘들지만, 나중에 행복하며, 긴 수명을 누린다.

여덟 번째가 열두 번째에 있는 경우: 홈의 로드가 손실의 바바에 있으면, 나쁜 행위들이 항행 손실을 일으키며, 특히 파파와 합치를 하면 수명이 짧다.

▣ 아홉 번째 로드

아홉 번째가 첫 번째에 있는 경우: 행운의 로드가 라그나에 있으면, 그는 행운을 타고 났으며, 왕에게 칭송 받고, 좋은 행위를 하며, 아름다운 모습이며, 유식하며, 그리고 사람들에게 칭송받는다.

아홉 번째가 두 번째에 있는 경우: 행운의 로드가 부의 바바에 있으면, 판딧(Pandit, 학자)이며, 사람들에게 사랑 받으며, 부를 누리며, 용감한 애인이며, 여자들과 어린아이들

등과의 행복이 따른다.

아홉 번째가 세 번째에 있는 경우: 행운의 로드가 형제의 바바에 있으면, 형제들과의 행복이 따르며, 부자이며, 그리고 또한 쓸만한 인재이며, 그리고 아름다운 모습을 하고 있다.

아홉 번째가 네 번째에 있는 경우: 행운의 로드가 네 번째 바바에 있으면, 집과 운송수단들의 행복이 주어졌으며, 모든 충족을 가졌으며, 어머니에게 헌신하는 사람이다.

아홉 번째가 다섯 번째에 있는 경우: 행운의 로드가 자손들의 바바에 있으면, 자손들과의 행운이 가득하며 구루에게 헌신하며 현명하며 다르마의 영혼이며 판딧(학자)이다.

아홉 번째가 여섯 번째에 있는 경우: 행운의 로드가 악의 바바에 있으면, 아주 적은 행운을 가졌으며, 외삼촌들 등과의 행복이 없으며, 항상 적들로 인해 고통 받는다.

아홉 번째가 일곱 번째에 있는 경우: 행운의 로드가 배우자의 바바에 있으면, 아내와의 합치로 행복이 점점 늘어나며, 덕이 있고 칭송받는다. 오, 두 번 태어난 자여!

아홉 번째가 여덟 번째에 있는 경우: 행운의 로드가 죽음의 바바에 있으면, 그에게 행운이 없도록 만들며, 손위 형제와의 행복이 없을 것이다.

아홉 번째가 아홉 번째에 있는 경우: 행운의 로드가 행운의 바바에 있으면, 넘치는 행운이 주어졌으며, 덕과 고귀한 품행이 완벽하며, 형제들과 훌륭한 행복이 있다.

아홉 번째가 열 번째에 있는 경우: 행운의 로드가 카르마의 바바에 있으면, 왕이나 혹은 비슷한 이가 되며, 왕의 조언자 혹은 군대의 로드가 되며, 덕이 있고, 사람들에게 칭송받는다.

아홉 번째가 열한 번째에 있는 경우: 행운의 로드가 이득의 바바에 있으면, 날이면 날마다 부를 획득하며, 고대/존엄한 이들에게 헌신하며, 덕이 있고, 그리고 항상 정의롭다.

아홉 번째가 열두 번째에 있는 경우: 행운의 로드가 손실의 바바에 있으면, 행운을 잃게 만드는 사람이며, 좋은 일을 위해 비용/손실을 계속 만들며, 손님들을 원하는지라 부刪가 없다.

◉ 열 번째 로드

열 번째가 첫 번째에 있는 경우: 카르마의 로드가 라그나에 있으면, 유식하며, 잘 알려졌으며, 부자이며, 통찰력이 있으며, 어린 시절에는 병이 있지만, 나중에는 행복하고, 날마다 부가 늘어난다.

열 번째가 두 번째에 있는 경우: 로열티의 로드가 부의 바바에 있으면, 부자이며, 덕을 갖추었으며, 왕에게 존경 받고, 풍부하며, 아버지 등과 같이 있으며, 행복하다.

열 번째가 세 번째에 있는 경우: 카르마의 로드가 형제의 장소에 있으면, 형제들과 하인들과의 행복이 주어졌으며, 용감하며, 덕이 완벽하고, 말이 많고, 그리고 정직한 사람이다.

열 번째가 네 번째에 있는 경우: 카르마의 로드가 행복의 바바에 있으면, 행복하고, 어머니를 돕는데 헌신적이며, 운송수단들, 토지, 집들의 로드이며, 덕이 있고 그리고 또한 부자이다.

열 번째가 다섯 번째에 있는 경우: 카르마의 로드가 자손들의 바바에 있으면, 모든 지식들이 주어졌으며, 항상 빽빽한 기쁨들이 함께하며, 부자이며, 그리고 또한 자녀들을 가진다.

열 번째가 여섯 번째에 있는 경우: 카르마의 로드가 악의 바바에 있으면, 아버지와의 행복이 없으며, 똑똑한 것을 참지 못하며, 부를 원하며, 적들에게 억눌린다.

열 번째가 일곱 번째에 있는 경우: 로열티의 로드가 배우자의 바바에 있으면, 결혼생활의 행복이 따르며, 합리적이며, 덕이 있고, 말이 많으며, 그리고 진리와 다르마에 헌신한다.

열 번째가 여덟 번째에 있는 경우: 카르마의 로드가 흠의 바바에 있으면, 직업이 없도록 만들며, 오래 살며, 다른 사람들의 이름을 실추시키는 것을 주 목적으로 한다.

열 번째가 아홉 번째에 있는 경우: 로열티의 로드가 행운의 장소에 있으면, 왕족 혈통이면 왕이 될 것이며, 다른 집안에 태어났으면 그렇게 될 것이며, 부와 자녀들 등이 함께 있을 것이다.

열 번째가 열 번째에 있는 경우: 카르마의 로드가 로얄 바바에 있으면, 모든 일에 능숙하며, 행복하고, 용감하며, 진실을 말하며, 그리고 구루들에게 헌신적이고 따르는 사람이다.

열 번째가 열한 번째에 있는 경우: 로열티의 로드가 이득의 바바에 있으면, 부와 자녀들이 따르며, 기쁨으로 가득하며, 그리고 또한 쓸만한 인물이며, 진실을 말하며, 항상 행복하다.

열 번째가 열두 번째에 있는 경우: 로열티의 로드가 손실의 바바에 있으면, 왕족들 빌딩에 비용을 쓰며, 계속해서 적들을 두려워하며, 그리고 또한 똑똑하며 생각이 깊다.

▣ 열한 번째 로드

열한 번째가 첫 번째에 있는 경우: 이득의 로드가 라그나에 있으면 사트빅으로 타고났으며, 부자이며, 행복하며, 모든 것을 초연하게 보며, 통찰력이 있으며, 말이 많고, 그리고 항상 이득을 보게 될 것이다.

열한 번째가 두 번째에 있는 경우: 이득의 로드가 부의 바바에 있으면, 모든 종류의 부를 타고 났으며, 모든 성취를 함께할 것이며, 베풀며, 정의롭고, 그리고 항상 행복하다.

열한 번째가 세 번째에 있는 경우: 이득의 로드가 형제의 장소에 있으면, 모든 일에서 자신감이 있으며, 부자이며, 형제들과의 행복이 있으며, 그리고 또한, 고통스럽게 찌르는 질병(통풍)을 가끔씩 두려워한다.

열한 번째가 네 번째에 있는 경우: 이득의 로드가 행복의 바바에 있으면, 어머니의 가족에게 이득을 보게 되며, 신성한 장소들로 여행하며 집과 토지의 행복이 주어졌다.

열한 번째가 다섯 번째에 있는 경우: 이득의 로드가 자손들의 바바에 있으면, 기쁨을 주는 자녀들을 낳으며, 그리고 또한 유식하며, 그리고 좋은 품행을 갖추었으며, 다르마에 헌신하며, 그리고 행복하다.

열한 번째가 여섯 번째에 있는 경우: 이득의 로드가 질병의 바바에 있으면, 질병과 연관되도록 타고났으며, 잔인한 마음을 가졌으며, 외국에서 떠돌며, 그리고 적들에게 억눌린다.

열한 번째가 일곱 번째에 있는 경우: 이득의 로드가 배우자의 바바에 있으면, 아내의 가족들에게 항상 이득을 보며, 부지런하며, 아내에게 순종하는 용감한 애인이다.

열한 번째가 여덟 번째에 있는 경우: 이득의 로드가 흠의 바바에 있으면, 모든 일에서 부족함을 초래하며, 사는 것이 아주 길며, 아내가 먼저 죽을 것이다.

열한 번째가 아홉 번째에 있는 경우: 이득의 로드가 행운의 바바에 있으면, 행운이 깃드는 사람이 되며, 영리하며, 진실을 말하는 사람이며, 왕에게 칭송 받고, 부의 로드이다.

열한 번째가 열 번째에 있는 경우: 이득의 로드가 카르마의 바바에 있으면, 왕에게 칭송 받고, 자질들을 갖추었으며, 타고난 다르마에 헌신하며, 총명하며, 진실을 말하며, 그리고 모든 감각을 정복한 사람이다.

열한 번째가 열한 번째에 있는 경우: 이득의 로드가 이득의 바바에 있으면, 모든 일에서 이득을 얻으며, 학문적 열정이나 행복이 날로 늘어난다.

열한 번째가 열두 번째에 있는 경우: 이득의 로드가 손실의 바바에 있으면, 항상 좋은 일에 비용을 쓰며, 열망하고, 많은 정부가 있으며, 그리고 외국인들/야만인들과 형제처럼 교제를 한다.

▣ 열두 번째 로드

열두 번째가 첫 번째에 있는 경우: 손실의 바바가 라그나에 있으면, 소비하는 습관이 있으며, 약하며, 카파(Kapha) 질병이 있으며, 그리고 부와 배움이 없게 된다.

열두 번째가 두 번째에 있는 경우: 손실의 로드가 부의 바바에 있으면, 항상 좋은 일에 소비를 하며, 다르마 성향이며, 기쁘게 말을 하며, 자질들과 행복이 주어졌다.

열두 번째가 세 번째에 있는 경우: 손실의 로드가 형제의 장소에 있으면, 형제들과의 행복이 없이 타고났으며, 다른 사람들을 싫어하고 그리고 자신의 사람을 부양한다.

열두 번째가 네 번째에 있는 경우: 손실의 로드가 행복의 바바에 있으면, 어머니와의 행복이 없으며, 날마다 토지, 운송수단들 등이 줄어들 것이다.

열두 번째가 다섯 번째에 있는 경우: 손실의 로드가 자손들의 바바에 있으면, 자손들과 배움이 없으며, 아이를 얻기 위해 비용을 쓰게 될 것이며, 신성한 장소들을 찾아 먼 곳에서 돌아다닌다.

열두 번째가 여섯 번째에 있는 경우: 손실의 로드가 악의 바바에 있으면, 자기 사람들과 적대적으로 행동하며, 화를 내고 사악하고 괴로우며, 다른 사람의 아내들과 기쁨을 누린다.

열두 번째가 일곱 번째에 있는 경우: 손실의 로드가 배우자의 바바에 있으면, 아내가 항상 비용을 만들며, 어머니와의 행복이 없을 것이며, 힘과 지식이 없다.

열두 번째가 여덟 번째에 있는 경우: 손실의 로드가 죽음의 바바에 있으면, 항상 이득을 보도록 타고났으며, 듣기 좋도록 말을 하며, 중간 정도의 수명이며, 좋은 자질들을 완전하게 갖추었다.

열두 번째가 아홉 번째에 있는 경우: 손실의 로드가 행운의 바바에 있으면, 구루들을 미워하도록 만들며, 친구들을 적대시하며, 그리고 또한 자신의 목표들을 추진하는데 완전히 헌신한다.

열두 번째가 열 번째에 있는 경우: 손실의 로드가 로얄 바바에 있으면, 로얄 가족들로 인해 비용을 쓰며, 아버지로 인해 아주 적은 행복만이 있다.

열두 번째가 열한 번째에 있는 경우: 손실의 로드가 이득에 바바에 있으면, 수입들, 물건들, 그리고 다른 사람의 것들로 인해 손해를 보며, 때로는 그 것들을 통해 이득을 보기도 한다.

열두 번째가 열두 번째에 있는 경우: 손실의 로드가 손실의 바바에 있으면, 지나친 비용들을 만들며, 신체적 행복이 없으며, 화를 낼 것이며, 다른 사람들을 싫어하는 사람이다.

베딕 점성학 입문서 Ⅱ

Vault of the Heavens

4

라그나와
일곱 번째 바바
운명의 그림자,
라후와 케투

⊠ 라그나 포인트와 일곱 번째 포인트

　라시 차트에서 가장 중요한 장소는 조디액과 동쪽 지평선이 교차하는 포인트, 즉 라그나 포인트이다. 라그나의 라시가 첫 번째 하우스가 되고 나머지 라시들이 순서대로 열두 번째 하우스까지 이어진다. 그리고 라그나의 포인트는 첫 번째 바바가 되면서 나머지의 포인트들이 하우스들 내에 분포된다. 열두 개 바바가 열두 개 하우스 내에 하나씩 고르게 분포되느냐 아니냐 하는 것은 로컬스페이스, 즉 개인이 태어난 장소의 위치에 달려 있다. 북극이나 남극에 가까울수록 바바들이 한 개의 하우스에 몇 개씩 몰리며, 지구 중간 부분에 가까울수록 고르게 분포되는 경향이 있다. 그러나 라시 차트를 제외한 나머지 15개 바가(Vargars)들은 모두 수학적으로 산출된 부속 차트들이기 때문에, 바바들의 위치가 더 이상 하우스와 어떤 일관성을 유지함이 없이 흩어져서 위치하게 된다. 이러한 바바 포인트들을 칼라 소프트웨어(Kala Software)에서 산출한 차트들 내에 숫자들로 표기되어 있다. 차트나 바바들의 산출방식들은 고도의 수학적 계산을 요구하기 때문에 이 책의 범주를 벗어나서 상세한 설명은 생략하기로 한다.

　상승점인 라그나 포인트의 정 반대편에 있는 일곱 번째 바바는 바바 포인트는 하향점으로서, 정확한 180도의 거리를 유지하면서 항상 같이 움직인다. 거울 속에 비친 내 모습이 정확한 반대 방향에서 나를 반영하고 있듯이, 첫 번째와 일곱 번째는 서로 반대편에서 마주하고 있지만 서로를 반영하고 있다. 첫 번째는 "나"를 나타내며, 일곱 번째는 "다른 나" 즉, 나의 배우자나 파트너, 다른 사람들이나 세상 속에 비친 나를 반영해주는 포인트이다. 이처럼 두 포인트는 떼려야 뗄 수 없는 상관관계에 있다.

　힐러리 클린턴의 첫 번째 라그나 포인트는 22:07 Sc(전갈 라시)에 있다. 일곱 번째 바바는 정확하게 180도 간격으로 떨어진 22:07 Ta(황소 라시)에 있다. 그리고 나머지 열 개의 바바 포인트들은 로컬 스페이스에 따라 별도의 산출공식을 따라 찾아낸다.

	Cusps	Nak
1	22:07 Sc	Vis
2	27:08 Sg	Mul
3	04:16 Aq	Sra
4	05:07 Pi	Sat
5	00:12 Ar	UBh
6	24:14 Ar	Asv
7	22:07 Ta	Kri
8	27:08 Ge	Ard
9	04:16 Le	Pus
10	05:07 Vi	PPh
11	00:12 Li	Has
12	24:14 Li	Chi

그녀의 라시 차트를 북인도 스타일로 나타낸 것이다. 파란색 숫자가 해당 라시 내에 있는 하우스 커스프(바바 포인트)들을 나타낸다. 세 번째 악어 라시와 아홉 번째 게 라시에는 아무런 바바 포인트도 없다.

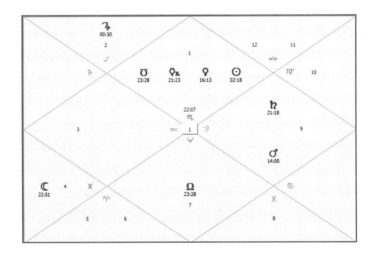

라시 차트를 포함한 총 16개 바가에서의 정확한 커스프 포인트의 각도들을 나타내는 도표이다.

Campanus House Cusps

위의 도표에서 산출한 바바 포인트들을 아래의 16개 차트들에서 푸른색의 숫자들로 표기하였다. 차트에선 해당 바바의 각도들은 생략하고 바바의 숫자들만 나타내고 있다.

▨ 라후/케투의 포인트는 라그나/일곱 번째 바바 포인트와 유사하다

라시 차트에서 또 다른 중요한 포인트들인 라후와 케투는, "나"가 걷는 삶의 길을 결정하는 핵심 포인트들이다. 라후와 케투는, 영혼을 상징하는 태양의 길과 마음을 상징하는 달의 길이 서로 교차하는 점들로서, 라그나와 하향점처럼 정확한 180도 간격을 두고 항상 같이 움직인다. 다른 일곱 행성은 하늘에 실체를 가지고 있어 육안으로 확인이 가능하지만, 라그나와 하향점 그리고 라후와 케투는 무한히 흐르고 있는 시간(Time)의 어느 시점에 마치 마크로 점을 찍는 것과도 같다. 분명히 존재하고 있지만, 존재의 실체를 확인할 수 없다.

"나"의 출생을 통해, "나"라는 사람이 분명히 존재하지만, 그러나 그러한 "나"가 과연 누구냐고 묻는다면, 우리는 선뜻 대답할 수가 없다. 태어난 순간부터 끊임없이 변화를 거쳐가고 있는 신체, 마음, 그리고 우리가 맡은 다양한 역할들 등이 모두 "나"를 일컫고 있지만, 그러나 동시에 어느 하나도 진정한 나의 실체라고 규정할 수 없는 것이다. 우리는 분명히 신체와는 별개의 존재, 영혼과 마음을 가지고 있지만, 막상 이들이 어디에 있으며, 어떻게 생겼느냐고 물으면, 뭐라고 꼭 집어서 확언을 할 수가 없다. 그저 내 안에, 혹은 나의 밖의 어딘가에 분명히 존재하고 있다는 것만 알 뿐이다.

라후와 케투도 마찬가지이다. 태양의 길과 달의 길 어딘가에 분명히 존재하고 있지만, 정말 어디에 있는지, 어떻게 생겼는지, 어떤 성향들을 가지고 있는지, 아무도 확언할 수가 없다. 단지, 일 년에 몇 번씩 일식이나 월식이 일어날 때 순간적으로 그들의 존재가 확인가능 할 뿐이다. 그러나 평소에도 분명히 어딘가에 존재하고 있으며, 정기적으로 태양도 달도 사라지게 만드는 파워풀한 식飾 포인트들이라는 사실은 아무도 부인할 수 없다.

마찬가지로, 나라는 사람이 세상에 태어나서 걷게 될 "삶의 길"이 어떤 것일지, 어떤 모양이고 특성을 가졌을지, 아무도 모른다. 그러나 우리들 각자의 내면에서는 분명히 어떤 영혼과 마음의 소리들이 있으며, 그러한 내면의 소리들을 따라 우리는 각자 삶의 길을 걷고 있는 것이다. 때로는 의식적으로, 때로는 무의식적으로, 그러나 언제나 시간(Time)이라는 거대한 무형의 흐름을 따라 같이 흘러가고 있는 것이다. 라후와 케투는 그러한 "삶의 길"을 규정 지우는 운명의 그림자들이다. 영혼과 마음이 같이 만날 수 있는 교차점들, 우리가 따라서 걸어야 하는 삶의 길을 나타내는 차트에서의 핵심 포인트들인 것이다.

▧ 라후와 케투의 천문학적 배경

라후와 케투는 차트에서 가장 중요한 핵심 포인트로, 우리 삶의 모든 일들이 라후와 케투의 길을 따라 일어나고 있다. 그래서 라후와 케투를 마스터할 수 있으면, 삶을 마스터할 수 있다. 그러나 이들은 진짜 행성이 아닐 뿐만 아니라 점성학 고서들에도 라후와 케투에 대한 정보나 지식들이 아주 불충분하게 언급되어 있다. 그래서 점성학자들이 제일 많은 혼란을 겪고 있는 부분이기도 하다. 행성은 산스크리트어로 그라하(Graha, 붙잡고 놓아주지 않는)라고 한다. 그러므로 그라하는 "우리의 의식을 붙잡아서 각자가 지닌 카르마에 매어 두고는 놓아주지 않는다"라는 의미를 가지고 있다.

이러한 아홉 그라하들, 일곱 행성과 라후, 케투 간의 상호관계로 나타나는 카르믹 패턴을 읽음으로써 우리는 과거, 현재 그리고 미래에 대한 운명적 흐름을 이해하고 예측할 수 있게 된다.

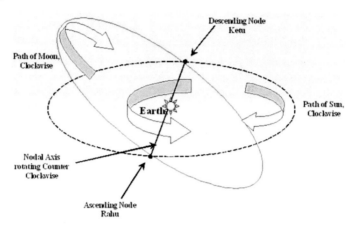

지구를 중심으로 시계방향으로 회전하고 있는 달의 길은, 같은 시계방향으로 움직이고 있는 태양의 길, 조디액으로부터 약 5분 9도 정도로 기울어져 있다. 그래서 두 개의 길은 정기적으로 교차하게 된다. 라후와 케투는 두 개의 길이 서로 교차하는 점들로서, 달이 조디액의 북쪽에서 상향하면서 교차하는 점은 라후(Ascending Node, Rahu)이며, 남쪽에서 하향하면서 교차하는 점은 케투(Descending Node, Ketu)이다. 그러므로 둘은 항상 180도 간격으로 떨어져 있다. **춘·추분점들이 조디액의 서쪽 방향으로 조금씩 이동하고 있는 것처럼, 달의 궤도가 조디액을 교차하는 점들도 역시 항상 조금씩 서쪽 방향으로 이동하고 있다.** 그래서 이러한 교차점들도 조디액을 따라 시계 반대방향, 즉 시계방향으로 회전하고 있는 다른 행성들과는 반대 방향으로 이동하고 있으며, 이들이 조디액 전체를 한차례 회전하는데 약 18년 10일 정도가 걸린다. 일식은 달이 지구와 태양 사이에 들어왔을 때, 달의 그림자가 지구에 떨어지는 경우에 일어나게 된다. 이럴 때, 지구에서 보면 태양이 달에 가려서 사라지는 것처럼 보인다. 일식은 보통 그믐달일 때 일어나는데, "태양 - 달 - 지구"가 같은 위도(latitude)에 일직선상으로 나열될 때 생긴다. 그런데 달의 궤도가 약간 기울어져 있다 보니, 매월 그믐달 때마다 일식이 발생하는 것은 아니다. 월식은 달이 태양의 반대편에 있으면서 지구가 달과 태양 사이에 있게 될 때, 지구의 그림자가 달에게 떨어지는 경우에 일어나게 된다. 보통 보름달일 때 일어나는데,

"태양 - 지구 - 달"이 같은 위도(latitude)에 일직선상으로 나열될 때 생긴다. 이럴 때, 지구의 입장에서 보면 달이 지구에 가려서 완전히 사라진 것처럼 보인다. 달의 기울어진 궤도로 인해 월식도 매월 보름달마다 일어나지는 않는다. 평균적으로 일 년에 최대 7차례의 식(蝕)들이 일어나는데, 그중 4-5번은 일식이며, 2-3번은 월식이다. 일식이나 월식이 조디액의 북쪽 상향 점에서 일어나면, "라후가 삼켰다"고 표현하며 조디액의 남쪽 하향 점에서 일어나면, "케투가 삼켰다"라고 표현한다.

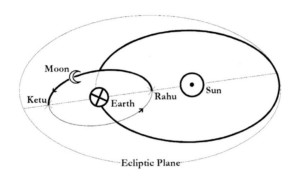

▣ 케투(Ketu)

- "연기가 나며, 두 개의 팔을 가졌으며, 철퇴를 들고, 불완전한 몸을 가졌으며, 벌쳐(Vulture)를 타고 있으며, 고정되어 축복을 내려주는 이가 케투이다."

◙ **라후**(Rahu)

• "거품을 입에 물고, 검과 방패, 삼지
창을 들고, 소원을 들어주며, 사자
를 타고, 어두운 색을 하고 고정된
이가 라후이다."

◙ **라후와 케투, 운명의 축**

"연기가 나고 어두운 모습을 하고 있으며, 숲에서 떠돌며, 고약하며, 바타 성격이며,
그리고 총명한 이가 라후이다. 비슷한 이가 케투이다."(BPHS)

"군대가 가진 목적은 두 가지가 있다. 안전지역을 지키고 보호하는 일, 그리고
새로운 영역을 확장하고 정복하는 일이다. 행성들의 군대로서 라후와 케투가 하는
역할이다. 케투는 잘 정리되고, 안정 잡힌 영역들을 나타낸다. 또한 관할국가를
유지하고 보호하기 위해 필요할 때면 언제든 안심하고 기대며 활력을 회복해주는
대기군대와도 같다. 안정된 지역들에선 더 이상 확장할 수 있는 공간이나 자원,
새로운 모험 등이 부족한 상태가 결국 오기 마련이다. 이러한 부족함은 미계발
영역으로 나가고 싶은 욕망이나 필요를 일으키게 된다. 그러한 작업은 라후에게

주어졌다. 라후는 낯설고, 아직 탐사나 발견이 안 된, 알려지지 않은 영역들을 나타낸다. 라후는 새로운 지역을 정복하기 위해 나서는 군대의 선두에 선 선봉장처럼, 개입의 의미가 무언지 아무런 선지식도 없으면서 일단은 덤비고 본다. 라후가 나타내는 미탐험 영역은 험하고 예측불허여서, 보호되어 있고 이미 안정된 케투의 영역과는 아주 다르다."

- 『하늘의 금괴』 중에서

라후와 케투는 차트에서 가장 핵심 포인트로서 삶의 중요한 대사들은 라후와 케투의 축을 따라 일어나고 있다. 그래서 이들에 대한 바른 이해가 차트를 잘 해석할 수 있기 위한 결정적인 요소가 된다. 삶에서 일어나는 거의 모든 어려움은 라후와 케투의 축을 따라서 일어나기 때문이다. 이들이 있는 바바는 우리가 삶에서 가장 혼란을 겪는 영역들이다. 그러나 이들에 관해 가장 적은 정보들이 있는 동시에, 제일 모순된 정보들이 있고, 그리고 모두 잘못된 정보들이기 때문에, 라후와 케투는 정말 중요한 그라하들임에도 불구하고 전통적으로 많은 점성학자가 개의치 않았다. 비록 그라하라는 지위를 가졌지만, 실제로 확인할 수 있는 그라하가 아니기 때문에 사람들이 무시를 해왔던 것이다.

"그라하"란 우리를 잡아서 카르마에 엮는 구체적인 힘들을 말한다. 예를 들어, 라그나는 그라하가 아니다. 그러나 차트에서 가장 중요한 포인트이다. 라후화 케투도 마찬가지로 실제 그라하가 아니라 천문학적 포인트들이다. 라후와 케투는 달의 길이 조디액과 교차하는 점들인 반면에, 라그나는 지구와 조디액이 교차하는 점이다. 지구는 중심축을 기준으로 자전하고 있다. 이러한 지구의 표면중심에 서서 선을 그으면 지평선이 된다. 지평선의 동쪽이 라그나, 첫 번째 커스프(Cusp), 바바가 되며 정면에 있는 일곱 번째 커스프(Cusp), 바바가 서쪽으로 해가 지는 곳이다. 라그나와 일곱 번째 바바는 자전하고 있는 지구의 중심이 조디액과 교차하는 부분들인 것이다. 라후-케투와 마찬가지로 포인트들인 것이다. 서로가 다른 점은, 라그나와 일곱 번째 바바는 자전하고 있는 지구의 움직임이 결정하는 반면에, 라후와 케투는 지구를 중심으로 회전하고 있는 달의 궤도가 결정한다는 데 있다. 그러나 둘은 서로 같은 유형의 교차점들이다. 그러므로 두 쌍은 점성학에서 아주 중요한 의미를 가지고 있다.

라그나 바바 포인트와 일곱 번째 바바 포인트는, 이 삶에서 "마이 웨이 - 나의 삶의 길"을 결정한다. 데하(Deha), 즉, 내 몸이 걷는 길을 나타낸다. 지구는 데하, 우리의 몸을 상징하고 있다. 라그나의 로드(Lord)행성이 있는 곳은 우리의 몸이 가장 시간을 많이 보내는 곳이다. 라후와 케투는 우리의 의식에 의해 만들어졌다. 우리의 몸인 데하가 삶의 길을 걷는 동안 온갖 사람들을 만나게 되고, 결혼, 출산 등을 하고, 어떤 공부나 직업 등을 가지게 되는 등, 온갖 사건들이 일어난다. 삶에서 어떤 일이 일어나든, 모두 라그나와 라그나의 로드, 그리고 일곱 번째 바바 포인트에 의해서 결정된다. 그리하여 몸이 의식을 가지게 되며, 우리 몸이 가진 카르마를 태우게 만드는 것이다.

라후와 케투는 의식이 진화를 하는 곳을 의미하며, 라후와 케투가 나타내는 길은, 우리의 의식이 진화하기 위해 걸어야 하는 길을 나타낸다. 그래서 아주 중요한 의미를 가지고 있다. 보통 점성학 상담을 받으러 오는 사람들은 의식이 혼란스럽기 때문에, 뭔가 삶이 옳지 않은 길로 새고 있는 것 같은 느낌 때문에 오는 경우가 다반사이다. 도대체 자신의 삶에서 무슨 일이 일어나고 있는지 이해하고 싶은 것이다. 라후와 케투의 축은 의식이 진화하고 계발되기 위한 길을 나타낸다. 만약 우리가 아주 솔직한 삶의 자서전을 쓴다면, 인생에서 가장 중요한 일들은 대부분 라후와 케투의 길에서 일어나게 된다. 인생의 가장 중요한 전환점이나, 성취, 패배 등은 모두 라후와 케투의 영역에서 일어난다. 만약 자서전에서 그러한 스토리들이 빠져 있다면, 정직한 자서전이 될 수 없다. 왜냐하면, 라후와 케투가 잘하는 일들 중에 하나가, 우리를 수치스럽게 만들며, 온갖 자존심을 무너뜨리는 일들이 일어나게 만드는 것이기 때문이다. 그래서 라후와 케투는 흉성에 속한다. 흉성들은 삶을 어렵게 만든다. 그러나 진화하기 위해서 걷는 그들의 길은 온갖 어려운 일들이 일어나는 곳이기 때문에, 만약 그들이 좋은 라지타디 아바스타의 영향 하에 있다면, 그러한 경험들을 통해 성장하고 진화할 수 있다. 그렇지 않은 경우에는, 이들이 던지는 운명의 그림자의 무게를 이겨낼 수 있기가 결코 녹녹하지 않다.

라그나는 나, 몸, 내가 가지고 있는 것을 나타내며, 일곱 번째는 카마, 욕구의 바바, 내가 가지고 있지 않은 것, 내가 가지고 싶어하는 것을 나타낸다. 그래서 라그나는 케투와 비슷하다. 케투는 내가 이미 가지고 있는 것, 나의 의식이 자연스럽게 가지고 있는 것을 나타내며 나의 의식이 자연스럽게 느끼는 행동들을 하게 만든다. 일곱 번째는 라후와 비슷하다. 라후는 내 의식이 가지고 있지 않은 것, 가지기를 원하고 열망하는 것을 나타낸다.

▨ 케투와 라후의 이름들

케투(Ketu)라는 이름이 가진 뜻은 드바자(Dhvaja), "깃발"이라는 의미이다. 깃발은 우리가 정복한 영역을 상징한다. 군대를 이끌고 다른 나라로 정복하러 나간 왕이, 점령한 후에 그 땅에다 깃발을 꽂는다. 그리하여 자신의 영역임을 선포하는 것이다. 케투도 마찬가지이다. 케투가 차트에 있는 위치는, 내가 이미 정복한 영역, 내가 이미 잘하는 것을 나타내고 있다. 내가 가장 자연스럽고 안전한 느낌을 주는 곳이다. 라후와 케투는 군대를 상징하는데, 군대 중에서도 케투는 자기 나라를 지키고 보호하는 군대이며, 라후는 정복을 하러 떠나는 군대를 상징하고 있다. 익숙하지 않고, 새로운 것을 정복하러 나서는 라후 때문에 피곤하고 지칠 때, 우리가 돌아와서 편안함과 위로, 안정성을 느끼게 되는 곳이 케투이다.

케투의 또 다른 이름, 두마(Dhuma, 연기가 낀, 안개가 낀)는 시야를 흐리게 만든다는 의미를 가지고 있다. 연기와 안개 때문에 흐려서 아주 멀리 볼 수가 없다. 근시안적으로 되며 모든 걸 잘 볼 수가 없다. 그렇지만 케투는 라후처럼 완전한 어둠은 아니다. 자신의 영역 안에 있으면 안전하고 편안하지만, 그러나 원시안적이 아니기 때문에, 자신의 영역 밖을 볼 수가 없다. 그러므로 케투가 느끼고 있는 안정성의 패러다임은 사실상, 얼마나 안전하고 안정적인지 완전하게 알 수가 없다. 케투는 가장 자신 있는 자급자족의 능력을 통해 자기확신을 시키려고 하며, 그래야만 행복하다고 믿는다. 그처럼 강한 관념 때문에 라후에서 이득을 볼 수 있는 기회, 즉, 다른 사람들을 통해 이득을 볼 수 있는 가능성을 잃게 된다. 그래서 "연기"라는 이름을 가지고 있다. 자신 외에는 잘 보지 못하기 때문이다. 케투의 영역은 어느 정도 안정적이고, 편안하고, 신뢰할 수 있는 곳이다. 하지만 근시적이며, 안개에 싸여 세상에서 가능한 다른 것들로부터 이득을 볼 수 있는 기회를 놓치기 때문에 완전하지가 않다.

푸차(Puccha, 꼬리)라는 이름은, 아수라인 스바바누가 비슈누에게 몸이 반토막이 날 때, 꼬리 부분이 케투가 되었기 때문에 생긴 이름이다. 케투가 마치 꼬리가 달린 혜성처럼 보이기 때문에 쉬키(Shikhi, 꼬리가 달린 불길), 아날라(Anala, 불)이라고도 불리는데, 혜성들이 하늘에 불길들처럼 나타나는 것을 의미하는 이름들이다. 케투는 혜성과 마찬가지로 하늘에 있는 불처럼 보이는데, 불은 모든 것을 삼킨다. 자신까지 태워서 결국엔 재로 남는다. 케투도 마찬가지이다. 차트에 케투가 있는 곳은 아주 강하고, 열정적인 불과도 같다. 그러나 얼마나 견딜 수 있을지는 시간에 달려 있다. 스스로를 삼키며 뭐든지 태우는 불의 불씨가 과연 언제 사라질 때까지는 오직 시간적 문제일 뿐이다. 케투가 있는 영역은 자신이 자급자족할 능력을 가지고 있기 때문에 확신감으로 태우고 태우다가, 결국에는 바닥이 나는 시점까지 오게 된다. 예를 들어 두 번째 바바에 있는 케투는, 모든 걸 자신이 책임질 수 있고, 스스로 해결할 수 있는 능력이 있기 때문에, 그렇게 자신감으로 태우다가, 결국에는 쇠진하거나 탈진, 혹은 자원이 바닥나는 시점까지 오게 된다. 그리하여 맞은 편에 있는 여덟 번째 바바, 즉, 다른 사람들의 물적, 인적 자원들에 의지해야 하는 시점이 오게 된다. 그렇기 때문에 케투는 완성을 상징하고 있다.

라후(Rahu)라는 이름은 "붙잡는"이라는 뜻이다. 잡아채서(seize) 마구 흔들어 댄다는 느낌을 주는 이름이다. 만약 남자의 라후가 상대 여자의 라그나, 라그나 로드, 혹은 달과 겹치는 경우, 그 여자는 남자를 쥐고 흔들어 댄다. 남자는 꼼짝도 못하고 여자가 하자는 대로, 원하는 대로 끌려 다니는 그런 관계가 된다. 만약 여자의 라후가 상대 남자의 태양, 라그나, 혹은 라그나 로드에 겹치는 경우, 그 남자는 여자를 쥐고 흔들어 댄다. 여자는 꼼짝도 못하고 남자가 하자는 대로, 원하는 대로 끌려 다니는 그런 관계가 된다. 이처럼 라후는 "잡아채서(seize)" 모두를 꼼짝달싹하지 못하게 만든다. 우리가 도무지 무시해버릴 수 있는 힘이 없는 것들을 하게 만든다. 그래서 라후는 어떤 다른 행성들보다도 더 고약하고 못된 일들을 하게 만든다.

안젤리나 졸리의 라후는 인마 라시에 있다. 브래드 피트의 라그나는 인마 라시이다. 그러므로 안젤리나의 라후가 브래드 피트의 라그나에 겹치게 되는 것이다. 라후는 브래드가 안젤리나에게 바로 매력을 느끼게 만든 장본인이다.

• 안젤리나 졸리의 라시 차트

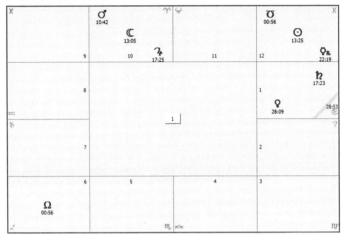

• 브래드 피트의 라시 차트

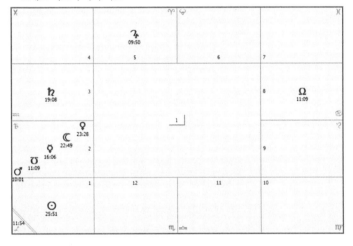

라후의 비둠투타(vidhumtuda)라는 이름은 "달을 못 살게 구는 자"라는 의미를 가지고 있다. 케투가 아니라 라후가 달을, 즉, 우리의 의식을 괴롭힌다. 아직 익숙하지 않고 미계발된 영역을 의식이 걸어야 할 때 아주 혼란스럽고 불안정적일 수밖에 없다. 그래서 라후와 달이 합치를 하는 경우가 가장 어려운 합치가 된다. 라후와 달이 합치를 한 사람들은 세상에서 바로 행동할 수 있는 능력을 잃게 된다. 다른 사람들이 마치 이상한 외계인처럼 느끼도록 하는데, 미계발된 의식을 계발하려 하기 때문에 특히 어려운 심각한 합치가 된다.

할리우드의 유명한 배우이자 코미디언이었던 로빈 윌리암스는 비록 남들을 웃기는 직업을 가지고 있었지만, 정작 본인 자신은 평생 동안 우울증에 시달려 온 것으로 잘 알려져 있다. 그러다가 2014년 8월 11일에 자살로서 생을 마감하였다. 윌리암스의 차트에서는 라후와 달이 극도로 가깝게 합치를 하고 있을 뿐만 아니라, 그러한 합치가 지성을 다스리는 다섯 번째 바바에서 이루어지고 있는 것을 주목할 수 있다. 평생 라후가 달을 못살게 구는 정도가 아니라 결국에는 생명까지 앗아간 불행한 예이다.

• 할리우드 배우, 로빈 윌리암스Robin Williams의 라시 차트

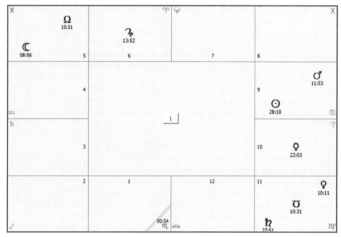

라후의 다른 이름, 아구스(Agus, 빛줄기가 없는) 그리고 타마(Tama, 어두움, 암울함)는 라후가 어둠 속에 있다는 것을 의미한다. 모든 행성들은 완전히 성숙할 수 있을 때까지 걸리는 시간들이 각자 있다. 어떤 행성이든 효율적으로 사용할 수 있으려면, 그 행성이 성숙될 때까지 기다려야 한다. 라후가 성숙하는 해는 42년이다. 즉, 우리가 만 42세가 되기 전까지는 라후가 채 성숙을 하지 못했기 때문에 라후가 나타내는 영역이 어둠에 둘러싸여 많은 혼란을 겪고 부닥치고 또 넘어질 수밖에 없다.

라후는 뱀처럼 음흉하다고 하여 다양한 뱀의 이름들로 칭해지고 있다. 뱀은 변환을 상징한다. 하나의 욕구가 다른 어떤 것으로 전환되거나 변환되는 것을 나타낸다. 뱀은 쿤달리니라는 성적에너지를 의미하기도 한다. 그래서 영적 수행을 하는 요기들은 역량에 따라 성적에너지를 극적인 영적 파워로 변환시킬 수 있다.

"가타(Ghata)" 혹은 "파타(Pata)"라는 이름은 "파괴, 떨어지는"이라는 뜻을 가지고 있다. 라후가 뭐든지 파괴하기를 즐기는 성향을 나타내는 이름들이다. 라후 다샤가 되면, 먼저 라후는 차트에서 자신이 있는 하우스와 바바에 연관된 모든 것들을 파괴시킨다. 예외적으로, 라후가 열 번째 하우스나 바바에 있는 경우에는 커리어를 파괴하는 것이 아니라 성공을 가져다 주게 된다. 그러나 90퍼센트 이상의 사람들이 라후다샤가 되면 먼저 모든 것을 잃게 된다. 라후는 우리를 파괴하는 능력을 가지고 있기 때문이다. 위에 윌리암스의 차트처럼, 자살을 하는 사람들은 달과 라후가 서로 깊이 연관되어 있는 경우가 많다.

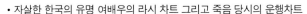
• 자살한 한국의 유명 여배우의 라시 차트 그리고 죽음 당시의 운행차트

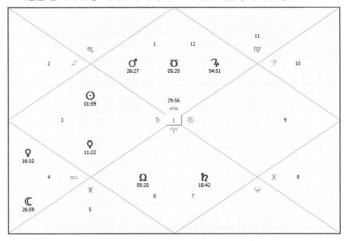

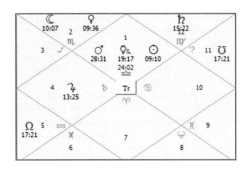

이름을 밝히기는 곤란하지만, 몇 년 전에 자살한 유명 여배우의 차트이다. 라시 차트에서 그녀의 라후는 아주 안 좋은 라지타디 아바스타에 있는데, 그녀가 죽음을

선택하는 날 당시에 하늘에서 운행 중이던 라후가 그녀의 라시 차트에서 다섯 번째 하우스에 있는 달을 겹치고 있었다. 빔쇼타리 다샤에서도, 그녀는 라후의 시간을 지나고 있었다. 라후가 가진 "파타"라는 이름은 "떨어지는"이라는 의미를 가지고 있다. 우리는 항상 우리가 꿈을 꾸거나 상상하는 것보다 덜 가지고, 적게 이루게 된다. 그래서 떨어지게 만든다. 가장 바닥으로 떨어뜨리는 것이다. 우리들 인생에서 가장 우울한 날이나 시점은 보통 라후가 만들게 된다. 그러나 이처럼 자살이나 다른 삶의 영역들을 파괴시키는 라후는 나쁜 라지타디 아바스타에 있는 경우이다. 좋은 라지타디 아바스타에 있는 라후는 여전히 우리가 기대하거나 상상하는 것보다 전혀 다른 방식으로 우리를 변환시키지만 그러나 어느 정도 조화롭게 성사를 시키게 된다.

케투와 라후는 항상 같이 움직인다. 서로의 반대편에 있는 것들은 다른 것의 영향이 없이는 혼자 발전할 수 없다. 인과의 법칙과도 비슷하게 항상 주고 받는 관계에 있다. 케투를 바꾸지 않으면 라후를 변환시킬 수 없다. 라후가 없이는 케투 혼자서 변환할 수가 없다. 그래서 라그나와 케투는 아주 비슷하다. 내 몸을 나타내는 라그나의 맞은 편 일곱 번째 바바는 다른 사람들을 나타낸다. 내 몸을 움직여 나가지 않고는 다른 사람들을 만날 수 없다. 아무리 마음에 드는 상대가 있어도, 용기를 내서 그 사람에게 다가가지 않고는 아무런 일도 일어날 수가 없다. 마찬가지로 케투를 움직이면 라후를 만나게 되어 있다.

▣ 라후와 케투에 연관된 신화들이 가진 의미들

라후에 연관된 신화에는 두 가지가 있다. 하나는 **바라하**(Varaha)라는 멧돼지로 환생하여 대홍수가 나서 물속에 잠겨 있던 지구를 건져내었다는 버전이며, 다른 하나는 은하를 휘젓는 스토리에서 **스바바누**(Svarbhanu)라는 아수라가 몰래 데바들 틈에 끼어 암리타를 받아먹었다가 들켜서 몸이 두 동강이 나게 되었다는 버전이다(하늘의 금괴, 제1장 참조).

바라하는 미션을 마치고 사라지기 전에 남은 이들에게 야기야(yagya, 제의식들)를 치르는 법들을 전수해주었다. 야기야란 원하는 것들 성취하거나, 변화를 원할 때, 혹은 남은 카르마를 풀고자 할 때 치르게 되는 제의식들을 말한다. 바라하는 물에 빠진 행성, 우리의 지구를 건져냈다. 다른 행성들을 데바들로서 내면에 있는 영적인 에너지들을 상징하고 있다. 차트에 있는 모든 행성은 의식의 내적인 과정을 통해 다룰 수 있다. 그러나 라후만 예외이다. 라후는 아바타(환생)로서 외부에서 태어나 지구를 건져 올렸다. 이것이 상징하는 바는 라후의 영역은 손으로 직접 만지고 다루어야만 변환시킬 수 있다는 것이다. 라후는 다른 행성들처럼 내면적으로 변환시킬 수 없다. 우리의 의식이 반드시 물질적 세상에서 걸어야 하는 길을 나타낸다. 하지만 우리는 라후를 피하려는 경향이 있으며, 라후가 성숙하는 42세가 되기 전까지는 케투를 많이 의지하게 된다. 설령 42세가 되기 전에 라후 다샤를 가지게 되더라도 여전히 케투를 많이 사용하고 의지하게 된다. 그래서 42세가 되어야만 우리는 라후를 포용할 수 있는 용의와 준비가 되어 있다. 라후는 용감하게 세상에서 직접 부닥치며 처리하고 다루어야만 한다. 아주 길고 긴 길(Path)로서 42세가 되기 전까지는 제대로 걷기가 불가한 영역이다. 깊은 업식, 카르마의 행성인 토성은 36세에 성숙을 하게 된다. 그래도 하늘에 실체를 가진 행성인 토성은 라후에 비해 감당하기가 훨씬 더 쉽다. 바라하는 미션을 마치고, 남은 이들에게 삶을 어떻게 더 잘 다루어야 할지 하는 야기야(제의식)들을 가르쳐 주었다. 야기야는 지혜와 지식을 얻게 해주는 의식들을 상징한다. 아무리 싫더라도 우리는 라후를 통해서 배워야만 하는 것이다.

또 다른 신화는 "스바바누"라는 아수라가 두 동강나서 머리부분은 라후가 되고, 몸 부분은 케투가 되었다는 버전이다. 베딕 신화에 나오는 아수라들은 크리스찬교에 나오는 악마들 같은 존재가 아니라, 그리스신화에 나오는 거대한 거인들과 비슷하다. 은하를 휘젓기 위해 사용한 만다라(Mandara)산은 북극성을 의미한다(사이더리얼 점성학에서 천구를 고정시키는 점이 바로 북극성이다). 은하를 휘젓는 중에 만다라 산이 가라앉기 시작하자 비슈누는 쿠르마(Kurma)라는 거북이로 변신해 대양 밑으로 내려가 산을 받쳐 올렸다. 쿠르마는 토성의 화신으로서 라후와 케투를 만드는데 큰 역할을 하였다. 은하를 휘젓던 데바들이나 아수라들 중 아무도 쿠르마에 대해 눈치채지 못했다. 마찬가지로 차트에서도 토성이 하는 일들은 아무도 알지 못한다. 토성은 온갖 궂은 일을 제일 열심히 하고 있지만 아무도 그러한 토성을 감사히 여기지 않는다. 그리고 데바들은 암리타를 얻기 위해서 아수라들의 도움이 필요했다. 아수라는 원초적 본능을 상징하며, 데바는 디바인 본능을 상징하는데, 우리는 아수라와 디바인 본능을 우리 안에 모두 가지고 있음을 의미한다. 이들은 항상 서로 대적하며 전쟁을 하고 있다. 삶의 궁극적 목적은 암리타, 영생의 넥타, 깨달음을 얻는 것이다. 깨달음 의식에서 느끼는 환희와 축복은 명상에서 다다를 수 있는 가장 높은 경지의 경험이다. 모든 깨달음의 목표는 영생의 넥타, 암리타를 얻는 것이다. 그러나 암리타는 데바, 디바인 본성의 혼자 힘만으로 얻을 수 없었다. 그리하여 아수라들의 도움이 필요했던 것이다. 삶의 목표는 원초적 본성과 디바인 본성이 같이 조화를 이루어 깨달음의 길에 집중하는 것이다. 그런데 모든 종교가 디바인 본성만으로 대양을 휘저으려 하였다. 그래서 성공할 수가 없었던 것이다. 원초적 본능과 같이 일을 해야 성공을 이룰 수 있는데, 원초적 본성은 완전히 무시를 당하였다. 비슈누는 데바들만이 암리타를 가지게 될 것이라고 약속을 하였다. 그러나 데바와 아수라들이 같이 일을 해도 여전히 토성의 도움이 필요했다. 이는 토성의 초연함, 비집착성이 없이는 성공할 수 없다는 것, 암리타를 얻을 수 없다는 것을 나타내고 있다. 두 개의 에너지는 같이 일을 하되 토성의 건강한 비집착성을 지키는 것이 필수적이다. 그렇지 않으면, 디바인 목적인 깨달음에 도달할 수 있는 힘이 부족하다. 한편 아수라들은 막상 암리타를 보자 욕심이 나서 약속을 깨고 가지고 달아나 버렸다. 아수라의 본성은 언제나 말이 되지 않는 특성을 가지고 있다. 어떤 약속이나 확언에도 불구하고 결국에는 자기들 내키는 대로 한다. 그러다가 아름다운 여인을 보자 혹해서 넋이 빠지게 되었다. 비슈누의 변신이었던 모히니는 아수라들 각자에게 그녀가 자신만을 사랑한다는 착각을 하도록 만들었다. 아수라들은 환상 속에 빠져서 암리타에 대해선 완전히 잊고 있었다. 저렇게 아름다운 여자가 자신을 속일 리 없다는 착각을 하며 혼이 나가 있는 동안, 비슈누가 몰래 데바들에게만 암리타를 먹이고 있는 상황을 제대로 판단할 수 없었다. 유일하게 스바바누라는 아수라만 지금 어떤 일이 일어나고 있는지 알고 있었다. 오래 전에 브라마의 분(Boon)으로 인해 그라하가 될 것이라는 언약을 이미 받았기 때문이었다. 이러한 사실을 비슈누는 알고 있었다. 그래서 브라마의 분을 완성시키기 위해 사실은 고의로 스바바누가 영생이 되도록 만들었던 것이다. 비슈누가 스바바누를 자르는데 사용한 무기, 슈다르샨 챠크라는 조디액을 상징한다. 데바들만 암리타를 마셨지만, 원초적 본성을 상징하는 아수라 중에서 유일하게 라후와 케투가 브라마 때문에 암리타를 마시고 디바인으로 되었다.

그래서 라후와 케투가 우리에게 하게 만드는 일들은, 우리의 존재가 삶에서 성장하는데 아주 중요한 비중을 차지하고 있다. 다른 행성들이 하게 만드는 일들보다 훨씬 더 중요하다. 라후와 케투는 영생적 존재들이며, 우리의 의식 또한 영생적 존재이다. 라후와 케투는 우리들 삶의 전체를 아주 사소한 일들로 파괴시킬 수 있다. 그러나 길게 보면 의식이 진화하기 위해서 꼭 필요한 과정이다. 이들은 삶을 파괴할망정, 의식은 절대로 파괴시키지 않는다. 윤회를 거듭하며 계속 진화를 시키고 있다. 그러므로 차트에서 라후와 케투가 있는 곳은, 절대로 비난하거나, 비판적이 되거나, 회피, 혹은, 회의적이 되지 않는 것이 중요하다. 삶에서 일어나는 모든 사건은 사실상 삶의 진화와 의식의 성장을 위해 꼭 필요한 과정들이다.

이러한 라후와 케투를 보다 잘 다룰 수 있기 위해서는 토성의 도움, 토성의 자질들이 필수적이다. 차트에서 토성이 약한 사람들은 라후와 케투 때문에 더 많은 고난, 어려움들을 겪는다. 좋은 토성은 견딜 수 있는 힘을 준다. 약한 토성이 일곱 번째 바바에 있는 차트는 다른 사람들 때문에 쉽게 상처받고 트라우마를 겪으며 다음 기회를 완전히 차단하고 숨어버린다. 위에서 제시한 자살한 여배우의 라시 차트를 보면 라후와 토성이 일곱 번째 바바에서 합치를 하고 있다. 그녀의 토성은 산양 라시에서 취약의 품위를 얻고 있다. 그러한 토성과 같이 있는 라후는, 대중의 모함을 받았을 때 자신의 결백함을 증명하기 위해 싸우기 보다는 자살이라는 슬픈 선택을 할 수밖에 없도록 만들었다. 반면에 강한 토성은 설령 인간관계가 잘못되어도, 후퇴하기보다는 훌륭한 레슨들을 배웠다고 여기며 또 다시 시도를 거듭한다. 레슨들의 경험이 쌓일수록 더 나아질 수 있는 것이다. 삶의 모든 시련들도 마찬가지이다. 어떤 어려움이 일어나든, 토성의 힘으로 견디고 다시 일어설 수 있는 힘이 필요하다.

라후와 케투는 우리가 상상하지 못했던, 계획하지 못했던 일들로 인해 당하게 되는 것을 나타낸다. 아수라들은 자부심 때문에 뱀의 꼬리 부분 대신에 머리 부분으로 갔다가, 뱀의 입에서 뿜어져 나오는 독기 때문에 많은 죽음을 당하였다. 우리의 원초적 본성도 마찬가지이다. 무조건 달려들었다가 많이 상처받고 다치며 실망한다. 우리의 원초적 본성은 항상 실망하고 다치게 되어 있다. 막상 암리타를 잡아채었으면서도 어리석음 때문에 다시 잃고 말았다. 그래서 항상 루저들로 있으며, 언제나 만족하지 못한 상태에 있다. 영생의 넥타 암리타를 가질 수가 없다. 마찬가지로 우리가 가진 모든 열정, 외로움, 욕구들은 절대로 다 충족될 수 없다. 그러나 데바들이 같이 오도록 허락해주는 한, 같이 영생의 넥타 암리타를 얻기 위한 작업을 할 수 있고, 라후와 케투처럼 암리타를 얻을 수도 있을 것이다. 같이 조화롭게 일을 하고 충족을 얻기 원한다면, 디바인 본성과 아수라적 본성이 같이 일을 해야 한다. 라후-케투와 함께 해야 한다. 그래야만 많은 성장을 할 수 있고, 성공과 행복을 얻을 수 있을 것이다. 우리의 지구, 즉 손으로 직접 땅을 다루는 일을 해야 한다. 원초적 본성과 디바인 본성이 같이 일해야 하며, 동시에 토성의 도움으로 비집착할 수 있어야 한다. 어떤 일이 일어나든 너무 예민하거나 개인적으로 상처를 받지 않을 수 있어야 하는 것이다.

라후는 토성처럼, 케투는 화성처럼

⊠ 라후와 케투에 대한 무지가 바로 그들의 특성

많은 베딕 점성학자들이 라후와 케투에 대한 온갖 모순된 이론과 품위들을 부여하고 있다. 그러나 현재까지 라후와 케투에 대해 알려진 정보들 중 95퍼센트 정도는 사실이 아니며 모두 점성학자들이 지어낸 것들이다. 라후와 케투는 실제 행성이 아니기 때문에, 이들에 관해 점성학 고서들에서 찾아볼 수 있는 정보들은 지극히 미미한 상태이다. 예를 들어 목성이나 토성 같은 다른 행성들에 관한 정보들을 많이 있다. 목성 같은 경우는 태양계에서 태양 다음으로 크고 무거운 행성으로서 태양을 회전하게 만든다. 태양은 목성과 중력의 균형을 이루며, 배리센터(Barycenter)라고 하는 중심점을 기준으로 회전하고 있다. 목성이 태양을 한 번 회전하는데 약 12년이 걸리는 것처럼, 태양도 자신의 배리센터를 한 번 도는 데 약 12년이 걸린다. 토성이 가진 여러 이름 중 "만다(Manda)"는 "느리다"라는 뜻이다. 토성은 태양계에서 가장 멀리 있기 때문에 제일 춥고 느린 행성이다. 토성이 태양을 한 번 회전하는 데 약 30년이 걸린다. 이처럼 지구상으로부터 제일 멀리 떨어진 목성이나 토성에 관한 정보도 무수하게 가능한 반면 라후와 케투는 보름날과 그믐날, 이렇게 한 달에 두 번 정도만 확인이 가능한 교차점들일 뿐, 아무런 실체도 정보도 찾아볼 수 없다. 그럼에도 "그라하"라는 지위가 주어져 있어 더욱 혼란을 가중시키고 있는 것이다.

그래서 라후와 케투는 더욱 특별해지게 된다. 어떤 것으로든, 어떤 식으로든 확실하게 규정지을 수가 없기 때문이다. 이들의 정체가 무엇인지, 그리고, 차트에서 어떤 영역들을 활성화시키고 있는가에 따라, 우리는 라후와 케투가 가져오는 구체적인 효과들을 예측할 수 있을 뿐이다. 라그나와 일곱 번째 바바처럼, 이들은 고양이나 취약의 품위를 별도로 가지고 있지 않다. 시중에 나와 있는 이러한 정보들은 모두 잘못된 것들이다. 이들에 대해 정확히 알 수 있기 위해선 차트에서 무엇을 활력화시키느냐 하는 것이 가장 중요한 핵심포인트다. 이들은 그림자 행성들로서 자신이 연관된 행성들을 활력화 시킨다. 그러므로 어떤 행성들을 활성화시키느냐 하는 사실을 아는 것이, 라후와 케투를 이해하고 예측할 수 있는 가장 분명한 방법이다.

라후와 케투는 왕국에서 군대를 다스린다. 태양은 왕, 달은 왕비, 화성은 장군, 수성은 왕자, 목성은 구루, 금성은 수상, 토성은 하인 등의 식으로 모든 행성은 각자가 맡은 개인적 역할들이 있다. 그러나 군대는 개인이 아니라 집단이다. 다른 행성들은 모두 개인적 인물이지만, 라후와 케투는 사람이 아니라 "집단적 세력"이다. 수많은 사람에 의해 만들어졌기 때문에 개인이 전혀 중요하지 않다. 군대는 개인을 훈련시키고 세뇌시켜서 군대로서 전투의 임무를 수행할 수 있도록 만든다. 개인들로 이루어졌으나 개개인은 중요하지 않은 것이다. 그러므로 라후와 케투는 가장 파워풀한 세력이라고 할 수 있다. 왕국에서 화성은 장군으로서 군대를 지휘한다. 군대가 어떤 일을 이루고 성취하느냐, 자국의 안위를 지키느냐 혹은 다른 영역을 정복하러 나설 것인가, 큰 화재를 진압할 것인가 등, 군대가 하는 일은 어떤 거대한 "세력"이다. 우리의 의식이 삶의 길에서 진화하기 위한 세력으로서 다른 행성들을 주도하고 있다. 우리의 차트에 나타나 있는 라후와 케투는 우리를 어디론가 끌고 가는 세력이다. 머리나 가슴으로서는 이해할 수 없는 어떤 욕구, 마치 미치고 죽을 것처럼 강렬한 욕망 등의 세력들은 모두 라후와 케투가 만들어 내고 있다. 다른 모든 행성들은 그러한 세력을 재조정하고 있을 뿐이다. 강한 갈망과 욕구들로서 우리를 몰아대는 라후와 케투의 에너지를 과연 성공적으로 조정할 수 있을 것인지 아닌지, 집중적인 자기단련으로 잘 활용할 수 있을지 아닐지 하는 것들은 모두 행성들이 가진 파워에 달려 있다.

⊠ 라후는 토성처럼, 케투는 화성처럼

파라샤라(BPHS)에는 "라후는 토성처럼, 케투는 화성처럼(Rahu Shanibat, Ketu Kujabat)"이라는 구절만 유일하게 기술되어 있다. 라후와 케투를 이해할 수 있는 가장 중요한 포인트라고 할 수 있다.

먼저 '케투 쿠자밧'(Ketu Kujabat), 즉 케투는 화성과 같다고 하였다. 그러므로 어떤 바가에서든 케투를 알기 위해선 화성의 상태를 체크해야 한다. 케투는 이미 정복한 영역에 꽂는 "깃발"과도 같다. 케투가 얼마나 집중력을 가지고 있고, 또 자기단련이나 훈련이 잘 되어 있는지, 얼마나 군대의 세력이 그러한 파워를 가지고 있는지 아닌지는, 모두 지휘관이자 장군인 화성에게 달려 있다. 케투의 세력이 훌륭한 전략으로 목표를 완수할 수 있기 위해선 모두 장군의 지휘하에 달려 있다. 케투, 즉, 군대가 어떤 바가 차트에서 잘 해낼 수 있기 위해선 장군이 그만큼 능력이 있을 때 가능해진다. 화성이 좋은 품위에 있고, 논리적이고 집중적으로 자기단련이나 훌륭한 전략을 유지할 수 있으면, 군대의 세력이 그만큼 능률적일 수 있다. 군대는 장군의 능력과 목표에 따라 좌우되기 때문이다. 그래서 어떤 바가 차트에서든 화성의 목표가 무엇인가를 파악해야 한다. 케투는 장군의 목표를 성취하고자 한다. 만약 화성이 열 번째 바바에서 성공이나 명성을 원하고 있다면 케투는 화성의 그러한 목표를 성취하기 위해 전력질주를 하게 된다. 화성이 좋은 품위와 라지타디 아바스타에 있으면 케투의 다샤 동안 큰 성공과 명성을 얻을 수 있다. 그러나 취약의 품위나 나쁜 라지타디 아바스타에 있으면, 케투의 다샤 동안 커리어에 실패를 경험하게 된다. 케투의 에너지가 집중이 안 된 채 흩어져 있기 때문이다. 케투가 얼마나 세력을 가지고 있는지 알기 위해선 장군의 에너지 레벨을 파악해야 한다. 어떤 바가 차트에서든 화성은 흉성이기 때문에 원하는 것을 갖기 위해 싸운다. 케투의 다샤 동안 화성은 그러한 성공을 거두기 위해 고군분투하게 된다. 케투의 에너지가 사용 가능한지 어떨지는 화성이 가진 요가(Yoga, 하늘의 금괴, 제15장과 제16장 참조)나 라지타디 상태를 파악하게 되면 케투의 다샤를 예측할 수 있다. 케투의 에너지는 화성의 지휘하에 달렸기 때문이다. 장군은 자신의 관할 영역 내에서, 그리고 자신이 익숙하고 알고 있는 범위 내에서 최고로 활동할 수 있다. 케투도 마찬가지로 화성의 안녕상태를 따르게 된다. 장군은 자신의 군대를 익숙한 영역 내에서 자신이 알고 있는 만큼 잘 관리하고 운영이나 질서유지, 보호 등을 할 수 있다.

다음으로 '라후 샤니밧(Rahu Shanivat)', 라후는 토성과 같다고 하였다. 라후는 다른 그룹의 군대이다. 케투처럼 내부질서와 안보를 유지하기 위한 군대가 아니라, 잘 알지 못하는 영역으로 정복을 하러 나서는 파견군대이다. 낯선 외부의 영역으로 진출하는 군대는 아무것도 장담하거나 예측할 수가 없다. 어떤 전염병이나 질병들에 걸릴지 모르며, 지리도 모르며, 길들이 어떻게 나 있고 어떻게 찾아가야 할지, 사람들이나 문화, 기후, 음식은 어떠할지 등등 아무것도 모른다. 이처럼 낯선 영역으로 점령을 하러 가는 군대에게 장군이 할 수 있는 일은 아무것도 없다. 모든 것이 비논리적이고, 말이 되지 않으며, 진짜가 아니기 때문이다. 이러한 예측불가 상황은 화성의 본성과는 완전히 반대이다. 화성은 그처럼 낯선 영역에서는 힘을 잃게 되며 별로 쓸모가 없어진다. 화성이 가진 논리나 이지 자체만으로는 충분하지 않기 때문이다. 화성은 차 부품들을 모두 해체시켜 눈앞에 놓아주면, 다시 조합하여 차를 만들 수 있다. 그러나 부품 중에 나사 하나라도 빠지게 되면 자신이 알고 있는 논리나 이치에 들어맞지 않기 때문에 더 이상 어떻게 할 줄을 모른다. 점성학을 함에 있어서도 마찬가지이다. 점성학 고서들은 모두 수트라(Sutra, 실마리) 구절들로만 되어 있기 때문에 논리나 이지만으로는 수트라 안에 담긴 미스터리를 풀지 못한다. 그래서 목성의 직관이 같이 필요하다. 화성도 마찬가지로 낯선 영역에서는 아무런 전략을 짜거나 계획을 할 수가 없다. 그럴 때 토성의 힘이 필요해지게 된다.

토성은 그야말로 강한 인성, 철인적인 내구력, 인내력 등을 나타내기 때문에, 과연 군대가 성공할 수 있을지 없을지 결정적인 힘을 쥐고 있다. 점령군의 군인들이 낯선 땅에서 어떤 알지 못하는 질병에 걸렸을 때, 의사들이 병에 대해 얼마나 잘 알고 있느냐 하는 사실은 중요하지 않다. 군인들이 그러한 질병을 견디어 내고 끝까지 살아남을 수 있을지 아닐지가 더 중요하다. 군인들의 식량 공급을 제대로 할 수 있을지 없을지가 중요한 게 아니라, 몇 주나 몇 달 동안 굶주린 배를 움켜쥐고도 행군을 계속할 수 있을지 아닐지가 더 핵심적으로 중요하다. 칼날을 세우듯 잘 다림질한 군복을 입거나 광채가 나도록 잘 닦은 구두를 신는 것, 깔끔하고 따스한 겨울옷들을 제대로 잘 공급할 수 있을지 아닐지 등이 중요한 게 아니다. 살을 얼게 만드는 혹한 속에서도 몇 달 동안이나 살아남을 수 있고, 불볕 같은 사막에서 피부가 타들어 가고 갈증으로 목이 말라 비틀어져도 여전히 살아남을 수 있을지 아닐지 하는 라후의 능력은 모두 토성에게 달려 있다. 라후가 이러한 환경 속에서 살아남을 수 있기 위해선, 토성이 강하고 좋은 품위에 있어야 한다. 훌륭한 토성의 자질들은 어떤 극한 상황 속에서도 살아남을 수 있게 한다. 반면, 차트에서 토성이 허약한 경우에는 라후도 약해서 쉽게 고통이나 트라우마를 겪게 된다. 베트남이나 이라크 전쟁들에서 살아 돌아온 군인들이 외상 트라우마나 스트레스 증후군에 시달려 정상적인 사회생활에 제대로 복귀를 할 수 없는 경우가 이에 해당한다. 어떤 바가에서든 라후가 있는 곳은, 상상할 수조차 없는 어려움과 시험들을 겪게 한다. 상처와 아픔, 고통을 주며, 함부로 대하며, 무자비하게 밟으며, 무시하는 등, 온갖 가능한 고통을 라후가 연관된 영역에서 경험하게 될 것이다. 이러한 어려움을 버틸 수 있는 힘은 토성에게 달려 있다. 얼마나 토성이 생산적일 수 있느냐 따라, 이러한 강인함이 생산적인 힘으로 변환될 수 있다. 더 나은 성장과 도약을 위한 과정으로 될 수 있다. 토성이 다스리는 영역이 얼마나 단계적으로 잘 발전해 나갈 수 있느냐 하는 것은 모두 토성의 능력에 달려 있다. 차트에서 토성이 나타내는 것, 토성이 만들어 내야 하는 것들은 모두 살아남기 위해서 필요한 것들이다. 토성의 강인한 인성, 철옹성 같은 단단함, 건강한 비 집착성, 어떤 것이든 견디어 낼 수 있는 인내력 등은 모두 라후에게 필요한 저력들이다. 만약 차트에서 토성이 강하면 라후의 다샤 동안 토성이 나타내는 것들이 형상화될 수 있다. 토성이 약하게 되면, 살아남을 수가 없다.

한마디로 요약을 하자면, 라후는 토성처럼 주고 케투는 화성처럼 준다는 사실이다. 다른 행성들의 영향도 감안해야 하지만, 그러나 이점이 라후와 케투에 대한 가장 중요한 점이다. 라후와 케투의 다샤가 좋을지 아닌지를 알기 위해서는 첫 번째로 토성과 화성을 연구해야 한다. 그런 다음, 다른 행성들의 영향들을 살펴볼 수 있다.

▨ 행성들 그리고 라후와 케투가 성숙하는 나이

아무리 훌륭한 차트를 가졌거나 혹은 아니더라도, 토성과 라후-케투는 어느 누구를 막론하고 모두 어렵게 하고 고통을 준다. 이들 세 행성은 성숙할 때까지 시간이 가장 오래 걸리는데, 어느 행성이든 성숙하기 전까지는 효과적으로 사용할 수가 없다. 목성이 성숙하는 데는 16년이 걸린다. 우리는 16살이 되기 이전까지는 목성을 효과적으로 잘 사용할 수 없다. 신체적, 정신적, 영적으로도 16살이 되어야 제대로 성숙할 수 있다.

16살이 되면 목성을 잘 사용하는 것이 가능하며, 신체적으로도 아이를 낳을 수 있는 나이이다. 여자의 신체는 아이를 가지기에 가장 건강하고 출생결함도 제일 적게 나타나는 나이이다. 이후부터는 신체적으로 저하하게 된다. 금성이 성숙하는 해는 25세인데, 그 해가 되면 우리는 배우자에 대한 어떤 기대나 아이디어 등이 확실해지게 된다. 이처럼 행성들은 서로 다른 나이에 성숙하기 때문에, 아홉 행성들을 모두 효과적으로 사용할 수 있기 위해서는 시간이 걸린다. 그 중에서도 라후와 케투는 가장 오래 걸린다. 그 전까지는 이들의 영역에서 실패를 많이 한다. 토성이 36세, 라후는 42세에, 그리고 마지막으로 케투가 48세에 성숙한다.

그러므로 누구나 48살 이후가 되어야 모든 행성을 효과적으로 사용하기 가능하다. 이러한 나이 이후에 더 나아지는 행성들은, 자연적인 성숙에 의해서가 아니라 개인적인 공부와 노력 등을 통해서이다. 차트에서 케투가 나쁜 라지타디 상태에 있으면, 48세까지 뭘 하든지 실패를 하게 된다. 사과나무는 가을에 익는다. 그 전에 나온 사과들은 채 성숙하거나 익지가 않아서 먹기에 부적합하다. 행성들도 마찬가지로, 성숙하는 나이가 되기 이전에 성숙할 수도 있다. 그러나 맛이나 질은 떨어진다. 성숙하는 해가 지난 행성들은 효과적으로 사용할 수가 있다. 우리 인생에 가장 중요한 사건이나 전환점들은 행성들이 성숙하는 시점에서 거의 일어난다.

화성이 성숙하려면 28년이 걸린다. 그래서 27세에서 28세 되는 해는, 마치 잉태기간과도 같다. 화성이 나쁜 품위에 있는 경우에, 심각한 사고나 안 좋은 일들, 혹은 죽음도 이 기간 동안 일어나게 된다. 트로피칼 베딕점성학의 선두자, Mr. Ernst Wilhelm은 27세가 되는 해에 약 64미터가 넘는 벼랑에서 떨어져 머리를 제외한 온몸이 거의 부서지는 큰 사고를 겪었다. 그의 차트에서 화성은 토성과의 합치로 인해 어려운 라지타디 아바스타에 있는데, 다행히 훌륭한 라지타디 상태에 있는 목성이 보호를 해주고 있어 별다른 후유증 없이 살아남을 수 있었다. 만약 이처럼 좋은 행성들의 영향이 없으면, 많은 이들이 27세-28세에 되는 해에 비명횡사 하게 된다. 할리우드 스타 중에서 요절한 이들은 화성이 토성과 합치하거나, 나쁜 어스펙트를 받거나 화성이 라후와 합치를 하는 등 아주 나쁜 라지타디에 있는 경우가 많다. 그러한 경우 거의 죽음에 가까운 경험을 하거나, 실제로 죽음을 맞이하게 된다. 영화 '베트맨(Batman)'에서 조커(Joker)를 연기한 유명한 할리우드 배우 히스 레저(Heath Ledger)는 28세 되는 해에 약물과잉으로 인해 갑작스런 죽음을 맞이하였다. 그의 차트에서 화성은 12바바에서 아주 나쁜 라지타디 아바스타에 있다.

• Heath Ledger의 차트(영화 '베트맨'>에서 조커(Joker)를 연기한 할리우드 배우)

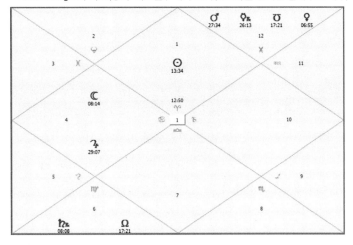

이소룡의 외아들이자 영화배우였던 브랜든 리(Brandon Lee) 역시, 28세 되는 해에 영화 '까마귀(The Crow)'를 촬영하던 도중 총격사고로 죽게 되었다. 그의 차트에서 화성은 갑작스런 죽음을 나타내는 여덟 번째 바바와 합치를 하면서 토성에게 아주 나쁜 어스펙트를 받고 있다.

• 브랜든 리(Brandon Lee)의 차트

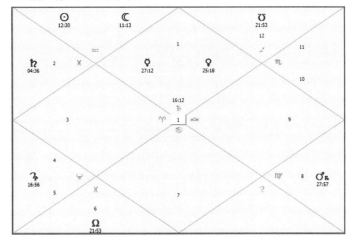

이처럼 행성들이 손상된 경우에는 잉태 기간 중에 그러한 행성과 연관된 어려움을 많이 당하게 된다. 행성들이 좋은 품위나 라지타디 아바스타에 있는 경우, 잉태 기간은 쉽고 생산적으로 지나가게 된다.

라후의 잉태 기간은 41세-42세이며, 케투의 잉태 기간은 47세-48세로서, 아주 중요한 기간이다. 36세가 되는 해에 토성이 성숙하게 되는데, 그때부터 우리는 토성을 잘 사용할 수 있게 된다. 그리고 라후도 깨어나기 시작한다. 라후가 마침내 성숙하게 되는 42세까지 토성의 영역을 잘 다룰 수 있게 되며, 라후가 의식 속에서 아주 활성화가 된다. 36세 이후부터 42세가 되는 동안, 많은 사람들이 완전히 다른 사람이 되어 나오는 경우가 많이 생긴다. 그러다가 라후가 성숙하는 42세가 되면서, 라후가 나타내는 온갖 어려움들, 외로움, 고통, 불행 등, 쥐고 있던 모든 감정을 갑자기 놓아 버리게 된다. 그동안 짓눌려 있던 모든 두려움이나 머뭇거림, 의심 등을 벗어나 케투가 성숙하는 48세가 되는 해까지 라후를 잘 사용할 수 있게 된다. 케투를 마지막으로 모든 행성이 성숙하게 되면, 그때부터 우리는 정말 우리가 원하는 것이 무엇인지 잘 알 수 있게 되며, 그리고 그것을 향해 전진하게 된다. 그래서 케투가 성숙하는 시기는 우리 삶에서 아주 중요한 전환점이 되게 된다. 만약, 그 해에 안 좋은 일들이 생겨난다면 차트에서 케투가 많은 문제들을 가지고 있다는 것을 의미한다. 우리 삶의 목표는 케투를 완벽하게 하는 것이다. 케투가 상징하는 결자해지, 깨달음, 평화, 안전함과 안정성 등을 충족하기 위한 과정은 모두 토성이 성숙하는 해부터 시작된다. 라후가 나타내는 불안한 미래에 대한 경험이나 의혹 등은 모두 토성의 자질들로서 다루어야 한다. 그리하여 41세에서 42세가 되는 해 엄청난 고통을 겪는 경우들이 많이 생긴다. 그런 경험과 과정을 통해 우리는 토성의 비 집착성을 배우게 된다. 토성이 성숙할수록 우리는 서서히 라후의 성숙을 위해 나아갈 수 있다.

토성은 자신이 있는 라시에서 라후와 같은 효과들을 준다. 라후나 토성은 그들이 위치하고 있는 곳에서 열등의식이나 결핍의식, 비가치성을 가진 것처럼 느끼게 만든다. 예를 들어 인마 라시에 있는 경우, 자신이 어떤 목적을 가질 가치가 없는 것처럼 느끼게 만든다. 하지만 이들 행성이 성숙해지게 되면, 그러한 결핍의식에서 벗어나 보다 효과적으로 라시의 자질들을 계발할 수 있게 된다. 라후와 토성이 게 라시에 있는 경우, 뭐든지 쉽게 결정을 내리지 못하고 우유부단한 성격을 만들게 된다. 그러나 토성이 성숙한 이후부터는,

의도적으로 좀 더 결의적이 되기 위해 노력할 수 있게 된다. 성숙하기 이전까지는 위치한 라시의 자질들이 부족하거나 결여된 데서 오는 심리적 콤플렉스에 시달리게 된다. 그러다가 성숙하는 해에 이르면, 이제는 고통 받기도 지쳐서 더 이상 상관하거나 고민하지 않고, 비집착하는 자세로 행동할 수 있게 된다. 그리하여 라후가 성숙하는 기간을 향하여 접근할 수 있다.

　라후가 성숙하는 해가 되면, 보다 효과적으로 라후의 어둠을 더 잘 다룰 수 있게 된다. 그러나 라후의 위치에서 궁극적인 행복을 얻을 수 없다. 케투가 성숙할 때까지 기다려야 한다. 이후 케투가 성숙하게 되면 라후는 케투의 자리에서 행복을 얻을 수 있다. 케투의 자리는 진정한 행복의 자리로서, 신을 볼 수 있는 곳이다. 케투는 궁극적으로 성숙을 시키는 행성이며, 행복과 완성의 자리이기 때문에 자연적으로 숙성할 때까지 기다릴 수밖에 없다. 라후가 성숙하는 42세가 되면 라후의 영역에서 신체적, 심리적으로도 진정한 성숙을 위해 노력하기 시작한다. 그래서 많은 사람들이 42세 이후부터, 어떤 이유로든 자신을 가두어 놓았던 감옥에서 벗어나는 사람들이 많다. 케투에서의 궁극적인 안정성을 얻기 위해서 노력하게 된다. 하지만 우리는 모두, 궁극적으로 케투의 영역을 완성시키지 못했기에, 완전한 깨달음을 얻지 못했기에 다시 태어난 것이다. 진정한 행복과 만족, 충족, 행복은 모두 케투의 자리에서 얻게 된다. 그러므로 삶의 완전함은 케투의 품위와 위치, 라지타디 아바스타에 달려 있다. 그러나 48세 케투가 숙성하기 전까지 우리는 모두 케투의 영역에서 불균형을 겪게 된다. 케투가 숙성하게 되면, 더 이상 라후의 영역이 완전히 개발되기를 의지하거나 기다리지 않고, 스스로 라후의 영역에서 원하는 것을 취득할 수 있는 방법들을 찾게 된다. 그래서 토성, 라후, 케투, 세 개의 행성들이 좋은 라지타디 아바스타에 있으면, 36세, 42세, 48세가 아주 순조롭고 즐거운 경험들로 지나가게 된다. 나쁜 상태에 있으면, 숙성하는 해들을 넘기지 못하고 죽는 예들이 자주 일어난다. 결국 우리들은 전 인생을 통하여 라후와 케투를 숙성시키고 완성시키기 위해 살고 있는 것이다.

4-2

라후와 케투에 미치는 영향들

▨ 라후와 케투의 로드들이 위치한 하우스

라후와 케투는 특히 그들이 위치한 라시의 로드들을 통해 효과들을 주게 된다. 라후와 케투는 자신들의 다샤 동안 주로 그들의 로드들의 품위, 라지타디 아바스타에 따라 길조적이거나 흉조적인 효과들을 가져다 주게 된다. 만약 로드가 좋은 라지타디 아바스타에 있으면 이들의 다샤는 대체적으로 순조로울 것이다. 안 좋은 라지타디 아바스타에 있으면, 이들의 다샤는 대체적으로 실망스럽게 될 것이다. 이렇게 라후와 케투의 다샤 동안 겪게 될 스트레스나 원만함의 정도는 라시의 로드들이 라그나로부터 얼마나 떨어진 라시에 있느냐에 따라 가늠할 수 있다.

라후와 케투가 위치한 라시의 로드들은 이들이 가진 상당한 스토리들을 말해주고 있다. 이들의 로드들이 가진 품위, 로드십, 라지타디 아바스타들에 따라, 라후와 케투의 다샤, 특히, 로드들의 안타르 다샤 중에 관련된 사건들이 많이 일어나게 된다. 로드들의 하우스 위치가 트라인이면 좋은 효과들을 기대할 수 있고, 세 번째, 여섯 번째, 열한 번째, 혹은 두 번째, 여덟 번째, 열두 번째에 있으면, 어려운 효과들을 기대할 수 있다. 이러한 효과들이 나쁘다는 의미가 아니라 다만 어려운 하우스들이기 때문에 다루어야 하는 스트레스들이 많다는 뜻이다.

(1) 케투의 로드가 있는 위치는 케투가 있는 하우스(바바)의 영역이 나타내는 자질들을 차트 주인이 어떤 매체나 행위들을 통해 계발하고 성립시켜 왔는지를 나타낸다.

(2) 라후의 로드가 있는 위치는 라후가 있는 하우스(바바)의 영역이 나타내는 자질들을 차트 주인이 어떤 매체나 행위들을 통해 계발하거나 성립시키려 할 것인지를 나타낸다.

일반적으로 케투의 위치가 나타내는 영역들은 차트주인이 이미 카르마를 완성시키고 있는 분야들을 나타내며, 라후는 현재 개발 중인 분야들을 나타낸다. 케투의 위치가 나타내고 있는 카르마들을 완성시킴에 따라, 차트 주인은 라후가 나타내는 하우스와 라시들을 계발하게 된다. 같은 맥락으로, 차트 주인이 라후의 위치가 나타내는 분야들을 개발함에 따라, 케투의 위치가 나타내는 분야들도 같이 완성시키게 된다. 하지만 어떤 경우에는, 꼭 그렇지만 않은 예들도 있다.

다음의 예들은 라후의 위치가 나타내는 영역들을 계발하기보다는 케투의 위치가 나타내는 영역에서의 카르마들을 완성시키는 데 더 많은 강조를 하게 되는 경우들이다.

(1) 케투의 로드가 케투와 합치를 하는 경우, 케투를 둘러싸고 있는 카르마를 해결하는데 강력한 집중을 하게 된다. 그래서 반대편에 있는 라후의 영역들을 계발하는데 아주 적은 관심을 두게 된다.

(2) 라후의 로드가 케투와 합치를 하는 경우, 라후의 영역이 이미 잘 계발이 되었으며, 라후를 통해 상당한 카르마들이 생성되었음을 나타낸다. 그래서 이제는 케투를 통해 완성을 하게 되는 것을 나타낸다.

다음의 예들도 다르지만 비슷한 경우들로서, 케투의 위치가 나타내는 카르마들을 완성시키기보다는, 라후가 나타내는 영역들을 계발하는 데 더 강력한 집중을 두게 되는 예들이다.

(1) 라후의 로드가 라후와 합치를 하는 경우, 라후의 위치가 크게 성공할 수 있도록 계발하는데 강력한 집중을 하게 된다. 그래서 케투의 위치가 나타내는 카르마들을 해결하는데 아주 적은 강조를 하게 된다.

(2) 케투의 로드가 라후와 합치를 하는 경우, 라후의 위치가 나타내는 분야들이 케투의 위치가 나타내는 분야들에서 이미 카르마들이 계발되었음을 나타낸다. 그래서 케투의 위치가 나타내는 카르마들의 완성은, 라후의 위치가 나타내는 분야들을 통해서 일어나게 된다.

라후와 케투는 행성들이라기보다는 "라그나"와 더 유사하다고 할 수 있다. 그래서 라후와 케투의 위치로부터 그들의 로드가 위치한 라시들의 위치를 세어서 고려해보면, 이들을 더 잘 이해할 수 있게 된다.

(1) 그들의 로드들이 앵글(첫 번째, 네 번째, 일곱 번째, 열 번째)에 위치하고 있으면 라후와 케투의 분야들을 더 집중적으로 계발하고 있음을 나타낸다.

(2) 그들의 로드들이 다섯 번째 혹은 아홉 번째에 위치하고 있으면, 라후와 케투의 분야들을 더 쉽고 순조롭게 계발하고 있음을 나타낸다.

(3) 그들의 로드들이 여섯 번째, 여덟 번째 혹은, 열두 번째에 위치하고 있으면, 이들의 분야들을 계발하는데 더 많은 스트레스들이 있음을 나타낸다. 여섯 번째는 지연이나 장애물들이 더 많음을 나타낸다. 여덟 번째는 기대치 않았던 변수들이 더 많음을 나타낸다. 열두 번째는 비용, 희생, 손실들이 더 많음을 나타낸다.

(4) 그들의 로드들이 세 번째, 혹은 열한 번째에 위치하고 있으면, 더 많은 노력과 계획을 해야 함을 나타낸다. 특히 세 번째는 더 많은 노력을, 열한 번째는 더 많은 계획과 지연이 있음을 나타낸다.

(5) 그들의 로드들이 두 번째에 위치하고 있는 경우, 라후와 케투의 영역들이 더 상당한 책임감과 의무감을 가지고 있다는 것을 나타낸다.

▣ 라후와 케투에 미치는 영향들

라후와 케투가 나타내는 길이 어떤 것인지를 알기 위해서는, 그들이 합치하는 바바 커스프(Cusp, 경계-바바 포인트)를 고려해야 한다. 이들은 비록 "그라하"이지만, 그러나 행성들로 다루기 보다는 라그나와 일곱 번째 바바처럼, 그들이 합치하는 커스프에 미치는 영향을 고려하게 되면, 그들이 나타내는 길이 순조로울지, 모험적일지, 어려울지 등을 판단할 수 있다.

이들의 포인트들을 따라 걷는 삶의 길이 성공적이기 위해서는, 라후와 케투가 필요한 저력이나, 힘, 지식, 능력, 집중력, 그리고 건강한 비 집착성 등을 가지고 있어야 한다. 이러한 자질들은 그들에게 영향을 미치고 있는 다른 행성들로부터 온다. 영향을 미치는 행성들이 가진 자질들을 그들에게 주게 된다. 그러므로 그들이 좋은 품위와 라지타디 아바스타에 있을수록, 라후와 케투도 그러한 품위를 갖게 된다. 그리고 삶의 성공을 거두기 위해서는 라후와 케투가 위치하고 있는 하우스(바바)들에 집중하여 그러한 자질들을 계발할 용의가 있어야 한다. 하지만 사람들은 보통 라후와 케투 다샤에 들어가는 것에 대해 많은 두려움을 가지고 있다. 이들은 흉성이기 때문에, 혹시 뭔가 잘못되거나 나쁜 일이 일어날까봐 두려워한다. 특히 라후의 다샤에 들어가는 사람들이 점성학 상담을 가장 많이 구하러 가는 경향이 있다. 라후의 다샤가 되면, 건강, 직업, 가족 등 다양한 삶의 분야에서 전혀 예상치 않았던 온갖 놀랍고 파괴적인 일들이 일어나기 때문에, 도대체 왜 그러한 일들이 일어나는지, 그리고 회피할 수 있는 방법들을 알고 싶어 한다. 원하는 성공과 출세를 쉽고 빠르게 할 수 있는 방법들을 찾고 있는 것이다. 그러나 삶이란 그렇게 단면적으로 순식간에 일직선처럼 일어나는 것이 아니다. 모든 것에는 시간이 걸리며, 원하는 것이나 성공, 성취를 얻기 위해선 그만큼 의식적인 노력과 집중력을 요한다. 흉성들의 영향이란 원하는 목표를 이루기까지 필요한 어려운 시간들을 의미한다. 라후와 케투는 능력만 있어야 할 뿐만 아니라, 많은 집중과 관심, 최우선적인 주의가 같이 주어져야 한다.

열두 개 라그나들이 가진 라시들의 로드십(하늘의 금괴, 제9장 참조)에 따라, 어떤 행성들은 자신이 다스리는 하우스 영역들을 돌보는 동안, 다른 행성들도 도와준다(첫 번째, 다섯 번째, 아홉 번째 라시 로드들). 이러한 로드십을 가진 행성들은 라후와 케투에게 행운이 들고 길조적이게 만든다. 행운이란 그냥 생기는 것이 아니라, 우리의 지성과 이지(다섯 번째 바바의 특성)를 사용하여 노력과 관심을 쏟음으로써, 우리들 자신이 만들어내는 것, 직접 창조해내는 것이다(아홉 번째 바바의 특성).

어떤 행성들은 자신의 하우스 영역에만 완전히 집중하느라, 다른 행성들이나 하우스들에 신경 쓸 여유가 없다(세 번째, 여섯 번째, 열한 번째 라시 로드들). 예를 들어 유명한 예술가나 운동선수 등은, 자신의 목표에만 집중하며 필요한 트레이닝에 집중하느라, 다른 모든 활동을 희생하게 된다. 김연아 피겨선수가 그러한 좋은 예이다. 그녀는 어릴 적부터 오직 피겨 트레이닝에만 집중하였으며 다른 피겨선수들보다 두 배 이상의 훈련과 노력을 한 것으로도 잘 알려져 있다.

• 김연아 선수의 생일인 1990년 9월 5일에 기준하여 라시 차트를 산출하였다. 생시는 알려진 바가 없다. 그러나 라그나와 달의 위치만 생시에 따라 약간 변경이 있을 뿐 다른 행성들의 위치는 변하지 않는다. 그녀의 차트에서 라후의 로드는 토성이며, 케투의 로드는 태양이다.

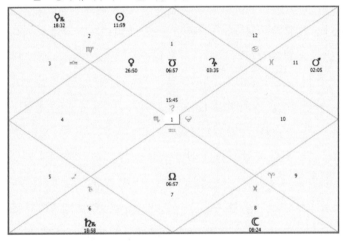

오운 라시에 있는 토성은 아주 훌륭한 라지타디 아바스타에 있다. 그리고 그녀는 2007년부터 19년 동안의 토성의 다샤에 있다. 그녀의 성공과 명성은 모두, 토성의 엄청난 노력으로 얻게 된 것이다.

Vimshottari		1	2	3	4	5	
Sa/Sa	06/20/2007 03:33						
Sa/Me	06/22/2010 22:02						
Sa/Ke	03/02/2013 00:41						
Sa/Ve	04/10/2014 20:08						
Sa/Su	06/10/2017 10:32						
Sa/Mo	05/23/2018 10:04						
Sa/Ma	12/22/2019 17:16						
Sa/Ra	01/30/2021 12:42						
Sa/Ju	12/07/2023 11:16						
Me/Me	06/19/2026 18:00						

MaAg	☉	☾	♂	☿	♃	♀	♄
☉	17.1	15.1 / -44.9	5.7 / +5.7	13.4 / 317.9	17.1 / +62.3	17.1 / -17.1	6.6 / 188.3
☾	30.9 / -44.0	31.9	20.6 / -20.6	29.2 / 302.1	2.6 / +67.9	19.6 / -19.6	
♂			0.0				
♀	331.3 / 17.1	219.4 / +251.3	331.3 / -331.3	331.3			169.2 / +358.1
♃	4.6 / +21.7	65.2 / 31.9	0.8 / +0.8	8.1 / 331.3	65.2	14.7 / -14.7	33.5 / 194.9
♀						0.0	
♄	108.8 / -91.7	126.2 / 31.9	54.9 / 0.0	98.2 / 331.3	171.2 / 65.2	133.4 / +133.4	194.9

반면에 세 번째 로드가 취약의 품위에 있으면, 아무것도 해낼 수 있는 능력이 없다. 반면 강한 세 번째 로드는 제일 중요하고 우선적인 목표에만 모든 의식과 노력을 집중한다. 그래서 성공을 거둘 수 있게 된다. 자신이 좋아서, 자율적인 선택으로 다른 걸 모두 희생하고 목표에만 집중하는 것이다. 열한 번째 로드도 세 번째 로드와 특성이 비슷하다. 열한 번째 하우스는 라그나의 뒤에서 세 번째에 있다. 그래서 세 번째 로드가 팔이라고 한다면 열한 번째 로드는 다리와 비슷하다. 우리가 어디로 가고 싶어 하는 곳으로 데려다준다. 강한 열한 번째 로드는 우리가 삶에서 어디론가 가고 싶어 하도록 만든다. 세 번째 로드는 우리가 뭔가를 하고 싶어 하도록 만든다. 열한 번째 로드는, 어디론가 가고 뭔가를 획득하고 싶어 한다. 학위를 따고, 상장이나 메달을 따고, 신기록을 세우고, 타이틀이나 명예를 획득하고 싶어 하는 등, 열한 번째 로드는 아주 길고 오랫동안 원하는 것을 향해 집중하고 있다. 그래서 라후와 케투를 계발하는데 신경을 쓰지 못한다. 열한 번째 로드는 세 번째 로드보다 훨씬 더 강렬하고 가장 파워풀하다. 반면에 여섯 번째 로드는, 살아남기 위한 투쟁을 의미한다. 원하는 것을 충족시킬 수 없는 고통을 겪게 하고 대가를 지불할 책임이 있는 것들을 상징한다. 여섯 번째 로드는 돈이나 건강 등, 삶을 영위하는데 필요한 모든 책임을 나타낸다. 아픈 사람들은 병과 씨름하느라, 가난한 사람들은 입에 풀칠하고 살아남기 위해 애를 쓰느라, 다른 것에 신경 쓸 여유가 없다. 열한 번째 바바는 여섯 번째에서 여섯 번째(바밧 바밤, 하우스의 두 번째 뜻, 하늘의 금괴, 제8장 참조)에 있다. 그러므로 열한 번째 로드는 좀 더 높은 수준에서 살아남고자 하는 것을 나타낸다. 예를 들어 고교 교사가 밤에는 박사과정을 밟으며 교수가 되기 위해 노력하고 있는 것처럼 삶의 수준이나 질을 증진시키기 위한 집중과 노력들을 나타낸다. 단, 게 라시 라그나의 경우에는 토성이 여섯 번째와 일곱 번째 하우스에 대한 로드십을 가지지만 아슈바(임시적 흉성)로 간주한다. 게 라시의 로드인 달은 사랑에 고픈 행성이다. 토성은 일곱 번째 로드로서, 게라시 라그나의 고픈 사랑을 충족시켜주기 위해 집중하느라, 다른 것에는 신경을 쓰지 않게 된다.

이처럼 만약 세 번째, 여섯 번째, 열한 번째 로드가 좋은 품위에 있으면, 자신의 영역을 돌보는데 집중하느라, 다른 영역에는 신경을 쓰지 않는다. 하지만 이들이 취약하거나 나쁜 라지타디 상태에 있으면, 자신의 영역들에 집중하거나 계발할 수 있는 의지와 능력이 부족해진다. 그래서 다른 영역들, 혹은, 라후와 케투의 영역이 계발될 수도 있다. 열한 번째 로드는 삶의 어디론가 가기 위한 것이 중요하며, 세 번째 로드는 삶에서 뭔가를 하는데 더 집중하게 된다. 대체로 삶이 평화로운 사람들은 세 번째, 여섯 번째, 열한 번째 로드가 강하다. 반면 라후와 케투가 영향을 많이 미치는 사람들은 삶의 평화와 질서를 지키는데 집중하지 못한다. 이들은 혼란을 일으키는 행성들이기 때문이다. 강한 세 번째, 여섯 번째, 열한 번째 바바를 가진 사람들은 라후와 케투를 계발시키지 않기 때문에, 삶이 다른 사람들보다 평화로울지는 모르나, 그만큼 흥미롭거나 충족적이지는 못하게 된다.

두 번째, 열두 번째, 여덟 번째 로드들은 합치하는 행성들에 달려 있다. 만약 슈바(임시적 길성) 행성들과 합치하면 자신들도 슈바가 되며, 아슈바(임시적 흉성) 행성들과 합치하면 자신도 야슈바가 된다.

네 번째, 일곱 번째, 열 번째 로드들은 중립으로서, 별다른 영향을 미치지 않는다.

예시 | 브래드 피트(Brad Pitt) 출생 차트

브래드 피트는 다른 배우들과는 달리, 별다른 연기 수업이나 어려움 없이, 배우로서 성공한 독특한 예이다. 그는 대학에서 저널리즘을 전공하던 평범한 학생이었다. 그러다가 졸업을 몇 주 앞두고, 뭔가 다른 일을 해보기 위해 마음을 바꾸고 1982년 CA로 상경하였다. 약 5년 정도 이런저런 파트타임 일을 전전하면서 약간의 연기 수업을 거친 뒤 1987년부터 바로 배우로서 캐리어를 시작할 수 있었다. 1988년에 처음 주연을 맡기도 했다. 이후, 그의 배우 캐리어는 계속해서 탄탄대로를 달리고 있다.

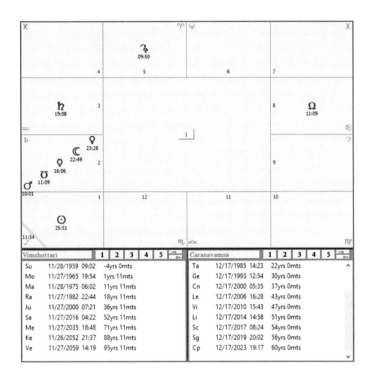

Vimshottari		1	2	3	4	5		Caranavamsa		1	2	3	4	5	
Su	11/28/1959 09:02			-4yrs 0mts				Ta	12/17/1985 14:23			22yrs 0mts			
Mo	11/27/1965 19:54			1yrs 11mts				Ge	12/17/1993 12:54			30yrs 0mts			
Ma	11/28/1975 06:02			11yrs 11mts				Cn	12/17/2000 05:35			37yrs 0mts			
Ra	11/27/1982 22:44			18yrs 11mts				Le	12/17/2006 16:28			43yrs 0mts			
Ju	11/27/2000 07:21			36yrs 0mts				Vi	12/17/2010 15:43			47yrs 0mts			
Sa	11/27/2016 04:22			52yrs 11mts				Li	12/17/2014 14:58			51yrs 0mts			
Me	11/27/2035 18:48			71yrs 11mts				Sc	12/17/2017 08:24			54yrs 0mts			
Ke	11/26/2052 21:37			88yrs 11mts				Sg	12/17/2019 20:02			56yrs 0mts			
Ve	11/27/2059 14:19			95yrs 11mts				Cp	12/17/2023 19:17			60yrs 0mts			

　　1982년 11월 28일부터 라후 다샤가 시작되었다. 아래의 라시 어스펙트 차트를 보면, 라후는 모든 행성들의 어스펙트(태양52+달37+화성60+수성50+목성46+금성35+토성8=288)를 아주 강렬하게 받고 있다.

　　그리고 2000년 11월 27일부터 목성 다샤에 있는데, 목성은 행운의 하우스인 다섯 번째 바바에서 아주 훌륭한 라지타디에 있을 뿐 아니라, 친구 행성들(태양38+달32+화성60=130)의 어스펙트를 받고 있다. 라후 다샤만큼 훌륭하지는 않지만, 여전히 그는 좋은 다샤를 즐기고 있는 이유이다.

아래에서 행성들이 12개 바바 커스프(BhavaChalita)들에 던지고 있는 어스펙트의 비중들은 숫자만큼 각 행성들이 해당 바바에 영향을 미치고 있다는 뜻이다(예: 태양은 세 번째 커스프에 15, 네 번째에 44, 다섯 번째에 32, 여섯 번째에 11, 일곱 번째에 32, 여덟 번째에 49, 아홉 번째에 30, 열 번째에 14, 열한 번째에 2의 비중 만큼 어스펙트들을 하고 있다). 브래드의 라후 다샤가 특히 좋을 수 밖에 없었던 이유는, 일곱 개 행성들 모두가 라후에게 영향을 미치고 있으니, 그들이 12개 바바 커스프들에 미치고 있는 효과들을 모두 즐길 수 있었기 때문이다.

Rasi- Aspected Planets									
	☉	☾	♂	♀	♃	♀	♄	Ω	☋
☉	–				38		12	52	
☾		–	Y	Y	32	Y		37	Y
♂		Y	–	Y	60	Y	5	60	Y
♀		Y	Y	–	39	Y	2	50	Y
♃	36	9	15	12	–	8		46	14
♀		Y	Y	Y	31	–		35	Y
♄					41		–		8
+	36	9	15	12	102	8	2	168	14
-	0	0	0	0	139	0	16	120	0

Rasi- Aspects to BhavaChalita												
	1	2	3	4	5	6	7	8	9	10	11	12
☉			15	44	32	11	32	49	30	14	2	
☾			1	19	44	34	11	49	44	28	16	4
♂			8	40	49	25	4	60	44	22	9	
♀			5	26	42	31	4	59	40	25	12	1
♃	57	11			2	17	49	28	34	54	47	
♀			1	19	43	34	12	48	44	28	16	4
♄	14			16	59	47	34	2	57	41	32	56
+	57	11	7	64	129	102	44	205	156	115	98	57
-	14	0	23	101	139	84	69	111	131	77	44	56

4-3

라후와 케투의 축과 라시들

▨ 케투와 라후가 각 라시들에 있을 때 나타나는 특징들

출생 차트에서 라후와 케투가 위치하고 있는 라시들은 우리가 현재 생에서 걸어야 하는 삶의 길을 나타낸다. 우주의식, 아트만, 영혼을 상징하는 태양과 개인 의식, 개체적 마음을 상징하는 달이 서로 교차할 때 생기는 라후와 케투의 포인트들은, 우리의 의식이 깨달음의 의식으로 진화할 수 있기 위해 반드시 따라 걸어야 하는 운명의 길을 의미하고 있다. 그래서 그들이 있는 라시들은 우리가 가진 자세나 콤플렉스들, 강한 저력이나 혹은 모자라는 부분들, 진솔성이나 보충하려는 심리, 그리고 어느 정도 깊은 깨달음의 경지에 이르기까지 겪어야 하는 좌절이나 절망 등을 나타낸다. 이러한 깨달음은 라후의 위치가 드러내는 것들을 통해 케투에게 내재하고 있는 약점들을 이해함으로써 오게 된다. 그리하여 라후의 영역을 개발함으로써 케투는 더욱 큰 깨달음을 얻을 수 있게 된다. 케투는 머리가 없이 몸통만 가지고 있는 아수라로써, 연기에 싸여 있는지라 볼 수 있는 비전이 제한되어 있다. 그래서 다른 사람들의 입장에서 잘 보지 못한다는 약점을 가지고 있기 때문에 더 깊은 깨달음을 얻기를 저항하게 된다.

▨ 케투는 연기에 싸여 있다

케투의 연기는 개인이 전문영역으로 작용하고 있는 세상을 만들어 낸다. 이러한 세상은 연기에 둘러싸여 있기 때문에 두 가지 주요한 특질들을 가지고 있다. 먼저, 라후의 위치가 나타내는 잠재성을 보는 것을 막고 있다. 동시에 케투가 위치하고 있는 라시가 가진 특질과 나타내는 것들을 감추고 있다. 그래서 케투가 살고 있는 세상은 비록 능력을 가졌지만 인정받지 못하고 있으며 제한된 만족도를 주게 되는 세상을 나타낸다.

케투가 있는 라시는, 라시의 로드가 가진 힘에 부합하는 만큼의 잘 계발된 능력과 태도를 가진 영역을 나타낸다. 이처럼 개발된 능력은 개인에게 안전함을 부여하는 패러다임으로 작용하면서, 필요할 때면 언제나 믿고 의지할 수 있는 자세와 능력을 나타낸다. 그렇지만 케투의 안개 같은 자질들 때문에 그가 가진 능력들에 대해 완전한 존중이나 충족을 얻을 수 없다. 에고 의식이 가리고 있기 때문에 이러한 능력들을 완벽하게 잘 사용하지 못하고 있다. 그런데 라후의 위치가 드러내는 것들이 케투가 느끼던 안정성을 정면으로 마주하게 만들어, 사실은 자신들이 얼마나 불안정적이고 흔들리고 있는지를 깨닫게 해준다. 이러한 불안정적이고 위태로운 감정들은 케투의 위치가 나타내는 중요성과 만족감을 재차 강조하면서 자신이 가진 능력들을 굳건히 하려는 욕구를 만들어 내게 된다. 그러나 정작 필요한 것은 케투의 위치가 나타내는 능력들과 같은 수준이 되도록 라후의 위치가 나타내는 것들을 계발하는 것이다. 그러면 시간이 지남에 따라 이러한 상반되는 본성들을 균형 있게 사용할 수 있으며, 자신들의 내면에서나 다른 사람들과도 평화를 찾을 수 있게 된다.

▨ 라후는 어둠이다

라후의 어둠은 아무 것도 없는 공空의 세상을 만들어 낸다. 공허함으로 인해 우리가 느끼게 되는 결핍의 세상, 그리고 이러한 결핍의식으로 인해 심리적인 콤플렉스들이 생겨나는 세상을 만들어 내게 된다. 그렇지만, 공空의 세상이기 때문에, 라후는 그만큼 충족과 성장을 향진시킬 수 있는 무한한 잠재성을 가지고 있는 세상이기도 하다.

궁극적으로 우리는 누구나 앞으로 나아가야만 한다. 이미 우리가 알고 있고, 익숙하며, 안정된 케투의 영역에서는 더 이상 성장이 불가능하기 때문에, 비록 어둡고 불확실하며 아직 우리가 잘 알지 못하는 세상이지만 신세계인 라후의 영역을 향해 들어가야만 한다. 그래야만 본성적으로 더 나은 행복을 기대하는 우리의 욕구를 충족시킬 수 있기 때문이다.

라후의 위치가 나타내는 심리적 콤플렉스는 케투의 영역이 완전하게 계발되지 못했기 때문에 생겨난 결과이다. 만약 케투의 영역이 완벽하게 계발되었다면, 라후 때문에 콤플렉스를 가질 이유가 없다. 라후가 나타내는 콤플렉스는 케투를 완전하게 하려는 궁극적인 목적을 가지고 있다. 그렇지만 케투는 연기에 둘러싸여 있기 때문에 자신의 불완전함을 볼 수가 없다. 그래서 라후가 반드시 그에게 보여주어야 한다. 라후가 나타내는 미계발 영역으로 걸어 들어감으로써 우리는 자신의 불완전함을 발견할 수 있게 된다.

라후의 위치가 나타내는 결핍의식이나 심리적 콤플렉스는, 개인이 자신의 부족함이나 공허함을 다른 것들로 보충하고자 하는 방식으로 행동하게 만든다. 이러한 보충심리는 보통 케투가 가진 힘의 정도에 달려 있다. 케투의 자질들이 더 중요한 것처럼 어떤 식으로든 무장되어 있다. 그러나 아무리 다른 것들로 보충을 하여도 결코 충족과 같을 수는 없기 때문에, 결국엔 개인의 행동에 분열이 일어나게 된다. 그들이 가장 밑바닥을 쳤다는 것을 나타내는 것이다. 이러한 분열 상태는 가장 극적인 상황이기 때문에, 반대편의 라시에 있을 때도 똑같은 현상이 일어난다. 즉 라후가 산양라시에 있을 때 나타나는 분열의 효과들은 라후가 천칭 라시에 있을 때와도 비슷한 유형으로 나타나게 되는 것이다.

▨ 라시들의 원소들

라후와 케투는 항상 서로 반대편 라시들에 있게 된다. 그러므로 불과 공기 라시에 있거나, 혹은 흙과 물 라시에 있게 된다. 라후와 케투가 불과 공기 라시에 있을 때는 자아적/사회적 이슈들을 나타낸다. 흙과 물의 라시에 있을 때는 물질적/감정적 이슈들을 나타낸다. 개인의 자아가 안정적이라는 것은 사회적으로도 안정적이라는 것을 의미하며, 사회적으로 안정적이라는 것은 개인의 자아가 안정적이라는 것을 의미한다. 마찬가지로, 물질적으로 안정적이고자 하는 것은 감정적으로 안정되고자 하는 것이며, 감정적으로 안정적이라는 것은 물질적으로 안정적이고자 하는 것이다. 그러므로 서로가 반대되는 자질들을 통해, 라후와 케투는 어떻게 진정으로 안정적이고 승리를 얻을 수 있을지 가르쳐 주게 된다.

▣ 라후와 케투가 산양 라시/천칭 라시 축軸에 있을 때

자아와 교류하는 파트너들 사이에서 균형을 이루고자 하는 이슈를 가지고 있다.

· 산양 라시

- **자세/콤플렉스:** 행위를 하는 것이나 성공에 대해 개인적으로 불안하다.
- **보충심리:** 지나치게 의무적이거나, 성공하거나 행동을 할 수 있는 능력을 증진시키고 싶어한다.

· 천칭 라시

- **자세/콤플렉스:** 사랑받지 못했거나 버림받은 것처럼 느낀다
- **보충심리:** 아무도 필요 없는 것처럼 행동하거나, 내성적이고 쌀쌀하게 되거나, 혹은 잘난 척 하게 된다.
- **산양 라시/천칭 라시에서 일어나는 분열 상태:** 비판적이고 참을성이 부족하게 된다. 그는 자신에 대해서도 좋게 생각하지 않으며, 이러한 감정이 다른 사람들에게도 전가된다. 이처럼 다른 사람들을 비난하는 것은 자신의 기분을 더 낮게 만들려는 데서 비롯되는 무의식적인 시도이다.

◉ 라후와 케투가 황소 라시/전갈 라시 축軸에 있을 때

물질적이고 감정적인 안정성과 책임감의 균형을 이루고자 하는 이슈를 가지고 있다.

· 황소 라시

- **자세/콤플렉스:** 개인적인 안정성이나 자기 가치가 부족하다. 자신이 타고난 가치를 알아보지 못하며 자신이 받는 것들에 대한 죄의식을 가지게 된다.
- **보충심리:** 외적인 가치를 가진 것들에 집착하게 되며, 그러한 것들이 가치를 가지고 있을 거라고 무의식적으로 희망하고 있다. 혹은, 외적으로 가치 있는 것들을 모두 포기해버리는 행동을 보이기도 하는데 그런 것들이 자신에게는 아무런 의미가 없는 것처럼 보여주기 위해서이다.

· 전갈 라시

- **자세/콤플렉스:** 잘 알지 못하는 것에 대한 두려움, 혹은 근거 없는 걱정들로 인해 감정적인 안정성이 결여되어 있다.
- **보충심리:** 아픔이나 스트레스들을 감추며, 성적으로 가까워 지는 것에 대한 어려움을 겪으며, 감정적으로 차단되어 있으며, 어떤 중독증에 걸릴 수도 있다.
- **황소 라시/전갈 라시에서 일어나는 분열 상태:** 비난이나 원망을 많이 하고, 다른 사람들이 가진 것들을 질투하고, 혹은 자신의 불운한 운명을 한탄하거나 하게 된다.

◉ 라후와 케투가 쌍둥이 라시/인마 라시 축軸에 있을 때

가진 능력들이나 노력이 어떤 목적이 가질 수 있도록 균형을 이루고자 하는 이슈를 가지고 있다.

· 쌍둥이 라시

- **자세/콤플렉스:** 자신의 지성, 지식, 그리고 소통할 수 있는 능력에 대한 내적인

확신이 부족하다. 그래서 이지적으로 불안정하고, 우유부단함, 그리고 이해를 받지 못하는 것 같은 느낌들에 시달린다.

- **보충심리:** 지나치게 분석하거나, 지나치게 공부하거나, 지나치게 설명하려 든다. 모두 마음을 너무 복잡하게 만들며 진정시키기 힘들다.

· 인마 라시

- **자세/콤플렉스:** 삶의 목적이나 의미를 찾지 못한다.
- **보충심리:** 삶에 어떤 의미를 줄 거라고 믿는 것들에 대해 지나치게 열정적이거나 광적으로 된다. 마치, 삶에서 자신이 완수해야 하는 거창한 어떤 것을 찾은 것처럼 믿는다.
- **쌍둥이 라시/인마 라시에서 일어나는 분열 상태:** 계획을 하거나, 어떤 결정을 내리거나, 혹은 삶을 제대로 살기를 포기해버린다. 대신에 예전에는 더 잘나가고 행복했는데 등등의 식으로 과거에 연연하게 된다.

▣ 라후와 케투가 게 라시/악어 라시 축軸에 있을 때

감정과 행동 사이에서 균형을 이루고자 하는 이슈를 가지고 있다.

· 게 라시

- **자세/콤플렉스:** 공허함, 마음이 가슴에서 느낄 수 있는 기쁨으로부터 분리되어 있다. 그리하여 변덕스러움이나 우울증에 시달리게 된다.
- **보충심리:** 자신의 요구나 걱정들을 다른 사람들에게 전가한다.

· 악어 라시

- **자세/콤플렉스:** 삶에 대해 두려워하며, 알지 못하는 많은 어려움이나 고통을 겪게 될까 봐 걱정을 많이 한다.
- **보충심리:** 자신의 두려움들이 실제로 나타나는 것을 방지하기 위해 자기중심의 컨트롤을 많이 한다.

- **게 라시/악어 라시에서 일어나는 분열 상태:** 심하게 낙심하거나 불행하게 느낀다.

▣ 라후와 케투가 사자 라시/물병 라시 축軸에 있을 때

개인성과 사회성 사이에서 균형을 이루고자 하는 이슈를 가지고 있다.

· 사자 라시

- **자세/콤플렉스:** 자존감이 부족하다.
- **보충심리:** 거만하게 과시적이거나, 존경을 강요하거나, 자신이 아주 중요한 사람인 듯 여긴다.

· 물병 라시

- **자세/콤플렉스:** 개인성에 대해 불안정하다.
- **보충심리:** 지나치게 그룹 위주가 되거나 동년배들로부터 미운 오리새끼처럼 된다. 종종 개인적으로 너무 경직되었거나, 자신을 괜찮게 만들기 위해 너무 애를 쓰다 보니 자기부인自己不認에 빠지는 경향이 있다.
- **사자 라시/물병 라시에서 일어나는 분열 상태:** 증오하거나 사랑을 느낄 수 없다. 그래서 고립에 빠지게 될 수 있다.

▣ 라후와 케투가 처녀 라시/물고기 라시 축軸에 있을 때

일과 휴식 사이에서 균형을 이루고자 하는 이슈를 가지고 있다.

· 처녀 라시

- **자세/콤플렉스:** 타성에 젖어 갇혀 있는 듯한 느낌을 가진다.
- **보충심리:** 노력을 많이 하지만 쉬이 피곤하고 탈진하고 비열정적으로 된다.

· 물고기 라시

- **자세/콤플렉스:** 삶에 대해 불확실하며, 무엇을 쥐고 있고 무엇을 놓아야 할지, 혹은, 무엇을 진척시키고 무엇을 버려야 할지 결정할 수가 없다. 그래서 부족한 결단력으로 굴곡이 심하다.
- **보충 심리:** 도피주의자, 혹은 해야 할 일들에 대해 부인하게 된다.
- **처녀 라시/물고기 라시에서 일어나는 분열 상태:** 상황이 나아질 수 있을 거라는 신념이 부족하여, 나태함에 빠지게 된다.

4-4

라후와 케투 포인트 - 운명적 끌림

라후와 케투는 우리가 걸어야 하는 삶의 길을 결정한다. 그러한 삶의 길을 걷는 과정에서 우리는 다양하고도 많은 인연을 만나고, 삶의 중요한 이벤트들도 라후와 케투의 길을 따라 일어나게 된다. 그런데 타고난 기질이나 성향에 따라 어떠한 형태의 삶의 길을 가던지, 우리들 누구에게나 배우자나 파트너를 만나게 되는 것만큼 더 중요한 삶의 이벤트는 없다. 이러한 이성이나 애정 관계에 있어서도 라후와 케투의 포인트가 아주 큰 비중을 차지하고 있다. 우리의 깊은 잠재의식 속에 있는 기본성향과 자세를 결정하는 포인트들이기 때문에, 과연 얼마나 이상적이고 균형적인 애정 관계를 영위할 수 있을지 없을지 이들이 위치하고 있는 하우스(바바)들과 다른 행성들과의 상호관계를 통해 가늠할 수 있다. 특히, 이들이 상대방의 태양과 달, 혹은 라그나와 얽히는 경우, 그러한 인연들은 운명적인 끌림이라고 할 수 있으며, 만남과 관계가 좋게 진척되든 아니든, 정상적인 이성이나 이지적 힘으로 피해갈 수 없으며 어떤 식으로든지 서로 얽혀서 인연의 해결을 보아야만 하는 카르마적 관계들임을 나타낸다. 차트에서 라후와 케투가 있는 바바들은 절대로 쉬울 수가 없는 삶의 영역들이지만, 특히 이들이 앵글하우스(바바)들에 있거나, 남자의 차트에서는 태양과 합치를 하는 경우, 여자의 차트에서는 달과 합치를 하는 경우들에는 이성 관계들을 어렵게 만드는 경향이 있다.

▨ 라후와 케투가 앵글에 있는 경우

라후와 케투가 특정한 하우스나 바바에 있을 때 이성 관계를 어렵게 한다. 첫 번째/일곱 번째, 그리고 네 번째/열 번째에 있는 경우이다. 그리고 이들이 여자의 차트에서는 달과 합치를 하면서 앵글에 있거나, 남자의 차트에서는 태양과 합치를 하면서 앵글에 있는 경우들은 이상적인 이성관계를 할 수 있기에 바람직하지 못하다. 이러한 앵글의 위치는, 비단 라그나에서 뿐만 아니라 달이나 태양에서 세웠을 때도 해당한다. 이렇게 어느 세 가지 각도에서든 라후와 케투가 앵글에 위치를 하는 경우, 이성 관계를 어렵게 만든다. 전 인생을 통해 이성관계에 대해 배우게 만든다는 삶의 테마를 가지고 있기 때문이다.

케투가 첫 번째/라후는 일곱 번째에 있는 경우: 케투는 중성적 행성이기 때문에 남자는 덜 남성적으로 만들며, 여자는 덜 여성적으로 만든다. 마음에 드는 이성이 있을 때, 남자는 덜 남성적으로, 여자는 덜 여성적으로 접근하는 경향이 있다. 남자는 자신감이나 주도할 수 있는 능력이 부족하게 되며, 자신이 상대 여자에게 원하는 것이 무엇인지 잘 모른다. 그래서 우유부단하거나 시간만 끄는 경향이 짙다. 시간이 지남에 따라 여자를 좌절하게 만든다. 이러한 케투를 가진 남자는 심하게 컨트롤하는 경향이 있으며, 자신의 감정을 잘 보여주지 않는다. 그럴수록 파트너는 상대적으로 더욱 와일드하고 격하게 충동적으로 행동할 수도 있다. 남자가 자신에 대한 확신감과 무엇을 원하는지 분명해지게 되면, 그에 비례하여 파트너도 안정적이고 침착해질 수 있게 된다. 반면에, 여자의 차트에서 케투가 첫 번째에 있는 경우에는, 마음에 드는 남자가 있을 때 여자가 너무 나서거나 행동 위주로 되며, 이성 관계를 주도하려는 경향이 있다. 그리하여 시간이 지날수록 남자를 좌절하게 만든다.

일곱 번째에 있는 라후는 이성 관계에서 혼란스럽고 불안정적이며 항상 어디론가 많이 떠돌아다니는 경향이 있다. 그래서 파트너를 불안정적이게 만들며, 변덕이 심하고 많이 방황하는 경향이 있다. 그렇지만 첫 번째에 있는 케투가 자신에 대해 확실해질수록, 일곱 번째 라후가 안정적으로 되는 경향이 있다. 그러기 전까지는 첫 번째 케투가 감정적으로 컨트롤하거나, 억제나 자제를 하게 만들기 때문에 상대 파트너를 어렵게 만든다. 일곱 번째에 있는 라후는 두 번 이상의 결혼이나 깊은 이성관계를 가지게 만든다. 이들이 진정한 이성관계에 대해 터득할 수 있기까지는 오랜 시간이 걸리게 된다.

라후가 첫 번째/케투가 일곱 번째에 있는 경우: 여자의 차트에서 라후가 첫 번째에 있는 경우는 그다지 나쁘지가 않다. 라후는 여성적 행성이기 때문에 여자를 제법 여성스럽게 만들어 준다. 그러나 여자로서의 자신감이 부족하게 된다. 항상 불안하며, 회의적이며, 내가 누구인가를 찾으려 하는 것이 그녀의 삶에서 테마가 된다. 자신이 원하는 것이 무엇인지를 모르며, 삶에서 어디로 가고 싶어 하는지 혼란을 겪는다. 그래서 남자에게 자신이 원하는 것이 무엇인지를 잘 알려주지를 못한다. 이성 관계에서 자신을 너무 희생하는 경향도 있다. 그렇지만 여자의 경우, 첫 번째에 있는 라후는 그다지 나쁘지 않다. 단지, 자신이 누구인지를 배워야 한다. 반면에 남자의 차트에서 라후가 첫 번째에 있게 되면, 라후는 여성적 행성이기 때문에 문제가 된다. 이러한 남자는 자신이 원하는 것이 무엇인지를 모르며, 어떤 결정이나 선택을 할 수가 없다. 집중력이나 의지력도 부족하여, 자신의 길에 집중하는 데 어려움을 겪는다. 특히, 이성 관계가 어디로 가고 있는지 잘 모른다. 게이 경향도 있게 된다.

라후가 네 번째/케투가 열 번째에 있는 경우: 여자의 차트에서는 라후가 네 번째에 있는 경우, 그리고 남자의 차트에서는 케투가 열 번째에 있는 경우는 아주 어려운 여건이 된다.

여자의 라후가 네 번째에 있게 되면, 여자는 자신의 감정에 대한 아주 혼란스럽고 불안정적이다. 자신의 감정들이 어떤 것인지, 얼마나 진짜인지 아닌지를 잘 모른다. 그래서 자신이 느끼는 진짜 감정을 보여주지 않고 다음 단계의 감정을 보여주게 된다. 예를 들어 상대 남자에 대해 아주 화가 났더라도 화난 감정을 보여주지 않고 아무 일도 아니야, 괜찮아, 하는 식으로 다음 단계의 감정을 늘 보여준다. 그러나 내면에는 언제나 갈팡질팡 길을 잃고 불안정적이며 슬픔과 혼란에 쌓여있다. 이러한 여자들은 자신의 첫 번째 감정에 대해 정직하기를 배우는 테마를 가지고 있다. 만약에 좋은 남자가 있으면 그러한 여자를 감싸줄 수 있고, 포용해줄 수 있고, 가르쳐 줄 수도 있다. 그래서 자신의 감정에 대해서 보다 수용적이며 안정적일 수 있도록 배우게 된다. 남자의 케투가 열 번째에 있게 되면, 남자는 커리어 발전에 어려움을 겪게 된다. 남자로서 자신이 세상에서 하고자 하는 일이 무엇인지 알지 못하고, 또한 제대로 할 수도 없다. 자신의 능력에 대해 늘 회의적이며, 불만스럽고, 삶에서 패배자인 것 같은 느낌을 가지고 있다. 항상 불만족감에 싸여 있기 때문에, 여자와의 관계에서도 뭘 어떻게 해야 할지도 잘 모른다. 여성적인 케투가 열 번째에 있음으로써 그가 하는 행동들을 중성화시키게 된다. 당연히 여자가 행복할 리가 없다.

케투가 네 번째/라후가 열 번째에 있는 경우: 여자의 차트에서는 케투가 네 번째에, 남자의 차트에서는 라후가 열 번째에 있는 경우가 중요한 고려사항이 된다.

여자의 차트에서 케투가 네 번째에 있는 경우, 그녀는 감정을 컨트롤하게 된다. 자기단련 능력이 뛰어나며, 그래서 감정적인 억제나 자제를 할 수 있다. 좋은 것만 보여주려 함으로써, 자신이 정말로 느끼는 감정은 감추어져 있다. 케투는 자신의 첫 번째 감정을 절대로 보여주지 않는다. 하지만 진짜 감정이란 굳이 말로 하지 않아도 얼굴에 다 나타나는 법이다. 그러나 남자에게 자신의 진짜 감정을 보여주지 않기 때문에, 남자가 정말로 여자를 위해주고 보살펴 줄 수 있는 기회나 찬스를 주지 않는다. 남자는 여자를 기쁘게 하기 위해서 뭘 어떻게 해야 할지를 모르게 된다. 반대로 라후가 네 번째에 있는 여자는 바로 남자를 공격하고 비난한다. 여자가 느끼는 모든 부정적인 감정으로 남자를 공격하고 비난하게 된다. 이처럼 지나치게 감정적이며 충동적으로 반응하기 때문에 직접적으로 남자를 힘들게 만든다. 그에 비해 케투가 네 번째에 있는 여자는, 입을 다물고 감정적으로 컨트롤하기 때문에, 남자는 여자가 뭘 원하는지 알 수가 없다. 그래서 남자를 더욱 어렵게 만든다. 이러한 경우, 남자는 단지 인내하면서 시간을 두고 그녀가 나아질 때까지 기다려 줄 수밖에 없다. 라후가 네 번째에 있는 여자는 남자에게 직접적으로 고통을 주는데 비해, 케투가 네 번째에 있는 여자는 감정적으로 잠겼기 때문에 남자가 좌절감을 느끼도록 만든다. 남자가 무엇을 하든지 여자를 행복하게 해줄 수 없다. 그리하여 라후 혹은 케투가 네 번째에 있는 여자는 순조로운 감정적 교류를 어렵게 만든다.

남자의 차트에서 라후가 열 번째에 있는 경우, 그는 자신이 삶에서 어디로 가고 있는지를 잘 모르게 된다. 여전히 배우고 있는 중이기 때문이다. 하지만 이러한 남자는 보통 많은 에너지와 집중력을 가지고 있다. 그리고 그러한 에너지가 이성관계에서 여자에게 표출될 수도 있다. 아주 적극적으로 대시(dash)를 하고 열정적인 관계를 주도한다. 하지만 얼마나 오래갈지 확실하지가 않다. 자신의 인생방향이 바뀔수록, 여자와의 관계도 마찬가지로 언제든 변할 수 있다. 이러한 남자는 언제든 여자를 버리고 새로운 환경을 따라 갑자기 떠나 버릴 수도 있다. 그의 행동 여부는 환경의 지배하에 있게 된다. 그에 따라 이성관계도 좌지우지 되게 된다. 그러므로 보통 라후가 열 번째에 있는 남자는, 강한 집중력을 가지고 있으나, 진정한 집중력인지 아닌지를 절대 알 수가 없다. 이처럼 라후가 열 번째에 있는 남자는 여자가 많은 인내심을 가지고 대해야 한다. 남자가 진정성에서 우러나오는 행동을 하는 것임을 확신할 수 있어야 한다. 그렇지 않으면 여자는 심하게 실망을 겪을 수도 있다. 반면에, 케투가 열 번째에 있는 남자는, 여자에게 좌절감을 느끼게 만든다. 이러한 남자는 움직이기도, 집중시키기에도 정말 어렵다. 여자가 뭘 하든지 절대로 남자를 행복하게 해줄 수가 없다. 라후가 열 번째에 있는 남자는 여자에게 진짜로 고통을 준다. 쉽게 배신을 하거나 여자의 가슴을 정말 찢어 놓을 수 있다. 그런데 라후는 고통을 주는 반면에, 케투가 열 번째에 있는 남자는 여자에게 좌절감을 주게 된다. 그래서 길게 놓고 판단한다면 케투가 열 번째에 있는 남자가 정말로 어려운 여건이라고 할 수 있다. 세상에서 벽을 쌓은 채, 스스로를 가두고 사는 남자만큼 여자에게 어려운 경우는 없기 때문이다. 그리하여, 보통 라후와 케투가 첫 번째/일곱 번째에 있는 경우가, 네 번째/열 번째에 있는 경우보다 훨씬 다루기가 쉽다. 그렇지만 어떤 경우든, 라후와 케투가 다른 행성들의 도움을 받고 있다면 좀 더 원활하게 이들의 어려움을 극복하는데 많은 도움이 될 수 있다.

▨ 라후&케투의 시내스트리(Synastry, 합성)

· 라후와 케투가 다른 파트너의 라시 혹은 바바에 떨어지는 경우

두 남녀간의 궁합이나 애정관계를 살펴보고자 할 때 베딕 점성학에서는 주로 "베딕 관점에서의 적합성(Vedic Compatibility)" 방법을 사용한다. 그런데 이러한 정통적인 방법보다 더 자세하게 알 수 있고, 또 더 많고 유용한 정보를 얻을 수 있는 방법이 있다. 두 개의 차트를 합성(시내스트리)하여 행성들의 위치를 살피는 방법이다. 이러한 시내스트리 방법은 상대 이성 간의 관계에 대한 일반적인 방향이나 어떤 형식의 관계일지 하는 아이디어들을 얻을 수 있다. 특히 한 사람의 라후와 케투가 상대방의 차트 어디에 떨어지는가를 살펴보아야 하는데, 어떤 라시와 바바에 떨어지는가에 따라, 이들이 현재의 파트너와 애정 관계에 미치는 영향들을 직접적으로 파악할 수 있다. 라후가 떨어지는 곳은 상대가 계발하고 진보하고 성장하게 하는 영역이며, 케투가 떨어지는 곳은 완성시키고 마무리를 하는 영역이다. 그리고 라후와 케투가 상대방의 차트에서 합치하게 되는 행성들은 특히나 더 중요한 고려사항이 된다.

예를 들어 라시 차트에서 여자의 라후와 케투가 남자의 네 번째 바바 천칭 라시/열 번째 바바 산양 라시에 떨어지는 경우, 그 여자와 이성 관계가 유지되는 동안, 천칭 라시의 가치를 배우고 계발하는 방법을 배우는 동시에, 산양 라시의 특성들을 완성하고 마무리, 완결 짓는 법을 배우게 된다.

다른 예로 동갑내기 지인 부부는 라후와 케투가 서로 같은 게 라시/악어 라시에 있다. 그러나 바바들의 위치는 다르다. 아내의 차트에서는 이들의 축이 아홉 번째/세 번째 바바에 있는 반면, 남편은 일곱 번째/첫 번째 바바에 있다. 그리하여 남편의 라후가 아내의 차트에서는 아홉 번째 바바에 떨어지는지라, 이들 부부는 처음 인연을 맺게 된 동기부터 결혼생활 내내, 믿음이나 신념, 종교나 철학들을 계발하는 테마가 지속적으로 강조되었다. 그리고 남편의 케투는 아내의 세 번째 바바에 떨어진다. 그리하여 아내는 자신의 의지력에 너무 의지하지 말고 좀 더 여성스러워지는 법을 배워야만 했다. 한편으로는, 아내의 라후가 남편의 차트에서는 일곱 번째 바바에 떨어진다. 원래 은둔적인 성향이 있는 남편은 대인관계에 좀 더 활발할 수 있도록, 그리고 아내의 케투가 남편의 첫 번째 바바에 떨어져, 지나칠 정도로 확고한 자기이미지를 보다 완화시킬 수 있는 법을 배워야만 했다.

• 아내의 차트

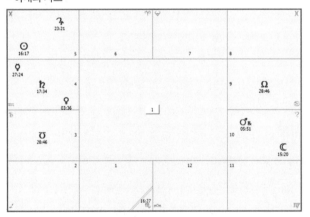

• 남편의 차트

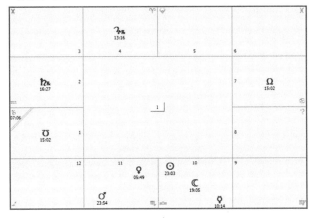

또 다른 지인 부부의 경우에는, 아내의 라후가 남편의 차트에서 다섯 번째 바바에 떨어지는데 남편의 달과도 합치를 이루고 있다. 그래서 서로가 소원한 두 사람의 부부관계에서는 자녀만 최우선적으로 중요하고 강조되어 왔다. 그 외의 행성들은 서로 시내스트리가 좋지 않아서, 이들 부부는 마치 한 지붕 밑에서 같이 사는 동거인들과 같은 형식적인 부부관계를 오랜 세월동안 유지하고 있다.

이처럼, 특히 상대의 라후가 나의 차트에 떨어지는 장소가, 그 사람과의 관계가 지속되는 동안 개입된 바바들의 자질들이 강조되게 된다. 어떤 라시나 바바든지 상대의 라후가 떨어지는 라시, 바바가 개발되도록 배우게 되는 것이다. 반면 케투가 떨어지는 라시나 바바는 시간이나 의식을 덜 보내고, 덜 집중하게 되는 영역들이다. 서로 간에 이성관계가 계속 이어지는 한, 그러한 테마들이나 레슨들도 계속 되게 된다.

▣ 라후와 케투가 다른 행성들과 합치하는 경우

한 사람의 라후와 케투가 상대방의 차트에서 떨어지는 라시와 바바가 첫 번째로 중요한 고려사항이 되지만, 만약, 상대의 행성들과 합치를 하는 경우, 라후와 케투의 시내스트리는 두 배로 더 중요해지게 된다. 합치를 하는 행성들이 흉성이나 길성이냐에 따라 두 사람간의 관계도 힘들고 어려운 성질의 것이 될 것인지, 아니면 쉽고 즐거운 성질의 것이 될 것인지를 좌우하기 때문이다. 그래서 어떤 행성이든지 상대의 라후나 케투가 합치를 하는 경우에는 관계에서 아주 중요한 고려사항이 된다. 특히 같은 나밤샤(제7장, 나밤샤 참조)에 있을 정도로 가까운 각도로 합치하는 경우에는 훨씬 더 중요해지게 된다.

일반적으로 태양, 화성 그리고 토성은 흉성으로 간주되며, 수성, 금성, 그리고 목성은 길성으로 간주된다. 달의 경우에는 좀 다르다. 지는 달은 흉성이지만, 뜨는 달은 길성으로 간주되는데, 그러나 여자의 차트에서는 달은 무조건 길성이 된다. 길성들이 합치를 하는 경우에는 상대가 나에게 좋기를 원한다. 반면 관계가 어렵거나 힘들게 되는 경우는 흉성들이 합치를 하고 있을 때이다.

라후가 합치를 하는 행성들은, 관계가 지속되는 한, 그러한 행성의 자질들을 가지게 된다. 케투가 합치를 하는 행성들은, 관계가 지속되는 한, 그러한 행성들의 자질들을 가지지 못하게 된다. 라후가 합치를 하는 행성은 아무리 삼켜도 계속해서 극심한 굶주림을 느끼게 하는 성향을 대변한다. 만약 길성들과 합치를 하게 되면 좋은 점들을 얻지만, 흉성들과 합치를 하면 나쁜 점들을 얻게 된다. 그래서 관계가 더욱 어려워지게 된다.

브래트 피트의 전 아내였던 제니퍼 애니스톤의 라후를 보면 브래드 피트의 목성 위에 겹치고 있다. 그리고 제니퍼의 달은 지는 달인데 인마라시에 있다. 브래드의 라그나 위에 겹치고 있는 것이다. 그래서 두 사람의 관계는 결혼 생활이 지속되는 동안, 뜨거운 사랑이나 열정보다는, 서로에게 익숙하고 편안한 사이였던 것으로 보인다. 그리고 이혼을 할 당시에도, 제니퍼는 브래드나 안젤리나에 대한 어떤 원망이나 비방도 하지 않고 조용히 물러서는 품위를 보였다. 이혼 후에도 두 사람은 서로에게 좋은 감정을 유지하고 있다고 한다.

• 제니퍼 애니스톤의 라시 차트

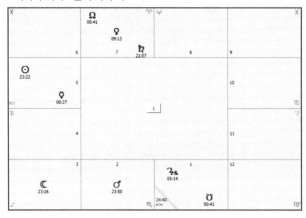

• 브래드 피트의 라시 차트

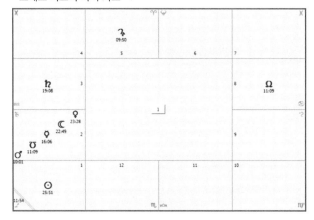

　　예를 들어, 남자의 라후가 여자의 달에 떨어지는 경우, 남자는 여자에게 더 많은 보양과 따뜻한 지지를 받게 된다. 그래서 보통 남자는 처음부터 여자를 향한 강한 매력이나 이끌림을 느끼게 된다. 만약 여자의 달이 뜨는 달이면 더 좋다. 시간이 지날수록 남자는 여자에게 더 많이 얻을 수 있기 때문이다. 지는 달이면, 그대로 유지되면서, 시간이 지나도 남자가 여자에게 얻을 수 있는 정도가 더 자라지는 않는다. 이처럼 남자의 라후가 여자의 달이나 금성에 떨어지는 경우, 남자는 여자에게 행복을 얻을 수 있다.

다른 예로, 여자의 라후가 남자의 태양에 떨어지는 경우, 여자는 강한 태양의 자질들을 계발하고 얻을 수 있게 된다. 토성과 합치를 하는 경우, 서로 같이 있을수록 더욱 많은 시련을 얻게 된다. 화성과 합치를 하는 경우, 더 많은 싸움을 하게 된다. 비단 여자의 경우뿐만 아니라, 라후가 상대방의 태양에 떨어지는 경우, 상대에 대한 아주 경외감을 느끼고 상대처럼 되고자 빙의를 하게 만든다. 그러나 태양은 흉성이기 때문에 시간이 지나면 고통의 원인이 되며 실망을 하도록 만든다. 태양은 보통 혼자 있기를 원하는 흉성이기 때문에, 일반적으로 태양뿐만 아니라 다른 흉성들이 시내스트리 차트에서 라후와 합치를 하는 것은 바람직하지 않다. 대신에 길성들과 합치를 하면 아주 좋다.

안젤리나 졸리의 라후는 인마 라시에 있다. 브래드 피트의 라그나는 인마 라시이면서 태양이 위치하고 있다. 그러므로 안젤리나의 라후가 브래드의 태양 위에 겹치게 되는 것이다. 나중에 이들의 차트를 좀 더 상세하게 분석할 때 설명되겠지만, 안젤리나의 태양은 약한 라지타디에 있어서 아버지와 연관된 문제들을 일으키는 장본인이다. 그래서 안젤리나는 자신에게 부족한 태양의 자질들을 채워줄 수 있는 브래드에게 처음부터 이끌렸던 것이다.

• 안젤리나 졸리의 라시 차트

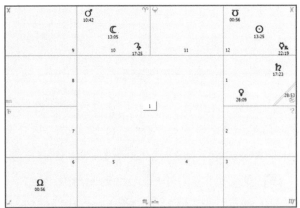

• 브래드 피트의 라시 차트

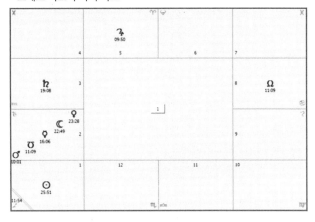

　남자의 지는 달이 여자의 라후에 떨어지는 경우, 여자는 남자에게 첫인상을 아주 좋게 받는다. 그러나 시간이 지날수록 여자는 남자에게 고통의 원인이 되게 된다. 그래서 바람직한 합치가 아니다.

　남자의 태양이 여자의 라후와 합치를 하는 경우는 그다지 나쁘지 않다. 이런 경우 남자의 태양이 계발될 수 있다. 남자의 태양이 훌륭한 품위와 라지타디에 있을수록, 여자는 그러한 남자에게 강하게 끌리게 되며, 강한 태양의 자질들을 이상적으로 계발할 수 있게 된다. 반대로, 여자의 태양이 남자의 라후에 합치하는 것은 아주 어려운 여건이 된다. 거의 재난적 수준에 가깝다. 남자는 여자로부터 많은 것을 원하게 되지만, 그러나 너무 적게 얻게 된다. 그래서 실망하고 고통을 겪게 된다.

　일반적으로 시내스트리 차트에서 라후는 길성들과 합치를 해야 좋다. 흉성들은 힘들게 하기 때문이다. 그러나 남자의 태양이 여자의 라후에 떨어지는 경우나, 혹은 여자의 지는 달이 남자의 라후에 떨어지는 경우는 그런대로 무난하다.

　라그나 로드가 상대의 라후에 합치를 하는 경우에는 상대에게 아주 강력한 이끌림을 느끼게 된다. 그러나 라그나 로드가 흉성인 경우에는 그들 관계에서 어느 정도의 어려움을 겪을 것이나, 그래도 괜찮다. 개성의 계발에 그만큼 강한 자질들을 같이 계발해 줄 수 있기 때문이다. 하지만 보통 고통이나 어려움들이 따르기 때문에, 아주 이상적인 여건은 아니다.

라그나가 상대의 라후에 합치를 하는 경우에는, 아주 좋고 이상적인 합치이다. 상대의 라후가 계발하고자 하는 것을 내가 다 가지고 있기 때문이다. 성장하고 진보할 수 있는 무한한 가능성을 가지고 있다. 라그나가 훌륭할수록 더 좋은 합치이다. 라후는 우리들의 인생을 아주 어렵게 하는 행성이기 때문에, 그러한 라그나를 가진 사람이 좋은 자질들을 가졌을수록, 상대의 삶을 더 진보시켜 줄 수 있다.

케투가 합치를 하는 행성들은 관계가 지속되는 한, 그러한 행성의 자질들을 완성시키게 된다.

케투는 우리가 감추거나 완결 짓는 것들을 나타낸다. 그래서 케투가 길성들이나 라그나와 합치를 하는 경우, 보통 그 사람에 대해 아주 좋은 느낌을 가지게 된다. 마치 오래 전부터 알고 있었던 사람처럼, 처음부터 아주 익숙하고 편안하게 된다. 특히 "나(Self)"를 나타내는 것들인 라그나, 라그나 로드, 태양, 달 등이 케투와 합치를 하는 경우, 즉각적인 매력을 느끼게 된다. 첫 눈에 반하는 관계가 된다. 금성이 합치를 하는 경우에는 쉽게 로맨틱한 감정을 느낄 수 있게 된다. 목성이 합치를 하는 경우에는 상대에 대한 자연스런 이해나 지식을 더 가질 수 있게 된다. 그러나 케투는 완결을 짓는 행성이다. 그래서 합치한 행성의 특성들을 절대로 완전하게 얻을 수는 없다. 시간이 지날수록 오히려 더 적어지게 된다. 첫눈에는 스파크가 튀더라도 관계가 오래 가지 못한다. 일 년, 이 년…, 관계는 금방 끝나게 된다. 특히 여자의 지는 달이 남자의 케투와 합치를 하는 경우에는 시간이 지나도 남자는 여자에게 달의 자질들을 더 이상 얻을 수가 없다. 이처럼 길성들이나 라그나가 상대의 케투와 합치를 하는 경우에는, 그러한 관계가 길게 가지 못하기 때문에 바람직하지 못하다. 길성들이나 라그나가 상대의 라후와 합치를 하는 것이 이상적인 합치이며 관계를 길게 갈 수 있다.

여자의 케투에 남자의 지는 달이나, 토성, 화성, 태양이 합치하는 경우에는 관계를 시작하는 처음에는 어느 정도 어려움이 있다. 그러나 시간이 지날수록 그러한 어려움들은 완결되게 된다. 시간이 지날수록 더 편안해지고 나아지게 된다. 이처럼 흉성들이 상대의 케투와 합치를 하는 경우에는, 그러한 흉성들이 우리들 인생에 완결을 지우고 떠나게 해준다. 그래서 시간이 지나면 그러한 어려움들이 더 이상 없게 된다. 그러나 라후가 상대의 흉성들을 합치하는 경우, 그러한 어려움들이 너무 많게 된다. 라후는 언제나 합치하는 행성들을 자극한다. 그래서 어려움을 극대화시키게 된다. 케투는 자극시키지 않는다. 그러므로 흉성들은 상대의 케투를 합치해야 좋다. 길성들은 상대의 라후를 합치해야 좋다. 반면에 길성들이 케투를 합치하는 경우, 처음에는 편안하고 좋지만 시간이 지날수록 실망하고, 그러한 자질들이 감추어지고 결국에는 떠나게 된다.

그러므로 길성들이나 라그나, 라그나 로드가 상대의 라후와 합치를 하는 경우에는 이성 관계가 진화하고 진보하고 또 성장할 수 있다. 케투와 합치를 하는 경우에는, 이성관계가 더 이상 진보하거나 성장할 수가 없다. 케투와 합치를 하는 행성들은 과거 생에 서로 연결되었다는 것을 의미한다. 현생에서는 더 이상 진전할 수 있는 관계가 아님을 나타내고 있다.

우리는 마하다샤(하늘의 금괴, 제20장 참조)가 바뀔 때마다, 상대방의 행성이 우리의 라후에 합치하는 사람들을 만나게 되는 경우가 자주 일어난다. 연인이든 혹은 어떤 다른 중요한 사람이든, 그러한 다샤가 진행되는 동안 우리 생에 강한 인상과 흔적을 남기게 될 사람들을 만나게 된다. "나"의 라후가 있는 라시나 바바에 따라 "나"의 라후를 계발시켜줄 사람들이 되는 것이다. 만약 라후가 두 번째 바바에 있으면, 보통 친구나 깊은 우정을 나누는 사람들을 만나게 된다. 라후가 열한 번째 바바에 있으면, 어떤 그룹들에 새로운 사회적 활동에 개입을 하게 된다. Mr. 윌헴(트로피칼 베딕점성학 창시자)의 차트에는 라후가 일곱 번째 바바에 있다. 그래서 그는 다샤가 바뀔 때 마다 여자친구, 혹은 아내를 만나게 되었다. 저자의 경우에는 라후가 아홉 번째 바바에 있다. 그래서 다샤가 바뀔 때 마다, 중요한 스승님들을 만나게 되었다. 이러한 예들 중에서 만약 자신의 라후가 상대의 길성들과 합치를 하면 그러한 관계들은 좋은 것들을 가져다 줄 것이며, 흉성들이면 어려운 것들을 가져다 줄 것이다. 케투는 감추는 행성인 반면에 라후는 주는 행성이다. 만약 케투가 길성들이나 라그나, 라그나 로드를 합치하게 되면 케투는 그러한 자질들을 감추게 된다. 라후는 그러한 행성들의 자질들을 더욱 행복하고 많이 주게 된다. 케투가 합치를 하는 행성들은 언제나 관계의 시초에 아주 크게 강조된다. 그러나 시간이 지날수록 점점 줄어든다. 라후가 합치를 하는 행성들은 시간이 지날수록 점점 더 개발이 되며 더 크게 강조된다. 그래서 보통 첫눈에 반하고, 소울 메이트를 만났다고 하는 사람들은 관계가 오래 가지를 못한다. 서로 완결되는 관계이기 때문이다.

▨ 왜 라후가 강조되는가?

라후는 달의 길에 의해서 생겨난 포인트이다. 달은 의식의 세계를 나타내며, 라후는 무의식의 세계를 나타낸다. 그래서 라후의 다샤에는 특히 많은 혼란이나 기대치 않았던 일들이 많이 일어난다. 라후 다샤가 시작되면, 일단 라후가 있는 바바가 나타내는 것들을 모두 파괴시킨다. 아무런 센스도 만들지 않는 일들이 마구 터지기 때문에, 도대체 왜 그런 일들이 일어나는지, 라후 다샤에 진입한 사람들이 가장 많이 묻고 의문을 가지게 되는 부분이다. 도무지 이해하기 힘들고 말이 안 되는 일들이 계속 일어나게 된다. 라후 다샤의 성격 자체가 그러한 것이다. 상상조차 하지 않았던 일들, 과거나 현재와는 전혀 아무런 연관이 없는 일들이 무작위로 일어나게 된다. 만약 우리가 아주 솔직한 자서전을 쓰려고 한다면, 먼저 라후의 위치부터 살펴야 한다. 삶의 핵심, 중요한 스토리들의 대부분은 모두 라후를 맴돌면서 일어나기 때문이다.

그렇다면 라후는 왜 그러한 일들을 하는 것인가? 대부분의 사람들에게 라후다샤는 어렵다. 아주 드문 경우로서, 라후가 좋은 영향하에 있을 때만 제외된다. 자신의 인생에서 라후다샤가 오게 되면 사람들은 보통 어떻게 해야 될 지를 모른다. "라후"라는 괴물을 어떻게 다룰 것인가 하는 것이 가장 큰 이슈가 된다. 라후는 달의 궤도와 조디액이 교차하는 북쪽의 점이다. 북쪽은 진화를 의미하고 있다. 그래서 라후는, 영혼과 자아가 교차할 때, 우리의 의식을 더 높은 레벨로 진화시키려는 본성을 가지고 있다. 태양과 달은 서로 아주 다른 메커니즘과 기능을 가지고 있지만, 궁극적으로는 같이 합류해서 진화할 수 있어야 한다. 그들의 교차점은 우리가 가진 남성적인 면과 여성적인 면이 서로 합치하는 것이다. 라후는 "하타(Hatha, 태양과 달)"의 두 에너지들간에 교류, 즉 "요가(Yoga, 합치)"가 일어나고 있음을 상징하고 있다. "스바바누"라는 아수라는 창조주 브라마의 분(Boon)을 받아서 영생을 약속 받았다. 데바들은 모두 우리가 가진 의식의 일부분들이다. 그러한 데바들 틈에 끼어 라후도 의식이 일부분이 되었다. 그러므로 그냥 단순한 아수라가 아니라, 영성의 성장을 위해 중요한 의식의 한 부분인 것이다. 다른 행성들은 모두 데바들인 반면에, 라후와 케투는 노드(Nodes)들이다. 달이라는 의식이 창조해낸 존재로서, 의식이 이들과 조화를 이루어 영생으로 만들어야 할 의무를 가지고 있다. 라후는 우리 안에 있는 영적인 생명의 상징, 인간의 의식이 영적 의식으로 진화하려는 본성적인 욕구를 상징하고 있다. 그러한 욕구를 성취하기 위한 길이 대부분 라후의 길이다.

라후는 달의 움직임에 의해 창조되었다. 달의 궤도와 태양의 궤도가 교차하는 것이 상징하는 바는, 인간의 개체의식이 디바인 의식으로 진화하려고 하는 상징성이다. 태양이라는 영혼이 추구하는 영성의 성공은 모두 라후에게 달려있다. 라후를 마스터하지 않으면, 영적인 진화나 성장이 불가능하다. 인간은 신으로부터 분리된 존재이다. 달이라는 개체의식은 항상 변하고 있다. 날마다 변덕을 부리며 사랑에 고프고 감정에 이끌려 다닌다. 켜졌다가 작아졌다가, 빨리 가거나 느리게 가다가, 혹은, 통통 뛰기도 하면서, 달은 모든 행성들 중에서도 가장 불균형적인 움직임으로 회전하고 있다. 하지만 태양은 다르다. 날마다 한결 같이 뜨고 진다. 비가 오든 눈이 내리든, 구름에 가려 눈에 보이지 않든, 태양은 항상 자신의 자리에서 빛나고 있다. 기분이 내키지 않는다고, 혹은 피곤하거나 우울하다고 오늘은 쉬고, 내일 다시 뜨겠다고 하는 법 등이 없다. 그래서 태양은 믿고 의지할 수 있다. 달은 늘 변하기 때문에 믿고 의지할 수 없다. **태양은 삶에서 구체적인 것들, 차, 집, 직업 등등 늘 한결같고 실제적인 것들을 나타낸다.** 달은 그러한 실제적인 것들에 대해 어떻게 느끼느냐 하는 감정을 상징한다. 하루는 기분이 좋아서 자신의 집이나 직업 등에 대해 덩달아 자부심을 느끼다가, 다음 날에 지옥 같은 기분이 되면 똑같은 상황, 사람, 현실이지만, 그에 대한 느낌은 어제와는 전혀 다르게 된다. 이처럼 달이 나타내는 날마다의 기분은 들쑥날쑥 한다. 반면 태양은 한결같다. 달은 우리의 주관적인 느낌들을 다스린다. 무엇이 내적인 삶을 형성하는가 하는 사실이 아니라, 그러한 것들에 대해 어떻게 주관적인 느낌을 느끼느냐 하는 것을 다스린다. 그래서 똑같은 것을 두고, 두 사람이 서로 다른 반응이나 느낌을 보이게 되는 것이다. 쌍둥이들의 직업이나 환경 등등이 비슷하더라도, 한 사람은 아주 만족하고 행복하나, 다른 사람은 전혀 다른 경우가 그러한 좋은 예이다. 우리가 스스로에 대해 만족하고 자부심을 느낄 수 있을 때, 우리 삶의 모든 부분에 대해 행복하고 자부심을 느끼게 된다. 반면, 스스로에 대해 형편없이 느낄 때, 갑자기 모든 것이 무의미해지고 괴롭게 느껴진다. 주관적인 감정이나 느낌들이 우리 삶의 질을 결정하는 것이다.

라후는, 이러한 주관적인 감정에 의해 왔다갔다 하는 달에 의해 창조되었다. 그래서 라후는 달이 가진 모든 복잡한 감정들로 꽉 채워져 있다. 달의 에너지로 잔뜩 충전되어 있는 것이다. 그런데 달과 라후가 다른 점은, 우리가 달은 좋아하지만, 라후는 좋아하지 않는 다는 사실이다. 잠재의식 속에 꽁꽁 묻어두고 있던 많은 슬픔과 혼란 등을 내포하고 있기 때문이다. 달은 볼 수가 있다. 그래서 달은 우리가 어떻게 다룰지 알고 있다. 하지만 라후는 볼 수가 없다. 그래서 어떻게 다루어야 할지를 모른다. 라후는 식飾이 일어날 때만 확인 가능한 존재이다. 그 외에는 어둡고, 우리가 지각하지 못하는 영역에 있다. 자신이 가진 어두운 면이나 감정들 등, 우리가 평소 때는 전혀 의식하지 못하고 있는 부분들이 깊이 감추어져 있다가 라후가 들어오면 갑자기 형상화된다. 그래서 라후 다샤가 되면, 무의식의 세계 속에 깊이 잠자고 있던 주관적 에너지가 온갖 두려움이나 걱정, 공포, 환상, 판타지 등등의 형태로 깨어나게 된다.

그렇지만 그동안 미처 깨닫지 못하고 있던 자신의 어두운 면들을 대면하는 것을 좋아하는 사람은 아무도 없다. 우리가 가진 충동성, 비밀스런 감정들, 온갖 망상이나 환상, 상상 등은 모두 우리 의식의 일부분들이다. 하지만 우리가 처한 현실의 일부는 아니다. 예를 들어, 좋고 부유한 환경에서 자랐지만, 가난한 의식으로 자라난 사람의 경우를 들 수 있다. 그는 자신이 좋은 인생을 누릴 수 있는 자격이 없는 것처럼 느끼며 자라났을 수도 있다. 그래서 의식의 깊은 곳에는 항상 뭔가 잘못될 거라는 자의식을 가지고 다니기 때문에, 결국에는 현실로 나타나게 만든다. 좋은 일이 생길 때마다 항상 최악의 결과를 상상하며 그렇게 되도록 만든다. 이처럼 감춰 놓은 두려움이나 최악의 경우에 대한 상상들을 라후가 올라오게 만드는 것이다. 또 다른 사람의 경우에는, 실제로 어렵고 학대 받은 상황에서 자라났지만, 상상 속에서는 해피 엔딩을 기대하거나 꿈꾸며 자라났을 수도 있다. 그는 어떤 어려운 상황 속에서도 자신의 가치를 잃지 않고 포기하지도 않는 사람이기 때문에, 결국에는 그러한 환상을 현실로 만들어 즐겁고 행복한 인생을 만들어 내게 된다.

이처럼 우리 자신이 가고 있는 환상을 살펴보면, 모두 라후에서 오는 것을 알 수 있다. 모두 주관적인 감정에서 비롯되는 것이다. 자신이 스스로에 대해 얼마만큼 가치를 매기고, 어떻게 느끼느냐 있느냐 등등의 감정들이 무의식 속에 있다가 의식 위로 올라오게 되는 것이다. 이처럼 라후가 에너지를 가지고 올라오게 만들 때까지, 우리는 무의식 속에 얼마나, 어떤 주관적 감정들을 가지고 있는지 절대로 알 수가 없다. 평소 잘 나가던 사람이 갑자기 라후 다샤에 들어오면서 모든 것을 잃게 되는 경우, 그는 왜 그런 일들이 자신에게 일어나는지 이해할 수가 없다. 평생을 열심히 노력하면서 살았다고 자부했는데, 갑자기 라후 다샤에 들어 오면서 모든 것이 내리막길을 달리게 되는 경우, 깊은 무의식 속에 자신에 대해 주관적으로 그러한 자신의 모습을 기대하고 있었기 때문이다. 자신이 그처럼 성공하거나 좋은 삶을 누릴 자격이 없다는 자괴 의식이 라후 다샤에서 표면화되어서, 그렇게 모든 것을 잃게 만드는 것이다.

아인슈타인의 라후는 여덟 번째 하우스에서 목성, 그리고 여덟, 아홉 번째 바바 포인트와 합치를 하고 있다. 그가 노벨상을 받은 해는 1921년 달-라후 시간이었다. 마하다샤인 달은 라그나 로드로서 훌륭한 라지타디 아바스타에 있다. 그래서 라후의 안타르 다샤에 급작스러운 성공과 명성을 가져다 주었다. 반면에 1935년 라후 마하 다샤가 시작되었을 때 그는 미국으로 건너와 1940년에 시민권을 얻게 되었다. 라후의 로드는 토성이다. 토성은 산양 라시에서 취약의 품위를 얻고 있다. 그리하여 18년간의 라후 다샤는 그의 생애에서 가장 불행한 시간들이었다. 1955년에 사망할 때 그는 목성-목성 시간에 있었다. 목성은 여덟 번째 하우스에서 라후와 합치를 하고 있다. 세계적인 명성을 얻은 우수한 과학자였지만, 그의 생애 후반이나 죽음은 그리 만족스럽지 못했다. 나쁜 라지타디 아바스타에 있는 라후의 시간을 생애 후반에 가지게 되었기 때문이다.

• 알버트 아인슈타인의 라시 차트

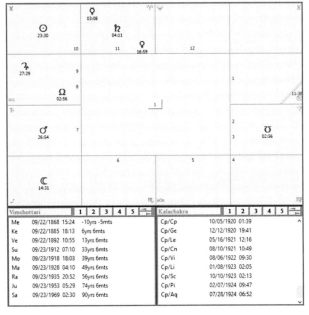

반면에 2012년에 "강남스타일"이라는 노래로 전세계를 소용돌이처럼 강타한 한국의 싸이(PSY)는 좋은 라지타디를 가진 라후가 열한 번째 하우스에서 열 번째 바바와 합치를 하고 또 다른 라자요가를 함께 형성하고 있는 경우이다. 그래서 그는 2011년에 라후 다사에 진입하자마자 엄청난 성공을 거둘 수 있었던 것이다. 그러나 이처럼 라후가 드물게 다샤초반에 훌륭한 결과를 가져오게 되면 나머지 라후다샤의 효과들은 지극히 평범해지게 된다. 그래서 싸이가 강남스타일 이후, 별다른 진전을 보지 못하고 있는 이유이다.

• 싸이(PSY)의 라시 차트

▨ 라후는 깊은 심층의식에 있는 블랙홀과도 같다

대부분의 사람들은 자신의 깊은 심층의식에 대해 평소에는 깨닫지 못하고 있다. 그러다가 직장을 잃거나 재난이 생기게 되면, 의식에 식飾이 일어난 것이다. 무의식 속에 가지고 있던 것들이 라후에게 반영되어 나타나게 되는 것이다. 말도 되지 않는 외부적 상황들은 모두 주관적인 현실이 객관화된 것, 심층의식의 본성이 외적인 혼란스런 사건들로 나타나서 그동안 깨닫지 못하고 있던 내면세계를 적나라하게 보여 주는 것이다. 그러므로 자신의 안을 들여다보면, 아무리 좋고 나쁜 일들이 일어나더라도 모두 내면에 이미 가지고 있던 것임을 알 수 있다. 자기 가치를 어떻게 매기고 있느냐, 좋은 것을 누릴 자격이 있느냐 없느냐 하는 것들은 모두 자신에 대해 가지고 있는 가치, 자존감을 반영하고 있다. 주관적으로 가진 심층의식들은 우리가 가진 가치수준을 반영하고 있으며, 관련된 하우스(바바)에 따라 그러한 삶의 영역들에서 경험하게 된다. 심층의식 속에 깊이 있는 것들은 보통 바람직한 것들이 아니다. 이러한 것들을 라후가 드러내게 될 때, 처음에는 당황하고 놀라게 되지만 자세히 들여다보면, 이미 자신도 알고 있던 것들이다.

이처럼 라후는 블랙홀과도 같은 환상의 세계를 나타낸다. 라후는 정신질환이나 정신이상을 다스리기도 하는데, 라후 다샤에 이러한 증상들이 표출되는 것은 모두 라후가 나쁜 라지타디 아바스타에 있기 때문이다. 그래서 부정적인 것들을 자신에게 끌어당기는 것이다. 라후 다샤에 일어나는 일들은 실제적 현실과 아무런 상관이 없다. 스스로 느끼고 있던 것들, 약점 등이 갑자기 밖으로 나와서 현실로 만들기 때문에 라후 다샤가 항상 혼란스럽고 어려운 것이다. 그러한 라후를 회피하려 하기보다는, 수용하고 협조하여 잘 다룰 수 있을 때, 라후는 진화적 힘으로 전환될 수 있게 된다. 높은 영적인 의식 수준으로 진화할 수 있게 되는 것이다. 그리하여 케투의 영역으로 나아갈 수 있다. 라후가 성숙하는 데는 42년이 걸리며, 케투가 성숙하는 데는 48년이 걸린다. 이처럼 라후가 케투보다 먼저 성숙하기 때문에, 라후를 먼저 잘 다룰 수 있어야 케투로 진화할 수 있게 된다. 라후가 만들어 내는 주관적 현실이 객관적으로 구체화되는 것을 잘 감당하고 다룰 수 있어야 한다. 이에 따른 레슨들을 배우고, 받아들이며, 자신의 어두운 면도 일부분으로 인정하고 성장할 수 있어야 케투로 나아갈 수 있다. 케투는 깨달음의 행성이다. 라후가 만들어 내는 혼란이나 어려움들이 무작위적이고, 불공평하고, 잔인한 것 같지만, 그러나 절대로 그렇지 않다. 바로 마주하고 바라보면, 결코 무작위적으로 일어나는 것이 아니며, 불가능하고 말이 되지 않는 것처럼 보이지만, 사실은 모두가 공평하며, 자신이 충분히 받을 만했다는 것을 알 수 있다. 그러한 주관적 현실들을 궁극적으로 깨닫게 되면, 사실상 라후가 만들어 내는 사건들이 크게 보면 어떤 경계표가 되는 것을 알 수 있다. 이러한 경계표들은 삶에서 중요한 전환점이 되며, 영적으로 진화하고 상승시키는 데 큰 역할을 가지고 있다.

라후는 궁극적으로, 인간으로서 현실을 어떻게 잘 다루느냐 하는 것을 나타낸다. 우리가 가진 주관적 현실이 객관적 현실과 모순이 될 때, 비정상적이거나 미칠 것 같은 정신현상들이 나타난다. 차트에 있는 라후의 위치에 따라, 우리는 모두 어느 정도 현실에서 벗어난 판단들을 하게 된다. 그러나 심각한 상태는 아니다. 라후가 만들어 내는 모든 사건은 주관적인 자아가 발작을 하여 객관화가 된 것이라고 할 수 있다. 그래서 라후가 뭘 가져오든지, 열린 마음으로 수용하고 대응할 수 있으면, 라후가 무엇을 더 가져올지 흥미로워지게 된다. 우리의 의식이 진화하는 과정 중에, 좀 더 전체적으로 될 수 있기 위해, 그리하여 궁극적인 깨달음을 얻을 수 있게 하기 위해 우리의 작은 에고를 박살내는 것이다. 그러한 시련들이 생기는 이유가 무엇인지는 잘 알지 못하더라도, 우리에게 옳고 완벽한 레슨들이라는 것을 믿고, 에고의 어떤 아집이나 욕심을 버리고 귀의할 수 있을 때, 라후는 우리 삶에서 가장 아름다운 것들을 가져오게 된다.

🔲 어떻게 라후를 잘 다룰 것인가

라후를 잘 다룰 수 있기가 결코 쉽지가 않지만, 그러나 그러한 핵심은 토성에게 있다. 차트에서 토성이 문제가 있으면 라후에게도 문제가 있다. 그래서 라후를 잘 다룰 수 있기 위해서는 먼저 토성을 잘 다룰 수 있어야 한다. 토성은 일곱 번째 행성이며, 라후는 여덟 번째 행성이다. 토성을 비롯한 다른 일곱 행성은 구체적인 현실을 나타내고 있다. 라후를 위한 공간이 없다. 라후는 완전한 주관적 현실이기 때문이다. 태양이 처음이며, 토성이 마지막 행성이다. 태양으로부터 가장 멀리 있다. 그래서 토성은 태양계에서 생물이 살기가 가장 어려운 행성이다. 태양으로부터 가장 멀리 있기 때문에 가장 춥고 어둡고 태양 빛도 가장 적게 닿는 곳이어서 생명을 키울 수가 없다. 태양은 처음, 토성은 마지막, 태어난 모든 것이 어느 날 죽고 끝이 나게 되어 있다. 이들 행성은 모두 구체적 현실인 것이다. 토성은 언젠가는 모든 것이 떠나고, 끝이 나고, 영원히 가질 수 없는 것들을 대변하기 때문에 에고를 힘들게 하고, 아프게 한다. 예를 들어, 어머니가 다른 남자와 바람이 나 도망가서 떠나는 것이나 돌아가서 떠나는 것이나 어머니가 나를 떠났다는 사실은 같다. 구체적인 현실의 모습은 같은 것이다. 그러한 현실에 대해 우리가 어떻게 느끼느냐 하는 것은 주관적인 감정의 현실이다. 더 심하게 상처받거나 영향을 받을수록 앞으로의 삶이 그만큼 힘들게 된다. 만약에 어머니가 바람만 나지 않았다며, 만약에 어머니가 돌아가시지만 않았다면 하는 식으로 가정은 필요하지 않다. 그럴수록 더 힘들어지기 때문이다. 나쁜 토성은 만약이라는 가정하에 현실을 부정하려 들며, 건강한 토성은 현실을 직시할 수 있게 해준다. 그리하여 어떤 구체적인 현실의 모습에 주관적 현실까지 가중시켜 자신의 삶을 더 힘들게 하지 않는다.

그러므로 라후를 잘 다룰 수 있기 위해서는 먼저 토성을 잘 다룰 수 있어야 한다. 자존감을 가지고 떠나는 것들을 잘 다룰 수 있어야 한다. 나를 떠나는 것들이나, 사람들이 배신하는 것 등은 모두 자존감에 상처를 남긴다. 그렇지만 상처받거나, 고통, 이별 등은 모두 삶의 일부분들이다. 이러한 것들에 대해 집착을 하면 라후는 아수라, 괴물이 된다. 반면 토성을 잘 다룰 수 있고, 현실에서 토성이 만들어 내는 결핍들을 잘 다룰 수 있으면 라후가 행복해지게 된다. 자신이 느끼는 분노나 현실에 대한 울분 등을 모두 삶의 일부분으로 수용하고 인정하고 이해할 수 있으면, 그러면 삶은 자연적으로 행복해지게 된다. 옛말에 만약 신이 인간을 멸망시키고자 한다면 그가 원하는 것을 모두 다 준다고 하였다. 그러면 신을 생각할 시간이 없기 때문이다. 만약 인간을 구하고자 한다면, 가지고 있는 모든 것을 다 빼앗아 간다. 그러면 자연적으로 신에게 생각을 돌리기 때문이다. 토성이 하는 역할은 가지고 있는 모든 것을 빼앗아 가는 것이다. 자존감이나 재산 등 모든 것을 가져간다. 신은 카르마를 따라 일을 하고 있다. 내가 "나"와 동일시하고 있는 것들을 모두 빼앗아 간다. 나의 것이라고 생각하는 것, 나의 배우자, 돈, 재산 등 내 것이라고 생각하는 모든 것들을 빼앗아 간다. 왜 "내"가 이런 일을 당해야 해, 이런 벌을 받아야 해 등등 삶이 자신에게 불공평하게 느껴지는 것들에 대해, 처음에는 반항하고 괴로워하다가, 어느 날에는 하루, 싸우는 것조차 지치게 된다. 그래서 싸우는 것까지 포기하게 된다. 그런 경우 진정으로 "나"라는 존재를 귀의할 수 있다. 지금까지 나의 것이라 여겼던 모든 것을 놓고, 모든 욕구를 놓고, "나"라는 생각조차 하지 않을 수 있을 때, 세상의 모든 것, 모든 중요한 사람, 설사 대통령이 온다 하더라도 별로 중요하지 않게 된다. 그냥 하루하루, 구체적인 삶을 경험하고자 하는 것 외에는 다른 아무런 생각이 없어진다. 토성의 궁극적인 목적은 "나"를 조금씩 놓는 연습을 하게 하는 것이다. "나"가 원하는 것, 집착하는 것들을 모두 빼앗아 감으로써, "나"라는 것을 포기하게 만든다. 그리하여 건강한 라후를 위한 준비를 시키는 것이다.

그러므로, 첫 번째로 라후를 잘 다루는데 중요한 점은 "나"에 대해 너무 집착하지 않는 것이다. 왜 "나"에게 이런 일이 생기느냐 하는 식으로 공공연한 드라마를 만들기 보다는 그냥 놓아버리고 받아들이고 경험할 수 있도록 의식의 문을 여는 것이다. 라후가 가져오는 온갖 새로운 경험들은 그만큼 새로운 삶을 가져다 줄 수 있다. 나에 대해 더 집착할수록 라후를 더 어렵게 만들 뿐이다. 어떤 식으로 되던지 더 이상 상관하지 않게 되면, 내가 무엇이 되고 싶던 상관이 없으며, 어디로 가고 싶던지, 무엇을 하고 싶던지 등을 상관하지 않게 되면, 그러면, 다음에는 무슨 일이 일어날지, 어떤 새로운 경험을 하게 될지, 하는 식으로 준비자세가 된다. 두려워하지 말고, 반항하지 말고, 싸우지 말고, 너무나 아파서 아프고 싶은 것조차 포기할 수 있게 되면, 그러면 진정으로 행복할 수 있게 된다. 더 이상 삶에서 더 나은 것이나 더 완벽한 것에 대한 아무런 기대도 하지 않게 된다. 그냥 하루하루 행복하고 즐기고 해야 할 일들을 하게 되면, 그러면 진정으로 행복할 수 있다. "나"에 대해서 가장 적게 생각하고 있을 때, 가장 행복할 수 있게 되는 것이다. 그럴 때, 라후가 가장 건강해질 수 있게 된다. 그저 삶이 주는 대로, 일어나는 대로, 귀의하고 받아들이며, 사람들이 나에게 하기를 원하는 것을 그냥 하는 것이다. "나"라는 생각 없이 단순히 행동하며, 해야 하는 역할만 충실하게 하는 것이다. 그럴 때, 삶은, 원래 일어나게 되어 있는 방식으로 일어나기 시작한다. 정말로 "나"가 될 사람은, 애초에 그렇게 될 수 있는 준비가 된 것이다. 진정으로 훌륭한 일을 할 수 있기 위해서는 "나"라는 아무런 개인적인 의도가 없어야 한다. 해야 할 일이나 맡은 역할을 정말로 잘할 수 있기 위해서는, 잘해야 한다는 생각조차도 없이 그냥 주어진 임무에 최선을 다할 수 있어야 한다. 그러면 진정으로 이상을 따르고 실현할 수 있다. 이처럼 어떤 위대한 일을 할 수 있으려면, 먼저 "나"를 놓을 수 있어야 한다. 꾸준한 명상과 사색을 통해 내가 먼저 좋은 사람이 되어야 하며, 이렇게 저렇게 해야 한다 하지 말아야 한다는 식으로 자신에게 주입시키지도 말며, 단순히 모든 걸 놓아 버리는 것이다. 엄마이면, 단순히 엄마가 해야 할 일, 주어진 역할을 하는 것, 동물들이 사는 자연스런 방식으로, 새끼들을 돌보는 식으로, "나"와는 상관없이 그냥 하는 것, 그냥 사는 것, 다람쥐처럼, 산처럼, 강처럼, 그렇게 담담하고 유유하게 살 수 있게 되면, 정말로 참다운 행복을 사는 것이다. 그렇게 살 수 있을 때 삶은 자연스럽게 이상이 주도할 수 있게 된다.

라후를 이런 식으로 마스터할 수 있으면 케투로 가는 길은 아주 쉽다. 라후가 주는 어려운 것들을 극복할 수 있기 위해선 먼저 토성을 잘 다룰 수 있어야 한다. 토성을 극복하기가 가장 어렵다. 토성을 잘 다룰 수 있기 위해선 나, 에고를 귀의할 수 있어야 하기 때문이다. 그러면 라후는 우리를 위해서 쉽게 만들어 줄 수 있다. 자신의 스와다르마(Swadharma, 타고난 다르마)와 이상을 따르며 살 수 있다. 다른 사람들에게 인정이나 사랑 받기 위해서 어떤 일을 하는 것이 아니라, 자신이 당연히 해야 될 일이라고 느끼기 때문에 할 뿐이다. 이처럼 다르마에 발을 디딤으로써, 진정한 삶의 길에 들어가는 것이다. 이상과 열정은 아주 다르다. 사람들이 대부분 이상이라고 믿는 것들은 단지 열정에 지나지 않는다. 이상(理想)이란, 뭔가 내가 해야 될 일이라는 것을 알기 때문에 하는 것이다. 그러한 일을 할 때 아무런 흥분이나 격정적인 감정도 느껴지지 않는다. 단지 해야 될 일을 그냥 할 뿐이다. 반면, 열정이 느끼는 일을 할 때는, 언제나 아주 행복하고, 흥분되고, 기대되는 식으로, 격앙된 감정이나 반응들이 뒤따르게 된다. 이상理想은 자신이 어떤 일을 함으로써 자신의 인생이 어떤 식으로든 더 나아질 것이라든지, 더 유명해지거나 좋아질 것이라든지 등등 지금과 다르게 변할 거라는 어떤 의식이 없다. 반면에 어떤 일을 함으로써, 어떤 사람을 만남으로써, 더 낫고 더 좋은 삶을 기대하고 있다면, 열정에 속한다.

라후는 무엇을 하든지 내 삶을 다르게 만들 거라는 어떤 의식이 없어야 한다. 라후는 주관적 현실이 객관적으로 표출된 것임을 인지하고, 인정하고, 그래서 순순히 받아들이며, 삶이 그냥 일어나는 대로 따라갈 용의가 있어야 한다. 그러면 이상을 따르는 것이다. 이러한 차이점으로, 자신이 이상이나 혹은 열정을 따르는 것인지 분간할 수가 있다.

우리는 혼자 있을 수 있어야 한다. 사람들은 쉬이 흥분하고 흔들리기 때문에, 정기적으로 혼자 있을 수 있는 시간들을 만들어야 한다. 혼자 있을 수 없는 사람은 절대로 진정한 이상을 따를 수 없다. 간단하게 명상하고 묵상하며, 삶의 경험들을 소화하고 일어나는 대로 지켜볼 수 있어야 한다. 자신이 삶에서 무엇을 하는가를 보는지 하는 사실은, 무엇을 기대하는가 하는 사실과는 전혀 다르다. 자연스럽게 자신에게 있는 것, 자연적인 재능을 사용하며, 그냥 내면에서 올라오는 것들을 할 뿐이다. 이처럼 내면에서 자연적으로 올라오는 이상을 알 수 있기 위해서는 오랜 시간이 걸릴 수도 있다. 그렇지만 그냥 지켜보며, 내면에서 무엇이 올라오든 그저 지켜볼 수 있을 때, 정말로 진정한 이상을 살 수 있는 준비가 된 것이다. 이러한 것들은 모두, 어떤 식으로든 흥분이나 기대의 감정들 위에 있다. 흥분을 이상으로 착각하고 따르게 되면, 결국에는 좌절하고 실망하고 상처받게 될 것이다. 이상은, 삶이 어떤 식으로 변하든, 미래가 변할 것에 대한 아무런 기대도 없다. 언젠가는 우리들 모두 삶에서 느끼는 온갖 고통이나 아픔, 위대함이나 성공 등에 대해서도 전부 지쳐버리는 때가 온다. 그러면 삶이 자신의 스와다르마, 이상대로 흘러가게 된다. 이상적인 삶에서는 삶의 고통이나 아픔도 모두 사라진다. 모두 멈추게 된다. 그럴 때 진정으로 라후가 아름다워지게 된다. 이러한 모든 사람에게 독특한 삶의 길을 차트에서 라후의 위치나 하우스(바바)에 따라 찾을 수 있다. 라후와 케투의 길을 통해, 우리가 타고난 스와다르마의 길을 알 수 있는 것이다.

힐러리 클린턴은 전갈 라그나이며, 라후는 일곱 번째 하우스인 황소 라시에 있다. 빌 클린턴의 달이 황소 라시에 있으므로, 그녀의 라후가 그의 달 위를 겹치고 있는 것이다. 빌

클린턴의 무수한 실수에도 불구하고, 그녀가 여전히 그를 사랑하고 용서해줄 수 있었던 이유이다. 빌 클린턴은 천칭 라그나로서, 그의 케투가 세 번째 하우스인 인마 라시에 있는데, 힐러리의 목성 위를 겹치고 있다. 비록 바람둥이였지만, 그의 영혼은 언제나 아내인 힐러리에게 속해 있었던 이유이다.

• 힐러리의 라시 차트

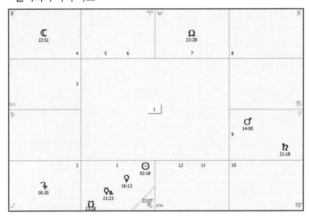

• 빌의 라시 차트

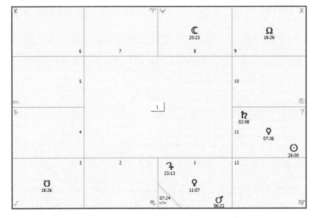

빌 클린턴이 스캔들로 인해 거의 대통령직을 박탈당할 뻔하게 만들었던 여인, 모니카 레윈스키는 태양과 달, 그리고 라그나가 서로 같다. 같은 천칭 라그나이며 태양은 사자 라시에, 달은 황소 라시에 있다. 두 사람이 서로에게 강렬한 친밀감을 느낄 수밖에 없었던 이유를 짐작할 수 있다. 그런데 쌍둥이 라시에 있는 빌의 라후는, 모니카의 토성 위를 겹치고 있다. 그에게 모니카는 엄청난 대가를 치러야 했던 카르마 였음을 보여주고 있다. 빌의 토성은 그의 건강에도 가장 많은 어려움을 주고 있는 행성이기도 하다(제9장 클린턴 사가, 빌 클린턴 차트 분석 참조).

• 모니카 레윈스키의 라시 차트

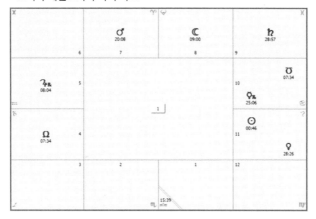

프린세스 다이애나는 라그나가 인마 라시이며, 라후는 아홉 번째 하우스인 사자 라시에 있다. 프린스 찰스는 사자 라그나이며, 프린세스의 라후가 프린스의 라그나 위를 겹치고 있다. 프린스의 라후는 황소 라시에 있다. 프린세스의 금성은 오운라시인 황소 라시에 있다. 프린스의 라후가 그녀의 금성 위를 겹치고 있는 것이다. 두 사람의 결혼식은 전무후무한 세기의 결혼식이었다. 유치원 교사였던 여자가 하루아침에 대영제국의 황태자비가 되었으며, 프린스 찰스는 아름다운 아내 때문에 자국뿐만 아니라, 전세계의 부러움을 한몸에 받았었다.

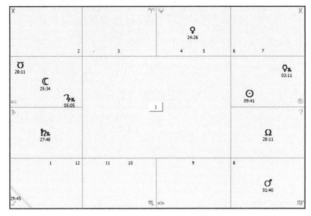

• 프린세스 다이애나의 라시 차트

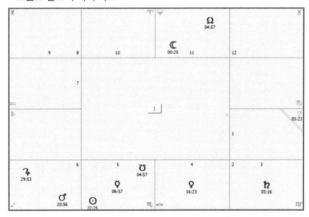

• 프린스 찰스의 라시 차트

　　프린스 다이애나, 프린스 찰스와 관계가 있는 제3의 여인, 지금은 프린스 찰스의 아내인 카밀라 파커 보울즈의 라시 차트이다. 두 사람은 서로 같은 사자 라그나이다. 그리고, 프린스의 케투가 전갈 라시에 있는데, 카밀라의 목성 위를 겹치고 있다. 케투는 전생에서부터 가져온 카르마를 나타낸다. 오랜 세월을 두고 프린스가 아름답고 젊은 아내 대신에, 이혼녀이고 한 살 연상인 카밀라에게 계속 돌아가게 만든 그녀에게 느꼈던 위로, 편안함, 익숙함의 정도를 짐작할 수 있다.

• 카밀라 파커 보울즈의 라시 차트

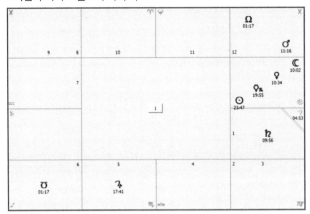

베딕 점성학 입문서 Ⅱ

Vault of the Heavens

5

마이웨이
라시 차트

▨ 라시 차트를 읽는 법

행성들의 천문학적 위치를 포착한 라시 차트는 첫 번째 바가(Varga)로써, 차트 주인이 걷게 될 삶의 길, 마이웨이(My Way)를 위한 삶의 공간을 나타낸다. 라시 차트는 데하(Deha), 우리의 몸을 나타낸다. 우리의 몸이 세상에 나와서 하게 되는 삶의 여행을 의미하고 있다. 이러한 여행이 순조롭고 즐거운 경험이 될 수 있기 위해선 무엇보다도 먼저 몸이 건강하고 최상의 상태에 있어야 한다. 그러므로 셀프 팩트(Self-factors), "나"를 나타내는 행성들(태양, 라그나 로드, AK(아트마 카라카))이 좋은 라지타디 아바스타에 있어야 한다. 그렇지 않으면 데하가 걷는 여행은 아주 험하고 어려운 길이 될 것이다.

라시 차트에서는 첫 번째 하우스가 가장 중요한 바바이다. 그래서 첫 번째 바바를 자세히 잘 분석하는 것이 라시 차트에 대한 결정적인 핵심을 쥐고 있다. 첫 번째 바바 커스프(Cusp), 태양, 아트마 카라카(AK), 그리고 라그나 로드가 라시 차트에서 결정적인 요소들인데, 이들의 안녕 상태와 영향을 미치고 있는 다른 행성들의 라지타디 아바스타를 분석하는 것으로부터 라시 차트에 대한 해석을 시작해야 한다. 차트 주인의 삶에서 주요 초점은 다음과 같은 행성들이 다스리는 하우스들에 의해 나타나 있다.

(1) 라그나에 있는 행성들
(2) 라그나 로드, 태양, 그리고 AK가 있는 하우스들
(3) 라그나, 라그나 로드, 태양 그리고 AK가 합치하는 하우스의 로드들

- A. 라그나에 있는 행성들은 자신들의 라지타디 아바스타에 따라 차트주인에게 행복이나 고통의 큰 원인을 주게 될 것이다.
- B. 라그나 로드, 태양, 그리고 AK들이 처해있는 행복하거나 불행한 라지타디 아바스타에 따라, 이들이 있는 하우스들이 번성하거나 고통을 받게 될 것이다.
- C. 라그나 로드, 태양, 그리고 AK가 합치한 하우스의 로드들은, 그러한 로드들의 라지타디 상태에 따라 행복하거나 불행한 효과들을 주게 될 것이다.
- D. 라그나 로드, 태양, 그리고 AK가 관련된 바바들, 특히 라그나 바바에게 영향을 미치고 있는 행성들의 영향도 세심하게 살펴서 잘 분석하는 것이 아주 중요하다.

이러한 바바들이 좋은 라지타디 아바스타의 영향을 받고 있다면 차트 주인이 그러한 바바들의 영역에서 시간과 에너지를 쏟는 게 생산적일 것임을 나타낸다.

✖ 포인트들의 설명을 위한 예시 차트

■ **안젤리나 졸리**(Angelina Jolie, 1975년 6월 4일, 09:09 am, Los Angelis, CA, USA)

• 안젤리나 졸리(Angelina Jolie)의 라시 차트 (남인도 스타일)

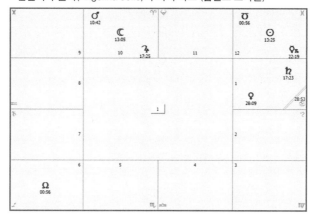

• 안젤리나 졸리(Angelina Jolie)의 라시 차트 (북인도 스타일)

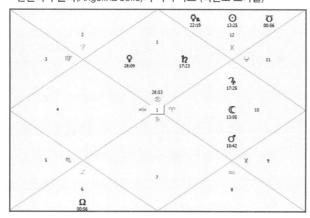

AK	AmK	BK	MK PuK	PiK	GK	DK
♀	☿	♃	♄	☉	☾	♂

AK	AmK	BK	MK	PiK	PuK	GK	DK
Lg	♀	☿	♃	♄	☉	☾	♂

AK - AatmaKaaraka, (Self)
AmK - AmaatyaKaaraka, (Minister)
BK - BhraatruKaaraka, (Siblings)
MK - MaatruKaaraka, (Mother)
PiK - PitruKaaraka, (Father)
PuK - PutraKaaraka, (Children)
GK - GnaatiKaaraka, (Relatives)
DK - DaaraaKaaraka, (Spouse)

라그나에 있는 행성들: 안젤리나의 라그나는 게라시(첫 번째 바바 커스프, 28:53)이다. 라그나에는 토성(17:23 각도)과 금성(28:09)이 있다. 라그나 로드인 달은 산양 라시(13:05)에 있으면서, 화성(10:42)과 목성(17:25)이 함께 합치를 하고 있다. 태양은 쌍둥이 라시(13:25)에 있으면서, 케투(00:56)와 수성(R. 22:19)와 합치를 하고 있다. 안젤리나의 AK는 금성으로서 라그나에 위치하고 있다.

라그나 로드, 태양, 그리고 AK가 있는 하우스들: 안젤리나의 차트에서는 바바 포인트들이 한 개의 라시 안에 각자 한 개씩 골고루 분포되어 있음을 알 수 있다. 라시 박스 안에 푸른색의 1, 2 … 12까지 숫자로 표기된 것들이 해당 바바를 나타낸다. 그렇지만 모든 사람이 꼭 그런 건 아니다. 차트 주인이 태어난 로컬 스페이스(Local Space)에 따라, 바바 포인트들은 안젤리나처럼 골고루 분포되지 않을 수도 있다.

라그나, 라그나 로드, 태양, 그리고 AK가 합치하는 하우스의 로드들: 라그나에 있는 금성은 네 번째, 열한 번째 바바를 다스리며, 토성은 일곱 번째, 여덟 번째 바바를 다스리는 로드들이다. 태양은 열두 번째 바바에 있으면서 두 번째 바바를 다스리는 로드이다. 태양과 합치를 하고 있는 케투는 쌍둥이라시의 로드인 수성의 로드십을 따를 것이지만, 마침 수성과 합치를 하고 있다. 즉 케투의 로드가 케투와 같이 있기 때문에, 안젤리나는 과거 생에 이미 수성의 특성들을 상당히 마스터하였다는 것을 나타낸다. 열두 번째 바바와 세 번째 바바를 다스리는 수성은 오운라시인 쌍둥이 라시에 있으면서 역행(Retrogression)를 하고 있기 때문에 더 파워풀해 지게 된다. 라그나 로드인 달은, 열 번째 바바에 있으면서 화성과 목성이 합치를 하고 있다. 화성은 다섯 번째와 열 번째 바바를 다스리며, 목성은 여섯 번째와 아홉 번째 바바를 다스리는 로드들이다.

라그나에 있는 행성들은 자신들의 라지타디 아바스타에 따라 차트 주인에게 행복이나 고통의 큰 원인들을 주게 될 것이다: 금성은 안젤리나의 AK이면서, 라그나에 있다. 그래서 그녀에게 단순한 AK행성보다 몇 배나 더 중요한 행성이 된다. 토성은 라그나에 있을 때 딕 발라(Dig Bala, 하늘의 금괴, 제19장 참조)가 가장 낮은 곳이다. 즉, 전체 12개 바바 들 중에서 가장 맥이 떨어지는 장소라는 의미이다. 토성의 딕 발라가 가장 높은 곳은 일곱 번째 바바이다. 그런데 정반대편인 라그나에 있게 되면, 차트주인이 토성을 그만큼 잘못 사용하게 된다는 뜻이다. 뿐만 아니라, 토성이 다스리는 바바는 일곱 번째, 여덟 번째로서 라그나에 있기 때문에 이러한 바바들의 특질들이 그녀에게 부정적인 영향들을 미치게 된다. 또한 토성은 PiK, 안젤리나의 아버지를 나타내는 카라카 행성이다. 안젤리나의 토성은 나쁜 로드십, 약한 딕발라, 그리고 안 좋은 라지타디 아바스타에 있기 때문에 아버지가 그녀에게 미치는 영향들이 상당히 좋지 않음을 의미하고 있다.

라그나 로드, 태양, 그리고 AK들이 처해 있는 행복하거나 불행한 라지타디 아바스타에 따라, 라그나 로드, 태양, 그리고 AK가 있는 하우스들이 번성하거나 고통을 받게 될 것이다: 라그나 로드인 달은 열 번째 바바에 있다. 그리고 화성과 목성이 같이 합치를 하고 있다. 라그나 로드가 있는 바바는, 차트 주인이 시간을 가장 많이 보내는 곳이다. 커리어, 사회적 활동을 나타내는 열 번째 바바에 있으면서, 아주 파워풀한 화성과 같이 있을 뿐 아니라, 목성이 주는 무디타 아바스타를 한껏 받고 있기 때문에, 그녀의 화려한 커리어와 명성을 잘 나타내주고 있다.

라그나 로드, 태양, 그리고 AK가 합치한 하우스의 로드들은, 자신들의 라지타디 상태에 따라 행복하거나 불행한 효과들을 주게 될 것이다: 태양은 열두 번째 바바에 있으면서 케투와 라후의 축에 놓여 있다. 어떤 행성이든 라후와 케투의 축에 끼이게 되면, 효과가 좋던 나쁘던 그 사람의 인생에서 몇 배로 강조가 된다. 그런데 태양과 달은 이들과 원수지간이기 때문에, 특히 케투가 태양과 합치를 하게 되면 태양에게 상당한 어려움을 가져온다. 태양은 또한 아버지나 권위적 인물들은 나타내는 카라카 행성이기 때문에, 그녀가 아버지와 상당히 안 좋은 관계에 있는 사실을 재확인시켜주고 있다. 다행히 좋은 품위의 파워풀한 수성이

도와주고 있어, 최악의 관계까지는 가지 않지만, 그러나 이들이 합치를 이루고 있는 열두 번째 바바라는 특성이, 전체적으로 그녀 인생에서 아버지가 미치는 영향을 부정적으로 만들고 있다.

라그나 로드, 태양, 그리고 AK가 관련된 바바들, 특히 라그나 바바에게 영향을 미치고 있는 행성들의 영향도 세심하게 살펴서 잘 분석하는 것이 아주 중요하다: 이 포인트에 대해선, 다음에 이어질 모든 행성들에 대한 상세한 분석과 설명을 참조하시기 바란다.

▧ 행성들의 라지타디 아바스타, 바바들에 대한 분석과 해석을 위한 도표들의 사용법

첫 번째 바가인 라시 차트는 출생 당시에 하늘의 실제 모습을 포착한 천문학적 차트임을 이미 밝혔다. 그러한 라시 차트에 기준하여, 행성들 간의 실제 어스펙트 비중(Virupa, 하늘의 금괴, 제12장 참조)을 숫자로 나타낸 도표가 아래의 "라시-어스펙트(Rasi-Aspected Planets)" 차트이며, 60이 풀 어스펙트 비중이다. 비중이 45 이상이면, 상당히 강한 어스펙트로 간주되며, 30 이상이면 평균적이다. 30 이하의 비중은 그다지 심각한 어스펙트로 간주하지 않는다.

다음으로 일곱 행성이 가진 각자의 저력을 재는 것이 샬발라(Shad Bala, 하늘의 금괴, 제19장 참조)이다. 행성들이 가질 수 있는 평균적 저력은 "1.00"인데, 그 이상이거나 혹은 이하일수록, 행성이 그만큼 강한 저력을 가졌거나 약하다는 것을 나타낸다. 샬발라 저력이 강한 행성일수록 차트주인이 가장 많이, 그리고 효과적이며 능률적으로 사용하고 있음을 의미한다. 반대로 샬발라 저력이 약한 행성일수록 그만큼 효율적으로 사용하지 못하고 있다는 의미이기도 하다. 안젤리나의 경우에는 수성이 가장 강한 샬발라 저력을 가지고 있으며, 달이 가장 약하다. 하지만 모든 일곱 행성이 평균적으로 "1.00"을 넘고 있다. 그녀의 차트에서는 모든 행성이 효과적으로 저력을 발휘하고 있다는 의미이다.

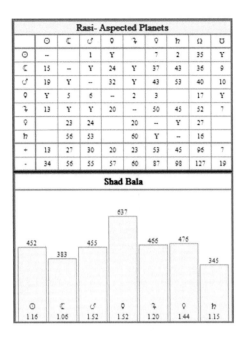

라시 차트를 포함한 총 16개의 바가들이 있다는 사실을 이미 설명하였다. 그리고 각자의 차트에서 행성들의 위치나 품위는 달라진다. 예를 들어 안젤리나의 라시 차트에서 화성은 물라트리코나 자리인 산양 라시에 있지만, 다른 바가에서는 산양 라시에 있지 않을 확률이 높다. 아래의 쇼다사바가(Shodasavarga)는 16개 바가들을 한눈에 볼 수 있는 차트이다. 화성이 산양 라시에 있는 바가들은 (1, 2, 24) 세 개 차트뿐이다. 이처럼 행성들의 품위는 각 바가마다 달라진다.

그러므로 행성들의 라지타디 아바스타는 각 바가마다 별도로 계산해야 한다. **라지타디 아바스타를 산출하기 위해서는 1) 라시-어스펙트 차트 2) 샽발라 차트 3) 16개 바가에서 행성들의 품위,** 이렇게 세 개의 요소들을 사용한다.

• 16개 바가에서 행성들의 품위 도표

Dignities in Vargas

	☉	☽	♂	♃	♃	♀	♄
1	E	E	MT	OH	N	N	N
2	E	E	OH	F	N	N	OH
3	DB	GF	GF	F	GF	EX	N
4	E	OH	DB	F	N	F	OH
7	E	OH	N	F	GF	N	N
9	N	OH	DB	F	N	EX	F
10	DB	GF	DB	F	N	F	N
12	GF	GF	GF	F	N	GF	OH
16	GF	F	N	F	DB	N	OH
20	EX	E	OH	GF	OH	OH	F
24	E	GF	OH	F	N	OH	N
27	DB	E	EX	OH	EX	N	DB
30	N	EX	F	F	N	N	F
40	E	GF	N	OH	OH	F	GF
45	MT	E	GF	EX	N	MT	GF
60	OH	GF	EX	F	F	EX	N

참고 E: 적의 라시에 있는/N: 중립의/F:친구의 라시에 있는/
GF: 좋은 친구의 라시에 있는/OH: 오운라시의/MT: 물라트리코나
의/EX: 고양의/DB: 취약의 품위

이러한 산출방식에 기인하여, 첫 번째 바가인 라시 차트에서의 라지타디 아바스타를 수적으로 산출한 도표가 아래의 "라시-아바스타" 도표이다.

• 라시 차트의 라지타디 아바스타 도표

Ω	℧	Rasi - Avasthas					Bh	Sh
MuAg	☉	☽	♂	♀	♃	♀	♄
☉	226.2	0.6 ÷192.2	5.1 ÷232.6	159.1 -79.5		27.8 -27.8	7.5 -7.5
☽	49.0 ÷275.2	191.5	176.4 ÷403.9	77.4 2.2	163.8 ÷396.9	191.5 -191.5	191.5 -191.5
♂	72.3 ÷298.5	227.5 191.5	227.5	123.0 79.6	227.5 ÷460.6	161.3 0.0	202.2 -202.2
♀	79.6 ÷226.2	6.1 ÷197.7	7.7 219.8	79.6	3.3 229.9	3.9 ÷3.9	
♃	50.5 ÷276.7	199.4 ÷390.9	180.9 ÷408.4	77.3 79.6	233.1	195.7 0.0	174.7 0.0
♀						0.0	
♄							0.0

가로줄에 있는 행성에게, 세로줄에 있는 행성들이 미치고 있는 라지타디 아바스타 영향들을 나타내고 있다. 검은색의 숫자는 해당 행성이 자체적으로 가진 오운 포인트들을 의미한다. 초록색의 숫자는 친구 행성으로서 도와주고 있는 포인트들을 의미한다. 푸른색의

숫자는 중립행성으로 아무런 보탬도 마이너스도 되지 않음을 의미한다. 붉은색의 마이너스로 표기된 숫자는 적 행성으로서 그만큼 포인트들을 절감시키고 있음을 의미한다. 그리하여 행성이 가지고 있는 라지타디 아바스타 총 포인트들을 알기 위해선, 검은 숫자와 초록 숫자를 플러스하고 붉은 숫자를 마이너스하여, 나머지를 산출하면 된다. 나머지가 플러스이면 그만큼 라지타디 상태가 좋은 것이며, 마이너스가 되면 그만큼 안 좋다는 것을 나타낸다.

안젤리나의 라시 차트에서는

(1) 태양은 자체적 포인트가 (226.2), 친구들인 달이 (49.0), 화성이 (72.3), 목성이 (50.5) 도와주면서 총 (398) 플러스 포인트들을 가지고 있다. 수성의 숫자는 중립이기 때문에 무시한다. 적의 영향이 전혀 없는 태양은 아주 훌륭한 라지타디 상태에 있다.

(2) 달은 자체적 포인트가 (191.5), 친구들인 태양이 (0.6), 수성이 (6.1), 목성이 (199.4) 도와주면서 총 (397.6) 플러스 포인트들을 가지고 있다. 화성의 숫자는 중립이기 때문에 무시한다. 안젤리나의 라그나 로드이면서, 적의 영향이 전혀 없는 달은 아주 훌륭한 라지타디 상태에 있다.

(3) 화성은 자체적 포인트가 (227.5), 친구들인 태양이 (5.1), 달이 (176.4), 목성이 (180.9) 도와주고 있으며, 적인 수성이 (7.7)를 마이너스 하고 있다. 그래서 총 (582.2)라는 아주 파워풀한 라지타디 상태에 있다.

(4) 수성은 자체적 포인트가 (79.6)이며, 도와주는 친구들이 없다. 화성과 목성의 숫자는 중립이기 때문에 무시하고, 적인 태양이 (159.1), 달이 (77.4)로 마이너스를 하고 있다. 그래서 수성은 총 (−156.9) 마이너스 포인트들을 가지고 있다. 그래서 안젤리나의 수성은 아주 열악한 라지타디 상태에 있다.

(5) 목성은 자체적 포인트가 (233.1), 친구들인 달이 (163.8), 화성이 (227.5) 도와주고 있으며, 적인 수성이 (3.3) 마이너스 하고 있다. 그래서 총 포인트는 (621.1) 플러스 포인트로서 아주 파워풀한 라지타디 상태에 있다.

(6) 금성은 자체적 포인트가 (0.0), 친구인 수성이 (3.9) 도와주고 있으며, 적인 태양이 (27.8), 달이 (191.5) 마이너스 하고 있다. 화성과 목성의 숫자는 중립이기 때문에 무시한다. 그래서 금성은 총 (−215.4)라는 마이너스 포인트들을 가지고 있다. 그래서 안젤리나의 AK행성은 금성은 아주 열악한 라지타디 상태에 있다.

(7) 토성은 자체적 포인트가 (0,0)이며, 도와주는 친구들도 없다. 대신에 적인 태양이 (7.5), 달이 (191.5), 화성이 (202.2) 마이너스 하고 있다. 목성의 숫자는 중립이기 때문에 무시한다. 그래서 안젤리나의 토성은 총 (-401.2) 마이너스 포인트들을 가지고 있다. 안젤리나의 라시 차트에서 토성은 가장 열악한 라지타디 상태에 있다.

▣ 셀프팩트(Self-factors)들을 나타내는 행성들

안젤리나의 태양은 아주 강하다. 자체적인 포인트도 높고 도와주는 친구들도 많다. 태양은 라시 차트에서 아주 중요한 행성으로서, 우리에게 존재감을 불어 넣어준다. 라시 차트에서 태양이 나쁜 상태에 있으면, 마치 대양에 떠다니는 해초처럼 이리저리 파도에 떠밀리면서 인생을 낭비하게 된다. 안젤리나의 태양은 훌륭한 상태에 있기 때문에, 삶의 시작이 조화롭고, 안정적이고, 안전한 형식으로 세상에 들어왔음을 나타낸다. 라시 차트에서 훌륭한 태양은 안정성과 지속성을 부여한다. 그리하여 장기적으로도 한결같을 수 있는 안정성을 가져다준다. 라시 차트에서 강인하고 탄탄한 태양을 가지는 것이 아주 중요하다.

안젤리나의 라그나 로드는 달인데, 훌륭한 아바스타에 있다. 이처럼 라그나 로드가 훌륭한 아바스타에 있게 되면, 삶에서 그만큼 앞서게 만들어 준다. 달은 강력한 카리스마를 나타낸다. 달이 강한 사람일수록 다른 사람들에게 인기가 많다. 달은 온화하고 다정다감하고 사랑스럽기 때문에 자동적으로 사람을 끄는 매력이 있다. 특히 안젤리나의 달은, 라그나 로드이면서 커리어와 대중을 나타내는 열 번째 바바에 있기 때문에, 전세계적으로 비단 남성들뿐만 아니라, 여성들과 아이들에게 받고 있는 흠모와 인기의 정도를 실감하게 만든다.

안젤리나의 AK는 금성으로서 라그나에 있다. 그런데 적의 라시이면서 물의 자리인 게라시에 있기 때문에, 그녀의 금성은 상당한 트리쉬타(갈증을 느끼는) 아바스타에 있다. 수성이 약간 도와주고 있지만, 그러나 태양이나 달이 던지고 있는 마이너스 아바스타 효과를 커버하기에는 너무 부족하다. 다행히 물의 라시라서 심한 갈증을 느끼지만, 굶주린 상태는 아니다. 그래서 금성의 취약한 아바스타가 치명적인 상태까지는 가지 않는다. 더욱 다행스러운 점은, 같이 있으면 무조건 굶주리게 만드는 흉성인 토성과 합치를 이루고 있지만, 토성 자체가 잠자는 아바스타에 있기 때문에 금성에게 아무런 부정적인 영향을 미치지 않고 있다는 사실이다.

그리하여 안젤리나의 라시 차트에서 셀프팩터(Self-Factors)를 나타내는 세 개의 행성들 중에, AK행성인 금성만 결핍 상태에 있다. 금성은 삶에서의 충족을 위한 최상의 선택들을 하게 만드는 행성이다. 할리우드의 퍼스트레이디 같은 여배우이자, 휴머니스트이며 자선사업가로서 젊은 나이임에도 불구하고 그녀는 현재 아주 큰 성공을 이루었다. 하지만, 그만큼 이전에 어리석고 현명하지 못한 선택이나 실수들도 많이 하였다는 사실은 이미 잘 알려져 있다. 공교롭게도 안젤리나의 가장 큰 성공들은 모두 금성의 다샤 동안에 이루어졌다. 금성은 아트마 카라카이자 라그나에 있기 때문에, 그녀에게 전세계적인 명성과 부, 그리고 다방면에서의 큰 성공을 가져다주었다. 하지만, 트리쉬타 아바스타에 있는지라 금성은 그녀가 원하는 충족을 충분히 가져다주지 못하고 늘 갈증과 결여를 느끼게 만든다. 그래도 다른 두 개의 중요한 셀프 행성들은 아주 훌륭한 아바스타에 있기 때문에, 그녀의 삶에 강력한 에너지를 불어주고 있다. 그래서 전체적으로 그녀가 가진 삶의 경험들을 지속적으로 좋고, 유익하며, 훌륭한 것들이 되게 만들어 준다.

▨ 라그나에 있는 행성들

라그나는 개인이 삶에서 가장 핵심적으로 집중을 하는 영역이다. 차트 주인은 라그나와 관련된 삶의 영역들에서 가장 많은 에너지와 시간들을 보내게 된다. 안젤리나의 라그나는 게 라시로서 토성과 금성이 합치를 하고 있다. 게 라시는 "타지, 외국"을 나타내는 라시이다. 그래서 안젤리나는 외국에서 많은 시간을 보낸다.

토성은 파트너를 나타내는 일곱 번째와 갑작스런 변화나 위기의 여덟 번째 바바를 다스리는 로드이면서 라그나에 있다. 안젤리나는 일찍부터 결혼하여 몇몇의 배우자와 파트너들을 겪었다. 파트너의 바바가 라그나와 같이 있는 것은, 그녀에게 파트너들이 아주 중요하고 상당한 비중을 차지하고 있음을 말해준다. 여덟 번째의 로드십은, 그녀가 파트너와의 관계를 통해 기대치 않았던 큰 변화나 위기를 겪거나 갑작스런 단절을 경험하게 될 것을 의미한다. 그리고 토성은 안젤리나가 주로 나이차가 많은 파트너들을 선호함을 보여준다. 두 번째 남편과는 스무 살의 나이 차이가 있으며, 세 번째 남편인 브래드 피트와는 열두 살 차이가 난다.

금성은 네 번째와 열한 번째 바바를 다스리는 로드로서, 라그나에 있다. 네 번째 바바는 행복하고자 하는 욕구를 나타낸다. 네 번째 로드가 라그나에 있는 사람들은, 자신의 몸에 대해 편안하게 느낀다. 자신을 행복하게 해주기 위해 시간을 보낼 줄 안다. 그녀의 아름다움과 품위, 교양이 넘치는 매너 등은 자신뿐만 아니라, 다른 사람들도 아주 행복하게 해준다. 열한 번째 로드십은 그룹이나 사회적인 관계들, 정치적 관심 등을 나타낸다. 이처럼 사회적이고 활동적인 욕구를 나타내는 열한 번째 로드가 라그나에 있음으로 인해, 안젤리나가 제3국에서 펼친 많은 휴머니스트적인 활동들이나 정치적인 관심 등을 잘 설명해주고 있다. 아트마 카라카(AK) 행성이 라그나에 있으면, 차트 주인에게 몸이 재산이 될 수 있게 한다. 그녀는 신체적으로 뛰어나고, 매력적이며, 능력이 있다. 안젤리나의 몸은 그녀에게 가장 큰 보물이고 재산일 뿐만 아니라, 금성이 주는 빼어난 미모와 우아함도 같이 겸비하게 해준다. 하지만, 트리쉬타 아바스타에 있기 때문에, 동시에, 그녀에게 뭔가 부족한 몸을 주게 된다. 암에 걸릴 확률이 높은 유전인자를 가지고 있다는 이유로 예방차원에서 유방절제술을 감행한 그녀이다. 할리우드 최고의 여배우로서 젊은 나이에 이러한 극적인 선택을 한 그녀의 방법에 대해 아무도 어떤 평가를 내릴 수는 없다. 단지 신체가 가장 큰 재산인 할리우드 여배우로서, 유방절제술뿐만 아니라 온몸에 새긴 타투(tattoos)들은 트리쉬타 아바스타에 있는 금성이 느끼는 채워질 수 없는 갈증을 대변한다는 사실이다.

▨ 라그나 로드, 태양, 그리고 AK가 있는 하우스들

라그나 로드인 달은 열 번째 바바에 있다. 이처럼 라그나 로드가 열 번째에 있게 되면, 모든 상황에서 완벽한 컨트롤을 유지하는 능력을 나타낸다. 열 번째에 있는 달은 그녀에게 파워와 직위를 얻기 위해 많은 에너지와 시간을 보내게 하며, 광장한 리더십과 권위적인 위치도 함께 주고 있다. 아직 젊은 나이임에도 불구하고 이미 많은 성취를 이루었으며, 연기뿐만 아니라, 감독, 유능한 사업가, 아내이자 여섯 아이의 엄마, 왕성한 휴머니스트,

정치적 활동 등, 그녀를 굉장히 능력 있게 만들어 주고 있다. 태양은 열두 번째 바바에 있다. 열두 번째 바바는 몸을 사용하게 만든다. 안젤리나는 아주 큰 소비자이며, 또한 무척 관대하며 자선주의적이다. 그녀의 몸에 많은 비용을 쓸 뿐만 아니라, 항상 다른 사람들을 도와주며, 헤아릴 수 없이 좋은 일들과 막대한 자선사업을 하며, 제삼국의 아이들에 대한 교육, 보육 지원뿐만 아니라, 직접 입양하여 친자식들과 똑같이 키우고 있다. 아트마카라카인 금성은 라그나에 있으면서 이미 위에서 설명한 효과들을 내고 있다.

▨ 라그나, 라그나 로드, 태양, 그리고 AK가 합치하는 하우스의 로드들

라그나에 있는 토성은 일곱 번째와 여덟 번째 바바의 로드이다. 라그나는 몸을 상징한다. 일곱 번째 로드십은 그녀의 몸이 배우자와 함께 시간을 많이 보내게 하며, 여덟 번째 로드십은 그녀의 몸이 파트너십을 통해 큰 변화를 경험하게 한다. 라그나의 로드인 달은 목성, 화성과 합치를 하고 있다.

목성은 여섯 번째와 아홉 번째 바바를 다스리는 로드이다. 그녀가 구루나 스승들, 종교, 철학, 문화적인 것들 등, 모든 아홉 번째 바바가 상징하는 것들에 많은 시간을 보내는 것을 나타낸다. 또한 라그나 로드가 여섯 번째 바바와 연결이 되면, 어려움이나 문제들을 지성적으로 해결할 수 있는 능력을 준다. 여섯 번째 바바는 어려운 하우스로서 문제들을 제시한다. 이러한 바바와 라그나 로드의 연결은 차트 주인이 생존자일 수 있는 능력을 준다. 아무리 어려운 일이라도 뭐든지 풀어내며 결국에는 큰 성공으로 이끌 수 있게 한다. 라그나 로드와 여섯 번째 바바의 연결은 아주 훌륭하고 뛰어난 지성을 주는 요가(Yoga, 하늘의 금괴, 제15장 참조)이다. 여섯 번째 바바는 단지 어려움들이 삶의 일부분임을 나타낼 뿐이다. 라그나 로드와 연결되면, 차트 주인이 그러한 모든 어려움들을 해결하고 자신의 지성과 능력으로, 성공을 거둘 수 있게 해준다.

달은 또한 열 번째 로드인 화성과 합치를 하고 있다. 화성은 파워를 나타낸다. 물라트리코나인 산양 라시에 있으면서 최상의 딕 발라(Dig Bala)를 가진 화성은, 안젤리나를 할리우드 퍼스트레이디로 만들어 주고 있는 파워의 심볼이다. 열 번째 바바는 우파차야(Upachaya)이기 때문에, 시간이 지날수록 그녀가 더욱 많은 파워를 누릴 수 있게 해준다. 이처럼 파워풀한 화성은 합치하고 있는 라그나 로드 달에게도 두 배 이상의 파워를 부여하고 있다. 화성은 또한 다섯 번째 바바를 다스리는 로드이다. 다섯 번째 하우스는 자녀들과 창조지성을 나타내는데, 게다가 목성과 합치를 하고 있다. 목성도 자녀와 창조지성을 나타내는 카라카 행성이다. 그리고 목성은 같이 있는 행성들에게 무디타(Mudita) 아바스타를 준다. 그러므로 어린이들이나 자녀들은 그녀의 생에서 아주 큰 부분을 차지하고 있다. 세 명의 입양아, 세 명의 친자식들도 있으며, 제 삼국의 어려운 아이들을 위해 많은 좋은 일들도 하였다. 그녀의 몸은 어린아이들과 많은 시간을 보내고 있다. 다섯 번째 바바는 또한 창조지성을 나타낸다. 여섯 번째 바바는 생존할 수 있는 지성이다. 안젤리나가 항상 어떤 어려움이나 문제든지 거뜬히 해결해 나갈 수 있는 지성을 나타낸다. 자신의 유전인자가 암에 걸릴 확률이 높다는 사실을 알자, 예방적 차원에서 바로 어려운 이슈를 해결하는 지성을 보였다. 다른 사람들 같으면 난관에 빠져 헤매게 될 어려움들도 안젤리나는 자신의 지성을 사용해 모두 단번에 해결해내곤 했다. 다섯 번째 바바는 창조지성을 나타낸다. 안목을 크게 가질 수 있고 창조지성을 이용해 뭐든지 잘 다룰 수 있게 해준다. 이렇게 훌륭한 화성과 목성이, 라그나 로드와 열 번째 바바에서 합치하고 있는 안젤리나는 아주 상당한 창조지성을 보유하고 있음을 보여준다.

태양은 열두 번째 바바에서 수성과 합치를 하고 있다. 셀프팩트들을 나타내는 행성들 중에서 태양과 합치를 하는 행성들이 가장 적은 관심을 두게 된다. 태양과 같이 있는 행성은 긴장되고 스트레스를 받기 때문에 차트 주인이 가장 적게 시간을 보내고 싶어한다. 태양은 합치하는 행성을 개인적으로나 영적인 성장을 위해 희생하게 만든다. 그래서 태양과 함께 있는 행성들은 차트 주인의 삶에서 별로 강조되지 않는다. 안젤리나의 수성은 열두 번째와 세 번째 바바를 다스리는 로드인데, 오운라시인 쌍둥이 라시에 있어 자체적으로는 강한 아바스타 포인트를 가지고 있다. 또한 역행(Retrogression)를 하면서 케투와 합치를 하고 있기 때문에, 전생에서 이미 수성의 특질들을 상당히 마스터하였음을 나타낸다. 그러나 태양과의 합치로 쇼비타 아바스타, 그리고 달의 어스펙트로 인해 슈디타 아바스타에 있어, 전체적으로 아주 열악한 아바스타에 있다. 그러므로 안젤리나의 수성은 다른 사람들보다 훨씬 강함에도 불구하고, 수성적인 활동들에는 그다지 많은 시간을 보내지 않게 된다. 반면 열두 번째 로드이면서 열두 번째에 있기 때문에, 태양과 더불어 더욱 강력한 소비적 성향을 가지게 만든다. 안젤리나는 항상 돈을 펑펑 쓸 수 있는 프로젝트들을 계속 만들어 낸다. 수성은 또한 세 번째 로드로서, 그녀의 연기력, 잦은 여행, 다재다능함, 그리고 자신의 지성과 재능들로 자수성가하게 만들어 준다.

▧ 나머지 행성들과 바바들

안젤리나의 경우에는 아주 특별하다. 셀프팩트를 나타내는 행성들과 바바들만 분석하였는데, 두 번째 바바만 제외하고 이미 모든 행성들과 바바들이 다루어졌다. 왜냐하면 세 개의 행성들이 거의 모든 바바들과 연관이 되어있기 때문이다. 이러한 경우, 그녀는 삶의 모든 영역에서 직접적으로 다 개입을 하고 있는, 아주 바쁘고 능력 있는 사람임을 의미한다. 일반적으로 이러한 경우는 흔하지 않다. 의심의 여지가 없이 안젤리나가 정말 파워풀한 사람임을 증명해주는 차트이다. 보통 다른 사람들은 한두 가지 삶의 영역에 개입하고, 많은 다른 영역들을 제외시킨다. 예를 들어 AK 혹은 라그나 로드가 두 번째 바바에 있을 때, 그러한 차트 주인은 가족과 친구, 책임감, 부의 축적과 재산관리 등, 두 번째 바바 특성들에만 집중하며, 다른 것들은 별로 관심이 없다. 사람들은 라그나 로드가 있는 바바에서 가장 많은 시간과 에너지를 보내기 때문이다. 하지만 안젤리나는 톱 여배우이자 휴머니스트, 어머니, 아내, 파워풀한 커리어우먼 등등 모든 삶의 영역에 깊숙하게 개입되어 있다. 그녀처럼 모든 행성이 이처럼 라그나 로드와 AK에 개입된 차트를 가진 경우는 아주 드물다.

▧ 행복 혹은 불행한 삶

차트 주인이 행복한 삶, 혹은 고통스런 삶을 살고 있는지 알기 위해서는 라지타디 아바스타를 검토해야 한다. 네 번째 행복의 바바를 다스리는 로드는 금성이다. 안젤리나의 금성은 갈증을 느끼는 아바스타에 있으며 그다지 행복하지가 못하다. 네 번째 로드이면서 라그나에 있기 때문에, 그녀는 나름 행복하기 위해 무척 애를 쓰지만, 그러나 갈증을 느끼는 상태에서 행복하기란 아주 어렵다. 행복하고 충족을 느끼기 위해 노력하지만, 항상 결핍과 공허함을 느낀다. 토성도 또한 갈증을 느끼는 아바스타에 있다. 일곱 번째 바바로드이기 때문에, 안젤리나가 이성 관계들에 깊숙이 개입하게 만든다. 하지만 결코 완전한 충족을 얼을 수가 없다. 많은 이성관계를 거쳤지만, 항상 충분하지 않음을 느끼며, 그녀가 원하는 넘치는 행복을 결코 느낄 수가 없다. 토성은 또한 여덟 번째 바바를 다스리기 때문에, 그녀의 삶에 위기와 변화, 급작스러운 단절 등을 가져온다. 그렇게 갑자기 변화시킨 삶이 자신을 더 행복하게 해줄 거라고 기대하지만, 여전히 덜 충족되고 갈증을 느끼는 상태로 남아있게 된다. 변화를 위해 엄청난 위기를 감수했음에도 불구하고, 예전보다 더 행복하거나 나은 충족을 느낄 수가 없다. 금성은 열한 번째 바바의 로드로서 그녀를 그룹이나 사회적 활동 등에 활발하게 개입을 시킨다. 많은 사람들이 상상만으로도 부러워하는 화려한 삶을 살고 있지만, 그러나 여전히 채워지지 않는 갈증과 불완전한 충족감, 결핍의식 등에 시달린다. 금성과 토성은 파괴적인 아바스타가 아니라 트리쉬타, 갈증을 느끼는 아바스타에 있기 때문에, 안젤리나가 무엇을 하던지 완전히 행복하거나 충족되기가 어렵다.

▨ 셀프팩트 행성들이 있는 바바들의 라지타디 아바스타즈

셀프팩트 행성들이 관련된 바바들은 개입된 행성들의 라지타지 아바스타에 따라 번성하거나 고통을 겪게 된다. 안젤리나의 라그나 로드 달은 열 번째 바바에 있는데, 같이 있는 화성과 목성의 아주 훌륭한 아바스타 영향을 받고 있다. 달은 우리 자신의 의식과 능력을 상징한다. 안젤리나는 자신의 능력과 재능으로 삶을 아주 파워풀하고 번성하게 만들 것이다. 그녀가 이룬 성공은 모두 스스로의 능력으로 이룬 것들이다.

금성은 라그나에서 갈증을 겪고 있다. 그녀는 삶에서 많은 갈증을 느끼고 있다. 그러나 금성은 AK인지라 모두 자신이 자초하고 있는 것이다. 라그나는 몸을 나타낸다. 그녀는 자신의 몸에 타투(Tattoo)라든지, 약물과잉이라든지, 암을 피하기 위해 유방절제수술을 한다든지 하는 식으로, 그다지 바람직하지 않은 일들을 자신의 몸에 하였다. 다른 방법이 있을 수도 있는데, 모두 자신의 선택으로 한 일들이었다.

태양은 아주 훌륭한 아바스타에 있다. 그래서 그녀가 좋고 훌륭한 일로 돈을 쓰도록 만든다. 돈을 씀으로 인해 모든 것을 더 낫게 만든다. 열두 번째 바바는 비용을 다스린다. 비용이란 그만큼 돌아오는 가치가 있으면 좋은 비용이지만, 과잉소비로 지폐를 태우는 식으로 돈을 쓰는 것은 나쁜 비용이다. 훌륭한 행성들이 열두 번째 바바에 있을 때, 좋은 일로 비용을 쓰게 만들어 준다. 제3국의 어린이들을 돕거나 자선사업을 하는 데 돈을 쓰면서 그녀를 더 기쁘고 행복하게 만들어준다.

안젤리나의 셀프 팩트 행성들은 세 개 중에 두 개가 훌륭한 아바스타에 있으며, 한 개는 파괴가 아닌, 갈증을 느끼는 아바스타에 있다. 이러한 세 개의 행성들과 관련된 다른 행성들이 행복한가 아닌가 하는 사실을 알기 위해서는 그들의 라지타디 아바스타를 살펴야 한다. 좋은 라지타디 아바스타 행성과 관련되었으면 행복할 것이며, 나쁜 라지타디 아바스타 행성과 관련되었으면 고통스러울 것이다.

금성은 일곱 번째 로드이면서 갈증을 느끼는 토성과 합치를 하고 있다. 그래서 자신이 끌리는 이성에게 항상 갈증을 느끼며, 그다지 이상적이지 못한 파트너들에게 이끌리게 만든다. 스물한 살이라는 어린 나이에 결혼한 첫 번째 남편 죠니 리 밀러(Jonny Lee Miller)는 삼 년 만에 이혼하였으며, 스무 살 연상이었던 두 번째 남편 빌리 밥 토른톤(Billy Bob Thornton) 역시, 삼 년 만에 이혼을 하였다. 록스타였던 그와의 영원한 사랑의 증표로 몸에 많은 타투를 새기기도 하였다. 세 번째이자, 현재 남편인 브래드 피트(Brad Pitt) 역시, 유부남을 유혹했다는 오점을 가지고 있다. 안젤리나와 브래드 피트에 관한 커플 차트 분석은 다른 장에서 다시, 자세히 다루기로 한다. 토성은 또한 여덟 번째 로드이다. 여덟 번째 바바는 다른 사람의 돈, 유산 등을 나타낸다. 트리쉬타 아바스타에 있는 토성은, 안젤리나가 다른 사람의 경제적 이득을 그다지 누리지 못함을 나타낸다. 남편인 브래드 피트도 할리우드의 톱 남자배우이기에 엄청난 재력을 가지고 있음이 분명하다. 그러나 안젤리나의 차트를 분석해볼 때, 그녀는 브래드 피트에게 경제적인 이득은 그다지 받지 못하고 있으며, 오히려 그녀의 재력이 훨씬 더 강할 것임을 보여주고 있다. 여덟 번째 바바는 위기와 변화를 다스리는데, 이러한 변화들은 항상 결핍의식으로 인해 일어난다. 이제 안젤리나는 유방이 없다. 결핍의식의 행성인 토성이 라그나에 있으면서 몸의 결핍을 가지게 만드는 것이다.

그녀의 달은 화성과 합치를 하여 아주 훌륭한 아바스타에 있다. 그리고 화성은 다섯 번째와 열 번째 바바를 동시에 다스리는 요가카라카(하늘의 금괴, 제16장 참고)로서, 열 번째 하우스인 물라트리코나 라시에 있다. 그녀는 아이들과 깊은 교감을 나누고 있으며,

여배우로서 감독으로서 뛰어난 재능과 창조성을 발휘하고 있다. 열 번째 바바가 가져다 주는 파워와 성공도 그녀를 아주 흡족하게 한다. 이러한 것들에 대해 그녀는 대단히 자랑스럽고 만족을 느끼고 있다. 또한 그녀의 파워와 성공은 다른 사람들을 기쁘고 행복하게 해준다. 그녀의 훌륭한 달을 사람들은 경외하고 사랑한다. 어떤 사람들은 자신의 성공과 파워로 다른 사람들을 기쁘거나 행복하게 하지 않는다. 오히려 시기, 질투, 적의 등을 유발시키는 이들이 많다. 안젤리나의 경우에는, 화성과 목성의 영향으로 인해, 자신이 잘될수록 다른 사람들을 더 기쁘고 행복하게 한다. 여섯 번째와 아홉 번째 바바를 다스리는 목성은, 안젤리나에게 훌륭한 영향만 미치고 아무런 적들의 영향도 받지 않게 하고 있다.

수성은 어느 정도 덜 기쁘고 행복한 상태에 있다. 태양 때문에 안절부절하며, 지는 달이라 흉성이면서 적인 달에게 굶주리는 어스펙트를 받고 있기 때문이다. 셀프팩트인 태양과 연결된 행성이 다스리는 바바들은 가능한, 좋고 즐거운 아바스타에 있는 것이 이상적이다. 수성과 연관된 바바들의 특성들과 관련하여, 안젤리나는 때로는 좋게, 때로는 속상하게 느끼게 될 것이다. 연기(세 번째 바바)나 비용(열두 번째 바바) 등과 관련하여 어떤 때는 아주 흡족하고 만족하다가, 어떤 때는 심한 부담감과 좌절감을 느끼게 될 것이다.

☒ 셀프 팩트 행성들과 연관하여 우리는 얼마만큼 절실한 교감을 느끼는가?

AK, 라그나 로드, 태양, 세 개의 셀프팩트 행성들과 연관하여 우리가 얼마만큼 직접적으로 기쁨이나 교감을 느끼는가, 혹은 좌절하거나 불안하고 괴로움을 느끼는가, 얼마만큼 이러한 행성들이 나타내는 바바들과 진심으로 교감이나 교류를 느끼고 있는가, 그리고 이들은 내게 어떤 느낌, 어떤 행복을 주며, 나를 어떻게 대해주고 있는가 등의 사실들은 모두, 이들이 가진 라지타디 아바스타에 달려 있다. 만약 셀프팩트 행성들이 다섯 번째 바바와 연관되어 있다면, 과연 내가 자녀들과 얼마만큼 행복이나 공감대를 느끼며, 그들을 나를 어떻게 생각하고 어떻게 대하느냐 하는 등의 사실들이 모두 라지타이 아바스타에 달려 있다. 이들 행성이 좋은 아바스타에 있으면 우리는 관련된 삶의 영역이나 사람들과 좋은 느낌, 관계를 즐길 수 있을 것이며, 나쁜 아바스타에 있으면, 괴로운 경험들이 될 것이다. 안젤리나의 경우에는 모든 셀프팩트 행성들이 두 번째 바바만 제외하고 서로에게 모두 연관되어 있다. 태양이 두 번째 바바를 다스리기 때문에, 그녀는 여전히 두 번째 바바 특성들에 개입하겠지만, 그러나 다른 바바들보다 현저하게 적은 강도로 하게 될 것이다. 안젤리나에게는 친구가 별로 없는 것으로 잘 알려져 있다(두 번째 바바 특성). 또한 자신의 재산이나 재물 등을 어루만지고 관리하는 안젤리나는 아주 상상하기 어려운 모습이다.

라시 차트에서 다른 사람들에 관해 읽는 법

차트 주인의 삶에 연관된 다른 사람들에 관해 읽으려 할 때도 위의 원칙들을 적용할 수 있다. 관련된 하우스와 로드들, 그리고 카라카를, 라그나와 라그나 로드, 태양, 그리고 AK와 단순히 대체시키면 된다. 예를 들어 차트 주인의 어머니에 관해 읽으려 할 때, 네 번째 바바를 라그나로 대체시키고, 네 번째 바바의 로드, 달, 그리고 MK를 대체시켜서 읽으면 된다.

라시 차트를 타이밍 하는 법

라시 차트를 사용해 차트 주인이 세상에서 자신의 자리를 찾을 수 있는 시간을 타이밍 할 수 있다. 이러한 타이밍들은 다음과 같은 다샤 기간 동안 일어나게 된다.

1. 태양, 아트마 카라카, 혹은 라그나 로드의 다샤/안타르 다샤 등의 시간 중에
2. 위의 행성들이 위치하고 있는 하우스의 로드들의 다샤/안타르 다샤 등의 시간 중에
3. 태양이나 아트마 카라카의 나밤샤 로드들의 다샤/안타르 다샤 등의 시간 중에, 특히 태양이나 아트마 카라카의 다샤/안타르 다샤 등등의 시간 중에
4. 라후나 케투가 위의 행성들 중 어느 하나와 합치한 경우, 라후나 케투의 다샤/안타르 다샤 기간 중에

타이밍에 대한 실제 예시는 다음 장들에서 이어지는 예시 차트에서 다시 자세하게 다루기로 한다.

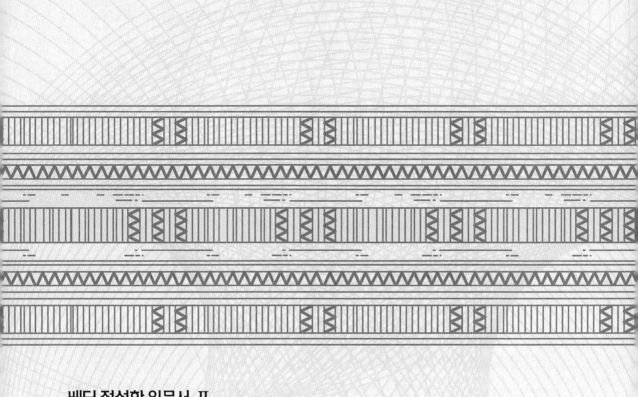

베딕 점성학 입문서 II

Vault of the Heavens

6
사랑의 불꽃, 삽탐샤 차트

"자녀들, 손녀손자들
등을 삽탐샤에서
알 수 있다."
(BPHS)

▨ 삽탐샤 차트에 대하여

　브리핱 파라샤라 호라 샤스트라(Brihat Parasara Hora Shastra, BPHS)에서는 삽탐샤 바가(Saptamsa Varga)에서 자녀들과 손자손녀들에 대해서 알 수 있다고 하였다. 삽탐샤는 16개 바가들 중에서 다섯 번째 바가로서, 라시 차트의 일곱 번째 바바에 대한 정보를 가지고 있는 부속차트이다. 일곱 번째 바바는 성행위를 나타내는 바바이다. 일반적으로 다섯 번째 바바가 자녀들에 대한 정보를 가지고 있는데, 일곱 번째 바바에 대한 삽탐샤 차트에서 자녀들을 알 수 있다는 사실이 의아하게 생각될 수도 있다. 아이들이라는 실체와 성향, 상태 등에 대한 구체적인 정보는 다섯 번째 바바가 나타낸다. 하지만 두 남녀 간의 성적 행위, 즉, 공동작업을 통해 뭔가를 창조하고자 하는 행위 자체는 일곱 번째 바바, 파트너십의 바바가 나타낸다. 아이들이란 그러한 성적관계를 통해 얻어지는 부산물이기 때문이다.

　삽탐샤 차트는 "사람"에 대한 것이 아니라, 다른 사람과의 관계를 통해 만들어 내는 "어떤 것"에 대한 차트이다. 이러한 것은 단순히 아이를 만들어 내는 이성 관계만 의미하는 것이 아니라, 다른 사람들과의 관계를 통해 이전에는 없던 무엇인가를 만들어 낼 수 있는 모든 관계를 포함하고 있다. 그렇게 생성되는 결과물들이, 자체적으로 생명을 계속 이어가게 되는 것, 즉 나의 사후에도 계속 남아서 존재를 이어갈 수 있는 모든 것들을 나타낸다. 삽탐샤 차트는 모든 존재의 근본적인 속성, 뭔가 세상에 자신의 흔적을 남기고 싶어하는 가장 근원적인 욕구를 나타내는 중요한 바가로서 혼자서는 해낼 수 없는 창조적 행위, 나를 안아주는 상대가 있어야만 생성이 가능해질 수 있는 공동작업의 부산물들을 다룬다. 그런데 가장 일반적인 부산물이 아이들이기 때문에, 삽탐샤 차트에서 아이들에 대해 알 수 있다고 하는 것이다.

　하지만 아이들이라는 의미는 다른 사람이 나를 안아줌으로 인해 생성되는 어떤 모든 것들, 크게는 대중들이 나를 안아주는 어떤 행위들도 모두 포함하고 있다. 서로 사랑하는 두 사람이 관계를 유지하며 지낼지라도, 이전보다 아무런 다른, 혹은 독특한 어떤 것을 만들어 내지 않는 다면, 그러한 관계는 별반 의미가 없다. 자신들을 위해서나 사회를 위해서 미래에 도움이 될만한 아무런 공헌도 남기지 않기 때문이다. 이처럼 시간과 에너지만 낭비하는 관계들은 손상된 삽탐샤 차트를 가지고 있을 때 생겨나게 된다. 반면 훌륭한 삽탐샤 차트는, 파트너들과의 관계가 보다 생산적으로 될 수 있으며, 그러한 파트너십으로 인해 아이들이라든지, 혹은 어떤 발명이나 작품이라든지, 뭔가를 공동으로 창조해 낼 수 있다는 것을 나타낸다. 그렇게 같이 창조해 낸 어떤 것들이 생명을 가지고 계속 성장해 가면서, 대대손손 창조가 계속 이어진다면, 이러한 관계는 아주 이상적이고 생산적인 레거시(legacy, 유산)가 될 수 있을 것이다. 우리의 자녀들은, 다시 자신의 자녀들을 낳으면서, 우리 각자의 왕조'가 성립되는 것이다.

이처럼 우리가 남기게 되는 자녀들이란, 비단 사람만 일컫는 것이 아니라, 말 그대로 내가 죽은 뒤에도 계속 살아남아서 이어지는 어떤 작품, 업적, 이상 등의 것들을 모두 포함한다. 본질적으로 표현한다면, 삽탐샤는 개인의 레거시를 나타내는데, 우리는 삶의 흔적을 흔히 자녀들을 통해서 남기지만, 간혹 다른 형태들로 남기기도 한다. 작게 말하면 후손들을 통해 나의 레거시를 남긴다는 의미지만, 보다 큰 관점에서는 비틀즈가 남긴 음악이나, 마틴 루터 킹 목사가 남긴 이상, 스티븐 잡스가 남긴 혁신 등이 모두 이러한 레거시에 해당한다. 작가나 예술가들이 남긴 작품들 등도 마찬가지이다. "왕조, 레거시"란 우리가 창조하고 죽은 뒤에 남기게 되는 어떤 것들을 나타낸다. 일곱 번째 바바는 가장 강력한 죽음의 바바이다. 태양이 지는 곳이 일곱 번째 바바인 것처럼, 나의 생명이 지는 곳, 즉 나의 죽음을 가져오는 바바이다. 그러므로 과연 내가 죽은 후에 무엇을 남기고 갈 수 있는가, 내 삶의 흔적, 나의 레거시를 삽탐샤 차트를 통해 알 수 있다.

어떤 사람이 나밤샤 차트(제7장, 나밤샤 참조) 때문에 결혼은 할 수 있었지만, 그렇다고 꼭 아이들을 남기고 간다는 보장은 없다. 그런 경우에는 삽탐샤 차트가 손상되었기 때문이다. 혹은, 많은 아이들을 남기고 가지만 꼭 결혼에 대한 보장은 없다. 그런 경우에는 나밤샤 차트가 손상되었기 때문에 어떤 이성 관계도 오래가지 못하는 것이다. 이처럼 삽탐샤와 나밤샤는 서로 다른 차트들이다. 삽탐샤 차트가 나타내는 "왕조"는 대중과의 관계, 일곱 번째 바바에 달려 있다. 예를 들어, 비틀즈는 음악이라는 왕조를 남겼다. 빌 게이츠는 마이크로 소프트라는 기업의 왕조를 이루었다. 예수님이나 부처님은 크리스천이나 불교라는 종교의 왕조를 남겼다. 이러한 것들이 모두 "왕조, 레거시"이다. 삽탐샤는 아이들만 의미하는 것이 아니라 "왕조"를 의미한다. 언제든 계속해서 살아남을 수 있는 뭔가를 창조해낼 때 그것만의 "왕조"가 성립되는 것이다. 파워풀한 삽탐샤 차트는 많은 아이나 훌륭한 왕조를 창조할 수 있게 해준다. 왕조를 이루기 위해서는 같이 창조할 수 있는 파트너, 혹은 나의 창조물을 인정해주고 사랑해주는 대중들을 필요로 한다. 만약 우리가 혼자서 어떤 음악을 연주하거나 예술작품을 만들었다 하더라도, 그것들을 나눌 수 있고 알아주는 대중들이 없다면, 왕조를 이룰 수 없다. 아무도 내 음악을 들어주거나 내 그림을 봐주는 사람이 없는데 그러한 것들이 어떻게 계속하여 생명을 이어갈 수 있겠는가? 이는 마치 혼자서 하는 섹스, 자위행위와도 같다. 아무리 훌륭한 음악을 연주할 수 있고, 멋진 그림을 그릴 수 있다 하더라도, 그러한 창조성을 안아주는 대중이 없으면 왕조를 이어갈 수 없다. 비틀즈가 아무리 훌륭한 음악을 만들었더라도, 대중들이 그들의 음악을 안아주지 않았다면 비틀즈의 레거시가 오늘날까지 계속 남아있을 수 없다. 왕조, 레거시라는 것은 다른 사람이 있기 때문에 우리가 창조해낼 수 있는 어떤 것을 나타낸다. 다른 사람이 없다면 아무리 뛰어난 창조성을 가지고 있어도 왕조를 만들어 낼 수 없다. 아무리 자신의 성적性的 능력이 뛰어나더라도, 관계를 나눌 수 있는 이성이 없다면 아이들을 만들어낼 수 없는 것과 마찬가지이다. 이처럼 창조적인 행위는 삽탐샤 차트에서 알 수 있으며, 실체를 가진 아이들이나 창조물들에 대한 정보는 다섯 번째 바바에서 알 수 있다.

▩ 삽탐샤 차트를 계산하는 방법

> "홀수 라시의 삽탑샤는 거기에서 시작하며, 짝수 라시의 삽탐샤는 일곱 번째에서 시작한다. 크샤라, 크쉬라, 다디야, 아기야, 익슈라샤, 마두, 그리고 수다잘라의 순으로 홀수라시에서 나온다. 짝수 라시에서는 수다잘라 등의 순이다."   – BPHS

삽탐샤는 라시 차트를 7등분한 차트이다. 한 개의 라시는 각각 30각도인데 이를 7등분하면
  1) 0 - 04:17:08, 2) 04:17:08 - 08:34:17, 3) 08:34:17 - 12:51:25, 4) 12:51:25 - 17:08:34, 5) 17:08:34 - 21:25:43, 6) 21:25:43 - 25:42:51, 7) 25:42:51 - 30:00, 이렇게 7개 삽탐샤 각도의 범위가 나온다. 라시 차트에서 각 행성이 있는 각도를 살펴서 몇 번째 삽탐샤에 들어가는지 먼저 확인한다.

홀수 라시에 있는 행성은 같은 라시에서 시작하며, 짝수 라시에 있는 행성은 그곳에서 일곱 번째에 있는 라시에서 시작한다. 그리고는 몇 번째 삽탐샤에 해당하는지 확인한 뒤, 삽탐샤 차트의 라시 안에 각각 넣으면 된다.

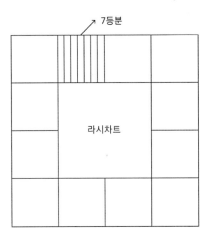

예를 들어 만약 라시 차트에서 태양이 산양 라시 12:03 각도에 있다면, 세 번째 삽탐샤에 들어가며, 삽탐샤 차트에서는 산양 라시에서부터 세 번째, 즉, 사자 라시에 있게 된다. 만약 태양이 황소라시 12:03 각도에 있다면, 황소라시는 짝수이기 때문에 일곱 번째 라시의 세 번째, 즉, 전갈라시에서 세 번째인 악어 라시에 있게 된다.

물고기 "짝"	신앙 "홀"	황소 "짝"	쌍둥이 "홀"
물병 "홀"			게 "짝"
악어 "짝"			사자 "홀"
인마 "홀"	전갈 "짝"	천칭 "홀"	처녀 "짝"

안젤리나의 경우에는 라시 차트의 태양이 쌍둥이 라시에서 13:25, 네 번째 삽탐샤에 들어간다. 쌍둥이는 홀수이기 때문에 삽탐샤 차트에서는 쌍둥이 라시에서 네 번째인 처녀 라시에 있게 된다. 금성은 라시 차트에서 게자리 28:09 각도, 일곱 번째 삽탐샤에 들어간다.

게 라시는 짝수라시이기 때문에 삽탐샤 차트에서는 게 라시에서 일곱 번째 라시, 즉 악어 라시에서부터 세어서 일곱 번째 라시, 그러면 다시 게 라시에 있게 된다. 그녀의 금성은 라시 차트와 삽탐샤 차트에서 같은 게 라시에 있다. 라시 차트에서 그녀의 AK인 금성이 심한 갈증의 상태에 있어, 원하는 만큼 행복과 사랑의 충족을 갖지 못하는 것을 살펴보았다. 그런데 사랑의 불꽃을 나타내는 삽탐챠 차트에서도 금성이 다시 게라시에 있게 된다. 완벽한 그녀의 인생에서, 결코 충족되질 수 없는 사랑의 갈증을 가중시키고 있는 금성이라고 할 수 있다.

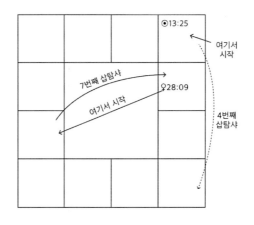

• 안젤리나의 라시 차트

산양 라시에 화성 10:42(세 번째 삽탐샤), 달 13:05(네 번째 삽탐샤), 목성 17:25(다섯 번째 삽탐샤)=산양은 홀수, 그래서 거기에서부터 세면, 삽탐샤 차트에서 화성은 쌍둥이 라시, 달은

게 라시, 목성은 사자 라시에 들어가게 된다.

쌍둥이 라시에 케투 00:56(첫 번째 삽탐샤), 태양 13:25(네 번째 삽탐샤), 수성 22:19(여섯 번째 삽탐샤)=쌍둥이는 홀수, 그래서 거기에서부터 세면, 삽탐샤 차트에서 케투는 쌍둥이라시, 태양은 처녀 라시, 수성은 전갈 라시에 들어가게 된다.

게라시에 토성 17:23(다섯 번째 삽탐샤), 금성 28:09(일곱 번째 삽탐샤)=게는 짝수, 그래서 거기에서 일곱 번째 악어 라시에서부터 세면, 삽탐샤 차트에서 토성은 황소라시, 금성은 게 라시에 있게 된다.

인마라시에 라후 00:56(첫 번째 삽탐샤)가 있다=인마는 홀수, 그래서 거기에서 첫 번째는 바로 인마라시, 그래서 라후는 삽탐샤 차트에서도 인마 라시에 있게 된다.

라그나 28:53(일곱 번째 삽탐샤), 게라시는 짝수, 그래서 거기에서 일곱 번째 악어 라시부터 세면, 삽탐샤의 라그나도 다시 게 라시가 된다.

• 안젤리나의 삽탐샤 차트

안젤리나의 삽탐샤 차트에서 바바 커스프들의 위치는, 라시 차트와는 다르게, 여기 저기 무질서하게 분포되어 있음을 알 수 있다. 어떤 라시들은 바바 커스프들이 아예 없는 곳도 몇 군데 있다.

▨ 삽탐샤 차트의 주재신들

모든 바가들에서는 열두 개 라시의 해당 영역을 관장하는 주재 신들이나 행성들이 있다. 라시 차트에서 열두 개 라시들은 일곱 행성들이 모두 로드로서 관장하고 있지만, 바가 차트들에서는 행성들뿐만 아니라 베딕 신화에 나오는 다양한 인물들이 해당 영역들을 관장하게 된다. 라시 차트에서 열두 개 라시들을 잘 이해하기 위해서는 로드를 하는 행성들의 신화나 이름들, 그리고 특성들을 자세히 연구하여 적용하는 방법들을 취하고 있다. 나머지 부속 차트들에서는 각자의 바가에 주재하는 다양한 신들이나 신화, 행성들에 얽힘 심볼들을 연구 함으로서, 해당되는 바가차트를 자세하게 이해할 수 있다.

삽탐샤 차트에서는 해당 삽탐샤의 로드들은 베딕 신화에 나오는 디바인 인물들이 아니라, 파워풀하게 창조적인 에너지를 품고 있는 액체들이다. 이러한 액체들을 디바인들이 창조를 하고 후손을 만드는데 사용하는 에너지들의 형태이다. 이러한 에너지들은 모두 액체의 형태들을 하고 있는데, 삽탐샤 차트가 "물"의 그룹에 해당되는 바가로서, 후손시대들을 창조하는 책임은 "물"의 요소가 가지고 있음을 상징하고 있기 때문이다. 추가적으로 어떤 액체 안에 내포된 기氣는 물속에, 혹은, 어떤 액체의 형태 속에 풀렸을 때, 유동적으로 흐르면서 해야 할 일들을 완수할 수 있게 된다. 이들 중, 어느 하나가 다른 것보다 우월하거나 열악하다는 것을 의미하지는 않는다. 단지 각 삽탐샤 액체들마다 표현하는 창조적인 행위의 형태가 서로 다르다는 것을 의미할 뿐이다

7등분의 삽탐샤들	로드 행성들	로드 액체들	내용물 형태
홀수 라시 첫 번째/짝수 라시 일곱 번째	태양	크샤라	식염수, 알칼리, 산 등
홀수 라시 두 번째/짝수 라시 여섯 번째	달	크쉬라	밀크나 풀, 나무의 수액 등
홀수 라시 세 번째/짝수 라시 다섯 번째	화성	다디	응고된 밀크, 짙고 신 밀크, 요구르트 등
홀수 라시 네 번째/짝수 라시 네 번째	수성	아기야	녹은 기(ghee)나 녹은 버터 등
홀수 라시 다섯 번째/짝수 라시 세 번째	목성	익슈라샤	사탕 수수액
홀수 라시 여섯 번째/짝수 라시 두 번째	금성	마디야	꿀
홀수 라시 일곱 번째/짝수 라시 첫 번째	토성	수다잘라	순수한 물

크샤라(Kshaara): 부식되었거나 독기가 있는 어떤 액체들을 나타내는데, 일곱 가지 삽탐샤 액체들 중에서 유일하게 식용할 수 없는 액체들이다. 창조적인 에너지가 출구가 없어 막힌 채 부식되는 것을 상징하고 있다. 이곳 삽탐샤에 있는 행성은 바이탈 에너지(Vital energy)가 채인 채로 남아 있어 자신에게 해가 되며 좌절감을 느끼게 만든다. 그래서 일곱 삽탐샤 액체들 중에서, 어려움을 줄 수 있는 유일한 액체이다. 삽탐샤 차트의 목적은, 다른 대상과 연결을 하고자 하는 것이다. 그런데 크샤라는 흐를 수 있는 출구, 창조적인 에너지가 연결할 수 있는 대상이 없다. 이처럼 간혀있는 에너지는 몸에 질병을 초래할 수 있다. 창조적 잠재성이 제한되어 있기 때문에 건강하지 못하다. 태양의 성향을 가진 삽탐샤 로드로서 포옹하기가 가장 어려운 삽탐샤이다. 태양을 어떻게 안을 수 있겠는가? 다른 행성들은 모두 어루만지고 사랑할 수 있고 친해질 수 있지만, 태양은 바로 처다보는 것조차 어렵다. 언제나 눈부시게 빛나며, 늘 에너지가 넘치지만, 그러나 태양처럼 혼자 떨어져 외롭고 많이 속상한 삽탐샤 로드이다.

제니퍼 애니스톤의 수성은 라시 차트에서 자녀의 하우스인 다섯 번째 바바와 합치를 하고 있다. 그런데 삽탐샤 차트에서는 열두 번째 하우스에서, 어려움을 나타내는 여섯 번째, 열한 번째 바바와 합치하고 있을 뿐 아니라, 주재신이 크샤라 삽탐샤에 있다. 그래서 그녀가 아이를 가지는 것을 어렵게 만들고 있다. 브래드가 그녀를 떠날 수밖에 없었던 이유는 그녀의 불임 때문이었다는 루머가 있다.

• 제니퍼의 라시 차트, 삽탐샤 주재신, 삽탐샤 차트

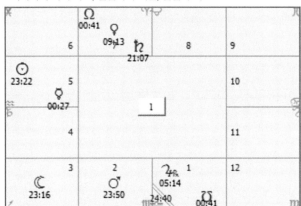

	Dign	Baladi	Jagradadi	Lord
☉	GF	Yuva	Svapna	Madya
☾	MT	Yuva	Jagrat	Madya
♂	E	Yuva	Svapna	Kshiira
☿	F	Bala	Svapna	Kshara
♃	GF	Vriddha	Svapna	Kshiira
♀	GF	Bala	Svapna	Dadhi
♄	N	Mrita	Sushupti	Ikshurasa
☊				Kshara
☋				Kshara
Lg				Madya

Saptamsa

• 제니퍼의 삽탐샤 차트

크쉬라(Kshiira): 어떤 것의 밀크나, 풀, 나무의 수액 등을 나타내는데, 사용할 준비가 되어 있는 바이탈 에너지를 상징하고 있다. 이곳 삽탐샤에 있는 행성은 어떤 훌륭한 것을 창조하는데 사용될 준비가 되어 있음을 나타낸다. 달의 성향을 닮은 삽탐샤 로드로서, 영양분이 가득하지만 그러나 아주 에너지가 넘치는 상태는 아니다. 뭔가를 창조해내기 위해 이리저리 둘러보는 것이 아니라, 그저 있는 그대로 편안하고 만족스러운 상태에 있다. 창조할 수 있는 기회가 생긴다면 흔쾌히 동참을 하지만, 기회가 없으면 굳이 찾아 나서지는 않는다. 대신에 혼자 놀고 여유부리는 것을 즐긴다. 행성이 이곳 삽탐샤 로드를 가진 사람들은 같이 있기에 아주 편안하고 부담이 없다.

다디(Dadhi): 신 밀크나 요구르트처럼 어떤 창조적인 필요를 충족시킬 수 있는 에너지로 이미 변형된 바이탈 에너지를 상징한다. 화성을 닮은 액체로서, 이곳 삽탐샤에 있는 행성은 창조적이 될 수 있다. 원료에서 어떤 다른 형태로 변환된 물질을 나타낸다. 화성은 파괴를 즐기는 행성이다. 어떤 좋은 것을 가지고 다르게 변환시키기를 즐긴다. 특히 어떤 문제가 있을 때 해결하기를 좋아한다. 우유를 요구르트로 변환시키는 이유는, 좀 더 다양한 맛을 내기 위해서 일 수도 있고, 혹은, 소화불량이나 락토스 민감성 때문에 소화를 쉽게 하기 위해서 일 수도 있다. 이처럼 다디는 어떤 것을 가지고 더욱 유용하고 실용적일 수 바꾸는 것을 나타내는 삽탐샤 로드이다. 창조를 하는데 있어 어떤 장애에 부딪치게 되면, 뭔가 다른 방법을 취해서 극복하고자 하는 능력을 가지고 있다. 만약 임신의 어려움이 있을 때, 이곳 삽탐샤에 있는 행성이 좋은 라지타디 상태에 있으면 어려움을 극복하기 위해 노력하게 만들어서 결국에는 원하는 아이들을 가질 수 있게 해준다. 나쁜 라지타디 상태에 있으면, 임신의 어려움에 부닥쳤을 때 그냥 포기해 버리고 만다. 자신이 만든 음악이나 예술작품, 책 등이 대중에게 호응을 얻는데 어려움에 부닥치게 되면, 혹은 창시한 사업이 잘 풀리지 않을 때, 좋은 라지타디에 있는 행성은 어떻게 하면 대중들에게 호응을 얻을 수 있을지, 사업을 융통할 수 있을지 등의 방법들을 강구해보고 노력하면서 결국에는 성공을 이룰 수 있게 된다. 나쁜 라지타디 상태에 있는 행성은, 자신의 작품에 대한 반응이 좋지 않을 때 오히려 대중의 수준이 낮아서 그렇다는 등, 비난이나 원망을 하며 더 이상 어떻게 다른 방식으로 해보려는 노력을 포기해 버리고 만다.

아기야(Aajya): 아기야는 "녹은 상태"의 기(ghee)나 버터를 의미한다. 가장 영양가가 높은 상태의 에너지를 상징하며, 자신의 왕조를 창조하는데 가장 강력한 삽탐샤라고 할 수 있다. 장기적으로 에너지를 집중할 수 있으며, 안정적이고, 강인하다. 창조적 에너지로 오랫동안 유지할 수 있다. 그리하여 아주 크고 대단한 왕조를 창조해낼 수 있다. 비틀즈의 존 레논은 라시 차트에서 아주 파워풀한 일곱 번째 바바를 가지고 있다. 태양과 라후, 화성이 예술적인 천칭라시에서 빛나고 있다. 삽탐샤 차트에서도 일곱 번째 바바에서 달, 목성, 화성이 아주 훌륭한 라지타디 상태에 있다. 그런데 태양, 목성, 토성이 모두 아기야 삽탐샤 로드에 있다. 그의 존재와 음악은 전무후무한 전설로 내려져 오고 있다는 사실에 대해 이보다 더 확연한 해답이 있을까?

• 존 레논(John Lennon, 1940년 10월 9일 18:30 PM, Liverpool, UK)

	Dign	Baladi	Jagradadi	Lord
☉	GE	Kumara	Sushupti	Aajya
☽	F	Mrita	Svapna	Kshara
♂	F	Vriddha	Svapna	Kshara
☿	OH	Mrita	Jagrat	Madya
♃	E	Bala	Svapna	Aajya
♀	EX	Kumara	Jagrat	Suddhajala
♄	MT	Bala	Jagrat	Aajya
☊				Dadhi
☋				Dadhi
Lg				Ikshurasa

익슈라샤(Ikshurasa): 사탕수수 액은 지친 몸에 재빨리 에너지를 회복시켜주는 효과를 가지고 있다. 그렇지만 에너지가 오래가지는 못한다. 익슈라샤 삽탐샤는 창조를 하는데 필요한 순수하고 높은 에너지를 제공하지만 근성은 부족한 것을 나타낸다. 익슈라샤는 시작할 때는 에너지가 넘치지만 아기야처럼 오래 버틸 수 있는 힘은 없다. 사랑과 열정에

넘치는 젊은 부부가 짧은 시간에 많은 아이들을 만들어 낼 수 있지만, 그러나 연년생으로 쏟아져 나오는 아이들을 돌보다보면 얼마 못 가서 두 손 두 발 다 들게 되는 경우와 비슷하다. 목성의 자질을 가진 삽탐샤로서 열정과 창조성이 뛰어나지만 그러나 완전히 집중하기는 어렵다. 아이를 만드는 데는 단 5분만에 가능하다. 어떤 위대한 음악도 순간적으로 번뜩이는 영감을 받아 단 몇 분만에 만들어 낼 수 있다. 그러나 이러한 열정이나 영감은 오래가지 못한다. 많은 유명한 뮤지션이나 작가들이 초창기 작품들만 제외하고 이후에는 계속하여 같은 수준의 창조성이나 대중성을 유지하지 못하는 경우가 허다하다. 익슈라사는 아기야처럼 지속할 수 있는 파워가 없기 때문에 꼭 성공을 보장하지는 않는다. 그러나 목성처럼, 삶에 대해 근본적인 신뢰와 믿음을 가지고 있어, 아주 행복하다. 존 레논의 라그나가 익슈라사 삽탐샤에 있다. 그는 짧은 기간 내에 많은 노래를 히트시킨 후, 40살이라는 아까운 나이에 요절을 하였다.

마디야(Madhya): 꿀은 사탕 물과 비슷하게 높은 에너지를 주지만, 그러나 어떤 한 갈래의 욕구를 충족시키는 데 더 집중하는 경향이 있다. 꿀처럼 어떤 것에 들러붙어서 끈적거리는 에너지를 상징한다. 꿀은 달콤하지만 그러나 설탕이나 사탕수수 액처럼 달지는 않다. 금성의 자질을 가진 삽탐샤 로드로서, 좀 더 집중된 창조적 에너지를 가지고 있다. 자신이 원하고 가치 있게 여기는 것이 있으면 집중한다. 다른 삽탐샤 로드들보다 더 헌신적인 성향을 띠며, 자신이 창조하는 것을 아주 자랑스럽고 가치 있게 여긴다. 하지만 꿀처럼 농도가 짙은 창조적 에너지이기 때문에 어느 정도 제한적이고 한 길로 파고드는 경향이 있다.

수다잘라(Shddhajala): 순수한 물로서, 목마를 때 아주 시원하게 갈증을 식혀주며, 충족시키며, 신선하게 해준다. 강한 삽탐샤 액체로서, 삶에서 재활력을 도모해주는 삽탐샤이다. 어떤 창조적인 일에 개입이 되든, 아무런 개인적 의도가 없이, 단지 자신의 창조적 역할만 수용하면서 자연스럽고 생동적으로 창조적 에너지를 발산하는 것을 상징한다. 토성의 자질을 가지고 있어, 아주 강렬하게 창조적이거나, 왕조나 아이들을 창조하기 위해서 열정적이지도 않다. 대신에 열심히 일하고 난 뒤에, 한숨 돌리고 휴식을 취할 필요가 있을 때 시원한 물을 마시며 등을 기대고 눕는 모습과 연결시킬 수 있는 삽탐샤 로드이다. 토성처럼 어떤 창조적인 일을 열심히 하고 난 뒤에, 결과에 대해선 연연하기보다는, 단지 자신의 노동과 노력에 대해 만족하고 행복해 할 수 있는 삽탐샤이다.

▣ 안젤리나 졸리의 삽탐샤 차트의 주재신들

	Dign	Baladi	Jagradadi	Lord
☉	E	Mrita	Svapna	Aajya
☽	OH	Mrita	Jagrat	Aajya
♂	N	Yuva	Sushupti	Dadhi
☿	F	Vriddha	Svapna	Madya
♃	GF	Bala	Svapna	Ikshurasa
♀	N	Yuva	Sushupti	Kshara
♄	N	Mrita	Svapna	Dadhi
☊				Kshara
☋				Kshara
Lg				Kshara

(Saptamsa 표)

태양과 달은 아기야 삽탐샤에 있다. 최상의 액체에 해당하는데, 특히 라그나 로드인 달이 아기야 삽탐샤에 있어, 커리어 성공을 도와줄 뿐만 아니라 그녀에게 아이들이 얼마나 중요한 의미를 가지고 있는지 짐작할 수 있다.

화성은 다디야 삽탐샤에 있다. 라시 차트에서도 아주 훌륭한 라지타디에 있는 화성인데, 이처럼 창조적인 삽탐샤에 있기 때문에, 그녀가 하는 모든 일이 얼마나 치밀하며, 조직적이고, 창조적인지 알 수 있다.

수성은 마디야 삽탐샤에 있다. 라시 차트에서 이미 보았듯이 수성의 아바스타는 그다지 만족하지 못한 상태에 있다. 안젤리나는 분명히 총명한 여성이지만, 그러나 수성의 이지적인 특질을 그다지 크게 활용하지는 않고 있음을 알 수 있다.

목성은 익슈라샤 삽탐샤에 있다. 라시 차트에서 목성은 달과 화성에게 훌륭한 아바스타 영향을 주고 있다. 그녀의 삶에서 커리어와 아이들은 사탕수수 액처럼 원기를 회복시켜줄 수 있는 강력한 영감임을 알 수 있다.

금성은 크샤라 삽탐샤에 있다. 라시 차트에서 갈증의 아바스타에 있는 금성은 삽탐샤 차트에서도 가장 좌절스러운 삽탐샤에 있다. 완벽한 그녀의 인생이지만, 한편으로는 아무리 애를 써도 결코 충족될 수 없는 행복과 사랑의 딜레마를 짐작할 수 있게 한다.

토성은 다디 삽탐샤에 있다. 그녀의 토성은 화성처럼 다디 삽탐샤에 있지만, 그러나 라시 차트에서 화성처럼 훌륭한 라지타디 아바스타에 있지는 않다. 그래서 비록 생산적이고 창조적인 삽탐샤에 있지만, 화성처럼 긍정적으로 가진 저력을 발휘하지 못한다. 그러나 다디 삽탐샤는 여전히 좋은 삽탐샤이기 때문에, 브래트 피트와 같은 파트너와 많은 것들을 공유할 수 있게 해준다.

라후와 케투, 라그나는 모두 크샤라 삽탐샤에 있다. 라후와 케투는 그림자 행성이기 때문에 주재신들의 영향을 그다지 심각하게 받지 않는다. 대신에 이들의 로드들이 있는 라시를 고려하는 것이 더 확실하다. 안젤리나의 케투는 쌍둥이 라시에 있으니, 수성의 삽탐샤 효과를 고려하고, 라후는 인마라시에 있으니 목성의 삽탐샤 효과들을 고려하는 것이 더욱 분명한 방법이다. 라그나도 마찬가지로, 로드인 달의 삽탐샤를 고려하는 것이 더욱 적합하다. 라그나 자체는 크샤라, 가장 어려운 삽탐샤에 있지만 라그나 로드인 달이 훌륭한 삽탐샤에 있기 때문에 효과는 중립으로 간주할 수 있다.

▨ 삽탐샤 차트에서 가장 중요한 행성과 바바들

삽탐샤는 BPHS가 제시하는 16개 바가 중에서 다섯 번째 바가이다. 그래서 다섯 번째 행성인 목성이 가장 중요한 비중을 가지고 있다. 삽탐샤 차트에서 목성은 창조적 에너지와 지성을 나타내며, 다른 사람이나 대중들과 성공적으로 유대관계를 이루어 뭔가를 이루어 낼 수 있도록 해주는 행성이다. 목성은 자녀들, 창조지성, 창조물, 왕조 등을 나타내기 때문에, 사후에 어떤 위대한 왕조를 남기고 갈 수 있기 위해선 훌륭한 라지타디의 목성을 가지고 있어야 한다. 만약 목성이 나쁜 라지타디 상태에 있으면, 창조성이 좌절되어 행복하지가 않다. 또한 삽탐샤 차트는 사랑과 애정관계에 대해서 알 수 있는 바가이기 때문에 금성도 중요한 역할을 한다. 금성은 목성이 가지는 관계들의 수준을 파악할 수 있게 해준다. 사랑의 로맨스는 금성이 다스리지만, 창조를 위한 섹스는 목성이 다스린다. 그래서 목성과 금성의 상태를 같이 신중하게 고려하여야 한다. 만약 목성은 훌륭한 상태에 있지만 금성이 나쁜 라지타디에 있다면, 강간으로 인해 아이를 낳게 되는 경우를 의미할 수도 있다. 배우자, 이성, 대중들과 좋고 편안한 관계를 가질 수 있으려면 좋은 라지타디에 있는 금성이 많은 도움이 된다.

일곱 번째 바바: 삽탐샤 차트는 "7"로 표기하는 바가이기 때문에 삽탐샤 차트에서 가장 중요한 바바는 일곱 번째 바바이다. 보통의 사람들이 남기게 되는 삶의 가장 큰 업적은 자녀들이다. 그래서 삽탐샤 차트의 일곱 번째 바바는 아이를 가질 수 있는 능력을 나타낸다. 일곱 번째 바바는, 다른 사람이나 대중과 연결을 하여 이성 관계든 왕조이든 뭔가 생명을 계속 이어갈 수 있는 것을 창조하도록 해준다. 큰 사업이나, 부, 지식, 혹은 높은 이상 등, 사후에 남기고 갈 수 있는 어떤 위대한 업적을 이룬 훌륭한 사람들의 차트에서 일곱 번째 바바는 추가적으로 대중들을 나타낸다. 얼마만큼 대중들이 이러한 것들을 소중히 여기는지, 또한, 더 많은 대중들이 소중하게 여길수록 그들의 업적은 더욱 위대한 것이 될 수 있다. 이처럼 파트너나 대중들과 어떤 좋은 혹은 나쁜 관계를 가지느냐 하는 것을 일곱 번째 바바와 로드행성들의 라지타디 상태를 통해 파악할 수 있다. 좋은 파트너는 삶의 훌륭한 것들이나 성공을 얻도록 도와준다.

첫 번째 바바: 숫자 7을 모두 더하면 1이 나온다(1+2+3+4+5+6+7=28=2+8=10=1). 그래서 첫 번째 바바가 삽탐샤 차트에서는 두 번째로 중요한 바바가 된다. 삽탐샤 바바의 첫 번째 바바는 차트주인이 생산할 수 있는 능력, 그리고 왕조를 창조할 수 있기 위해 따라야 하는 길을 나타낸다. 훌륭한 라지타디 상태를 가진 첫 번째 바바는 파트너나 대중들이 매력을 느낄 수 있는 강한 개성을 준다.

네 번째 바바: 7을 제곱하면 49가 되며, 이를 더하면 4+9=13=4가 된다. 그러므로 삽탐샤 차트의 네 번째 바바는 중요한 바바가 된다. 삽탐샤 차트의 네 번째 바바는 왕조를 창조한 결과로 가지게 되는 부와 고정자산을 나타낸다. 이러한 재물을 이용하여 자신의 왕조를 돌보고 키울 수 있게 해준다. 아이들이 태어나면, 그들을 키우고 보호할 수 있는 공간이 필요하다. 어떤 창조물을 판매하고자 한다면, 판매장이나 사업을 할 수 있는 사업장이 필요하다.

이러한 보호되고 제한된 공간을 네 번째 바바가 의미하며, 삶의 행복을 찾는데 아주 중요한 바바이다. 왕조가 자녀들을 가지는 이상의 스케일을 가지고 있다면, 네 번째 바바는 차트 주인이 사후에 남기고 갈 업적을 이어가는 재단을 나타낸다. 재단이나 사업장이 커 갈수록, 더 많은 사람을 끌 수 있고 더 큰 영향력을 확산시킬 수 있게 된다.

우리 영혼의 목적은 진화하기 위한 것이지만, 삶의 목적은 생명이나 왕조를 창조하고 자라게 하는 것이다. 이렇게 목성과 3개의 바바를 위주로 하여 삽탐샤 차트의 전체 여건을 분석하게 되면, 차트 주인이 얼마만큼 오래 남을 수 있는 왕조를 창조할 능력이 있는지에 대해 짐작할 수 있다.

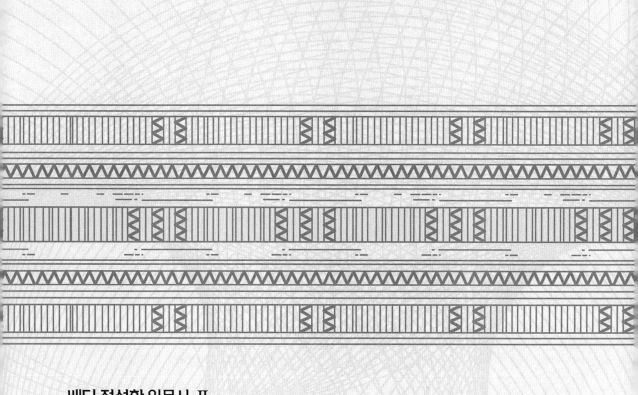

베딕 점성학 입문서 Ⅱ

Vault of the Heavens

7

소울 메이트, 나밤샤 차트

"아내들을 나밤샤에서
알 수 있다."
(BPHS)

▨ 나밤샤 차트에 대하여

브리핱 파라샤라 호라 샤스트라(BPHS)는 나밤샤 차트가 "아내들"을 나타낸다고 기술하고 있다. 그렇지만 여기서 "아내들"이란 아주 느슨한 의미이다. 나밤샤 차트는 아홉 번째 바바를 나타내는 바가(Varga)로서 다르마, 법률, 종교나 믿음, 철학, 문화 등, 개인이 걷는 삶의 길을 규정 지우는데 필요한 것들을 모두 포함한다. 라시 차트는 개인이 걷는 삶의 길 자체를 나타내지만, 나밤샤는 삶의 길이 가장 의미 있을 수 있는 여건들을 규정 지우는 차트이다. 그리하여 자신이 택한 삶의 길에 확고하게 자리를 잡을 수 있고, 또 헌신할 수 있도록 해준다. 독신의 길이든, 기혼의 길이든, 삶은 개인이 선택하는 길에서 확고하게 자리 잡을 수 있어야 한다. 어떤 이는 가정적 삶을 선택하거나, 종교적 수행자의 삶을 선택할 수 있고, 또 어떤 이는 수행자의 삶 밖에서 인류 전체를 위해 봉사하는 삶을 선택할 수도 있다. 이러한 모든 삶의 길을 나밤샤 차트에서 알 수 있다. 그런데 BPHS에서 단순히 "아내들"이라고 표현한 이유는, 가정적 삶이 대부분의 사람이 선택해서 살고 있는 길이기 때문이다. 나밤샤 차트는 가정적 삶이나 다른 삶의 길, 혹은, 어떤 식으로든지 개인이 헌신하게 되는 삶의 형태들을 모두 포함하는 바가이다.

나밤샤 차트는 우리가 가지고 있는 믿음, 따르고자 하는 신념을 나타내는 바가로서, 라시 차트와 아주 밀접한 연관을 가지고 있다. 숫자 1은 처음이며, 9는 마지막을 나타낸다. 모든 것에서 가장 중요한 것은 생과 사, 처음과 마지막이다. 그래서 많은 점성학자가 차트 리딩(Charts Reading)을 할 때 라시 차트와 나밤샤 차트만을 다루는 경우가 일반적이다. 처음과 시작은 동일하기 때문에 두 개의 차트는 비슷한 특성들을 가지고 있다. 라시 차트는 우리 삶의 길을 나타내며, 나밤샤 차트는 그러한 길에 대한 믿음을 나타낸다. 어떤 길을 걷느냐 하는 선택은 우리가 가진 믿음에 달려 있다. 나밤샤의 뜻은 "아쉬람(Ashram, 공동체)"이라는 의미이다. 나밤샤는 우리가 어떤 아쉬람을 선택할 것인가 하는 것을 보여준다. 가정생활의 아쉬람일지, 수도자와 같은 영적인 아쉬람일지, 혹은 독신이나 기혼으로 살면서 사회적 봉사를 하는 휴머니스트의 아쉬람일지, 하는 사실들을 알 수 있다.

아직 어린 학생일 때는 나밤샤 차트를 통해 얼마나 배움에 대한 열정과 노력을 가지고 헌신하는지, 그리고 행복을 느끼는지를 알 수 있다. 학업을 마친 이후에는, 아직 결혼은

하지 않은 대신에 세상에서 자신들의 자리를 찾고자 노력하는 트레이닝 시기이다. 이러한 시기에 나밤샤 차트는, 세상에서 자신이 되고 싶은 최상의 사람이 될 수 있기 위해 자기계발에 집중하는 능력을 나타낸다. 예를 들어 고등학교나 대학을 마치고, 직장생활을 하면서도 대학원이나 다른 배움의 과정을 계속 이어가는 사람들이 그러한 좋은 예이다. 가정생활이라는 아쉬람을 선택한 이후에는, 결혼에 대해 얼마나 바르고 확고하게 느끼고 있는지, 배우자와 협력하여 최상의 결혼생활을 이루어내고자 얼마나 노력할 수 있는지 등의 능력을 나타낸다. 만약 수행자나 수도자의 아쉬람을 선택한 경우에는, 영적인 삶의 길에 대해 얼마나 최선을 다해 헌신할 수 있는지, 다른 모든 것들을 희생하고 오직 좁은 길에만 집중하며 살 수 있는지 등의 능력을 나밤샤 차트를 통해 알 수 있다.

나밤샤 차트에서 손상된 영역들은 차트 주인이 삶에서 뭔가 옳지 않게 느끼고 있는 곳들이다. 삶이 자신에게 무엇을 원하는지 몰라서 혼란스럽게 하며, 어떤 것에서든 행복을 찾을 수 없음을 나타내고 있다. 만약 라시 차트에서 나타내고 있는 삶의 길이 비록 어렵더라도 나밤샤 차트가 좋은 사람들은, 자신이 걷고 있는 길에서 즐겁고 행복할 수 있다. 사람들은 자신이 가진 믿음에 따라 삶을 선택한다. 그러한 길에 대해 자신이 어떻게 느끼고 있느냐 하는 사실들을 나밤샤 차트를 통해 알 수 있다. 만약 나밤샤 차트가 나쁜 상태에 있으면, 아무리 외적으로 훌륭한 성공을 하였더라도 그들은 자신들이 잘못된 인생의 길을 걷고 있는 것처럼 느끼게 된다. 그러므로, 좋은 나밤샤 차트와 어려운 라시 차트를 가진 것이, 반대 경우보다 훨씬 더 충족되고 행복한 삶을 즐길 수 있다. 나밤샤 차트의 목적은 삶의 길을 일정한 방향으로 조준시키고자 하는 것이다. 가정적 삶이든 영적 삶이든, 어떤 아쉬람도 선택하지 않은 채 어영부영하는 사람들은 평생동안 아무것도 제대로 해낼 수 없다. 어떤 삶이든 한 길로 집중할수록 더욱 빠르게 성장할 수 있는 법이다. 나쁜 나밤샤 차트를 가진 사람들은 뿌리를 내리지 못한 나무처럼, 불안하고, 방황하며, 이리저리 떠다니게 된다. 삶이 정말 뭔가 잘못된 것 같고, 아무런 의미나 목적을 느낄 수도 없으며, 강렬한 자살충동에 시달리게 만든다. 그래서 많은 점성학자가 나밤샤 차트를 라시 차트보다 훨씬 더 중요한 비중을 가진 바가로 다루고 있는데, 이러한 관점들에는 어느 정도 진실이 담겨있다. 라시 차트는 개인이 걷게 되는 삶의 길, 그리고 그러한 길이 얼마나 쉽거나 어려운지 하는 사실들을 나타내는 반면에, 나밤샤 차트는 길이 어렵든 쉽든 상관없이, 자신이 그러한 길에 대해 얼마나 옳게, 혹은 아니게 느끼고 있는가를 나타내기 때문이다. 개인이 걷는 삶의 길이 아무리 쉬워도 자신에게 옳지 않은 것으로 느끼고 있는 경우보다, 비록 어렵더라도 자신에게 옳은 길로 느끼고 있을 때 삶에서 느끼는 행복지수는 훨씬 높게 된다.

▧ 나밤샤 차트를 계산하는 방법

> "활동적 라시는 거기에서부터, 고정적 라시는 아홉 번째에서부터, 변통적 라시에서는
> 다섯 번째에서부터 나밤샤가 시작된다. 그리고 또한 데바, 느리, 락샤샤가 활동적 등등
> 라시들의 순서로 진행된다." — (BPHS)

나밤샤는 한 개의 라시를 9등분한 것이다: 1) 00:00 - 03:20, 2) 03:20 - 06:40, 3) 06:40 - 10:00, 4) 10:00 - 13:20, 5) 13:20 - 16:40, 6)16:40 - 20:00, 7)20:00 - 23:20, 8) 23:20 - 26:40, 9) 26:40 - 30:00

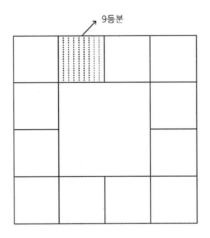

그리하여 라시 차트에서 활동적 라시에 있는 행성은 위치한 라시에서부터 세고, 고정적 라시에 있는 행성은 위치한 라시에서 아홉 번째부터 세고, 변통적 라시에 있는 행성은 위치한 라시에서 다섯 번째부터 세어 나밤샤 차트의 위치를 찾아낸다.

물고기	신양	황소	쌍둥이
"변통적"	"활동적"	"고정적"	"변통적"
물병			게
"고정적"			"활동적"
악어			사자
"활동적"			"고정적"
인마	전갈	천칭	처녀
"변통적"	"고정적"	"활동적"	"변통적"

안젤리나의 라시 차트의 예를 살펴보기로 하자. 라그나 게 라시(28:53)는 아홉 번째 나밤샤에 있다. 게 라시는 활동적 라시이므로 거기에서부터 센다. 게 라시에서 아홉 번째는 물고기 라시, 그러므로, 나밤샤의 라그나는 물고기 라시가 된다.

산양 라시에 세 개의 행성들이 있다. 화성(10:42)은 네 번째 나밤샤에, 달(10:05)도 네 번째 나밤샤에, 목성(17:25)은 여섯 번째 나밤샤에 있다. 산양 라시는 활동적 라시이므로, 거기에서부터 센다. 그러면 나밤샤 차트에서, 화성과 달은 산양에서 네 번째인 게 라시에, 목성은 여섯 번째인 처녀라시에 들어가게 된다.

쌍둥이 라시에 있는 케투(00:56)는 첫 번째 나밤샤에, 태양(13:25)은 다섯 번째 나밤샤에, 수성(22:29)은 일곱 번째 나밤샤에 있다. 쌍둥이 라시는 변통적 라시이므로 다섯 번째인 천칭 라시에서부터 센다. 그러면 나밤샤 차트에서, 케투는 천칭 라시에서 첫 번째, 즉 천칭 라시에, 태양은 천칭에서 다섯 번째인 물병 라시에, 수성은 천칭에서 일곱 번째인 산양 라시에 들어간다.

게 라시에 있는 토성(17:23)은 여섯 번째 나밤샤에, 금성(28:09)은 아홉 번째 나밤샤에 있다. 게라시는 활동적 라시이므로 거기에서부터 센다. 그러므로 나밤샤 차트에서, 토성은 게 라시에서 여섯 번째인 인마 라시에, 금성은 아홉 번째인 물고기 라시에 들어가게 된다. 인마 라시에 있는 라후(00:56)은 첫 번째 나밤샤에 있다. 인마라시는 변통적 라시이므로 다섯 번째인 산양 라시에서부터 센다. 그러므로 나밤샤 차트에서 라후는 산양 라시에 들어가게 된다.

• 안젤리나의 나밤샤 차트

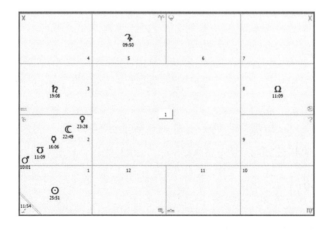

안젤리나의 라시 차트에서는 고정적 라시에 있는 행성들이 하나도 없다. 그러나 만약 황소, 사자, 전갈, 물병 라시들처럼 고정적인 라시에 행성들이 있다고 가정한다면, 있는 위치에서 아홉 번째 라시, 즉 황소에서 아홉 번째는 인마 라시, 사자에서 아홉 번째는 물고기 라시, 전갈에서 아홉 번째는 게 라시, 물병에서 아홉 번째는 천칭 라시에서부터 해당되는 나밤샤의 위치를 찾으면 된다.

안젤리나의 남편인 **브래드 피트**(Brad Pitt, 1963년 12월 18일 6.31 AM, Shawness, OK, USA)의 예를 들어보기로 한다.

브래드의 라그나는 인마 라시(11:54)이며 네 번째 나밤샤에, 태양(25:51)은 여덟 번째 나밤샤에 있다. 인마 라시는 변통적 라시이므로 다섯 번째인 산양 라시에서부터 세어야 한다. 그러므로 나밤샤 차트의 라그나는 게 라시에, 태양은 전갈 라시에 들어간다.

악어 라시에는 총 다섯 개의 행성들이 몰려있다. 화성(10:01)은 네 번째 나밤샤에, 케투(11:09)도 네 번째 나밤샤에, 수성(16:06)은 다섯 번째 나밤샤에, 달(22:49)은 일곱 번째 나밤샤에, 금성(23:28)은 여덟 번째 나밤샤에 있다. 악어라시는 활동적 라시이므로 거기에서부터 세어야 한다. 그러므로 나밤샤 차트에서 화성은 산양 라시에, 케투도 산양 라시에, 수성은 황소 라시에, 달은 게 라시에, 금성은 사자 라시에 들어가게 된다.

물병 라시의 토성(19:08)은 여섯 번째 나밤샤에 있다. 물병 라시는 고정적 라시이므로 아홉 번째인 천칭 라시에서부터 세어야 한다. 그러므로 나밤샤 차트에서 토성은 물고기 라시에 들어가게 된다.

산양 라시의 목성(09:50)은 세 번째 나밤샤에 있다. 산양라시는 활동적 라시이므로 거기에서부터 세어야 한다. 그러므로 나밤샤 차트에서 목성은 쌍둥이 라시에 들어가게 된다.

게 라시의 라후(11:09)는 네 번째 나밤샤에 있다. 게 라시는 활동적 라시이므로 거기에서부터 세어야 한다. 그러므로 나밤샤 차트에서 라후는 천칭 라시에 들어가게 된다.

• 브래드 피트의 나밤샤 차트

⊠ 바고타마 나밤샤(Vargottama Navamsa)

바고타마의 뜻은 바가(Varga)+우타마(Uttama, 최상의), "최상의 바가"라는 의미이다. 만약 라시 차트와 나밤샤차트에서 라그나가 같거나, 혹은, 달이 같은 라시에 있을 때, "바고타마 라그나, 바고타마 달"이 된다.

예시인 지인의 라시 차트에서 라그나는 전갈 라시이며, 달은 사자 라시에 있다. 나밤샤 차트에서도 라그나가 전갈 라시이며, 달이 사자 라시에 있다. 라그나와 달이 모두 "바고타마"인 경우이다.

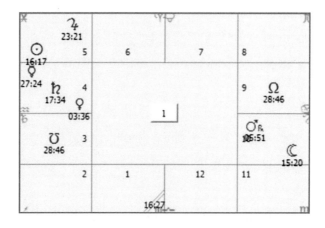

바고타마 라그나는 차트 주인이 걷는 삶의 길에 모든 것을 더욱 확고하게 받쳐주게 된다. 그래서 삶에서 좋은 것들은 더욱 좋게 만들어 주며, 나쁜 것들은 덜 나쁠 수 있도록 조정시켜준다. 바고타마 달도 마찬가지이다. 달은 적이 아무도 없다. 그래서 바고타마 달은 전체 차트의 질을 더욱 향상시킨다. 삶의 길이 더욱 순조롭고 좋도록 지지해준다.

만약에 바고타마 라그나, 혹은, 바고타마 달이, 4개 또는 그 이상의 행성들로부터 어스펙트를 받고 있는 경우 라자요가(Raja Yoga, 왕의 지위) 효과를 가져다 줄 수 있다. 또한 바고타마 라그나이면서, 길성이 달이 있는 라시의 옆에 있고 앵글하우스들에 강한 행성들이 자리하고 있으면, 그러한 차트 주인은 "왕(높은 지위, 타이틀)"이 될 수 있다. 만약, 다른 행성들이 바고타마이면, 좋은 효과들은 조금 더 나아질 것이며, 나쁜 효과들은 어느 정도 줄여주지만, 그러나 고양의 품위를 얻은 행성처럼 갑자기 훌륭해진다거나 하지는 않는다. 얼마나 좋고 나쁠지 하는 사실들은 모두 행성들의 라지타디 아바스타에 달려 있다.

▨ 나밤샤 주재신들을 결정하는 법

나밤샤의 주재신들을 아주 쉽게 결정할 수 있다. 첫 번째 나밤샤의 주재신은 **데바**(Deva), 두 번째 나밤샤는 **느리**(Nri), 세 번째 나밤샤는 **락샤샤**(Rakshasa)이다. 그리고는 다시 같은 순서로 반복된다.

    1 – 4 – 7   나밤샤들의 주재신은 데바(Deva)

    2 – 5 – 8   나밤샤들의 주재신은 느리(Nri)

    3 – 6 – 8   나밤샤들의 주재신은 **락샤샤**(Rakshasa)

나밤샤 차트의 주재신들을 쉽게 알 수 있는 방법은, 나밤샤 차트에서 활동적 라시에 있으면 데바, 고정적 라시에 있으면 느리, 변통적 라시에 있으면 락샤샤가 주재신이다.

• 안젤리나의 나밤샤 차트와 나밤샤의 주재신들

	Dign	Baladi	Jagradadi	Lord
☉	N	Bala	Sushupti	Nri
☽	OH	Bala	Jagrat	Deva
♂	DB	Vriddha	Sushupti	Deva
☿	F	Vriddha	Svapna	Deva
♃	N	Vriddha	Sushupti	Rakshasa
♀	EX	Yuva	Jagrat	Rakshasa
♄	F	Kumara	Svapna	Rakshasa
☊				Deva
☋				Deva
Lg				Rakshasa

Navamsa

• 브래드 피트의 나밤샤 차트와 나밤샤의 주재신들

	Dign	Baladi	Jagradadi	Lord
☉	GF	Kumara	Svapna	Nri
☾	OH	Bala	Jagrat	Deva
♂	MT	Bala	Jagrat	Deva
☿	N	Bala	Svapna	Nri
♃	N	Mrita	Sushupti	Rakshasa
♀	N	Bala	Sushupti	Nri
♄	F	Kumara	Svapna	Rakshasa
☊				Deva
☋				Deva
Lg				Deva

Navamsa

나밤샤의 주재신들

세 유형의 나밤샤 주재신들, 데바, 느리, 락샤샤는 베딕 신화에 나오는 인물 중에 의식을 가진 세 가지 주요한 유형의 인물들을 대변한다. 데바(Deva)들은 천상에 살고 있는 불사신들로서 가끔씩 지구상에 내려온다. 느리(Nri)는 "인간"이라는 뜻으로 지구상에 살고 있는 인간들은 대변한다. 락샤샤(Rakshasas)는 매직파워와 엄청난 신체적 힘을 가진 파워풀하고 잔인무도한 존재들로서 지구상 표면 내에 살고 있다. 이들은 항상 데바들과 전쟁상태에 있으며, 가끔씩 지구상에 올라와 인간들을 괴롭히기도 한다. 데바들은 그리스, 노르웨이 신화에 나오는 신들과 비슷한 의미이며, 락샤샤는 그리스, 노르웨이 신화에 나오는 거인들과 비슷한 의미를 가지고 있다. 이러한 세 가지 유형의 인물들은 의식을 가진 존재들로서 지구상에서 각자 다른 형태의 삶의 길을 가게 된다. 그러므로 나밤샤 차트에서 알 수 있는 이러한 세 가지 주재신들은 차트 주인이 걷게 되는 삶의 길의 유형들을 나타낸다.

행성들은 차트 주인을 데바, 느리, 혹은 락샤샤의 길에 넣게 된다. 이러한 길이 생산적이고 의미가 있을지, 아니면 어렵거나 타고난 잠재력을 채 발휘할 수 없게 할는지 등의 사실들은, 그러한 행성이 좋은 라지타디, 혹은 나쁜 라지타디 상태에 있는지 여부에 달려 있다.

▣ 데바(Deva)

데바들은 천상에서 내려올 때 세상에 해줄 수 있는 것들을 많이 가지고 있다. 그리하여 세상에 많은 유익한 것들을 주고, 세상을 위해 많은 유익한 일들을 할 수 있다. 그러나 세상은 그들이 살기엔 절대로 만족스럽거나 결코 쉽지 않다. 그들은 세상에 뿌리를 내리고 살기를 거부하며, 종종 세상에 있고 싶지 않다는 느낌을 자주 가지게 된다. 사실상 신화에 나오는 데바들은 어떤 저주(커스, Curse)로 인해 고통을 치르기 위해 강제로 지구상에 내려오는 경우가 허다하다. 점성학자들은 데바들이 천상의 인물들이기 때문에, 데바 나밤샤에 있는 행성들이 가장 유익하다고 믿는다. 그렇지만 그들이 간과하고 있는 사실은, 점성학이 지구상의 삶을 다루고 있다는 점이다. 데바들에게는 커스로 인해 지구상에 내려와 살아야 하는 삶보다 더 고통스러운 일은 없다. 그러므로 데바들은 세상에 잘 적응하지 못하는 경향이 있다.

데바의 나밤샤에 있는 행성들이 좋은 라지타디 아바스타에 있으면, 세상에 뭔가 새로운 것을 가져올 수 있는 삶의 길을 나타낸다. 그리고 개인의 삶에도 뭔가 "하늘이 보낸" 어떤 것을 가져올 수 있음을 나타낸다. 이러한 행성들은 세상에서 가장 이상적이고 유익한 변화들을 나타내며, 그러한 변화들을 가져오는데 도움이 될 수 있는 일원이라는 만족감을 같이 부여한다. 예를 들어, 항생제나 암을 치료할 수 있는 약을 발견하는 의학자들은 데바 나밤샤에 행성들이 치우치는 경향이 있다. 할리우드 스타들에게 제삼국에서 어린이들을 입양하는 관례를 처음 만든 안젤리나 졸리도 데바 나밤샤에 행성들이 많이 몰려있다.

데바의 나밤샤에 있는 행성들이 좋지 못한 라지타디 아바스타에 있으면, 좌절된 꿈들, 불만족스러움, 그리고 세상에서 방향을 잃어버린 것 같은 느낌들을 가지게 한다. 이런 사람들은 세상에 적응하지 못하고, 방황하다가 일찍 요절하는 경우도 많이 생겨난다. 할리우드의 전설적 여배우인 마릴린 몬로(Marilyn Monroe)는 데바 나밤샤에 나쁜 라지타디 상태의 행성들이 몰려 있어 아까운 나이에 세상을 떠나게 되었다.

	Dign	Baladi	Jagradadi	Lord
☉	GE	Mrita	Sushupti	Deva
☾	E	Kumara	Svapna	Rakshasa
♂	EX	Vriddha	Jagrat	Deva
☿	E	Bala	Svapna	Rakshasa
♃	GE	Bala	Sushupti	Rakshasa
♀	F	Vriddha	Svapna	Rakshasa
♄	OH	Yuva	Jagrat	Deva
☊				Rakshasa
☋				Rakshasa
Lg				Deva

◙ 느리(Nri)

느리, 즉 인간들은 지상에서의 삶을 가장 효과적으로 감당해낼 수 있다. 이들은 세상에 있는 것들을 가장 손쉽게, 선뜻 즐길 준비가 되어 있다. 그리고 세상에서 뭔가를 짓고 만들어내는 것을 즐긴다. 이들은 또한, 자신들의 노력을 통해 얻어지는 것들을 즐기는 건축사들이며 생산자들이다. 이들은 어떤 기관이나 단체, 재단 등을 만들기를 즐긴다. 예를 들어 데바 나밤샤의 사람이 발견한 약을 대량으로 만들 수 있는 제약회사나, 환자들에게 사용할 수 있는 병원을 짓는 사람들이 느리 나밤샤이다.

느리의 나밤샤에 있는 행성들이 좋은 라지타디 아바스타에 있으면 가장 생산적인 삶의 길을 나타내며, 그러한 차트 주인은 뭔가 오래 남을 수 있는 어떤 것들을 만들어 낼 수 있다. 그는 삶의 매 순간들이 아주 살 가치가 있는 것으로 여기게 될 것이다. 요기의 자서전으로 유명한 파라마한사 요가난다(Paramanhansa Yogananda)는 느리 나밤샤에 좋은 라지타디의 행성들이 몰려있다. 요가난다의 "자아실현회(Self-Realization Fellowship)" 재단은 세계 최초의 요가 재단이자 오늘날까지 가장 많은 부와 추종자들을 가지고 있는 영성재단이다.

• 요가난다의 나밤샤 차트 주재신들

	Dign	Baladi	Jagradadi	Lord
☉	N	Kumara	Sushupti	Nri
☾	E	Kumara	Svapna	Nri
♂	E	Kumara	Svapna	Nri
☿	N	Mrita	Svapna	Deva
♃	GF	Mrita	Svapna	Nri
♀	DB	Mrita	Sushupti	Rakshasa
♄	OH	Kumara	Jagrat	Deva
☊				Nri
☋				Nri
Lg				Rakshasa

만약, 느리의 나밤샤에 있는 행성들이 좋지 못한 라지타디 아바스타에 있으면, 자신이 이루거나 만들어 낸 것들에 대해 행복해 하지 않거나, 혹은 삶이 발전적으로 나아가지 못하는데 대한 좌절감에 시달리게 된다. 이러한 행성들은 차트 주인이 삶에서 원하는 것들을 뭐든지 제대로 얻지 못하는 것처럼 느끼게 만든다.

◙ **락샤샤**(Rakshasa)

락샤샤 나밤샤는 지구상의 삶을 살 수 있는 능력을 가지고 있다. 그러나 이들은 정상적인 삶에 안착하기를 원하지 않는다. 대신에 세상의 것들에 대한 흠이나 불평거리들을 찾으며, 가당찮게 느껴지는 것들을 뿌리 뽑아 버리고 싶어한다. 그리하여 종종 기존 문화관습이나 믿음제도를 깨뜨리는 사람들의 성향이 있다. 그러나 일을 그다지 크게 벌이지는 않으며, 단지 자신들 삶의 영역 내에서 반박하는 정도에 머문다. 락샤샤들은 데바들보다 더 지상적 삶에 맞추어 살 수 있다. 하지만 세상을 신뢰하거나 믿지는 않기 때문에 전통적인 규율들을 부수고자 한다.

락샤샤 나밤샤에 있는 행성들이 좋은 라지타디 아바스타에 있으면, 생산적인 변화를 통한 혁신을 나타내며, 어떤 문화적 믿음으로부터 자유로워지게 만든다. 그리하여 나타나는 좋고 유리한 효과들은 자신이 선택한 비정통적인 길에 대해 차트 주인이 자부심을 느끼게 해준다. 베일과 전통 속에 깊이 묻혀져 있던 힌두이즘을 20세기의 서양에 처음으로 가져온 스와미 비베카난다(Swami Vivekananda)는, 락샤샤 나밤샤에 좋은 라지타디 행성들이 몰려있다. 그는, 보수적 힌두전통의 거센 반대를 물리치고 힌두계급 체제에서 아웃카스트로 멸시되던 서양에 처음 힌두이즘을 소개함으로써 오늘날처럼 전세계적으로 전파될 수 있었다.

• 스와미 비베카난다의 나밤샤 주재신들

	Dign	Baladi	Jagradadi	Lord
☉	GF	Yuva	Svapna	Deva
☾	E	Mrita	Svapna	Rakshasa
♂	N	Yuva	Svapna	Rakshasa
☿	F	Mrita	Svapna	Nri
♃	N	Kumara	Sushupti	Nri
♀	DB	Kumara	Sushupti	Rakshasa
♄	GE	Kumara	Sushupti	Nri
☊				Nri
☋				Nri
Lg				Rakshasa

반면에, 락샤냐 나밤샤에 있는 행성들이 좋지 못한 라지타디 아바스타에 있으면, 파괴적인 성향을 나타낸다. 그리고 문화적, 종교적 관례들이나 기존 믿음제도들을 깨뜨리려는 경향이 있는데, 이러한 행위들에는 보통 부정적인 역효과들이 따르게 된다. '베트맨' 영화에서 조커를 연기한 히스 레저(Heath Ledger)는 락샤샤 나밤샤에 나쁜 라지타디 상태의 행성들이 몰려 있다. 그는 약물과잉으로 28살이라는 아까운 나이에 세상을 떠났다.

• 히스 레저의 나밤샤 차트 주재신들

	Dign	Baladi	Jagradadi	Lord
			Navamsa	☒
☉	MT	Bala	Jagrat	Nri
☽	N	Yuva	Svapna	Rakshasa
♂	N	Vriddha	Svapna	Rakshasa
☿	E	Mrita	Svapna	Nri
♃	OH	Kumara	Jagrat	Rakshasa
♀	DB	Mrita	Sushupti	Rakshasa
♄	F	Yuva	Svapna	Rakshasa
☊				Rakshasa
☋				Rakshasa
Lg				Deva

▣ 나밤샤 차트에서 가장 중요한 행성

나밤샤 차트는 아홉 번째 바바에 대한 부속차트이며, BPHS가 제시한 열여섯 차트들 중에서 여섯 번째 바가(Varga)이다. 그러므로 여섯 번째 행성인 금성이 나밤샤 차트에서는 가장 신중하게 잘 검토해야 하는 중요한 행성이다. 금성은 개인이 삶에서 훌륭하고 바른 선택을 할 수 있는 능력을 나타낸다. 이러한 선택들은 평생을 두고 책임져야 하는 성질의 것들이다. 또한 금성은 어떤 삶의 길을 선택하든 불가피하게 겪어야 하는 변화들에 적응을 잘할 수 있는 능력을 준다.

그리고 여자의 차트에서는 목성이 남편을 나타낸다. 만약 나밤샤, 삽탐샤, 라시 차트들에서 목성이 나쁜 라지타디 아바스타에 있는 여자는, 항상 잘못된 남자와 사랑에 빠지는 경향이 있게 된다.

◈ 나밤샤 차트에서 중요한 바바들

아홉 번째 바바: 나밤샤 차트는 아홉 번째 바바에 대한 부속차트이기 때문에, 나밤샤 차트에서는 아홉 번째 바바를 가장 중요하게 잘 살펴야 한다. 게다가, 9의 숫자를 모두 합하면 다시 9가 나온다(1+2+3+4+5+6+7+8+9=45=9). 또한 9를 제곱하면 (9x9=81=9) 다시 9를 얻게 된다. 그래서 나밤샤 차트에서 아홉 번째 바바가 가지고 있는 중요성은 이중으로 강조된다. 나밤샤 차트와 아홉 번째 바바는 모두, 자신의 삶이 길이 그만큼 걸어야 할 가치를 가지고 있다는 믿음을 나타낸다. 그러한 삶의 길을 따라 걸을수록 정말로, 그리고 더욱 더 걸을 가치가 있다는 증거를 확보하게 해준다. 나밤샤 차트에서 아홉 번째 바바는 우리들 삶의 길에 대한 헌신의 정도를 보여준다.

좋은 라지타디 상태에 있는 금성은 충족된 삶을 사는데 아주 많은 도움이 된다. 매 순간에 더욱 가치가 있는 선택, 더욱 충족적인 선택들을 할 수 있도록 도와준다. 그리고 가장 충족적인 삶의 길을 선택할 수 있도록 도와준다. 하지만 살다 보면, 어떤 삶의 길이든 애초에 우리가 생각했던 그대로 되는 적이 거의 없다. 예를 들어, 고르고 골라서 선택한 배우자와의 결혼생활이 전혀 예상을 빗나가는 경우도 얼마나 빈번한가? 이처럼 삶이 예상과는 다르게 펼쳐질 때, 좋은 금성은 우리가 가진 기대를 재조정하여 현 상황에서 최상의 행복을 느낄 수 있도록 도와준다. 우리들이 한 선택이 가장 충족적일 수 있도록 필요한 변화들을 할 수 있게 해준다. 그래서 나밤샤 차트에서 금성이나 아홉 번째 로드가 손상되었을 경우, 결혼이나 다른 형태의 아쉬람을 선택하는데 어려움을 겪게 된다.

세 번째 바바: 나밤샤 차트에서 두 번째로 중요하게 고려해야 하는 바바는 세 번째 바바이다. 숫자 9는 3의 제곱이기 때문이다. 세 번째 바바는 차트주인이 아홉 번째 바바가 나타내는 믿음방식에 적응하고자 할 때 가지게 되는 구체적인 경험과 투쟁들을 나타낸다. 또한, 세 번째 바바는 자신이 선택한 삶의 길에서 같이 일해야 하는 "형제자매들"과 한 팀으로 생산적일 수 있는 능력을 나타낸다. 가정적 삶을 선택한 사람은 배우자와 한 팀으로 일할 수 있는 능력을 나타낸다.

세 번째 바바는 사교적인 능력, 배우자를 포함하여 다른 사람들과 소통하고 연결할 수 있는 능력을 나타낸다. 훌륭한 세 번째 바바는, 논리적이고 삶의 직접적인 경험에 기초하여 우리 삶의 길이 정말 얼마나 좋은 것인지를 이해할 수 있게 해준다. 우리가 삶의 길에서 확신을 가지고 흔들리지 않을 수 있도록 도와준다. 삶이란 자체가 아주 어려운 것이다. 그런데 우리가 걷는 길이 더 편하고 좋아서가 아니라, 그러한 어려움들을 극복함으로써 우리들 삶의 길이 얼마나 좋은 것인지를 상기시켜준다. 타성에 젖어 과거의 어려움이나 현재의 삶이 얼마나 좋은지, 하는 사실들을 잊어버리기 아주 쉽다. 훌륭한 세 번째 바바는 삶이 좋은 이유와 감사해 할 것을 상기시켜준다. 그래서 만약 아홉 번째 바바가 나쁘면 결혼을 하거나, 설사 결혼을 한다 하더라도 어려움을 겪게 된다. 하지만 만약 세 번째 바바가 훌륭하다면, 삶의 길에서 단단히 잡아주는 역할을 하여 현재 상황에서 최상의 결과를 만들 수 있도록 도와준다.

이처럼 금성과 두 개의 중요한 바바들을 고려한 뒤, 나밤샤 차트의 전반적인 여건을 살펴볼 수 있다. 선택한 삶의 길에 대해 얼마만큼 헌신적이고, 생산적이며, 만족해 하는지를 알 수 있기 위해서는, 다른 바바들과 행성들이 얼마나 생산적인지 아닌지 하는 사실들을 분석하면 된다.

▨ 나밤샤 차트의 주재신들을 이용해 궁합 여부를 알아보는 법

베딕 문화에서는 부모들이 결혼할 나이가 된 자녀들의 배우자를 찾기 위해 신랑신부 후보들의 출생정보를 가지고 점성학자들을 찾아다니며 먼저 궁합부터 알아보는 것이 관례이다. 베딕 점성학에서 궁합을 보는 방식은, 주로 "달"에 집중을 하게 된다. 예비 후보들 간에 달의 궁합이 좋지 않으면, 아무리 인물이나 다른 배경이 뛰어나더라도 아예 두 번 다시 거론조차 하지 않을 정도로 확실하게 잘라버린다. 그래서 아직까지 중매결혼이 대세를 이루고 있는 인도에서는 적절한 맞선 상대, 혹은 결혼 상대를 만날 때까지, 수십, 수백 명의 후보와 궁합상담을 먼저 치러야 하는 경우도 허다하다. 하지만 베딕 점성학에서 아무리 달이 차지하는 비중이 크더라도, 달은 아홉 행성들 중에 단지 하나일 뿐이다. 그리고 달보다 더 중요한 것은, 우리 삶의 첫 포인트를 결정하는 라시 차트의 라그나이다. 또한 오늘날처럼 남녀 간의 교제가 자유분방하고 전세계적으로 이혼율도 절반이상을 웃도는 현실에서는, 단순히 출생 시의 달에 기준하여 남녀 간에 궁합을 알아보는 방식은 지나치게 단편적이고 비효과적이라고 할 수 있다. 그보다는 쌍방간에 나밤샤 차트에서 행성들 간의 주재신들, 특히 라그나와 달의 주재신들을 서로 비교하는 방식이 훨씬 효율적이면서도 쉽다. 나밤샤 차트가 서로 매치하는 경우가 베딕 점성학의 전통적인 궁합(Vedic Compatibility)방식보다 더 우선적으로 중요하다고 할 수 있다. 나밤샤 차트는 결혼 여부를 알 수 있는 바가이다. 그래서 두 사람이 비슷한 성향을 가지고 있을수록 서로 더 많은 것을 나눌 수 있고 행복한 결혼생활을 즐길 수 있게 된다.

나밤샤 주재신들은 같은 카테고리에 있을 때 가장 이상적인 조합이다. 다음으로, 인간을 나타내는 느리(Nri)는 데바와 락샤샤 양쪽과 모두 교류가 가능한 조합이다. 하지만 데바와 락샤샤의 조합은 가장 비이상적인 조합이다. 만약 두 사람 사이에 어떤 행성이, 특히 달이나 금성이 서로 상충되는 조합에 있을 때, 그들의 관계는 편안할 수가 없다. 그래서 아무리 전통적인 방식으로 비교한 궁합이 좋게 나오더라도 오랜 시간 동안 같이 살기가 어려워진다. 최상의 관계는 행성들이 같은 주재신 일 때, 더 많은 것들을 공유할 수 있고, 함께 생산적이고 이상적인 관계를 유지하며 살수 있다.

일반적으로 데바나 락샤샤에 주로 행성들이 몰려있는 사람들은, 삶이 온갖 방향으로 흩어지는 경향이 있다. 안젤리나 졸리의 경우, 대부분의 행성이 데바나 락샤샤에 있다. 그녀가 얼마나 다재다능하고 바쁜지는 전세상이 다 알고 있다. 느리 나밤샤에 주로 행성들이 있는 사람들은 좀 더 집중적이고, 안정적이고, 한결같다. 안젤리나의 두 번째 남편인 빌리 봅 브런튼 같은 경우이다. 세 번째 남편인 브래드와는 라그나 나밤샤만 오직 서로 상충된다. 나머지는 최상의 조합에 있다. 그런데 라그나는 "몸"을 상징하기 때문에, 두 사람이 서로의 프로젝트나 다른 영화 촬영 스케줄 등 때문에 신체적으로 자주 떨어져 지내야 하는 이유를 잘 설명해주고 있다. 이처럼 나밤샤 차트의 주재신들을 이용해 궁합 여부를 알아볼 수 있는 예시로서, 안젤리나 졸리의 배우자들을 좀 더 자세히 살펴보기로 한다.

안젤리나는 21살이라는 어린 나이 때, 영국태생의 남배우 조니 리 밀러(Johny Lee Miller)와 결혼을 했다가 3년 만에 이혼을 하였다. 두 번째 결혼은, 스무 살 연상이었던 빌리 봅 토른톤(Billy bob Thornton)이었다. 빌리와도 3년 만에 이혼을 하였는데 결혼생활 중, 그에 대한 영원한 사랑을 기약하기 위해 안젤리나는 몸 곳곳에 사랑의 문신, 타투(Tatoo)들을 새겼다. 그리고 세 번째이자, 현재 남편인 브래드 피트와는 2005년 'Mr. & Mrs. Smith' 영화 촬영을 하던 중 만나서 지금까지 성공적인 결혼생활을 이어오고 있다. 두 사람 사이에는 입양아 3명, 친딸 3명 등, 총 6명의 자녀들을 두고 있다. 브래드 피트와 안젤리나 졸리 사이의 운명적 사랑에 대한 점성학적 분석은 다음 장에서 더 상세히 다루기로 하고, 여기에서는 단지 나밤샤 차트의 주재신들에 대해서만 이전 배우자들과 함께 서로 비교해보기로 한다. 조니 리 밀러와 빌리 봅 토른톤의 출생시간은 공개적으로 알려져 있지 않기 때문에 정확한 라그나를 알 수는 없다. 그러나 달과 나머지 행성들을 비교해보는 것으로도 충분한 조화 여부를 가늠할 수 있다.

행성들	안젤리나 졸리	조니 리 밀러	빌리 봅 토른톤	브래드 피트
태양	느리	데바	데바	느리
달	데바	락샤샤	데바	데바
화성	데바	락샤샤	느리	데바
수성	데바	데바	데바	느리
목성	락샤샤	략샤샤	데바	락샤샤
금성	락샤샤	락샤샤	느리	느리
토성	락샤샤	락샤샤	느리	락샤샤
라후	데바	락샤샤	느리	데바
케투	데바	락샤샤	느리	데바
라그나	락샤샤	–	–	데바

안젤리나는 첫번째 남편과 달, 화성, 라후, 케투, 총 4개의 행성이 데바와 락샤샤라는 극적인 조합에 있다. 특히 달이 서로 상반되는 조합에 있기 때문에 두 사람 사이의 조화는 심한 감정적 유대관계의 결여를 이루고 있었다. 하지만 수성, 목성, 금성, 토성, 총 4개의 행성이 같은 주재신에 있기 때문에 젊은 날의 두 사람은 상당한 교감을 나눠가질 수 있었다.

두 번째 남편과는, 서로 극적인 조합은 없다. 그리고 달이 같은 데바 나밤샤에 있다는 사실은 안젤리나가 온몸에 문신을 새길 정도로 한동안 그에게 집착하였던 이유를 이해할 수 있게 한다. 안젤리나는 어릴 때 부모님이 이혼을 하고, 또 성인이 되었어도 아버지의 성을 따르지 않을 정도로 아버지와 나쁜 관계에 있었다. 스무 살 연상이었던 그에게, 안젤리나는 아버지와 같은 사랑과 편안함을 많이 느꼈을 거라는 짐작을 할 수 있다. 그런데 안젤리나는 많은 행성이 데바와 락샤샤에 있는데, 빌리는 데바와 느리에 있다. 이 뜻은 빌리가 나이가 한참 연상인 탓도 있지만, 타고난 성격상으로 상당히 "느리"라는 현실적인 캐릭터였기 때문에, 손상된 라지타디 아바스타의 금성 때문에 사랑의 갈증을 느끼고 있는 안젤리나가 원하는 만큼 로맨스를 느낄 수 없었음을 보여준다. 그리하여 3년 만에 그들은 헤어질 수밖에 없었다. 세 번째 남편인 브래드 피트와는, 라그나를 제외한 나머지는 거의 모두 같은 주재신이거나 서로 조화로운 관계에 있다. 뿐만 아니라, 두 사람은 라후와 케투가의 축이 서로의 라그나에 걸려있는 운명적 관계에 있다. 그래서 이들은 할리우드의 퍼스트 커플(First Couple)이라고 할 만큼 운명적이고 멋진 부부관계를 서로 공유하고 있다는 사실이 점성학적 관점에서도 쉽게 납득할 수가 있다.

• 안젤리나 졸리의 나밤샤 차트 주재신들

	Dign	Baladi	Jagradadi	Lord
☉	N	Bala	Sushupti	Nri
☾	OH	Bala	Jagrat	Deva
♂	DB	Vriddha	Sushupti	Deva
♀	F	Vriddha	Svapna	Deva
♃	N	Vriddha	Sushupti	Rakshasa
♀	EX	Yuva	Jagrat	Rakshasa
♄	F	Kumara	Svapna	Rakshasa
☊				Deva
☋				Deva
Lg				Rakshasa

• 죠니 리 밀러(Johny Lee Miller, 1972년 11월 15일생, UK): 안젤리나
의 첫 번째 남편(1996-1999년)

	Dign	Baladi	Jagradadi	Lord
☉	GE	Bala	Sushupti	Deva
☾	GF	Kumara	Svapna	Rakshasa
♂	N	Mrita	Sushupti	Rakshasa
☿	N	Kumara	Sushupti	Deva
♃	OH	Vriddha	Jagrat	Rakshasa
♀	EX	Kumara	Jagrat	Rakshasa
♄	E	Kumara	Svapna	Rakshasa
☊				Rakshasa
☋				Rakshasa
Lg				Deva

Navamsa

• 빌리 밥 토른톤(Billy Bob Thornton, 1955년 8월 4일 생, US): 안젤리나
의 두 번째 남편(2000-2003년)

	Dign	Baladi	Jagradadi	Lord
☉	N	Yuva	Svapna	Deva
☾	E	Vriddha	Svapna	Deva
♂	N	Vriddha	Svapna	Nri
☿	GE	Mrita	Sushupti	Deva
♃	EX	Vriddha	Jagrat	Deva
♀	OH	Vriddha	Jagrat	Nri
♄	N	Yuva	Sushupti	Nri
☊				Nri
☋				Nri
Lg				Deva

Navamsa

• 브래드 피트(Brad Pitt, 1963년 12월 18일 6:31AM): 안젤리나의 세
  번째이자 현재 남편

	Dign	Baladi	Jagradadi	Lord
☉	GF	Kumara	Svapna	Nri
☾	OH	Bala	Jagrat	Deva
♂	MT	Bala	Jagrat	Deva
☿	N	Bala	Svapna	Nri
♃	N	Mrita	Sushupti	Rakshasa
♀	N	Bala	Sushupti	Nri
♄	F	Kumara	Svapna	Rakshasa
☊				Deva
☋				Deva
Lg				Deva

Navamsa

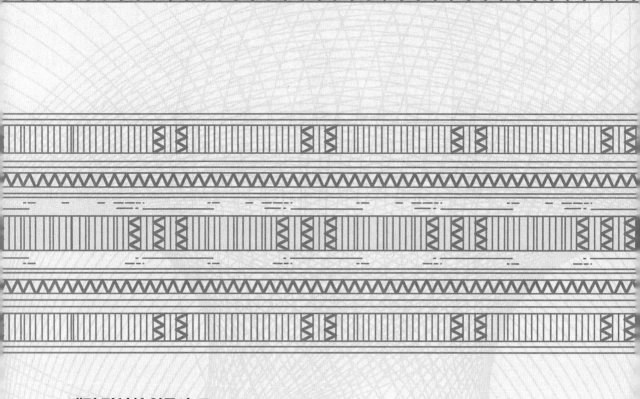

베딕 점성학 입문서 Ⅱ

Vault of the Heavens

8

미스터, 미세스 스미스
(Mr & Mrs. Smith)

    2005년 6월에 개봉했던 액션로맨스 영화 '미스터 & 미세스 스미스(Mr. & Mrs. Smith)'는 할리우드의 퍼스트 커플이라고 할 수 있는 안젤리나 졸리와 브래드 피트를 만나게 해준 영화로서 흥행에 큰 성공을 거두었다. 그러나 영화의 작품성보다는 주연배우 두 사람이 만들어 낸 환상적인 캐미와 실제 연애가 더 큰 인기와 화제를 모았었다. 당시 브래트 피트는 기혼이었으며, 안젤리나 졸리는 입양아 아들을 한 명 둔 싱글맘이었다. 영화촬영을 하던 중 사랑에 빠지게 된 두 사람의 관계는 아무리 연애가 자유분방한 할리우드였지만 처음부터 많은 루머와 파파라치들 때문에 심한 격동을 겪어야 했다. 그래서 이들은 입양아 3명 외에, 두 사람 사이에서 3명의 아이들까지 태어났지만 정식결혼은 미루고 있다가 2014년에서야 공식적으로 결혼식을 올렸다. 그런데 결혼식을 올린 후에도, 이들의 이별설에 대한 루머는 끊기지 않고 있으며 미디어를 통해서 볼 수 있는 안젤리나의 모습은 마치 뼈와 가죽만 남은 것처럼 여위어서 그녀를 사랑하는 많은 팬들을 안쓰럽게 하고 있다. 그녀처럼 성공하고 유명하며 모든 것을 다 가진 듯 보이는 사람이 도대체 뭐가 부족해서 그럴까 라는 의구심도 생긴다. 물론 이들은 세계적으로 유명한 연예인들인지라 저자처럼 평범한 사람이 개인적인 친분을 맺을 기회나, 속내 사생활에 관해서 더 자세히 알 수 있는 방법도 없다. 그렇다고 연예인들 팬클럽이라도 가입하여 쫓아다닐 만큼 저자의 성격이 열혈적이지 않기 때문에 앞으로도 이들을 실제로 만나게 될 확률도 지극히 희박하다. 그럼에도 이 책을 통해 그녀의 차트를 대표적인 예시로 사용하는 이유는, 우선 그녀에 대한 인지도가 높고 많은 정보가 이미 공개되어 있기 때문에 자료확인이 수월한 면도 있지만, 무엇보다도 휴머니스트적 차원에서 개인적으로 그녀를 존경하기 때문이다. 그녀가 제3세계의 아이들을 입양하면서 세운 모범이 할리우드 계는 물론이고 일반적인 사람들에게까지 입양에 대한 인식을 크게 바꾸었을 뿐 아니라, 전 세계적으로 제3국들에 대한 관심을 높이는데도 지대한 공헌을 이루었다. 저자는 하늘과 땅 사이의 흐름과 조화를 연구하는 점성학자의 한 사람으로서, 안젤리나 졸리처럼 인간적으로나 다르마적으로 세상과 사람들의 삶에 뭔가 이득이나 보탬이 되고자 노력하는 사람들에게 많은 관심이나 매력을 느끼고 있다. 궁극적으로 점성학의 목적 자체가 별들의 지식을 이용해 우리들 삶의 방향을 보다 더 큰 진리와 스와다르마(Swadhrama, 내 삶의 목적)에 맞추며 살 수 있기 위함이다. 그러한 다르마적 삶이 가장 이상적인 행복과 자유를 보장해준다고 크리슈나는 바가바드기타를 통해 말하고 있다.

이하, 미스터 & 미세스 스미스, 그리고 브래드 피트의 전 아내였던 제니퍼 애니스톤 (Jennifer Aniston) 차트 예시들을 통해, 왜 두 사람이 첫눈에 반하는 운명적 커플이 되었는지, 그리고 제니퍼는 브래드를 잃을 수밖에 없었는지, 지금껏 설명하였던 점성학적 원리들을 이용해 같이 살펴보기로 한다.

⌧ 안젤리나 졸리(Angelina Jolie)
- 1975년 6월 4일, 09:09AM. LA, CA. USA

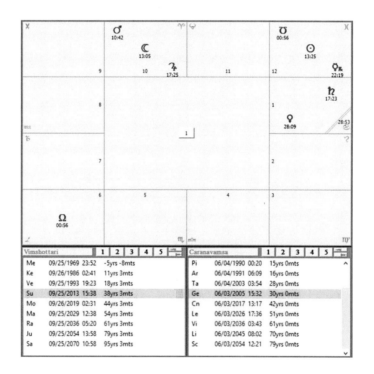

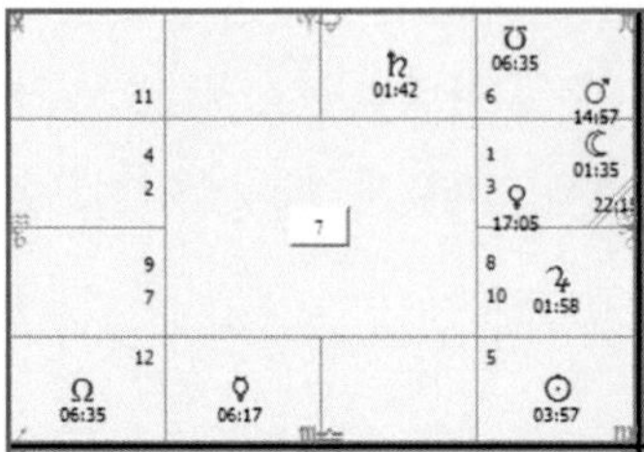

	r...	Degrees	Rasi	Dig...	Nakshatra	Pa..
Lg		28:53:38	Cancer	--	Pushya	2
Su		13:25:19	Gemini	E	Rohini	4
Mo		13:05:03	Aries	E	Revati	2
Ma		10:42:25	Aries	MT	Revati	2
Me	R	22:19:39	Gemini	OH	Mrigasira	3
Ju		17:25:27	Aries	N	Revati	4
Ve		28:09:19	Cancer	N	Pushya	3
Sa		17:23:12	Cancer	N	Punarva...	3
Ra		00:56:26	Sagit...	--	Anuradha	2

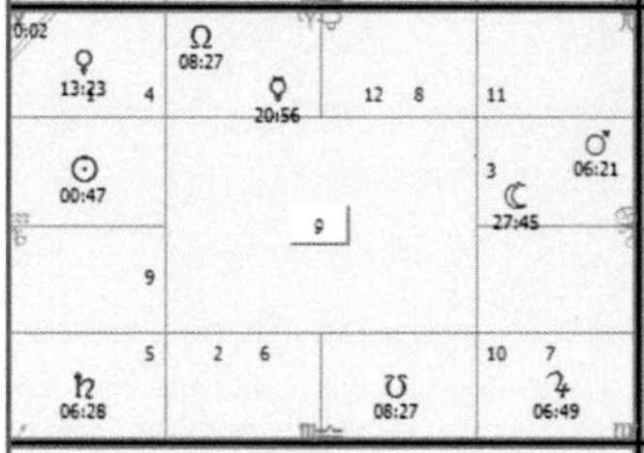

AK	AmK	BK	MK PuK	PiK	GK	DK
♀	☿	♃	♄	☉	☾	♂

AK	AmK	BK	MK	PiK	PuK	GK	DK
Lg	♀	☿	♃	♄	☉	☾	♂

AK - AatmaKaaraka, (Self)
AmK - AmaatyaKaaraka, (Minister)
BK - BhraatruKaaraka, (Siblings)
MK - MaatruKaaraka, (Mother)
PiK - PitruKaaraka, (Father)
PuK - PutraKaaraka, (Children)
GK - GnaatiKaaraka, (Relatives)
DK - DaaraaKaaraka, (Spouse)

Rasi- Aspected Planets

	☉	☾	♂	☿	♃	♀	♄	☊	☋
☉	--		1	Y		7	2	35	Y
☾	15	--	Y	24	Y	37	43	36	9
♂	19	Y	--	32	Y	43	53	40	10
☿	Y	5	6	--	2	3		17	Y
♃	13	Y	Y	20	--	50	45	52	7
♀		23	24		20	--	Y	27	
♄		56	53		60	Y	--	16	
+	13	27	30	20	23	53	45	96	7
-	34	56	55	57	60	87	98	127	19

Rasi- Aspects to BhavaChalita

	1	2	3	4	5	6	7	8	9	10	11	12
☉	8	28	41	26	13	54	37	24	11			
☾	37	17	16	58	42	24	7				3	28
♂	42	14	21	60	51	22	6				5	38
☿	3	19	44	32	2	58	42	28	16	2		
♃	51	42	8	60	46	47	9				1	23
♀			12	35	34	2	60	46	33	20	4	
♄		18	58	45	28	17	54	41	34	59		
+	54	61	63	127	83	108	111	74	49	22	5	23
-	87	77	136	188	133	117	105	64	45	59	8	65

☊	☋	Rasi - Avasthas				Bh	Sh
MuAg	☉	☾	♂	☿	♃	♀	♄
☉	226.2	0.6 +192.2	5.1 +232.6	159.1 -79.5		27.8 -27.8	7.5 -7.5
☾	49.0 +275.2	191.5	176.4 +403.9	77.4 2.2	163.8 +396.9	191.5 -191.5	191.5 -191.5
♂	72.3 +298.5	227.5 191.5	227.5	123.0 79.6	227.5 +460.6	161.3 0.0	202.2 -202.2
☿	79.6 +226.2	6.1 +197.7	7.7 219.8	79.6	3.3 229.9	3.9 +3.9	
♃	50.5 +276.7	199.4 +390.9	180.9 +408.4	77.3 79.6	233.1	195.7 0.0	174.7 0.0
♀						0.0	
♄							0.0

▣ 안젤리나 졸리의 차트에 대한 전반적인 분석

안젤리나 졸리: 게 라시 라그나

게 라시를 라그나로 가진 사람들은 삶의 안녕을 느끼는데 그들이 가진 정신적 자세가 많은 비중을 차지하고 있다. 그들은 살아가면서 생겨나는 여러 정황에 따라 내적으로 맞추는 식으로 적응을 하며, 그러한 그들의 능력이 자신들 삶의 질을 결정하게 된다. 그들은 모든 것을 느끼며 또 예민하다. 행복의 정도는 그들이 이해하는 만큼 모두 느낄 수 있느냐 없느냐에 달려 있다. 하지만, 느낌이란 객관적인 사실이라기 보다는 감정의 반영에 불과하다는 사실을 깨달아야 한다. 그래서 어떤 감정이든 너무 지나치게 우선 시키지 말아야 한다. 이러한 구별을 하지 못하면, 그들이 가진 감정적 느낌은 스스로의 삶에 고통을 만들어 내는 원인이 된다. 그들이 하게 되는 행동들은 자신들이 느끼는 필요에 의해 유발된 경우가 상당히 많이 있다. 자신에게 필요한 것들이 외부적인 요소로 충족시킬 수 있는지 아닌지의 여부가 그들이 행복한지 아닌지 하는 사실들을 결정하게 된다. 그들은 자신이 느끼는 필요 자체에 행복과 불행의 책임이 있다는 사실을 이해하지 못한다. 대신에 자신들이 느끼는 필요가 외적으로 충족이 되느냐 아니냐 하는 사실이 그들이 느끼는 행복과 만족감의 수준을 결정하게 될 정도이다.

게 라시 라그나가 가진 진화적 목적은 맞은편에 있는 악어 라시의 자질들을 계발하는 것이다. 게 라시인들은 스스로 모든 필요를 충족시킬 수 있는 능력을 내면에 가지고 있다. 그러나 내면에서 일어나는 필요를 충족시키고자 할 때, 그에 상응하는 외부적 활동을 해야 한다는 사실을 알아야 한다. 그렇게 펼치는 행동들은 그들의 성장 여부에 중요한 역할을 하게 된다. 그리고 그들의 필요가 외적인 요소에 의해 좌절되더라도, 그러한 필요를 스스로 충족시키는 능력을 지키기 위해서는 여전히 외적으로 어떤 일이든 해야 한다는 사실을 익혀야 한다. 그리하여 그들은 종종, 어떤 필요를 충족시키는 능력이 자신보다 뛰어난 사람들과 파트너십을 맺게 된다. 혹은 자신의 필요를 충족시키는데 필요한 외적인 능력을 강제적으로라도 키우게 하는 사람들과 파트너십을 가지는 경향이 있다(하늘의 금괴, 제4장 참고).

게 라시는 달이 로드하는 자리이기 때문에 감정적이고 모성적 본능이 강하다. 그리고 외국을 상징하는 자리인지라 이중국적을 가지고 있는 그녀는 외국에서 시간을 많이 보내게 만든다. 게다가 AK 행성인 금성이 라그나에 위치하고 있어, 안젤리나의 사랑스럽고 모성적이며 우아한 자태를 더 강하게 받쳐준다. 하지만 과거 생의 깊은 업식을 나타내는 토성도 역시 라그나에 있는지라, 그녀가 끊임없이 자신에 대한 편안함이나 사랑을 거부하는 성향을 일으키도록 만든다. 그러나 바바 포인들의 어스펙트(Rasi-Aspects to

BhavaChalita) 도표에서 볼 수 있듯이, 첫 번째 바바 커스프에, 라그나 로드인 달(37)과 친구 행성인 태양(8), 화성(42), 수성(3), 목성(51) 등이 총 (141) 좋은 어스펙트를 하고 있는지라, 금성(60)과 토성(60)의 총 트리쉬타(120) 영향을 충분히 극복하고도 남는다. 그래서, 대체로 안젤리나의 라그나는 좋은 라지타디 아바스타에 있다.

▣ 게 라시 라그나의 경우, 하우스 로드들의 성향(하늘의 금괴, 9장 참고)

· 태양은 두 번째 로드이다.

"태양은 게의 소유욕이다. 사실상 그들은 굴속에 들어갈 만한 것들이면 해변에서 죄다 싹쓸이를 해버린다."

태양은 2번째 로드로서, 게 라그나인들이 소유물, 가족, 명성 등과 자신을 강하게 동일시 하도록 만든다. 이러한 것들에 매달리는 성향은, 게가 가진 큰 덩치를 잘 설명해 주고 있다.

두 번째 로드로서 태양은 임시적 중립이다. 게 라그나인들이 소유물들을 관리하고자 돌아 다닐 때, 가진 동기가 이기적일지 혹은 바른 것일지는 태양에게 미치고 있는 다른 영향들에 달려있다. 그러나 태양은 자연적으로 흉성이기 때문에, 그들이 직업적인 명성, 혹은 가족적인 지위를 계발하는데 필요로 하는 것들로부터 격리시킬 수도 있다.

안젤리나의 태양은 열두 번째 하우스에서 열두 번째 바바와 합치하기 때문에, 소유물들을 모으기보다는 소모하는 성향으로 나타난다. 그래서 대가족을 유지하는데 많은 비용을 소모하게 한다. 그리고 세 번째, 열두 번째 바바의 로드인 수성과 합치를 하기 때문에, 그녀는 다른 사람들과 개인적인 친분이 많이 없는 것으로 알려져 있다.

· 달은 첫 번째 로드이다.

"달은 게가 가진 부드러운 면이다."

달은 라그나 로드로서, 게 라시인들이 감정적으로 치우치며, 편안하게 해주고, 잘 바뀌는 개성을 가지고 있음을 나타낸다. 게 라시들에게는 그들 자신이 스스로를 어떻게 느끼고 있는가 하는 사실이 상당히 중요하다. 어떤 불안한 감정도, 재빨리 우울증이나 감정적으로 유발된 질병으로 발전하게 된다. 달은 라그나 로드로서, 임시적 길성이 된다.

그래서 보통 그들에게 편안하고 안정된 삶의 환경을 찾을 수 있도록 해준다. 만약 흉조적 영향하에 있게 되면, 그들은 세상에서 어떤 행복도 가지기가 거의 불가능하다는 것을 알게 된다.

뜨는 달은 자연적 길성으로서, 다른 안 좋은 영향하에 있지 않는 한 부드럽고, 인내심를 가지고 보호하며, 만족을 느끼면서 꾸준히 성장하고 성공할 수 있도록 해준다. 지는 달은 자연적 흉성으로서 외적인 것들로부터 보호가 어느 정도 부족하다. 좀 더 내향적인 본성을 가졌으며, 만족스러움은 보다 내적인 과정을 통해서 오게 되며, 그리고 외부적인 것들을 성장시키고자 하는 관심이 부족하다. 그래서 그다지 성공을 거두지 못한다.

그녀의 달은 지는 달이지만 여자의 차트에서 달은 무조건 길성이다. 또한 라그나 로드이면서 열 번째 하우스에 있으면서 화성과 목성과 함께 여러 라자 요가(하늘의 금괴, 15장 참조)를 형성하고 있어 그녀에게 최상의 행성이다. 하지만, 라시 어스펙트(Rasi-Aspected Planets) 도표에서 알 수 있듯이, 토성이 달에게 주고 있는 강한 비중의 라시 어스펙트(56)때문에, 그녀가 진정으로 행복을 느끼는 것을 계속 방해한다.

· 화성은 다섯 번째와 열 번째 로드이다.

"화성은 게가 가진 파워풀하고 끈질기게 강한 집게다리이다."

화성은 다섯 번째와 열 번째 로드로서, 게 라시인들이 가진 파워풀할 정도로 분별적인 정신자세를 나타낸다. 그리고 집요한 정신적 성향이 그들의 행동방향을 가이드하고 있음을 말해준다. 이러한 집요함은 그들이 하는 일들에 "행운"이 떨어지게 만든다. 화성은 게 라시인들에게 높은 수준의 지성을 주는 요가카라카이다. 그들의 커리어를 부추겨 주기 위해 움직이고 있다. 또한 화성은 직관적인 지식에서 유추되는 저력을 준다.

화성은 다섯 번째와 열 번째 하우스를 다스리기 때문에 게 라시인들을 커리어, 자녀들, 제자들을 위해 싸우도록 만든다. 임시적 길성이 되며 그들에게 가장 유익한 행성이다. 그러나 화성은 자연적 흉성으로서 그들이 반드시 해야 한다고 자각하는 일들과 상충을 일으키는 것들 사이에서 어느 정도 갈등을 불러일으키기도 한다.

화성은 게 라그나에게 트라인과 앵글을 오운하는 요가 카라카로서 최고의 행성이다. 게다가 열 번째 앵글하우스에서, 물라트리코나 라시, 딕 발라, 그리고 목성의 무디타까지 얻고 있는지라, 안젤리나의 화성은 그야말로 환상적인 저력을 가지고 있다. 라시-아바스타(Rasi-Avasthas) 차트에서 화성은 자체적(227.5)+태양(5.1)+달(176.4)+목성(180.9) - 수성(7.7)=총 582.2의 훌륭한 라지타디 아바스타에 있다. 아직 젊은 나이임에도 불구하고 그녀가 이룬 성공의 수준을 잘 나타내주고 있다.

· 수성은 세 번째와 열두 번째 로드이다.

"수성은 게의 옆으로 가는 움직임이며 성대가 없음이다."

수성은 귀와 정보의 세 번째 하우스를 다스리며, 숨겨진 것들을 나타내는 열두 번째 하우스를 다스린다. 수성은 스피치를 다스리는 행성으로서, 게 라시인들이 가진 비밀스러운 스피치 경향을 나타내며, 분명하면서도 완전한 소통을 하는 것을 어렵게 만든다. 세 번째 하우스 로드십은 그들을 훌륭한 경청자로 만들며, 항상 궁금한 것이 많게 한다. 그러나 열두 번째 로드십은, 자주 자신들의 반응을 숨기게끔 만든다.

세 번째 로드십으로 인해, 수성은 임시적 흉성이 된다. 그들이 원하는 것을 충족시킬 수 있는 총명함을 부여하지만, 그러나 열두 번째 로드십으로 인해, 항상 뭔가를 완전히 드러내지 않게 하고, 직접적으로 다루는 경우가 거의 드물다. 자연적으로 길성이기에, 수성은 목표를 진전시킬 수 있는 재능과 합리적인 지성을 부여한다. 수성은 특히, 외국여행을 다스리는 행성이며, 게 라시 또한 외국을 나타내는 라시인지라, 게 라그나인들이 가진 외지탐험심, 무역의 재능 등을 대변하고 있다.

이 책에서도 살펴 보았듯이, 수성은 안젤리나가 사용하기를 가장 꺼리는 행성이다. 라시 차트에서 자체적으로 좋은 비중(79.6)을 가지고 있지만, 열두 번째 하우스에 있으면서 태양의 합치로 인한 쇼비타(-159.1)+달의 슈디타(-77.4)를 마이너스하면, 나머지는 (-156.9)가 되는 나쁜 아바스타에 있다. 그래서 그녀는 총명한 사람임에도 불구하고 수성을 효과적으로 잘 사용하지 못하고 있다. 약물중독이나 타투, 그리고 잘못된 이성 관계 등, 그녀 스스로 과거에 저지른 어리석은 선택들에 대해 후회하고 있다.

· 목성은 여섯 번째와 아홉 번째 로드이다.

"목성은 게가 가진 부족한 공격성이다."

여섯 번째 적들의 하우스와 아홉 번째 스승과 지혜의 하우스를 다스리는 목성은 게 라시인들에게 평화롭고 용서를 잘 하는 태도를 가지게 한다. 그래서 적이나 어려운 일들에 대항하여 싸우기보다는 오히려 배우도록 만든다. 영적인 삶과 열심히 일해야 하는 하우스들을 다스리는 목성은 카르마 요기의 능력을 부여한다. 그리고 어려움들을 극복할 수 있는 지식을 주며, 열심히 일한 대가로 행운을 가져다주고 노력한 만큼 만회시켜준다. 적을 다스리는 여섯 번째 하우스와 아버지를 뜻하는 아홉 번째 하우스들을 다스리기 때문에 목성은 그들이 아버지에게 덜 집착하는 경향을 준다. 하지만 목성은 길성이어서 아버지와 어떤 트러블을 주지는 않는다. 하지만 다른 나쁜 영향들이 있게 되면 얘기는 달라진다.

목성은 한 개의 길조적 하우스, 다른 한 개의 흉조적 하우스를 다스린다. 그러나 아홉 번째 하우스는 가장 강력한 트라인 하우스이기 때문에 목성은 임시적 길성이 된다. 자연적 길성으로서 여섯 번째 하우스를 다스리는 목성은 가끔씩 너그러운 은총을 내리지만, 일반적으로 어떤 노력을 한 뒤에야 오게 된다.

목성은 화성과 합치하면서 두 행성이 모두 최상의 아바스타에 있다. 또한 목성과 화성의 합치는 "부"를 가져오는 조합이다. 차트로 짐작해 보면, 그녀가 브래드보다 훨씬 더 수입이 많고 부자임을 알 수 있다. 일반적으로 게 라그나인들은 아버지와 좋은 관계를 유지한다. 안젤리나는 유명배우인 아버지를 두었기 때문에, 분명 많은 특혜를 가지고 태어났다고 할 수 있다. 그러나 아버지의 외도로 인해 그녀가 어릴 때 겪은 부모님의 이혼은, 평생을 두고 그녀가 아버지를 원망하는 오점을 남겼다. 이처럼 아버지와 나쁜 관계는 목성의 아홉 번째 로드십보다는, 여섯 번째 로드십과 열두 번째에 있는 태양의 위치로 인해 생겨났다.

· 금성은 네 번째와 열한 번째 로드이다.

"금성은 게의 해변가이다. 혼자 앉아 있는 것이 아니라 다른 게들과 같이 있다."

금성은 네 번째와 열한 번째 하우스 로드로서, 게 라시인들의 사치성, 특히 좋은 집을 원하는 그들의 본성을 대변한다. 금성은 그들을 사회적으로 활동적이게 만들며, 동료들과 행복을 즐기고 싶어 하도록 만든다. 그들은 자부심이 강한 경향이 있으며, 자신들의 타이틀, 집, 어머니, 인맥, 선조의 내력 등을 사랑한다.

열한 번째 하우스를 다스리는 금성은, 임시적 흉성이 된다. 게 라시인들이 내면적인 충족을 느끼기 위해 외적인 것들을 가지기 원하는 본성을 나타낸다. 금성은 자연적 길성으로서 그들에게 사회적 품위를 주어 필요한 것들을 얻도록 해준다.

그녀의 금성은 라시 차트에서 심한 트리쉬타 아바스타에 있다. 자체적으로 (0.00)인데다가, 태양(-27.8)+달(-191.5)+수성(3.9)=총 (-215.4)이라는 마이너스 아바스타를 가지고 있다. 특히 금성은 AK인지라, 첫 번째 하우스에서 그녀를 아름답고 활동적이게 만들지만, 자신이 사랑하는 것들을 많이 가질 수 없게 한다. 그녀가 의지를 많이 하던 어머니도 암으로 비교적 젊은 나이에 세상을 떠났다. 미디어를 통해서 그녀가 자녀들 외에 다른 사람들과 있는 모습은 거의 본 적이 없을 정도로 친구나 친척들이 주변에는 없는 것 같다.

· 토성은 일곱 번째와 여덟 번째 로드이다.

"토성은 게의 단단한 껍데기이다."

여덟 번째 취약성의 하우스와 일곱 번째 파트너의 하우스를 다스리는 토성은, 게 라시인들이 가지고 있는 많은 불안정성, 그리고 기대려 하는 기질을 나타낸다. 토성은 자신을 보호하기 위해 보호벽을 세운다. 그리고 신뢰가 성립되기 전까지는 이러한 벽은 그들을 냉정하고 무관심한 것처럼 보이도록 만든다. 일곱 번째 하우스를 다스리는 토성은 애정 관계 등이 시간이 흐르면서 나아지고, 좀 더 안정적으로 되며, 그리고 신뢰를 할 수 있는 능력도 더욱 늘어나게 되는 것을 나타낸다. 하지만 토성은 부족함을 나타내는 행성이다. 그래서 파트너와 파트너의 재원들을 다스리는 토성은, 일반적으로 많은 어려움을 겪고 난 뒤에야 애정 관계나 삶의 질이 더 나아질 수 있음을 나타낸다. 그런데 결혼을 통해 경제적인 이득을 줄 수도 있다. 하지만 관계가 끝남으로서 얻게 되거나, 아니면 감정적으로 아주 비싼 가격을 같이 지불해야 하는 경우가 흔히 있게 된다. 결과적으로 토성은, 게 라시인들이 인간관계의 결과로 인해, 좀 더 안정적으로 되게끔 강요하고 있다. 게 라시인들이 가진 상당한 부분의 카르마는 파트너십을 통해서, 혹은, 심한 질병들을 통해서 소진되게 된다. 토성이 여덟 번째 질병의 하우스를 다스리고 있을 뿐 아니라, 토성 자체가 질병을 가져다 주는 카라카 행성이기 때문이다. 그들의 질병들은 언제나 감정적인 연관을 가지게 된다. 일곱 번째 하우스가 네 번째 하우스에서 네 번째 하우스이기 때문에, 그들의 내면적 삶과 여덟 번째 하우스가 서로 연관을 가지고 있게 되는 것이다.

토성은 두 개의 중립 하우스를 다스리기 때문에 임시적 중립이라는 추측을 할 수도 있다. 그러나 BPHS에 따르면, 여덟 번째 하우스와 일곱 번째 하우스를 다스리는 행성은 아주 심각한 흉성이 된다. 저자의 의견으로는, 토성은 게 라시인들에게 거의 중립으로 간주할 수 있다. 하지만 토성은 두려움 때문에 창조를 하는 행성이어서, 행동방식이 이기적이다. 세 번째 로드나 열한 번째 로드들처럼, 흔쾌히 혹은 의식적으로 행동하지 않는다. 토성이 다스리는 일곱 번째 하우스는 수명의 하우스, 마라카(Maraka, 죽음을 가져오는) 하우스이다. 동시에 여덟 번째 죽음과 장수의 하우스를 다스리면서, 자신이 또한 죽음을 가져오는 행성인지라, 토성은 게 라시인들에게 아주 파워풀한 킬러가 된다. 위기와 변환을 가져오는 여덟 번째 하우스를 다스림으로, 그리고, 자연적으로 잃음을 상징하고 있는 행성으로서, 토성은 반드시 어려운 사건들을 일으키게 되어 있다."

라그나에 있는 토성이 그녀의 차트에서 많은 어려움을 주고 있는 사실은 이미 여러 번 설명하였다. 라시 차트에서 토성은 심각한 트리쉬타에 있다. 자체적인 힘이나 긍정적인 도움은 전혀 없고, 태양(-7.5)+달(191.5)+화성(-202.2)=총 (-401.2)라는 마이너스 트리쉬타 포인트 때문이다. 몸을 나타내는 라그나에 있어 토성의 영향은 더욱 강력해진다. 하지만 갈증을 느끼는 트리쉬타 아바스타는 브래드처럼 좋은 파트너들을 만나는 것을 막지는 않는다. 그러나 그녀가 파트너십에서 느끼는 충족감이나, 자신의 몸에 대한 긍정적인 자부심을 오염시키고 있다. 몸은 할리우드 여배우로서 가장 중요한 재산이라고 할 수 있는데, 이제 유방절제 수술을 한 그녀가 내적으로 느끼고 있을 결핍의식을 짐작할 수 있게 한다.

▨ 안젤리나의 144 바바 요가의 조합

1. 첫 번째 로드인 달은 열 번째 하우스에 있다: 아버지의 행복을 타고 났으며, 왕들에게 존중받으며, 사람들에게 알려져 있으며, 분명히 자신의 힘으로 부를 획득하게 될 것이다. 달이 엮여 있는 라자요가들로 인해 이러한 훌륭한 효과들이 몇 배나 가중되어 나타나고 있다.

2. 두 번째 로드인 태양은 열두 번째 하우스에 있다: 부의 로드가 손실의 장소에 있으면, 성급하고, 부를 뺏기게 되며, 다른 이들의 재산을 탐하며, 첫 번째 아이로 인한 행복이 결코 없을 것이다. 태양은 자체적으로 좋은 아바스타 비중을 가지고 있어, 부정적이 효과가 덜 나타나고 있다. 첫 번째 아이는 그녀가 아직 싱글일 때 입양하였는데, 이로 인해 그녀 아버지와의 관계가 최악의 상태에 이르는 계기가 되었다. 그녀가 자신의 이름에서 아버지의 성을 지우고, 또 절연을 하게 만드는 도화선이 되었다.

3. 세 번째 로드인 수성은 열두 번째 하우스에 있다: 형제의 로드가 손실의 장소에 있으면, 악한 행위들에 낭비하며, 그들의 아버지는 잔인하며, 여자들을 통해 행운이 깃든다. 그녀는 14살 때 어머니의 허락 하에, 남자친구와 2년 동안 동거를 하였다. 당시 안젤리나는 사춘기였는데, 마약이나 자살시도 등 많이 빗나가게 되자, 어머니는 딸을 잃으니 차라리 자신의 집에서 안전하게 동거하도록 허락하였던 것이다. 이처럼 조숙한 성생활은 침실의 쾌락을 나타내는 열두 번째 로드 수성이 나쁜 라지타디에 있기 때문이다. 아버지도, 잔인하게 어머니를 버리고 다른 여자에게로 떠났다. 그리고, 안젤리나는 독특하게 다른 여배우들과는 달리 여자들 팬이 훨씬 많다.

4. 네 번째 로드인 금성은 첫 번째 하우스에 있다: 행복의 로드가 라그나에 있으면, 그는 지식과 캐릭터로 장식되었으며, 토지와 운송수단들을 가지며, 어머니와의 행복이 가득하다. 금성은 AK이면서 라그나에 있다. 길성이면서 라그나에 있으면 항상 행운이 깃든다. 그녀의 금성은 비록 손상된 라지타디에 있지만, 어머니가 살아있는 동안 좋은 관계를 유지하는 등, 충분하지는 않지만 전반적으로 좋은 효과들을 가져다 주었다.

5. 다섯 번째 로드인 화성은 열 번째 하우스에 있다: 자녀들의 로드가 로얄 바바에 있으면, 그에게 라자 요가를 가져다주며, 많은 안락함을 즐기며, 사람들 중에 축복받은 이로 이름을 날린다. 화성은 그녀에게 최상의 효과들을 가져다 주는 행성이다. 그녀를 정말 유명하게 만든 역할들도 모두 액션들, 그리고 영화 '툼 레이더'에서 여전사 "라라" 역을 맡았다.

6. 여섯 번째 로드인 목성은 열 번째 하우스에 있다: 여섯 번째 로드가 열 번째 바바에 있으면, 명예를 즐기며, 자신의 마을/가족들에게 유명하며, 아버지에 대한 헌신이 없으며,

강연자이며, 다른 나라에 살며, 그리고 행복하다. 안젤리나는 미국, 캄보디아 두 개의 시민권을 가지고 있다. 그녀는 상당 시간을 외국에서 보내며, 그녀의 첫째 친딸도 외국에서 낳았다.

7. **일곱 번째 로드인 토성은 첫 번째 하우스에 있다: 배우자의 로드가 라그나에 있으면, 그는 다른 사람의 아내들 사이에 있으며, 난봉꾼/자유 사상가다. 사악하며, 눈에 띄며, 경솔하며, 그리고 바타(Vata)의 고통으로 가득하다.** 상당히 일치한다. 토성이 그녀에게 주고 있는 어려움들이다. 그리고 최근 들어 많이 쇠진해지고 있는 이유는 바타(바람, 풍)의 불균형 때문이다. 이처럼 어려운 토성은, 2016년 8월 1일부터 태양-토성의 시간에 들어서자 바로 브래드와의 결별을 조장하게 만들었다.

8. **여덟 번째 로드인 토성은 첫 번째 하우스에 있다: 여덟 번째 로드가 몸의 장소에 있으면, 그에게는 신체적 안녕함이 없을 것이며, 데바들과 브라민들을 경멸하며, 상처/농양/종양 등이 있다.** 그녀는 유전적으로 암에 걸릴 확률이 높다는 것을 알자, 미리 유방절제수술을 감행했다. 그리고 어린 시절에 우울증이나 마약, 자살 기도, 몸에 칼질을 하거나 타투를 새기는 등, 많은 자해를 행하였다. 그리고 그녀의 종교적인 활동에 대해선 거의 보도된 적이 없다.

9. **아홉 번째 로드인 목성은 열 번째 하우스에 있다: 행운의 로드가 카르마의 바바에 있으면, 왕이나 혹은 비슷한 이가 되며, 왕의 조언자 혹은 군대의 로드가 되며, 덕이 있고, 사람들에게 칭송받는다.** 훌륭한 라지타디와 라자 요가에 있는 목성은 모든 좋은 효과들을 가져다주고 있다. 그리고, 달과 목성이 같이 연관되면, 아주 순수하고 맑은 캐릭터를 주는 조합이다. 안젤리나는 자신의 모든 결함과 부끄러운 행적들에 대해 숨김없이 대중들과 나누고 있다. 그래서 남녀노소를 불구하고 그녀는 많은 사랑을 받고 있으며, 악한 루머나 안티들에 대한 사실은 거의 알려진 바가 없다.

10. **열 번째 로드인 화성은 열 번째 하우스에 있다: 카르마의 로드가 로얄 바바에 있으면, 모든 일들에 능숙하며, 행복하고, 용감하며, 진실을 말하며, 그리고 구루들에게 헌신적이고 따르는 사람이다.** 다시금 화성의 훌륭함을 확인시켜주는 요가이다.

11. 열한 번째 로드인 금성은 첫 번째 하우스에 있다: 이득의 로드가 라그나에 있으면, 사트빅으로 타고났으며, 부자이며, 행복하며, 모든 것을 초연하게 보며, 통찰력이 있으며, 말이 많고, 그리고 항상 이득을 보게 될 것이다. 금성은 정치적인 성향을 가진 행성이다. 그녀는 대체로 말을 많이 하지 않는 사람으로 알려져 있다. 대신에 그녀의 AK이면서 라그나에 있다 보니, 정치적으로 제3국이나 휴머니스트 활동에 많은 개입을 하고 연설도 많이 하고 있다.

12. 열두 번째 로드인 수성은 열두 번째 하우스에 있다: 손실의 로드가 손실의 바바에 있으면 지나친 비용들을 만들며, 신체적 행복이 없으며, 화를 낼 것이며, 다른 사람들을 싫어하는 사람이다. 어디를 가든지 6명의 아이들을 같이 몰고 다니는 안젤리나는 가족을 유지하는 비용이 얼마나 될는지 가히 상상이 갈만하다. 할리우드 최고 여배우이기에, 그에 대한 비용도 막대할 것이다. 자선이나 기부도 엄청나게 많이 하는 관대한 여배우로도 유명하다. 수성이 비록 나쁜 라지타디 영향 하에 있지만, 오운라시이기 때문에, 그녀는 비용보다 이득이 훨씬 많다. 그리고, 다른 사람들이나 가깝게 지내는 친구들이 별로 없는 것으로 알려져 있다.

▨ 빔쇼타리 다샤로 타이밍을 살펴 보기

어떤 사건들에 대한 타이밍을 예측하는 데는, 비단 빔쇼타리 다샤 뿐만 아니라, 현재 트랜짓(Transit, 운행)이나 다른 재미니(Jamini) 다샤 시스템 등을 같이 고려해야 하는 등, 무수히 많은 팩트들에 달려 있다. 이러한 타이밍의 방법은, 베딕 점성학의 입문에 들어가는 이 책의 영역을 훨씬 벗어날 뿐만 아니라, 직접적인 강의와 정밀한 차트들 분석과정을 거쳐야 하기에, 여기에서는 생략하기로 한다. 대신에 안젤리나의 차트에서 몇 가지 중요한 이벤트들을 빔쇼타리 다샤와 연관시켜 간단한 정리를 하자면 아래와 같다.

1. 수성 - 목성: 1982년 첫 영화데뷔. 수성은 세 번째 예술의 하우스 로드, 목성은 예술과 창조 지성의 행성으로 열 번째 하우스에 있다. 마하 다샤 로드인 수성이 취약한지라, 영화는 그다지 성공적이지 못했다. 그러나 안타르 다샤인 목성이 좋은 아바스타에 있는지라,

그녀에게 평생을 두고 배우로서 살 수 있는 길을 열어 주었다.

2. 케투: 1986년 9월 26일부터 1993년 9월 24일(7년). 열두 번째 쌍둥이 라시에 있는 케투는 수성의 아바스타를 따른다. 부모님이 이혼을 하고 어머니의 동거인과의 어려움들, 우울증과 마약 중독, 자살기도, 자해 등 힘들고 외로운 소녀 시절을 보냈다. 그러나 동시에 연기 수업과 간간히 소녀모델 활동도 하면서 미래에 대한 준비를 하며 보냈다.

3. 금성 - 금성: 첫 주연이었던 영화 '핵커스(Hackers, 1995)'가 성공을 거두었다.

4. 금성 - 라후: 비디오 게임 여전사, 라라 크로프트(Lara Croft: Tom Raider, 2001)가 그녀를 할리우드 메가급 여배우로 굳히게 되었다. 라후는 목성의 인마 라시에 있기에, 목성의 라지타디를 따른다. 그리고 라시 어스펙트 차트에서, 다른 행성들의 영향(태양 35+달 36+화성 40+수성 17+목성 52+금성 27+토성 16)을 많이 받고 있어 아주 파워풀한 라후이다. 그녀가 첫 아이를 입양한 시기이기도 하다.

5. 금성 - 목성: '미스터 & 미세스 스미스'를 연기했다. 그리고 남편과 아이들을 갖게 되었다. 목성은 여자 차트에서 남편과 자녀들을 주는 카라카 행성이다. 그녀를 국제적인 여배우로 도약시킨, 그녀의 커리어에서 가장 큰 성공을 가져다 준 영화이기도 하다.

6. 금성 - 케투: 2013년 2월 16일 유방절제수술을 받았다. 케투는 완성, 해결을 의미한다. 열두 번째에 있으면서, 금성 마하다샤의 마지막 안타르 다샤, 케투의 시간은 그녀에게, 암으로 어머니를 잃은 두려움을 완결 지어주는 시간이 되었다. 그렇지만, 유방절제라는 혹독한 방법을 통해서였다.

이하 다른 예시 차트들에선, 해당차트를 분석해 나가는 중간 중간에 빔쇼타리 다샤 타이밍을 같이 다룰 것이므로, 보다 자세한 내용은 120년간의 빔쇼타리 다샤 차트를 참고하시기 바란다. 빔쇼타리 다샤에서 행성들의 이름 옆에 적혀 있는 날짜들은 해당 다샤, 혹은, 안타르 다샤가 시작되는 날짜이다. 그러므로 이전의 다샤, 혹은, 안타르 다샤가 끝나는 날짜를 알기 위해서는 표기된 날짜의 하루 이전으로 계산하면 된다.

■ 안젤리나 졸리의 빔쇼타리 다샤

| Angelina Jolie | Date: 06/04/1975 Time: 09:09:00 | Vimshottari AntarDasa |

■ 안젤리나 졸리의 빔쇼타리 다샤

Angelina Jolie Date: 06/04/1975 Time: 09:09:00 **Vimshottari AntarDasa**

Mercury MahaDasa (-5y -8m)

Mo/Me	09/25/1969 23:52
Mo/Ke	02/22/1972 14:52
Mo/Ve	02/18/1973 19:38
Mo/Su	12/20/1975 16:06
Mo/Mo	10/26/1976 03:03
Mo/Ma	03/27/1978 13:17
Mo/Ra	03/24/1979 18:03
Mo/Ju	10/11/1981 02:52
Mo/Sa	01/17/1984 00:03

Ketu MahaDasa (11y 3m)

Ka/Ke	09/26/1986 02:41
Ka/Ve	02/22/1987 06:04
Ka/Su	04/25/1988 08:51
Ka/Mo	08/29/1988 04:53
Ka/Ma	03/30/1989 06:16
Ka/Ra	08/26/1989 09:39
Ka/Ju	09/13/1990 21:45
Ka/Sa	08/20/1991 19:10
Ka/Me	09/28/1992 14:37

Venus MahaDasa (18y 3m)

Va/Ve	09/25/1993 19:23
Va/Su	01/25/1997 06:45
Va/Mo	01/25/1998 12:34
Va/Ma	09/26/1999 06:15
Va/Ra	11/25/2000 09:02
Va/Ju	11/26/2003 02:29
Va/Sa	07/23/2006 01:59
Va/Me	09/25/2009 16:23
Va/Ke	07/26/2012 12:51

Sun MahaDasa (38y 3m)

Su/Su	09/25/2013 15:38
Su/Mo	01/13/2014 05:23
Su/Ma	07/14/2014 20:17
Su/Ra	11/19/2014 16:19
Su/Ju	10/14/2015 09:33
Su/Sa	08/01/2016 14:12
Su/Me	07/14/2017 13:43
Su/Ke	05/21/2018 00:40
Su/Ve	09/25/2018 20:42

Moon MahaDasa (44y 3m)

Mo/Mo	09/26/2019 02:31
Mo/Ma	07/26/2020 11:21
Mo/Ra	02/24/2021 12:45
Mo/Ju	08/26/2022 09:28
Mo/Sa	12/26/2023 09:13
Mo/Me	07/26/2025 16:25
Mo/Ke	12/26/2026 02:39
Mo/Ve	07/27/2027 04:03
Mo/Su	03/26/2029 21:44

Mars MahaDasa (54y 3m)

Ma/Ma	09/25/2029 12:38
Ma/Ra	02/23/2030 16:01
Ma/Ju	03/13/2031 04:07
Ma/Sa	02/16/2032 01:32
Ma/Me	03/26/2033 20:59
Ma/Ke	03/24/2034 01:45
Ma/Ve	08/20/2034 05:07
Ma/Su	10/20/2035 07:54
Ma/Mo	02/25/2036 03:56

Rahu MahaDasa (61y 3m)

Ra/Ra	09/25/2036 05:20
Ra/Ju	06/08/2039 09:01
Ra/Sa	10/31/2041 22:58
Ra/Me	09/06/2044 21:32
Ra/Ke	03/27/2047 06:22
Ra/Ve	04/13/2048 18:28
Ra/Su	04/14/2051 11:54
Ra/Mo	03/08/2052 05:08
Ra/Ma	09/07/2053 01:51

Jupiter MahaDasa (79y 3m)

Ju/Ju	09/25/2054 13:58
Ju/Sa	11/12/2056 18:22
Ju/Me	05/27/2059 01:05
Ju/Ke	08/31/2061 22:16
Ju/Ve	08/07/2062 19:41
Ju/Su	04/07/2065 19:11
Ju/Mo	01/24/2066 23:50
Ju/Ma	05/26/2067 23:35
Ju/Ra	05/01/2068 21:01

Saturn MahaDasa (95y 3m)

Sa/Sa	09/25/2070 10:58
Sa/Me	09/28/2073 05:27
Sa/Ke	06/03/2076 08:06
Sa/Ve	07/13/2077 03:32
Sa/Su	09/13/2080 17:57
Sa/Mo	08/28/2081 17:28
Sa/Ma	03/30/2083 00:40
Sa/Ra	05/03/2084 20:07
Sa/Ju	03/14/2087 18:41

© 2000 - 2013 Kala Vedic Astrology Software

⊠ 브래드 피트(Brad Pitt)
- 1963년 12월 18일, 6:31AM, Shawnee, OK, USA

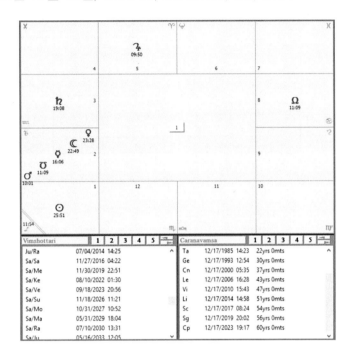

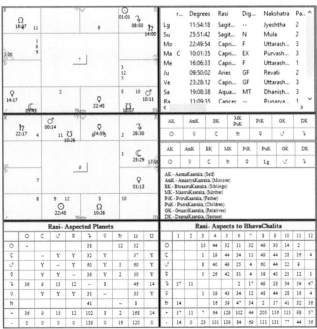

MuAg	☉	☾	♂	☿	♃	♀	♄
☉	0.0						
☾		108.4	62.1 / -112.8	84.1 / 128.8	57.8 / -202.1	106.0 / -14.5	
♂		29.0 / 108.4	50.7	40.4 / 212.9	50.7 / +194.9	28.0 / 91.6	3.8 / 41.8
♀		165.2 / +273.6	169.7 / -119.1	212.9	137.4 / 6.9	160.7 / -252.3	5.4 / +51.0
♃	144.3 / +144.3	20.4 / 108.4	35.8 / -86.5	28.5 / 212.9	144.3	19.7 / 91.6	
♀		89.6 / 108.4	50.5 / 50.7	69.1 / +282.0	47.9 / 96.4	91.6	
♄		45.6 / +108.4	45.6 / +50.7	45.6 / +212.9	31.5 / 144.3	45.6 / -137.2	45.6

▣ 브래드 피트의 차트에 대한 전반적인 분석

브래드 피트: 인마 라시 라그나

"인마 라시를 라그나로 가진 사람들은 어떤 믿음, 철학, 종교 혹은 규율 등에 기준으로 해서 삶을 살아간다. 그들은 자칫 자신들의 믿음에 희생양이 되기 쉽다. 이상적으로 여기고 있는 모형들이 전체적인 정체성을 완전히 둘러 쌓고 있기 때문이다. 그들은 삶에 어떤 목적과 의미를 부여하며 살기 위해 갈망한다.

그들이 가진 진화적 목적은 맞은편에 있는 쌍둥이 라시의 자질을 계발하려는 것이다. 인마 라시 인들은 자신들이 가진 이상, 믿음 등을 테스트하는 것을 배워야 하고, 또 필요한 경우에는 유동적일 수도 있어야 한다. 그들이 믿고 있는 것을 테스트하여, 정말로 믿을만한 가치가 있는지, 그리고 현실적으로도 맞는지 등 자세한 연구를 통해 알아볼 수 있어야 한다. 또한 그들은 적당히 즐기고 노는 법도 배울 수 있어야 한다. 모든 것들이 꼭 어떤 거창한 목적을 가지고 있어야 하는 건 아니기 때문이다. 파트너십은 그들보다 더 호기심이 많고, 경험이나 놀기를 좋아하는 타입과 맺어진다. 아니면, 그들에게서 이러한 자질들을 끌어낼 수 있는 사람들과 맺어지는 경향이 있다(하늘의 금괴, 제4장)."

브래드의 차트에서 단번에 두드러지는 점은 두 번째 하우스에 5개의 행성들이 몰려 있다는 사실이다. 게다가 이들 행성은 케투 - 라후의 축에 걸려 있다. 화성이 고양의 품위에 있을 뿐 아니라, 여러 가지 파워풀한 요가들(하늘의 금괴, 14장, 15장, 16장)이 케투와 함께 엮여 있어, 브래드의 타고난 강한 성품을 짐작할 수 있게 한다.

■ **인마 라그나의 경우, 하우스 로드들의 성향**(하늘의 금괴, 9장 참고)

· **태양은 아홉 번째 로드이다.**

"태양은 센토(Centaur)의 활이며, 인마와 이름이 같은(Dhanus) 귀한 무기이다."

태양은 아홉 번째 로드로서, 인마라시인들이 가진 믿음이나 이상과 자기동일시를 하고 있는 행성이다. 태양은 그들이 가진 높은 덕과, 바르고, 영적이거나 종교적 본성을 나타낸다. 목성은 진리와 지식, 가르침 등을 나타내며, 그리고 독자적으로 그러한 것들을 찾고자 하는 인마 라시인들의 타고난 영감을 나타낸다. 그리하여 자연적으로 그들이 스스로 자신의 스승이 될 수 있게 만든다.

태양은 아홉 번째 로드로서 훌륭한 임시적 길성이 되며, 확고하며 이상적인 다르마의 행성이다. 자연적 흉성으로서 태양은 인마 라시인들이 다르마적 삶을 추구하는 데 따르는 희생을 요구하며 그래서 태양이 영향을 미치고 있는 다른 영역들로부터 격리를 시킬 수도 있다.

아홉 번째 로드로서 라그나에 있는 태양은, 브래드의 삶에 전반적인 행운을 내려주고 있는 행성이다. 그리고 남자의 차트에서 태양이 라그나에 있으면, 강하면서도 안정된 캐릭터를 준다. 그의 태양은 최상의 길성이자 친구행성인 목성의 물라트리코나에 있을 뿐만 아니라, 목성으로부터 아홉 번째에 위치하고 있으면서 오로지 목성의 무디타 어스펙트(36)만 받고 있다. 그가 가진 독특한 매력을 라지타디 아바스타를 통해 그대로 파악할 수 있다.

· **달은 여덟 번째 로드이다.**

"달은 센토가 가진 반인반마로서의 불완전함이며, 죽음의 필요성을 받아들이는 그의 무사적 정신자세이다."

달은 인마 라시인들이 가진 불안정한 정신 자세와 사물의 깊이를 파고들도록 자극하고 있는 내적인 불편함을 나타낸다. 달은 심리적으로 분석을 할 수 있는 타고난 능력을 준다. 그들은 세상에서 일어나는 변화, 어려움, 죽음 등이 현상적 삶에 내재하고 있는 필요와 조화의 일부분이라는 사실을 잘 알고 있다. 달은 그러한 와중에서도 그들이 편안함을 느낄 수 있는 능력을 준다. 그들은 순리대로 내려놓고 따라가는 행동들이 삶에서 행운,

지식, 진리를 얻기 위해 피할 수 없는 과정임을 잘 알고 있다.

달은 여덟 번째 하우스를 다스리기에 임시적 중립이 된다. 그러나 원래 섬세한 본성을 가진 달은, 여덟 번째 하우스를 다스리는 다른 행성들처럼, 큰 위기를 가져오지는 못한다. 그래서 BPHS에 따르면, 달은 비록 여덟 번째 로드이지만 해롭지가 않다. 만약 뜨는 달이면 진정한 길성이 되며, 변화를 통한 성장을 가져다 줄 수 있게 된다. 그러나 지는 달이면, 어렵거나 고통스러운 고비, 기대치 않았던 손실 등을 가져올 수도 있다. 그러나 보통은 쉽게 극복할 수 있는 것들에 한해서만 일어난다. 달은 재활하고 치유하는 데 빠르기 때문이다.

브래드의 달은 뜨는 달이기 때문에 길성이다. 그러나 아직 초승달에 지나지 않으며, 토성의 라시인 악어 라시에 있기 때문에, 감정적으로 그다지 온화하거나 유연하지가 못하다. 갈증을 느끼는 아바스타에 있는 안젤리나의 금성과 진정으로 감성적 공감대를 형성하기가 힘들게 만든다. 그러나 다른 길성들인 수성과 금성과 합치를 하고 있기 때문에 그가 감정을 표현하는 방식은 최고의 매너남으로 행동할 것이다. 비단 안젤리나 뿐만 아니라, 할리우드 전여성들이 그의 매너리즘에 감복하는 이유이다. 화성과 달의 조합은 강하고 명백하며 논리적인 성격을 준다. 그런데 그의 달은 고양의 품위에 있는 화성보다 많이 약하다. 두 번째 하우스는 가족과 책임감, 스피치, 부를 나타낸다. 같이 있는 길성들의 영향으로 인해, 그의 스피치는 유연하고 부드러울 것이다. 하지만 그의 행동은 칼같이 명백하고 논리적인 성향이 강할 것이다. 케투는 그가 이룩한 모든 성취와 업적들이 과거 생에 상당한 메리트를 축적한 결과로 현생에 나타난 것임을 말해주고 있다. 또한 이들은 모두 목성으로부터 최고의 앵글 위치인 열 번째에 있으면서. 부와 파워를 보장해주는 가자케사리 요가(Gajakesari Yoga, 하늘의 금괴, 15장)의 효과가 극도에 달하는 예이다. 그리고 이러한 요가들이 악어 라시에서 일어나고 있다. 악어 라시의 주 특성은 변하지 않는다는 것이다. 오십이 넘은 할리우드의 남자 배우들 중에 브래드처럼 젊은 날의 모습과 매력을 그대로 간직한 사람을 찾아보기 힘든 이유이기도 하다.

라지타디 아바스타의 저력을 재는 라시(Rasi-Avasthas) 차트에서, 두 번째 하우스에 있는 행성들의 포인트를 살펴보면, 달(자체적 108.4+수성의 도움 165.2)은 총 (273.6) 플러스 포인트를 가지고 있다. 화성(자체적 50.7+달 62.1+목성 35.8 - 수성 169.7)은 총 (-21.1) 마이너스 포인트를 가지고 있다. 수성(자체적 212.9+금성 69.1 - 달 84.1)은 총 (197.9) 플러스 포인트를 가지고 있다. 금성(자체적 91.6+수성 160.7+45.6 - 달 106.0)은 총 (191.9) 플러스 포인트를 가지고 있다. 이처럼 나머지가 플러스 혹은 마이너스 인가에 따라, 차트 주인이 얼마나 그 행성을 긍정적 혹은 부정적으로 사용하며 그리고 그에 상응하는 효과들을 가져오도록 하는가를 나타낸다.

· 화성은 다섯 번째와 열두 번째 로드이다.

"화성은 센토의 화살이다."

화성은 다섯 번째와 열두 번째 로드로서, 스스로 배우는데 타고난 능력을 제공한다. 정신적 기질은 활동적이고 상상력이 강하면서도 논리적이다. 이러한 기질들은 훌륭한 전략적, 기술적 능력을 준다. 영적 수행과 깨달음의 하우스들을 다스림으로 인해, 화성은 금욕생활과 혼자서 영적 노력을 쏟게 하는 행운이다. 화성은 문제를 해결할 수 있는 정신적 능력과 지식을 준다.

화성은 다섯 번째 하우스를 다스림으로 인해, 인마 라시인들에게 임시적 길성이며 지성을 준다. 자연적 흉성으로서 화성은 그들이 아는 것들에 대해 지략이나 인내심을 부족하게 한다. 그래서 다른 사람들과 마찰을 겪게 할 수도 있다.

앞에서 살펴 보았듯이 화성은 고양의 품위에 있어 브래드에게 강한 남성적 성향을 주지만, 그러나 라지타디의 나머지가 마이너스로 나오는지라, 그가 화성을 효과적으로 다루지 못하고 있음을 의미한다. 안젤리나처럼 멋진 여성을 아내로 맞이하였지만, 계속해서 이들의 이별설에 대한 루머들이 끊이지 않고 있는 이유는, 브래드가 그녀의 감성에 민감하기보다는 자신의 논리로만 그녀를 컨트롤하려 들기 때문인 것으로 짐작된다.

· **수성은 일곱 번째와 열 번째 로드이다.**

"수성은 센토의 카리스마이다."

수성은 일곱 번째와 열 번째 로드로서, 생산적인 파트너십 또는 사업적 파트너십에서 타고난 능력을 준다. 이러한 로드십으로 인해 수성은 그들이 커리어에 도움이 되거나 직위를 얻게 해 주는 결혼을 원하게 만드는 경향이 있다. 또한 수성은 대중적인 성공, 지위, 화술에 뛰어난 능력을 준다. 직업은 다른 사람들과 연결을 잘 해주는 것일 수도 있다. 수성은 또한 일과 노는 것을 잘 조화시킨다.

두 개의 앵글을 다스림으로 인해 수성은 임시적 중립이다. 그러나 자연적 길성인 수성은 그들의 노력을 지지할 수 있는 직업적 재능이나 파트너를 준다.

수성은 좋은 라지타디에 있어 아주 행복하다. 그래서 브래드는 연기는 아주 자연스러운 특징을 가지고 있다. 할리우드의 다른 남자배우들은 약물이나 보디빌딩 등을 통해 몸을 많이 혹사시키는 성향이 있지만, 브래드는 그런 적이 없다. 그를 스타덤에 오르게 한 영화 '흐르는 강물처럼(A River Runs Through It, 1992)'은 브래드가 마치 어릴 적 고향에서 자라난 모습 그대로를 연기한 작품이었다. 연기가 너무 쉬웠기 때문에 가장 자신감이 없었던 영화이기도 했는데, 아이러니하게도 제일 큰 성공을 거두었다. 저자도 그 영화를 아주 감명 깊게 보았던 기억이 있다. 특히 그의 유하고 조용하게 강직한 남성상에 깊은 감동을 받았었다.

· **목성은 첫 번째와 네 번째 로드이다.**

"목성은 센토의 몸이다."

목성은 길성으로서 네 번째 행복의 하우스와 첫 번째 개성의 하우스를 다스리기에 즐겁고 낙천적인 개성을 준다. 행복해지기 위해선 자신의 존재에 대한 어떤 목적의식을 가지게 한다. 목성은 그들에게 조국에 대한 강한 친밀감을 가지게 하며, 그래서 어떤 애국자 비슷한 그런 존재들로 만든다. 또한 어머니에 대한 강력한 동일의식을 가지고 있으나, 일반적으로 어머니와 비슷한 이상이나 믿음을 가지고 있는 건 아니다.

목성은 라그나를 다스리기에 임시적 길성이 되며, 인마 라시인들에게 삶의 의미와 행복을 준다. 자연적 길성으로서 목성은 보통 본인들의 능력과 매너로 인한 증진, 행운, 그리고 지혜를 가져다 준다. 에소테릭한 표현을 빌자면, 목성은 영적인 여행을 위해 쓰이는 "몸"의 운송 수단이라고 할 수 있다.

라그나 로드인 목성은 행운의 다섯 번째 하우스에서 친구 행성(태양 38+달 32+화성 60)들의 어스펙트를 받으며 아주 훌륭한 라지타디 아바스타에 있다. 라시 차트(Rasi-Avasthas) 포인트를 살펴보면 (자체적 144.3+달 57.8+화성 50.7 - 수성 137.4 - 금성 47.9) 총 67.5 플러스 아바스타 포인트를 가지고 있다. 그래서 대체적으로 긍정적인 효과들을 가져다 준다. 브래드의 전성기는 라후 다샤였다. 지금은 목성의 다샤에 있다. 라후는 게 라시에 있기 때문에, 로드인 달의 라지타디를 따른다. 그리고 라시 어스펙트 차트를 보면, 라후는 모든 행성들의 영향을 받고 있어 아주 파워풀하다. 목성은 라후보다는 못하지만, 그나마 다음으로 좋은 라지타디 어스펙트를 받고 있는지라, 그의 전반적인 인생은 내리막길이 없이 평탄하게 이어지고 있는 것이다.

· 금성은 여섯 번째와 열한 번째 로드이다.

"금성은 센토의 메달(medals)이다."

금성은 여섯 번째와 열한 번째 로드로서, 인마 라시인들이 자신의 성공에 대해 점점 으스대는 경향이 있도록 만든다. 이러한 하우스들을 다스리는 금성은, 그들이 노력의 결실로 얻은 좋은 것들에 너무 빠지게 할 수도 있다.

금성은 이러한 로드십으로 인해 으뜸가는 흉성이 되며, 그들이 가진 자부심 때문에 반대나 경쟁 등에 맞서야 할 수도 있다. 자연적 길성으로서 이러한 하우스들을 다스리는 금성은, 기략과 우아함을 주어서 그들이 어려움을 성공으로, 패배를 승리로 바꿀 수 있도록 만든다.

금성은 적敵인 달과의 합치로 인해 많은 마이너스를 당하고 있지만, 그래도 훌륭한 라지타디 아바스타에있다. 금성의 라시-아바스타 포인트는 총 (자체적 91.6+수성 160.7+토성

45.6 - 달 106.0), 191.9 플러스 아바스타를 가지고 있다. 금성은 최상의 행복과 가치를 위한 선택을 하는 행성이다. 비록 기혼이었음에도, 더 큰 행복과 충족을 얻을 수 있는 안젤리나를 향해 떠날 수 있었던 이유이다. 그럼에도, 제니퍼 애니스톤에 대한 최상의 예우를 잃지 않는 품위를 보여주었다.

· 토성은 두 번째와 세 번째 로드이다.

"토성은 화살을 당기고 있는 센토의 강한 팔이다."

두 번째 소유재산의 하우스와 세 번째이자 재주, 재능들의 하우스를 다스리는 토성은, 인마 라시인들이 자신의 지적인 능력에 대해 가지고 있는 집착을 나타낸다. 그리고 겨우 몇 개 안 되는 귀한 것들을 지키려 애를 쓰는, 그들의 불안정한 에고에서 나오는 경직성을 보여준다. 토성은 지성의 정확함과 아주 조리있게 아이디어를 제시할 수 있는 능력을 주어서 인마인들을 훌륭한 선생으로 만들기도 한다. 하지만 어떤 다른 조정을 해주는 영향들이 없는 한, 그들은 자신의 아이디어에 대한 상당한 경직성과 집착을 가지게 한다. 그리하여 최상의 학생들은 되지 못하지만, 삶의 직접적인 경험을 통해 배우는 능력은 아주 뛰어나다. 토성은 부와 노력의 하우스들을 다스리기에 인마인들에게 자신의 노력을 통해 부를 얻을 수 있는 능력을 준다. 이러한 것들을 성취하는 데는, 부족함이나 지연이 자주 있게 된다. 원하는 부를 현실화 시킬 수 있기 전까지, 그들이 배워야 하는 어떤 레슨들이 있기 때문이다. 그들의 가족이나 형제들은, 보통 그들이 어떤 희생을 치르거나 어느 정도 고통을 경험해야 하는 영역들이다.

토성은 세 번째 하우스를 다스리기에 임시적 흉성이 된다. 자신의 노력으로 번 것들이나, 성공하기를 원하는 것들에 대해, 어느 정도 이기적인 성향을 가지도록 한다. 그리고 자연적 흉성으로서, 보통 이기심이나 필요한 자원이 부족한 탓으로 인해 그들이 원하는 것들로부터 격리나 손실을 겪도록 만들기도 한다.

최고의 흉성인 토성은 브래드의 차트에서 그다지 두드러지는 영향력을 미치지 않고 있다. 물라트리코나 라시에 있어 자체적으로 강한 토성은 브래드에게 굉장히 현실적이며, 티를 내지 않으면서 노력을 많이 하는 자질들을 준다. 세 번째 예술의 하우스에 있는지라,

그의 연기력에 그러한 자질들이 묻어난다. "Ocean's 11, 12, 13" 시리즈에서 성공적인 도둑을 연기할 수 있었던 이유이기도 하다. 그런데 라지타디 아바스타를 살펴보면, 다른 행성들의 영향을 거의 받지 않고 있다(태양 12, 화성 5, 수성 2). 라시 차트에서도 토성은 (자체적 45.6+수성 5.4 - 화성 3.8) 총 47.2 플러스 포인트의 저력을 가지고 있다. 그래서 브래드 인생의 전반적인 흐름이 별다른 굴곡 없이 유유하게 지날 수 있도록 한다. 대체로, 차트에서 토성이 긍정적이던, 부정적이든, 강한 영향력을 미치는 사람들은 인생에서 심한 굴곡을 거친다. 과거 생에서 넘어온 카르마의 제약을 많이 받기 때문이다. 안젤리나의 예가 아주 좋은 본보기이다.

⊠ 브래트 피트의 144 바바 요가의 조합

1. 첫 번째 로드인 목성은 다섯 번째 하우스에 있다: 라그나 로드가 자녀들의 장소에 있으면, 아이들과 중간 정도의 행복을 누릴 것이며, 첫 번째 아이를 잃을 것이다. 그들은 몹시 노할 것이며, 왕의 총애를 누리며, 아마도 존경받을 것이다. 브래드 피트와 제니퍼 애니스톤은 2004년 7월에 자연유산 경험이 있었던 사실이, 최근에서야 미디어를 통해 알려졌다. 목성-토성달의 다샤를 지나고 있었다. 토성과 달은 인마 라그나에게 흉성이다.

2. 두 번째 로드인 토성은 세 번째 하우스에 있다: 부의 로드가 형제의 장소에 있으면, 용감하게 타고 났으며, 총명하며, 덕이 넘치고, 원기왕성하며 만약 슈바(길성)와 섞였으면 열심히 적극적이다. 파파(흉성)와 섞였으면, 신들을 원망한다. 브래드는 고등학교 시절, 학교대표로 골프, 수영, 테니스, 웅변, 뮤지컬 등 활발한 학생이었다. 7년간의 화성의 다샤를 지나고 있었는데, 토성이 로드하는 악어 라시에서 고양의 품위를 얻은 화성은 특히 신체적으로 활발하게 만들었다.

3. 세 번째 로드인 토성은 세 번째 하우스에 있다: 형제의 로드가 형제의 장소에 있으면, 형제들과 행복이 주어졌으며, 부와 자녀들을 누리며, 명랑하고, 즐겁게 편안한 사람이다. 삼 형제 중 장남인 브래드는 개신교의 보수적이고 원만한 집안환경에서 형제들과 우애를 나누며 평탄하게 자랐다. 가정사가 복잡한 미국에서는 흔치 않은 경우이다. 그리고 2004년

'미스터 & 미세스 스미스' 영화를 촬영할 때, 목성토성 시간을 지나고 있었다. 안젤리나와의 만남을 통해 부와 자녀들, 그리고 더 큰 가정의 행복을 얻을 수 있었다.

4. **네 번째 로드인 목성은 다섯 번째 하우스에 있다: 행복의 로드가 자녀의 바바에 있으면, 행복하고, 모두에게 사랑 받으며, 덕이 높은 비슈누 헌신자이며, 존경받으며, 자신의 손으로 획득한 부를 가졌다.** 안젤리나에 의하면, 브래드는 직접 여섯 아이의 조반을 준비하는 것부터 시작하여 모든 뒷바라지에 아주 자상하고 적극적인 훌륭한 아버지라고 한다. 미디어를 통해 비친 브래드가 이전 결혼 생활보다 훨씬 행복하고 바쁜 것을 즐기는 모습이 역력하다. 그리고 개신교적인 환경에서 자랐지만, 이후에 불가지론이나 무신론 사이를 왔다 갔다 한다고 고백하였다.

5. **다섯 번째 로드인 화성은 두 번째 하우스에 있다: 자녀들의 로드가 부의 장소에 있으면, 그는 많은 자녀와 부를 소유할 것이며, 가족을 부양하는 이가 된다. 세상에서 아주 유명하며, 존경 받으며, 여자들에게 인기를 누린다.** 상당히 일치한다.

6. **여섯 번째 로드인 금성은 두 번째 하우스에 있다: 여섯 번째 로드가 부의 장소에 있으면, 성급하거나 잔인하며, 자신의 마을에서 유명하며, 먼 나라에 속하며, 행복하며, 그리고 항상 자신의 일에 헌신적이다.** 상당히 일치한다.

7. **일곱 번째 로드인 수성은 두 번째 하우스에 있다: 배우자의 로드가 부의 장소에 있으면, 많은 여자를 가졌으며, 아내와의 합치로 부를 얻으며, 그리고 할 일을 미루는 사람이다.** 상당히 일치한다. 그는 깔끔해 보이는 외모와는 달리 주변 정리나 씻는 것 등을 좋아하지 않는 배우로 할리우드에서 잘 알려져 있다.

8. **여덟 번째 로드인 달은 두 번째 하우스에 있다: 여덟 번째 로드가 부의 장소에 있으면, 힘이나 저력들이 많이 부족하게 타고 났으며, 아주 적은 부를 가지며, 잃어버린 소유물들을 되찾지 못한다.** 안젤리나를 만나기 이전에, 브래드는 심한 우울증과 지나친 흡연으로 어려운 시간들을 보냈다고 한다. 그때가 라후-달의 시간을 지나고 있었다. 라후는 여덟 번째 하우스에 있으며, 달은 여덟 번째 로드이다.

9. 아홉 번째 로드인 태양은 첫 번째 하우스에 있다: 행운의 로드가 라그나에 있으면, 그는 행운을 타고 났으며, 왕에게 칭송받고, 좋은 행위를 하며, 아름다운 모습이며, 유식하며, 그리고 사람들에게 칭송받는다. 상당히 일치한다. 1997년 라후-태양의 시간에 "12마리 원숭이들"이라는 영화로 골든글로브 조연상과 아카데미상 후보에 올랐다.

10. 열 번째 로드인 수성은 두 번째 하우스에 있다: 로열티의 로드가 부의 바바에 있으면, 부자이며, 덕을 갖추었으며, 왕에게 존경 받고, 풍부하며, 아버지 등과 같이 있으며, 행복하다. 상당히 일치한다. 2005년 목성-수성의 다샤는 브래드에게 최고 행운의 시간이었다. 커리어, 결혼, 가족, 부 등 삶의 모든 분야에서 피크를 이루고 있었다.

11. 열한 번째 로드인 금성은 두 번째 하우스에 있다: 이득의 로드가 부의 바바에 있으면, 모든 종류의 부를 타고 났으며, 모든 성취를 함께 할 것이며, 베풀며, 정의롭고, 그리고 항상 행복하다. 상당히 일치한다.

12. 열두 번째 로드인 화성은 두 번째 하우스에 있다: 손실의 로드가 부의 바바에 있으면, 항상 좋은 일에 소비를 하며, 다르마 성향이며, 기쁘게 말을 하며, 자질들과 행복이 주어졌다. 상당히 일치한다.

위에서 부차적인 설명을 생략한 나머지 바바들의 요가들은 모두 브래드에 대한 아주 사실적이고 적합하게 묘사를 하고 있다. 일반적으로 144 요가의 효과들은 라지타디 아바스타에 따라 많은 조율을 해야 한다. 그런데 브래드의 경우에는, 거의 정확하게 일치하고 있음을 알 수 있다. 이는 브래드의 두 번째 하우스에 다섯 개의 행성들이 몰려있는 독특함 때문이다. 보통 이렇게 한 곳에 행성들이 집중하고 있으면, 아주 단면적이면서 집중적인 삶의 양상을 보이게 된다. 그래서 대체로 점성학적 예측을 하기가 쉬워진다.

▣ 브래드 피트의 빔쇼타리 다샤

Brad Pitt	Date: 12/18/1963 Time: 06:31:00	Vimshottari AntarDasa

Sun MahaDasa (-4y 0m)		**Moon MahaDasa (1y 11m)**		**Mars MahaDasa (11y 11m)**	
Su/Su	11/28/1959 09:02	Mo/Mo	11/27/1965 19:54	Ma/Ma	11/28/1975 06:02
Su/Mo	03/16/1960 22:47	Mo/Ma	09/28/1966 04:45	Ma/Ra	04/23/1976 09:25
Su/Ma	09/15/1960 13:41	Mo/Ra	04/29/1967 06:09	Ma/Ju	05/13/1977 21:31
Su/Ra	01/21/1961 09:43	Mo/Ju	10/28/1968 02:52	Ma/Sa	04/19/1978 18:56
Su/Ju	12/16/1961 02:57	Mo/Sa	02/27/1970 02:37	Ma/Me	05/29/1979 14:23
Su/Sa	10/04/1962 07:36	Mo/Me	09/28/1971 09:49	Ma/Ke	05/23/1980 19:09
Su/Me	09/16/1963 07:07	Mo/Ke	02/26/1973 20:03	Ma/Ve	10/21/1980 22:31
Su/Ke	07/22/1964 18:04	Mo/Ve	09/23/1973 21:26	Ma/Sa	12/22/1981 01:18
Su/Ve	11/27/1964 14:06	Mo/Su	05/29/1975 15:08	Ma/Mo	04/28/1982 21:20

Rahu MahaDasa (18y 11m)		**Jupiter MahaDasa (36y 11m)**		**Saturn MahaDasa (52y 11m)**	
Ra/Ra	11/27/1982 22:44	Ju/Ju	11/27/2000 07:21	Sa/Sa	11/27/2016 04:22
Ra/Ju	08/10/1985 02:25	Ju/Sa	01/15/2003 11:45	Sa/Me	11/30/2019 22:51
Ra/Sa	01/03/1988 16:22	Ju/Me	07/28/2005 18:29	Sa/Ke	08/10/2022 01:30
Ra/Me	11/09/1990 14:56	Ju/Ke	11/03/2007 15:39	Sa/Ve	09/18/2023 20:56
Ra/Ke	05/28/1993 23:46	Ju/Ve	10/09/2008 13:05	Sa/Su	11/18/2026 11:21
Ra/Ve	06/16/1994 11:52	Ju/Su	06/10/2011 12:35	Sa/Mo	10/31/2027 10:52
Ra/Su	06/16/1997 05:18	Ju/Mo	03/28/2012 17:14	Sa/Ma	05/31/2029 18:04
Ra/Mo	05/10/1998 22:32	Ju/Ma	07/28/2013 16:59	Sa/Ra	07/10/2030 13:31
Ra/Ma	11/09/1999 19:15	Ju/Ra	07/04/2014 14:25	Sa/Ju	05/16/2033 12:05

Mercury MahaDasa (71y 11m)		**Ketu MahaDasa (88y 11m)**		**Venus MahaDasa (95y 11m)**	
Me/Me	11/27/2035 18:48	Ke/Ke	11/26/2052 21:37	Ve/Ve	11/27/2059 14:19
Me/Ke	04/23/2038 09:48	Ke/Ve	04/23/2053 01:00	Ve/Sa	03/29/2063 01:41
Me/Ve	04/22/2039 14:34	Ke/Su	06/23/2054 03:47	Ve/Mo	03/28/2064 07:30
Me/Su	02/20/2042 11:02	Ke/Mo	10/30/2054 23:49	Ve/Ma	11/27/2065 01:11
Me/Mo	12/27/2042 21:59	Ke/Ma	06/01/2055 01:12	Ve/Ra	01/23/2067 03:58
Me/Ma	05/28/2044 08:13	Ke/Ra	10/28/2055 04:35	Ve/Ju	01/26/2070 21:24
Me/Ra	05/23/2045 12:59	Ke/Ju	11/14/2056 16:41	Ve/Sa	09/26/2072 20:55
Me/Ju	12/12/2047 21:48	Ke/Sa	10/21/2057 14:06	Ve/Me	11/27/2075 11:19
Me/Sa	03/19/2050 18:59	Ke/Me	11/30/2058 09:33	Ve/Ke	09/23/2078 07:47

© 2000 - 2013 Kala Vedic Astrology Software

⊠ 제니퍼 애니스톤(Jennifer Aniston)

- 1969년 2월 11일, 22:22PM, LA, CA, USA

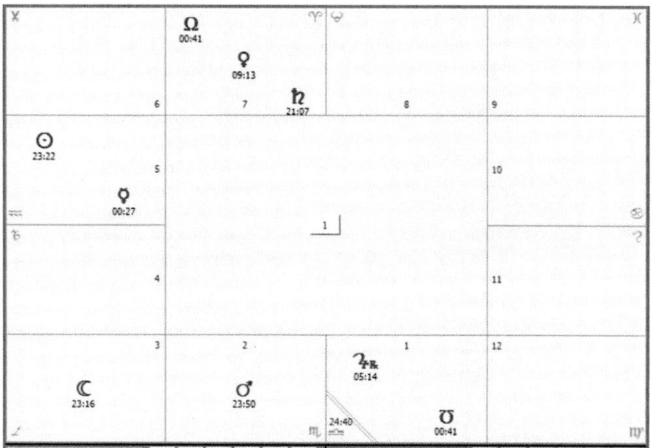

Vimshottari	
Ma/Ve	05/19/2015 14:10
Ma/Su	07/18/2016 16:57
Ma/Mo	11/23/2016 12:59
Ra/Ra	06/24/2017 14:22
Ra/Ju	03/06/2020 18:04
Ra/Sa	07/31/2022 08:01
Ra/Me	06/06/2025 06:35
Ra/Ke	12/24/2027 15:24
Ra/Ve	01/11/2029 03:30
Ra/Su	01/11/2032 20:57

Caranavamsa		
Cp	02/11/1997 17:07	28yrs 0mts
Aq	02/12/2000 10:33	31yrs 0mts
Pi	02/11/2002 22:11	33yrs 0mts
Ar	02/11/2009 14:52	40yrs 0mts
Ta	02/12/2016 07:34	47yrs 0mts
Ge	02/11/2027 23:30	58yrs 0mts
Cn	02/11/2035 22:00	66yrs 0mts
Le	02/12/2040 03:04	71yrs 0mts
Vi	02/11/2046 13:57	77yrs 0mts

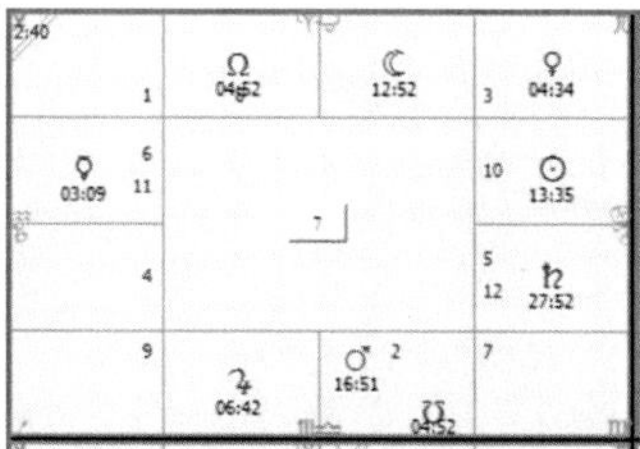

	r...	Degrees	Rasi	Dig...	Nakshatra	Pa..
Lg		24:40:08	Libra	--	Chitra	4
Su		23:22:09	Aqua...	N	Dhanish...	4
Mo		23:16:00	Sagit...	F	Mula	1
Ma		23:50:13	Scor...	OH	Visakha	4
Me		00:27:00	Aqua...	F	Sravana	1
Ju	R	05:14:42	Libra	GE	Hasta	2
Ve		09:13:28	Aries	E	Revati	1
Sa		21:07:31	Aries	DB	Aswini	1
Ra		00:41:45	Aries	--	Uttarah...	3

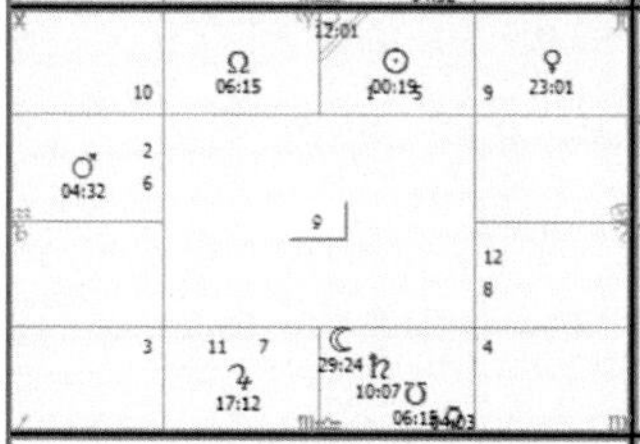

AK	AmK	BK	MK PuK	PiK	GK	DK
♂	☉	☾	♄	♀	♃	☿

AK	AmK	BK	MK	PiK	PuK	GK	DK
Lg	♂	☉	☾	♄	♀	♃	☿

AK - AatmaKaaraka, (Self)
AmK - AmaatyaKaaraka, (Minister)
BK - BhraatruKaaraka, (Siblings)
MK - MaatruKaaraka, (Mother)
PiK - PitruKaaraka, (Father)
PuK - PutraKaaraka, (Children)
GK - GnaatiKaaraka, (Relatives)
DK - DaaraaKaaraka, (Spouse)

Rasi- Aspected Planets

	☉	☾	♂	☿	♃	♀	♄	☊	☋
☉	–		15	Y	39	8	14	4	41
☾	15	–		4	9	37	31	41	11
♂	59		–	25		15	3	23	
☿	Y		3	–	28	24	36	15	30
♃	24	33	9	58	--	58	52	51	Y
♀		23	38	4	52	–	Y	Y	43
♄		32	44	41	28	Y	–	Y	19
+	24	56	50	62	80	82	88	66	73
-	74	32	58	70	76	60	48	68	72

Rasi- Aspects to BhavaChalita

	1	2	3	4	5	6	7	8	9	10	11	12
☉	29	14				1	16	44	27	8	58	44
☾				2	18	44	29	4	58	43	28	14
♂			2	20	57	29	2	60	57	28	14	
☿	18	2				12	39	32	4	54	47	33
♃		10	37	56	18	40	50	55	28	4		
♀	52	37	21	6				8	33	36	13	32
♄	58	43	36	48				9	57	42	25	8
+	70	49	58	62	18	52	90	96	64	94	60	65
-	88	57	37	70	76	74	47	117	199	121	125	66

Ω	Ʊ	Rasi - Avasthas					Bh	Sh
MuAg	☉	☽	♂	♀	♃	♀	♄	
☉	0.0							
☽	7.4 -7.4	29.3		1.8 65.2	4.4 -4.4	18.1 91.3	15.2 -15.2	
♂	203.2 +203.2		205.6	85.4 67.0		205.6 109.4	205.6 -205.6	
♀	15.8 0.0		3.7 201.9	67.0	30.8 -30.8	26.5 +135.9	39.8 +39.8	
♃					0.0			
♀		41.9 29.3	68.7 205.6	8.0 +75.0	109.4 -109.4	109.4	66.0 +66.0	
♄							0.0	

▣ 제니퍼 애니스톤의 차트에 대한 전반적인 분석

제니퍼 애니스톤: 천칭 라시 라그나

"천칭 라시를 라그나로 가진 사람들은 삶에서 주고 받는 것의 함수관계, 모든 것에는 지불해야 할 가격이 있다는 사실을 인식하고 있다. 이러한 인식은 삶에서 그들이 지불할 능력이 되는 것만 원하거나, 하고 싶은 것만 하는 실용적인 능력을 부여하게 된다. 가격을 지불한다는 의미는, 자신의 욕망이나 포부, 필요를 채우기 위해선 무엇을 해야 하는지, 무엇을 포기해야 하는지 등을 잘 안다는 뜻이다. 그래서 천칭 라시는 가장 균형 잡힌 라그나로 꼽히고 있다. 흔히 삶의 균형이 무너지는 연유는 우리가 감당할 수 있는 것보다 더 많이 원하거나 지불하려 할 때 흔히 발생하기 때문이다.

천칭 라시인들의 진화목적은 맞은 편에 있는 산양 라시의 자질들을 계발하는 것이다. 산양 라시인들은 생각과 행동이 우선하며, 결과에 대한 걱정은 나중에 한다. 이러한 자질들은 천칭 라시인들이 개발해야 한다. 균형이란 항상 현재의 순간에서만 이루어지는 것이 아니기 때문이다. 만약 현재에 어떤 것들이 균형을 잃은 듯 혹은 불공평한 듯 보인다면, 단지 과거의 어떤 것에 대한 균형을 바로 잡기 위해서 혹은 미래에 창조될 어떤 것에 대한 균형을 잡기 위해서 지금 현재에 공간을 마련해 주고 있는 것임을 알아야 한다. 천칭 라시인들은 필요하다면 진취적이고, 의지적이고 충동적인 자질들을 계발할 필요가 있다. 파트너십은 독립적이고 강한 의지력을 가진 타입이든지, 아니면, 어떤 식으로든 그들이 가진 개성이나 개인적인 충동성을 표현하게끔 도와주는 사람들과 맺어지는 경향이 있다(하늘의 금괴, 4장 참고)."

제니퍼의 라그나에는 목성과 케투가 있다. 목성은 첫째 하우스에서 딕 발라 품위를 얻으면서 역행하는지라 훌륭한 저력을 가지고 있다. 라그나는 인생의 출발을 의미한다. 부모님이 배우였던 그녀는 유복하고 행복한 어린 시절을 보낼 수 있었다. 그리고 케투는 이러한 행운은 과거 생으로부터 넘어온 메리트였음을 보여준다. 바바 커스프(BhavaChalita) 차트를 보면, 첫 번째 바바 커스프에 태양(29)+수성(18)+금성(52)+토성(58), 그리고 목성의 60(합치한 행성은 풀 어스펙트 비중을 매긴다) 총 (217)이라는 훌륭한 행성들의 영향이 미치고 있다. 그녀가 몸의 행운, 즉, 미모를 가지고 타고난 이유이다. 토성은 비록 취약의 품위에 있지만, 일곱 번째 하우스에서 딕 발라 저력을 얻으며, 천칭라그나에게 요카라카 행성이다. 그래서, 토성은 극도의 행운과 불행을 함께 가져다 준다. 또 다른 주목할 점은, 토성은 꾸미지 않는 심플한 행성이다. 그녀는 항상 같은 헤어스타일을 유지하면서, 다른 여배우들과는 달리 자연스러운 미모를 가지고 있는 이유이다.

■ **천칭 라시의 경우, 하우스 로드들의 성향**(하늘의 금괴, 9장 참고)

· **태양은 열한 번째 로드이다.**

 "태양은 저울에 있는 금이다."

태양은 열한 번째 로드로서, 천칭 라시인들이 삶에서 얻고 싶어하는 것이다. 열한 번째 로드로서 임시적 흉성이 되는 태양은, 그들이 가장 충족시키고 싶어하는, 다른 어떤 것들을 희생해서라도 추구하고 싶어하는, 바로 그러한 것들을 나타낸다. 궁극적으로 그들이 얻고 싶어하는 것은 자아이지만, 그러나 먼저 세상의 욕망들에 걸려 넘어져 보아야 한다. 태양은 자연적 흉성으로서 자신이 영향을 미치고 있는 영역에서 그들을 격리시킬 수도 있다. 그러나 뭔가 좀 더 바람직한 목적을 위해서이다.

그녀의 태양은 다섯 번째 하우스에서 아홉 번째, 열두 번째 로드인 수성과 합치를 하고 있다. 열한 번째+다섯 번째+아홉 번째 하우스의 조합은 최고의 행운을 보장해주는 조합이다. 그녀는 1994년 6월부터 태양의 다샤를 시작했는데, 그때부터 '친구들(Friends)'라는 TV 드라마 시리즈로 할리우드 톱 여배우의 자리를 굳히게 되었다.

'친구들'이라는 프로그램은 매주 10년간 상영되면서 최고의 인기를 누렸으며, 그녀가 한 편당 백만 불 달러를 지불받을 만큼 성공적이었다.

· 달은 열 번째 로드이다.

"달은 바자(basaar)이다."

달은 열 번째 로드로서, 천칭 라시인들을 어떤 식으로든지, 사회에 이득이 되는 커리어를 가지게 한다. 또한 달은 시간이나 필요에 따라 바꿀 수도 있는, 혹은 바꾸기 쉬운 직업을 주기도 한다. 천칭 라시인들에게는 커리어 생활이 편안하다. 그러나 만약 달이 나쁜 영향하에 있으면, 직장에서의 불균형, 과도한 업무로 인한 탈진, 일 중독 현상 등을 나타낼 수도 있다.

달은 앵글로드로서 임시적 중립이 된다. 그러나 달에게 미치고 있는 다른 영향들에 따라, 천칭 라시인들이 커리어 목표달성을 위해 어떻게 행동할 것인가가 결정된다. 뜨는 달은 자연적 길성으로서 좋은 카르마들을 행하게 한다. 그리하여 달이 영향을 미치고 있는 영역들이 활짝 피도록 해준다. 지는 달은 자연적 흉성으로서, 천칭 라시인들이 행동에 필요한 것들을 유지하는 데 관심이 부족하게 만든다. 지는 달이 영향을 미치고 있는 영역들이 잘 발휘를 하지도 못하게 한다. 그리고 커리어 때문에 달이 관장하는 삶의 다른 부분들은 모두 에너지가 고갈되어 버릴 수도 있다.

세 번째 예술의 하우스에 있는 달의 다샤(2000년 6월 24일부터 10년간)동안 그녀는 TV뿐만 아니라 영화에서도 많은 성공을 거두었다. 그러나 제니퍼의 달은 지는 달이다. 그리고 라지타디 아바스타(Rasi-Avasthas) 차트에서, 자체적(29.3) 포인트만 가지고 있고 다른 도와주는 행성들의 영향이 아무도 없다. 2000년 7월 29일, 그녀는 브래드와 호화로운 결혼식을 올렸다. 세상의 모든 여자들이 그녀를 부러워했다. 그러나 지는 달은 외부적으로 완전한 충족이나 행복을 가져다주지 못한다. 그래서 커리어에는 엄청난 성공을 가져다주었지만, 브래드와의 결혼은 불과 5년 만에 이혼으로 끝날 수밖에 없었다. 그때가 달-토성의 시간이었다. 토성은 일곱 번째 배우자의 하우스에서 취약의 품위에 있다.

· **화성은 두 번째와 일곱 번째 로드이다.**

"화성은 장사꾼의 소유물들로서, 다른 사람들이 부러워할 만한 가치를 가지고 있다."

화성은 두 번째와 일곱 번째 로드로서, 천칭 라시인들이 자신의 파트너들에게 소유적이게 만든다. 그러나 꼭 부정적인 방식으로 그러는 것은 아니다. 두 번째 하우스와 일곱 번째 하우스의 연결은 결혼에 적합하다. 화성은 열정적인 취향을 주며, 파트너십이나 결혼으로 인해 재물이 늘어날 수도 있다. 어쨌든, 화성은 천칭 라시인들이 로맨스나 비즈니스 등의 관계에서 생산적인 파트너십을 맺도록 하는 경향이 있다.

화성은 임시적 중립이다. 다른 영향들에 따라, 그들이 이성 관계나 부를 추구하는 방식이 보다 자기 중심적일지, 아니면 좀 더 고상한 매너로 할지 등을 결정하게 된다.

화성은 제니퍼의 AK행성이며, 오운라시인 전갈 라시에 있다. 라지타디 아바스타에서 자체적(205.6)이라는 강한 포인트를 가진 반면 적인 수성이 겨우 (3.7)만 마이너스 영향을 미치고 있다. 그래서 2010년 6월 24일 화성의 다샤가 시작되자마자 그녀의 영화는 미국뿐만 아니라, 전세계적으로 최고의 수입을 올리는 성공을 거두었다. 현재 남편인 저스틴 테룩스(Justin Therousx)를 만나 결혼도 하였다. 전반적으로 달의 다샤보다 더 부자가 되었으며, 그러한 성공은 현재까지 계속 이어지고 있다.

· **수성은 아홉 번째와 열두 번째 로드이다.**

"수성은 장사꾼이 팔기 위해 가지고 있는 가격을 매길 수도 없을 만큼 이국적이며, 귀한 물건들이다."

수성은 아홉 번째와 열두 번째 로드로서, 천칭 라시인들이 가진 영성적 지식과 실질적인 믿음을 나타낸다. 그들은 필요할 때, 보다 더 큰 어떤 힘에 귀의 함으로서 얻어지는 이득들을 잘 이해하고 있다. 수성은 또한 외국무역에 관한 재능을 준다. 아홉 번째 로드십으로 인해 수성은 임시적 길성이 된다. 무엇을 쥐고 있어야 할지, 무엇을 놓아야 할지를 잘 분별할 수 있는 지혜를 준다. 자연적 길성으로 수성은 그들이 거대한 재산을 이룰 수 있는 재능과 지성을 준다.

제니퍼는 초월명상을 시행하고 있다고 밝혔다. 2006년 달-수성의 시간을 지나고 있었는데, 이혼의 아픔과 난독증으로 인해 어려움을 겪던 그녀가 초월명상을 배운 이후 많은 평정을 되찾고 행복하다고 한다. 아이를 가질 수 없는 자신의 불운도 받아들이고 대신에 입양을 추진하고 있는 것으로 알려졌다.

· 목성은 세 번째와 여섯 번째 로드이다.

"목성은 점점 늘어가는 장사꾼의 이득이다."

세 번째와 여섯 번째 로드로서 목성은 두 개의 우파차야 하우스들을 다스리고 있다. 그들에게 부를 주는 행성으로서, 전 인생에 걸쳐 점점 늘어가는 부를 줄 수도 있다. 목성은 세 번째와 여섯 번째 하우스의 로드로서 임시적 흉성이 된다. 그리고 목성이 영향을 미치고 있는 영역들을 향한 이기적인 욕구를 드러낸다. 그러나 자연적 길성이고 또 고귀한 품위를 가진 행성이기 때문에, 천칭 라시인들은 이러한 것들을 막무가내로 쫓지는 않을 것이다. 어떤 고서에 따르면, 목성은 천칭 라시인들에게 라자요가를 가져다준다고 한다. 왜 그런지에 대한 설명은 없지만, 이 작은 책자는 보배처럼 귀한 지식들로 가득 차 있어 실제로 아주 유용한 고서이다. 그러므로, 비록 목성이 천칭 라시인들에게 두 개의 어려운 하우스들을 다스리고 있지만 함부로 단언 지을 수가 없으며, 어쩌면 높은 지위를 가져다줄 수도 있다.

목성은 힘과 노력을 나타내는 두 개의 하우스를 다스린다. 그러나 자연적 길성이기 때문에 강제적이 아닌 평화로운 본성을 준다. 여섯 번째 로드십이 적의가 아니라 쉽게 용서하는 기질을 주기 때문이다. 목성은 자연적 길성인지라 그가 영향을 미치고 있는 영역에 충족을 가져다 준다. 그러나 대부분 일과 노력을 통해서 이루어진다.

목성에 관한 분석은 이미 앞에서 언급하였다. 그녀는 브래드를 빼앗아 간 안젤리나에 대해 어떤 불미스런 반응도 보이지 않는 관대함과 품위를 보였다. 개인적인 슬픔과 불행을, 원망이나 미움으로 다루는 대신에 모두 용서하고, 대신에 자신의 일에 더욱 열중하는 현명한 대처를 하였다. 라그나에 목성이 있는 사람들은 아주 현명하고 평화로운 본성을 가지고 있다.

· 금성은 첫 번째와 여덟 번째 로드이다.

"금성는 바자(Bazaar)에 서 있는 남자이다."

금성은 첫 번째와 여덟 번째 로드로서, 천칭 라시인들이 자신에 대한 인식이 깊어짐에 따라 생에서 급진적인 변화를 겪게 될 것을 나타낸다. 이러한 변화는 주로 금성을 통해서 가슴 깊숙이 잠들어 있던 욕망이 깨어나게 함으로서 오게 된다. 금성은 또한 다른 사람들의 재원에 대해 집착하고, 마치 자기 것 인양 동일시하게 만든다.

라그나 로드로서 금성은 임시적 길성이다. 그래서 우아하고 현실적인 지혜를 통해 그들이 삶에서 자신들의 자리를 찾게 한다. 그러나 여덟 번째 로드십은 그들을 어느 정도 불안정적이게 만든다. 하지만 천칭 라시는 활동적(moveable) 라시이기 때문에, 어떤 식으로든지 변화를 거치게 되어 있다. 자연적 길성인 금성은, 자신이 영향을 미치고 있는 영역에, 안락함과 행복을 가져다주기도 한다. 그렇지만 여덟 번째 로드십은 어느 정도 "기대치 않았던"이라는 요소를 함께 가져다준다.

금성은 라그나 로드인 동시에 여덟 번째 로드이기에 행운과 불운을 같이 가져다 준다. 좋은 부모님을 만나 유복한 환경에서 자라는 복을 누리는 동시에, 금성의 다샤에 부모님이 이혼하고, 어머니와의 관계도 오랜 세월 동안 절연할 만큼 악화시켰다. 또한 금성은 시력을 다스리는데 라후와 토성과의 합치로 인해 손상되었다. 그녀가 난독증을 가지게 된 이유이다.

· 토성은 네 번째와 다섯 번째 로드이다.

"토성은 저울이다."

토성은 네 번째와 다섯 번째 로드로서 요가 카라카가 된다. 앵글과 트라인을 동시에 다스리기에 천칭 라시인들에게 최상의 임시적 길성이 된다. 토성은 아주 실질적이며, 이지적인 머리와 인내심을 주며, 필요할 때는 냉철하고 분석적이며 분별력 있는 마음 자세를 준다. 토성은 정신적인 평형성과 바른 결정을 내릴 수 있는 침착함을 준다. 그러나 이러한 자질은 살면서 체험적으로 익히게 된 재능이다. 그래서 천칭 라시인들은 실수들을 통해서 배울 줄 아는 라그나로 알려져 있다. 네 번째 내적 마음과 느낌의 하우스, 그리고 다섯 번째 지성의 하우스가 연결됨으로서, 토성은 아주 균형 잡힌 마음 자세를 만들어 줄 수 있다. 그러나 그들이 깊이 내재한 두려움과 불안정성을 극복할 수 있은 뒤에야, 비로소 그렇게 될 수 있다. 토성은 일반대중이 존경할 수 있는 품위를 주기도 하는지라 그들이 공적인 지위를 얻는 데 도움이 된다. 자연적 흉성으로서 토성은 자신이 영향을 미치고 있는 영역으로부터 그들을 분리시킬 수도 있다. 그러나 이는 순전히 장기적인 안목에서 그들에게 최상의 행복과 성공을 가져다 주기 때문에 필요한 과정일 뿐이다.

요가 카라카이면서 일곱 번째 앵글하우스에 있는 토성은, 비록 그녀가 학벌은 뛰어나지 않지만, 타고난 실질적인 지혜를 준다. 친구행성 금성과 같이 있기 때문에 일반 대중에게 화려함이 아닌 현실적인 매력으로 끌게 해준다. 그런데 라후의 합치는, 그녀에게 쉽게 불안정해지는 성향을 확대시킨다. 할리우드에서 손꼽힐 만큼 부자인 여배우이지만, 그녀가 어떤 뚜렷한 자선이나 기부를 하는 행위들은 별로 알려진 바가 없다. 취약의 품위에 있는 토성은 그녀가 근본적인 결핍의식을 극복하기가 어렵게 만들기 때문이다.

▨ 제니퍼 애니스톤의 144 바바 요가의 조합

1. 첫 번째 로드인 금성은 일곱 번째 하우스에 있다: 라그나 로드가 일곱 번째에서 파파(흉성)의 라시에 있으면, 배우자는 살지 않을 것이며, 슈바(길성)의 라시에 있으면 그는 방랑할 것이며, 혹은 가난하며, 혹은 관심이 없으며, 혹은 왕일 수도 있다. 토성과 라후처럼 최강 흉성들과 합치한 금성은 배우자를 죽게 만들지는 않았지만, 다른 여자에게 뺏기게 만들었다.

2. 두 번째 로드인 화성은 두 번째 하우스에 있다: 부의 로드가 부의 장소에 있으면 (건강한) 자부심을 가졌으며, 두 명 또는 더 많은 배우자의 수를 유지하며, 비록 제한 없이 자손들을 만들지만 자녀들이 부족하다. 현 남편과 결혼하기 전에, 몇 명의 남자친구들이 있었다. 그리고, 그녀가 임신하기 위해 온갖 노력을 하였지만 모두 실패로 끝났다. 첫 남편 브래드와의 아이뿐만 아니라, 두 번째 남편과의 아이도 모두 자연유산으로 끝나는 비운을 겪었다.

3. 세 번째 로드인 목성은 첫 번째 하우스에 있다: 형제의 로드가 라그나에 있으면, 자신의 손으로 획득한 부를 가졌으며, 경배하는 것에 익숙하며, 성급하거나/잔인하며, 비록 총명하지만 배움이 없다. 제니퍼는 의심의 여지 없이 자신의 손으로 부를 모았다. 그리고 선천적으로 현명하지만, 난독증으로 인해 책도 많이 읽지 못할 뿐 아니라, 학벌도 약하다.

4. 네 번째 로드인 토성은 일곱 번째 하우스에 있다: 행복의 로드가 일곱 번째에 있으면, 위대한 지식을 타고 났으며, 아버지가 획득한 부를 잃을 것이며, 회의에서 그가 벙어리처럼 되게 만들 것이다. 제니퍼가 선천적으로 현명한 여자인 것은 의심의 여지가 없다. 아버지의 부를 낭비하였는지에 대해서는 알려진 바가 없으며, 브랜젤리나 스캔들이 터졌을 때, 많은 사람이 그녀에게 인터뷰를 요구했지만 그녀는 침묵과 노코멘트로 일관하였다.

5. 다섯 번째 로드인 토성은 일곱 번째 하우스에 있다: 자녀들의 로드가 일곱 번째에 있으면, 존경 받으며, 모든 다르마가 주어졌으며, 자녀들과의 행복이 함께 하며, 그리고 또한 다른 사람들 도와주는 것을 즐긴다. 토성이 취약의 품위에 있는지라 자녀들과의 행복을 얻을 수 없었다. 그러나 입양을 하게 되면 행복할 수 있을 것이다. 그렇게 토성이 주는 자녀에 대한 결핍의식을 극복하게 되면 앞으로 더 많은 좋은 일들도 할 수 있을 것이다. 개인적으로 그녀는 아주 관대하고 멋진 성격의 소유자로 알려져 있다.

6. 여섯 번째 로드인 목성은 첫 번째 하우스에 있다: 여섯 번째 로드가 라그나에 있으면, 그는 몸이 약하며, 유명해지며, 자신의 사람들이 적敵이며, 좋은 자질들이 주어졌으며, 부자이며, 존경 받으며, 성급하다. 그녀의 어머니는 1999년에 유명한 딸에 대한 이야기를 책으로 썼다가 몇 년 동안 서로 절연하게 되었다. 이후 브래드와의 이혼 이후 힘든 시절을 지나면서, 비로소 화해한 것으로 알려져 있다.

7. 일곱 번째 로드인 화성은 두 번째 하우스에 있다: 배우자의 로드가 부의 장소에 있으면, 많은 여자를 가졌으며, 아내와의 합치로 부를 얻으며, 그리고 할 일을 미루는 사람이다. 브래드와의 결혼 생활 중, 두 사람은 공동으로 필름제작회사를 차려 많은 수입을 얻었다.

8. 여덟 번째 로드인 금성은 일곱 번째 하우스에 있다: 홈의 로드가 아내의 바바에 있으면, 두 명의 아내들을 가지며, 만약 합치를 하면 직업에서 영구적인 실패를 하게 될 것이다. 두 명의 남편을 가진 사실은 정확하다. 두 번째 결혼이 과연 얼마나 오래 갈지는 좀 더 두고 보아야 할 일이다. 저자의 예측으로는 2017년 6월 24일부터 시작되는 라후다샤가 고비일 것으로 보인다. 일곱 번째 배우자의 하우스에 있는 라후가 비단 배우자뿐만 아니라 그녀의 커리어나 건강 등의 영역에 많은 시련들을 가져올 것이라는 추측이다.

9. 아홉 번째 로드인 수성은 다섯 번째 하우스에 있다: 행운의 로드가 자손들의 바바에 있으면, 자손들과의 행운이 가득하며, 구루에게 헌신하며, 현명하며, 다르마의 영혼이며, 판딧(학자)이다. 그녀에게는 오랫동안 정신적 지주였던 심리학자가 있었다. 그런데 최근에 그녀가 죽으면서 많은 충격을 겪었다. 그리하여 초월명상을 배우게 되었는데, 그녀가 안정을 되찾는데 많은 도움을 받고 있다고 한다.

10. 열 번째 로드인 달은 세 번째 하우스에 있다: 카르마의 로드가 형제의 장소에 있으면, 형제들과 하인들과의 행복이 주어졌으며, 용감하며, 덕이 완벽하고, 말이 많고, 그리고 정직한 사람이다. 그녀가 영화에서 성공하게 해준 작품은 '착한 여자(The Good Girl, 2002)'이다. 이후, 다른 영화에서도 항상 좋은 여자의 역할들을 주로 한다. 그녀의 기본 성격에 잘 맞는 듯하다.

11. 열한 번째 로드인 태양은 다섯 번째 하우스에 있다: 이득의 로드가 자손들의 바바에 있으면, 기쁨을 주는 자녀들을 낳으며, 그리고 또한 유식하며, 그리고 좋은 품행을 갖추었으며, 다르마에 헌신하며, 그리고 행복하다. 태양은 좋은 여건에 있지만, 다섯 번째 로드인 토성이 나쁜 라지타디 아바스타에 있어, 자녀들을 낳는 기쁨을 누릴 수는 없었다.

12. 열두 번째 로드인 수성은 다섯 번째 하우스에 있다: 손실의 로드가 자손들의 바바에 있으면, 자손들과 배움이 없으며, 아이를 얻기 위해 비용을 쓰게 될 것이며, 신성한 장소들을 찾아 먼 곳에서 돌아다닌다. 그녀가 임신을 하기 위해 백방으로 돌아다니며 무한한 비용을 쏟은 것이 널리 알려져 있다.

제니퍼는 물에 대한 공포증을 가지고 있다. 어린 시절에 세 발 자전거를 타고 수영장 근처를 돌다가 물속으로 떨어진 경험이 있었다. 수영장 바닥에 떨어진 채 공포심에 자전거 손잡이를 얼마나 꼭 쥐고 있었는지, 그녀를 구하려고 뛰어든 오빠가 많은 애를 먹었다고 한다. 그때 거의 죽을 뻔한 경험으로 평생 물속에 들어가는 것을 아주 두려워하게 되었는데, 얼마나 스트레스가 깊었는지 이후 오랫동안 가슴속에 꽁꽁 묻어두고 있었다. 그러다가 2015년 영화 촬영을 할 때 30초간의 수영장 장면을 찍지 못해 무려 30번씩이나 반복하는 고전을 치른 뒤에야 비로소 공포증에 대한 고백을 처음 했을 정도였다. 숫자 30으로 나타낸 트림삼샤 바가는 우리 몸이 겪는 사고, 질병, 어려움을 알 수 있는 부속 차트이다. 제니퍼의 트림삼샤 바가는 산양 라그나인데, 첫 번째 하우스에 수성, 라후, 케투가 합치하고 있다. 몸을 나타내는 첫째 하우스에 노드(Nodes)가 있으면 신체와 연관된 두려움이 있게 만든다. 라그나의 로드인 화성도 사고를 상징하는 여섯 번째 하우스에 있다. 그리고 여덟 번째 하우스는 특히 물과 연관된 어려움들을 나타내는 전갈 라시인데, 죄다 위험한 8, 2, 12, 6 바바들이 합치하고 있으면서 세 개의 흉성(라후, 케투, 토성), 그리고 두 개의 길성(수성, 금성)들로부터 라시 어스펙트를 받고 있다. 다행히 길성들의 영향으로 인해 목숨에는 영향이 없었지만, 정신적으로 평생 동안 깊은 스트레스를 남기게 되었다. 이러한 사건이 빔쇼타리 다샤에서 1972년 5월 29일 시작된 케투-토성의 시간, 혹은 1973년 6월 27일부터 시작된 케투-수성 시간에 일어났을 것으로 예측된다.

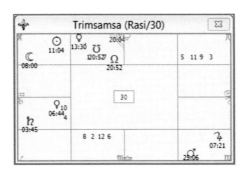

제니퍼가 9살 때 부모님이 이혼을 했다. 당시 그녀는 금성-달(1978년 10월 24일~1980년 6월 23일)을 지나고 있었다. 나밤샤 차트에서 부모님의 결혼상태를 알려면 아버지를 나타내는 아홉 번째 바바를 라그나로 간주하고 읽으면 된다. 제니퍼의 나밤샤에서 아홉 번째 바바는 쌍둥이 라시에 있으면서 금성이 위치하고 있다. 그리고 금성이 로드하는 천칭 라시에 달, 토성, 라후, 수성이 있고, 화성에게 라시 어스펙트를 받고 있다. 화성은 이혼을 가져오는 두 번째, 여섯 번째 바바와 합치하고 있다. 이처럼 흉성들 사이에 손상된 달은 어머니의 어려운 상태를 나타내고 있다. 그래서 금성-달의 다샤에 부모님이 이혼을 하게 된 것이다. 그런데 이 시간 동안 제니퍼는 자신의 연기력을 발견하게 된 시기이기도 하다. 라시 차트에서 달은 열 번째 캐리어 하우스의 로드이면서 예술의 하우스인 세 번째에 있다. 달 자체가 예술적인 행성이기도 하다. 금성은 라시 차트에서 대중을 나타내는 일곱 번째 하우스에서 대중의 인기를 확대시키는 저력을 가진 라후와 토성과 합치를 이루고 있다. 그녀의 미래 직업을 이때 굳힐 수 있었던 이유이다. 그녀가 배우로 데뷔한 첫 작품은 1990년 '몰리(Molly)'라는 TV 프로그램이었다. 이때가 금성-토성 시간이었다. 토성은 라시 차트에서 취약의 품위에 있기 때문에 자체적인 저력이 많이 약하다. 그래서 성공적인 데뷔 작품이 될 수 없었다. 토성은 또한 네 번째, 다섯 번째 바바를 다스리기 때문에, 그녀가 아이를 가질 수 없는 이유이기도 하다.

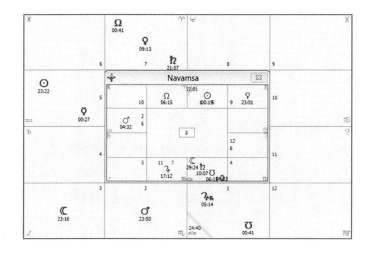

Jennifer Aniston	Date: 02/11/1969 Time: 22:22:00	Vimshottari AntarDasa

Ketu MahaDasa (- 1y -7m)

Ke/Ke	06/29/1967 11:44
Ke/Ve	11/21/1967 15:06
Ke/Su	01/20/1969 17:53
Ke/Mo	05/28/1969 13:55
Ke/Ma	12/27/1969 15:19
Ke/Ra	05/25/1970 18:41
Ke/Ju	06/13/1971 06:47
Ke/Sa	05/19/1972 04:13
Ke/Me	06/27/1973 23:39

Venus MahaDasa (5y 4m)

Ve/Ve	06/29/1974 04:25
Ve/Su	10/24/1977 15:48
Ve/Mo	10/24/1978 21:36
Ve/Ma	06/24/1980 15:18
Ve/Ra	08/24/1981 18:05
Ve/Ju	08/24/1984 11:31
Ve/Sa	04/25/1987 11:01
Ve/Me	06/25/1990 01:25
Ve/Ke	04/24/1993 21:54

Sun MahaDasa (25y 4m)

Su/Su	06/25/1994 00:40
Su/Mo	10/12/1994 14:25
Su/Ma	04/13/1995 05:19
Su/Ra	08/19/1995 01:21
Su/Ju	07/12/1996 18:35
Su/Sa	04/30/1997 23:14
Su/Me	04/12/1998 22:46
Su/Ke	02/17/1999 09:42
Su/Ve	06/25/1999 05:44

Moon MahaDasa (31y 4m)

Mo/Mo	06/24/2000 11:33
Mo/Ma	04/24/2001 20:24
Mo/Ra	11/23/2001 21:47
Mo/Ju	05/25/2003 18:30
Mo/Sa	09/23/2004 18:15
Mo/Me	04/25/2006 01:28
Mo/Ke	09/24/2007 11:42
Mo/Ve	04/24/2008 13:05
Mo/Su	12/24/2009 06:46

Mars MahaDasa (41y 4m)

Ma/Ma	06/24/2010 21:41
Ma/Ra	11/21/2010 01:03
Ma/Ju	12/09/2011 13:09
Ma/Sa	11/14/2012 10:35
Ma/Me	12/24/2013 06:01
Ma/Ke	12/21/2014 10:47
Ma/Ve	05/19/2015 14:10
Ma/Su	07/18/2016 16:57
Ma/Mo	11/23/2016 12:59

Rahu MahaDasa (48y 4m)

Ra/Ra	06/24/2017 14:22
Ra/Ju	03/06/2020 18:04
Ra/Sa	07/31/2022 08:01
Ra/Me	06/06/2025 06:35
Ra/Ke	12/24/2027 15:24
Ra/Ve	01/11/2029 03:30
Ra/Su	01/11/2032 20:57
Ra/Mo	12/06/2032 14:11
Ra/Ma	06/06/2034 10:54

Jupiter MahaDasa (66y 4m)

Ju/Ju	06/24/2035 23:00
Ju/Sa	08/12/2037 03:24
Ju/Me	02/23/2040 10:07
Ju/Ke	05/31/2042 07:18
Ju/Ve	05/07/2043 04:44
Ju/Su	01/05/2046 04:14
Ju/Mo	10/24/2046 08:53
Ju/Ma	02/23/2048 08:38
Ju/Ra	01/29/2049 06:03

Saturn MahaDasa (82y 4m)

Sa/Sa	06/24/2051 20:00
Sa/Me	06/27/2054 14:29
Sa/Ke	03/06/2057 17:08
Sa/Ve	04/15/2058 12:35
Sa/Su	06/15/2061 02:59
Sa/Mo	05/28/2062 02:30
Sa/Ma	12/27/2063 09:43
Sa/Ra	02/04/2065 05:09
Sa/Ju	12/13/2067 03:43

Mercury MahaDasa (101y 4m)

Me/Me	06/24/2070 10:27
Me/Ke	11/20/2072 01:27
Me/Ve	11/17/2073 06:13
Me/Su	09/17/2076 02:41
Me/Mo	07/24/2077 13:37
Me/Ma	12/23/2078 23:51
Me/Ra	12/21/2079 04:37
Me/Ju	07/09/2082 13:27
Me/Sa	10/14/2084 10:37

© 2000 - 2013 Kala Vedic Astrology Software

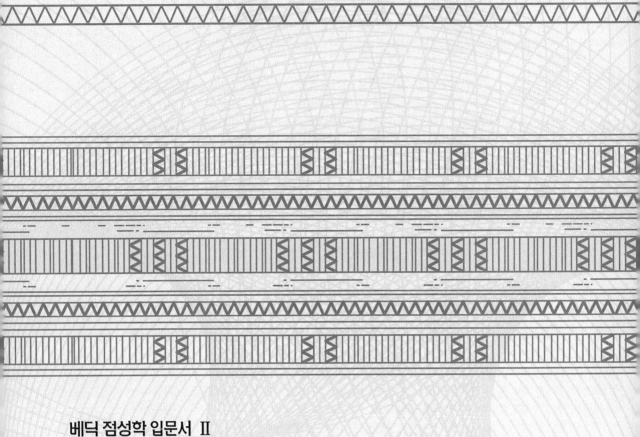

베딕 점성학 입문서 Ⅱ

Vault of the Heavens

9

클린턴 사가
(The Clinton Saga)

미국 최초의 여자 대통령이라는 목표달성을 위해 평생을 달려온 힐러리 클린튼은 2008년 대통령 선거후보에서 한 번 고배를 마신 적이 있다. 전 세계적으로 여성들이 국가 최고직위에 오르는 열풍이 불기 시작하면서, 당시에 전직 대통령이었던 남편의 후광에 힘입어 그녀 역시도 확신감만 가지고 섣부른 도전을 하였다. 그러다가 전혀 예상치 못한 인물이었던 바락 오바마에게 패배를 당했었다. 그 때의 쓴 경험을 교훈으로 그녀는 차기 대통령직을 목적으로 두고 이후 철저한 준비에 돌입하였다. 자신을 패배시킨 오바마에게 자존심을 내세우기보다는, 우아한 자세로 국무장관직을 받아들이고선 어느 역대 국무장관보다도 더 열심히 전세계를 돌아다니며 자신의 능력에 대한 입증과 신뢰를 쌓아 나갔다. 오바마의 2차 정권하에서 국무장관직을 계속 연임하지 않았던 것도 차기 대통령 출마를 목표로 한 전략의 일부였다. 그러한 클린턴의 행보를 지켜보면서 새삼 미국이라는 나라의 대인성을 실감하게 되었다.

많은 사람들이 그러하듯이, 저자가 그녀를 존경하게 된 연유는 모니카 레윈스키(Monica Lewinsky) 스캔들로 인해서였다. 1998년 1월 전세계적으로 수치거리가 된 레윈스키 스캔들로 인해 최대 수혜자는 사실상 힐러리 클린턴이었던 셈이다. 당시 대통령이었던 남편과 딸 같은 나이의 백악관 인턴 사이에서 있었던 스캔들은 빌 클린턴이 미국 역사상 최초로 대통령직을 박탈당할 위기에 처했을 만큼 어마어마한 사건이었다. 비단 일국의 퍼스트 레이디로서뿐만 아니라, 한 사람의 아내이자 여자로서, 그리고 일생 동안의 커리어 파트너로서, 그녀가 느꼈을 배신감과 절망감은 어느 누구도 가히 짐작하기 어려울 것이다. 그때 사람들은 힐러리가 틀림없이 빌과 이혼할 것이라고 수군거렸다. 굳이 이혼문화가 팽배한 미국에서 일어난 일이 아니라, 어느 나라에서든, 혹은 어느 개인이라도 아마 그러했을 것이다. 그렇지만, 힐러리는 모든 예상을 깨고 딸을 위해, 그리고, 가족이라는 테두리를 지키기 위해 남편을 용서하기로 선택하였다. 스캔들 이전과 이후의 과정을 통해 그녀가 보여준 관대함과 품위는 전세계적으로, 특히 자국민들에게 많은 존경과 갈채를 받게 만들었다. 그러한 인기를 몰아서 쉽게 뉴욕 시 의원으로 선출될 수 있었으며 2008년 대통령직에도 도전하게 되었다. 하지만 당시의 미국은 차라리 최초의 흑인 대통령은 용인할 수 있어도, 최초의 여자 대통령을 섬길 준비는 아직 되지 않았다. 그래서 다음 기회를 기다려야 했다.

그때 힐러리 클린턴의 2008년 대통령 선거 운동을 지켜보면서, 개인적으로 저자는 많은 아쉬움을 느꼈었다. 아무리 세상이 바뀌고, 남녀의 역할 구분이 불분명한 시대라 하더라도, 여자는 여자다울 때, 남자는 남자 다울 때 가장 자연의 법칙과 순리에 맞는다는 것이 저자가 평소에 가진 생각이다. 그런데 당시 힐러리는 남성처럼 강하고 센 이미지를 표출하면서 선거 운동에 임하고 있었다. 마치 글로리아 스타이넘(Gloria Steinem)이 70년대 여성해방운동을 할 때 남성적인 여성상을 모델화하면서, 진정한 여성상에 사실상 많은 피해를 입혔던 예와 비슷하였다. 힐러리 클린턴의 본 모습은 가족과 아이들을 누구보다도 사랑하고 중요시하는 전형적인 여성상이다. 그런데 자신의 본성과는 어긋나는, 진정한 자신과는 정반대인 모습으로 대중에게 어필하려고 했으니 당연히 먹혀들어갈 수가 없었다. 그리하여 당시 선거운동이 진행되는 동안, 힐러리 클린턴이 빠르게 지쳐가는 모습이 미디어를 통해서도 역력했다. 그러다가 후보직을 오바마에게 순순히 양보하고 평정을 되찾은 듯, 남편인 빌 클린턴과 함께 오바마의 선거운동을 도우는가 하면, 적이었던 사람에게 국무장관직까지 받아들이는 멋진 승부근성을 보여주었다. 이제 평생을 바쳐 달려온 고지의 정복을 눈앞에 두고 있는 그녀를 응원하는 마음으로 클린턴 사가에 대한 차트 분석을 같이 해보기로 한다.

⊠ 힐러리 클린턴(Hillary Clinton)

- 1947년 10월 26일, 8:02AM, Chicago, IL, USA

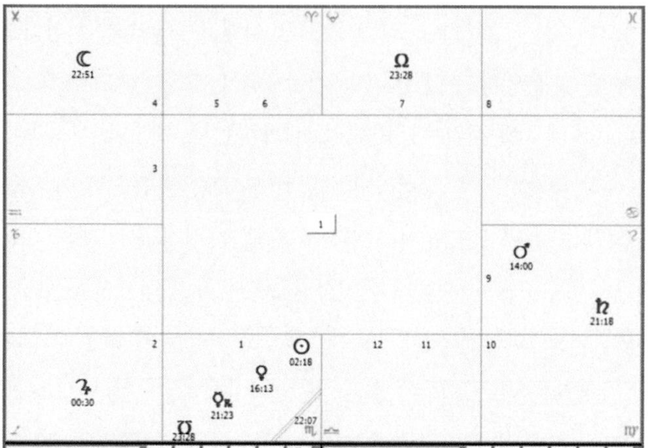

Vimshottari		
Sa	07/10/1943 01:50	-4yrs -3mts
Me	07/09/1962 16:16	14yrs 8mts
Ke	07/09/1979 19:05	31yrs 8mts
Ve	07/09/1986 11:47	38yrs 8mts
Su	07/09/2006 08:02	58yrs 8mts
Mo	07/08/2012 18:55	64yrs 8mts
Ma	07/09/2022 05:02	74yrs 8mts
Ra	07/08/2029 21:44	81yrs 8mts
Ju	07/09/2047 06:21	99yrs 8mts

Caranavamsa		
Sc	10/25/1953 18:54	6yrs 0mts
Sg	10/25/1962 23:13	15yrs 0mts
Cp	10/25/1974 20:58	27yrs 0mts
Aq	10/25/1981 13:40	34yrs 0mts
Pi	10/26/1987 00:32	40yrs 0mts
Ar	10/25/1996 04:51	49yrs 0mts
Ta	10/25/2000 04:06	53yrs 0mts
Ge	10/25/2006 14:59	59yrs 0mts
Cn	10/25/2011 20:03	64yrs 0mts

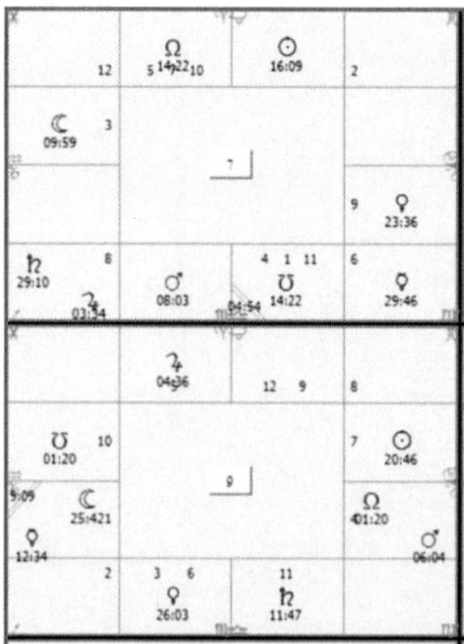

	r...	Degrees	Rasi	Dig...	Nakshatra	Pa..
Lg		22:07:45	Scor...	--	Visakha	4
Su		02:18:32	Scor...	GF	Svati	2
Mo		22:51:23	Pisces	F	Uttarab...	1
Ma		14:00:30	Leo	GF	Aslesha	4
Me	R	21:23:51	Scor...	F	Visakha	3
Ju		00:30:42	Sagit...	MT	Anuradha	2
Ve		16:13:46	Scor...	F	Visakha	2
Sa		21:18:35	Leo	N	Magha	2
Ra		23:28:59	Taurus	--	Krittika	2

AK	AmK	BK	MK PuK	PiK	GK	DK
☾	☿	♄	♀	♂	☉	♃

AK	AmK	BK	MK	PiK	PuK	GK	DK
☾	Lg	☿	♄	♀	♂	☉	♃

AK - AatmaKaaraka, (Self)
AmK - AmaatyaKaaraka, (Minister)
BK - BhraatruKaaraka, (Siblings)
MK - MaatruKaaraka, (Mother)
PiK - PitruKaaraka, (Father)
PuK - PutraKaaraka, (Children)
GK - GnaatiKaaraka, (Relatives)
DK - DaaraaKaaraka, (Spouse)

Rasi- Aspected Planets

	☉	☾	♂	☿	♃	♀	♄	☊	☋
☉	--	9	9	Y		Y	5	49	Y
☾	40	--	9	31	26	33	2	16	30
♂	42	51	--	53	43	58	Y	10	51
☿	Y	29	19	--		Y	15	59	Y
♃		56	40		--		29	46	
♀	Y	23	16	Y		--	12	56	Y
♄	55	44	Y	45	40	48	--	56	44
+	40	108	83	31	26	33	58	177	30
-	97	105	9	98	84	105	5	115	94

Rasi- Aspects to BhavaChalita

	1	2	3	4	5	6	7	8	9	10	11	12
☉		12	44	27	2	44	50	33	14			
☾	30	13				1	15	43	19	25	56	44
♂	52	17	41	60	44	25	11				8	30
☿		3	28	38	21	6	60	42	24	8		
♃			19	47	60	13	43	47	54	13		
♀		5	33	36	16	16	57	40	21	6		
♄	45	24	26	53	41	33	58				18	59
+	30	21	80	121	97	35	175	171	117	51	56	44
-	96	53	110	140	86	102	119	33	14	0	26	89

Ω	℧	Rasi - Avasthas					Bh	Sh
MuAg	☉	☽	♂	♀	♃	☿	♄
☉	0.0						
☽	83.7 / +83.7	124.7	18.4 / +240.9	63.9 / 57.5	54.4 / -219.8	69.2 / 132.0	3.2 / -3.2
♂	222.5 / +222.5	189.7 / 124.7	222.5	222.5 / 121.4	161.3 / -326.7	222.5 / 201.2	168.4 / -168.4
♀	44.2 / 0.0	57.7 / +182.5	37.8 / 184.7	121.4		100.5 / +301.7	30.4 / +30.4
♃		165.4 / 124.7	109.6 / +332.1		165.4		79.4 / 0.0
☿	107.8 / -107.8	78.4 / 124.7	54.0 / 222.5	165.5 / +287.9		201.2	41.8 / -41.8
♄							0.0

Saptamsa

	Dign	Baladi	Jagradadi	Lord
☉	GE	Yuva	Sushupti	Suddhajala
☽	E	Kumara	Svapna	Kshiira
♂	OH	Vriddha	Jagrat	Aajya
♀	OH	Bala	Jagrat	Dadhi
♃	MT	Bala	Jagrat	Kshara
☿	GE	Vriddha	Sushupti	Aajya
♄	E	Mrita	Svapna	Ikshurasa
Ω				Kshiira
℧				Kshiira
Lg				Kshiira

Navamsa

	Dign	Baladi	Jagradadi	Lord
☉	N	Kumara	Svapna	Deva
☽	E	Bala	Svapna	Deva
♂	GF	Kumara	Svapna	Nri
♀	F	Yuva	Svapna	Deva
♃	N	Bala	Svapna	Deva
☿	F	Bala	Svapna	Nri
♄	EX	Kumara	Jagrat	Deva
Ω				Nri
℧				Nri
Lg				Deva

행성	힐러리	빌	모니카
태양	데바	느리	데바
달	데바	데바	락샤샤
화성	느리	느리	데바
수성	데바	락샤샤	느리
목성	데바	데바	락샤샤
금성	느리	데바	락샤샤
토성	데바	데바	락샤샤
라그나	데바	락샤샤	느리

Hilary Clinton	Date: 10/26/1947 Time: 08:02:00		Vimshottari AntarDasa

Saturn MahaDasa (-4y -3m)

Sa/Sa	07/10/1943 01:50
Sa/Me	07/12/1946 20:19
Sa/Ke	03/21/1949 22:58
Sa/Ve	04/30/1950 18:24
Sa/Su	06/30/1953 08:49
Sa/Mo	06/12/1954 08:20
Sa/Ma	01/11/1956 15:32
Sa/Ra	02/19/1957 10:59
Sa/Ju	12/27/1959 09:33

Mercury MahaDasa (14y 8m)

Me/Me	07/09/1962 16:16
Me/Ke	12/05/1964 07:16
Me/Ve	12/02/1965 12:02
Me/Su	10/02/1968 08:30
Me/Mo	08/08/1969 19:27
Me/Ma	01/08/1971 05:41
Me/Ra	01/05/1972 10:27
Me/Ju	07/24/1974 19:16
Me/Sa	10/29/1976 16:26

Ketu MahaDasa (31y 8m)

Ke/Ke	07/09/1979 19:05
Ke/Ve	12/05/1979 22:28
Ke/Su	02/04/1981 01:15
Ke/Mo	06/11/1981 21:17
Ke/Ma	01/10/1982 22:40
Ke/Ra	06/09/1982 02:02
Ke/Ju	06/27/1983 14:09
Ke/Sa	06/02/1984 11:34
Ke/Me	07/12/1985 07:01

Venus MahaDasa (38y 8m)

Ve/Ve	07/09/1986 11:47
Ve/Su	11/07/1989 23:09
Ve/Mo	11/08/1990 04:58
Ve/Ma	07/08/1992 22:39
Ve/Ra	09/08/1993 01:26
Ve/Ju	09/07/1996 18:52
Ve/Sa	05/09/1999 18:22
Ve/Me	07/09/2002 08:47
Ve/Ke	05/09/2005 05:15

Sun MahaDasa (58y 8m)

Su/Su	07/09/2006 08:02
Su/Mo	10/26/2006 21:47
Su/Ma	04/27/2007 12:41
Su/Ra	09/02/2007 08:43
Su/Ju	07/27/2008 01:57
Su/Sa	05/15/2009 06:36
Su/Me	04/27/2010 06:07
Su/Ke	03/03/2011 17:04
Su/Ve	07/09/2011 13:06

Moon MahaDasa (64y 8m)

Mo/Mo	07/08/2012 18:55
Mo/Ma	05/09/2013 03:45
Mo/Ra	12/08/2013 05:09
Mo/Ju	06/09/2015 01:52
Mo/Sa	10/08/2016 01:37
Mo/Me	05/09/2018 08:49
Mo/Ke	10/08/2019 19:03
Mo/Ve	05/08/2020 20:27
Mo/Su	01/08/2022 14:08

Mars MahaDasa (74y 8m)

Ma/Ma	07/09/2022 05:02
Ma/Ra	12/05/2022 08:25
Ma/Ju	12/23/2023 20:31
Ma/Sa	11/28/2024 17:56
Ma/Me	01/07/2026 13:23
Ma/Ke	01/04/2027 18:09
Ma/Ve	06/02/2027 21:31
Ma/Su	08/02/2028 00:18
Ma/Mo	12/07/2028 20:20

Rahu MahaDasa (81y 8m)

Ra/Ra	07/08/2029 21:44
Ra/Ju	03/21/2032 01:25
Ra/Sa	08/14/2034 15:22
Ra/Me	06/20/2037 13:56
Ra/Ke	01/08/2040 22:46
Ra/Ve	01/27/2041 10:52
Ra/Su	01/26/2044 04:18
Ra/Mo	12/19/2044 21:32
Ra/Ma	06/20/2046 18:15

Jupiter MahaDasa (99y 8m)

Ju/Ju	07/09/2047 06:21
Ju/Sa	08/26/2049 10:45
Ju/Me	03/08/2052 17:29
Ju/Ke	06/14/2054 14:40
Ju/Ve	05/29/2055 12:05
Ju/Su	01/19/2058 11:35
Ju/Mo	11/07/2058 16:14
Ju/Ma	03/08/2060 15:59
Ju/Ra	02/12/2061 13:25

© 2000- 2013 Kala Vedic Astrology Software

▣ 힐러리 클린턴: 전갈 라시 라그나(하늘의 금괴, 4장 참고)

"전갈 라시를 라그나로 가진 사람들은 과거에 충분히 계발하지 못하여 생기게 된 어떤 성격적 약점 또는, 카르마의 결과로 인해 생겨난 많은 제약들을 현재에 강화시키고 있는 사람들이다. 그래서 자신들이 가진 온갖 약점들을 너무 의식하는, 아주 상처 받기 쉬운 성격을 가지고 있다. 이처럼 미계발된 영역을 개발해야 할 필요성 때문에 흔히 성격이 불안정하거나, 위기 촉발적이거나, 때로는 심하게 고통스런 성격을 만들기도 한다. 전갈라시 인들은, 내향적이거나 자기몰입을 하는 경향이 있으며, 그들이 가진 격동적인 자의식에 힘이 되거나 안정성을 느끼게 해주는 어떤 것을 찾고 있다. 그리고 자신들이 가진 개성에 어떤 식으로든 집착하고 있는 한, 그들은 아주 예민하다. 한편으로는 이러한 취약점들을 극복하는데 필요한 엄청난 힘과 에너지가 그들에겐 있기 때문에, 잘 활용하게 되면 믿기 어려울 만큼 자신들의 인생에 큰 성장을 이루어낼 수도 있다.

이들이 가진 진화적 목적은 맞은 편에 있는 황소 라시의 자질들을 계발하는 것이다. 전갈 라시인들은 어떤 가치가 있다고 판단되는 것들을 안정적이고 꾸준하게 해 나가는 자세를 계발할 필요가 있다. 그들이 계발하고 유지하도록 배우는 어떤 분명한 것들은, 사실상, 그들 내면에 있는 안정성이나 스스로 느끼는 가치성을 반영하고 있기 때문이다.

파트너십은 보다 실질적이거나 현실적, 안정적인 사람들과 맺어지는 경향이 있다. 혹은, 이러한 자질들을 가르치는 사람들이나, 전갈 라시 본인들이 가치 있다고 판단되는 행동들을 하는 사람들과 자청하여 관계가 이루어진다. 전갈 라시인들은 파트너에게 자신을 인정 받아야 할 필요성을 느끼고 있다. 하지만 먼저 자신의 가치를 스스로 인식할 수 있어야 파트너들 역시 그들을 인정할 수 있을 것이다. 만약 타고난 자신의 가치를 스스로 인식하지 못한다면, 그들의 파트너 역시 그들을 우습게 여기게 될 것이다. 그렇지만 이러한 과정 역시, 전갈 라시인들에게 스스로를 인정할 수 있는 기회를 마련해 주는 것이 된다."

힐러리의 차트가 가진 독특한 점은, 라그나에 몰려 있는 파워풀한 행성들이다. 어느 행성들이든 라그나에 있는 행성들은 그 사람을 "만들게" 된다. 파워의 행성인 태양과 우아한 전략술의 대가 금성의 조합, 그리고 치밀한 수성은 첫째 하우스에서 딕 발라와 역행의 파워를 같이 가져 세배로 강력해지게 된다. 이에 더하여 카르마의 행성인 케투는 전생에서부터 가져온 메리트의 파워를 나타내고 있다. 또한 일곱 번째에 있는 라후의 로드인 금성이 케투와 조합하고 있는 경우, 현생에서 삶의 목표는 라후를 계발하는 것이 아니라, 케투를 완성시키는 것이다(하늘의 금괴, 24장 참고). 그러므로 힐러리는 자신의 존재를 "만드는" 것이 삶에서 가장 중요한 목표임을 알 수 있다.

뉴욕에서 작지만 성공적인 옷감사업을 하던 아버지와 가정주부였던 어머니 사이에서 힐러리는 장녀로 태어났으며 남동생이 두 명 있다. 당시만 해도 여자의 위치는 상당히 보수적인 분위기였던 미국사회였지만, 힐러리는 어릴 때부터 학교에서 선생들의 총애를 한몸에 받는 활발하고 적극적인 학생이었다. 온갖 스포츠, 특히 수영과 야구, 그리고 걸스카우트에서 수많은 상장을 받았으며, 학교간부, 신문기자 등으로도 활약했다. 고등학교 때 학교 대표로 뽑힐 만큼 성적도 우수했다. 그녀의 어머니는 딸이 독립적이고 전문직업을 가진 여자가 될 수 있기를 원했으며, 보수적이던 아버지조차도 딸의 뛰어난 재능과 능력이 단지 여자라는 이유로 제한되지 않도록 지지했을 정도였다.

이후에 여학생으로서는 최초로 고등학교 졸업연설을 하였는데 8분간이나 계속되는 기립박수를 받는 성공을 거두었다. 변호사가 되었을 때도, 여자로서는 최초로 로펌 파트너로 선정되기도 했다. 그리고 미국의 역대 퍼스트레이디들 중에 최초로 전문직업을 가진 퍼스트레이디이기도 하다.

힐러리의 나밤샤 차트의 주재신들을 보면 거의 "데바"들에 많이 속해 있다. 데바 주재신들은 뭔가 새로운 것을 가져오는 이들이다. 힐러리가 "최초"의 타이틀들을 많이 가지고 있는 데 대한 좋은 예이다.

▣ 전갈 라시의 경우, 하우스 로드들의 성향(하늘의 금괴, 9장 참고)

· 태양은 열 번째 로드이다.

"태양은 전갈인이 밑으로 숨는 바위로서 그들을 보호해 준다."

태양은 전갈 라시인들이 생에서 행하는 카르마와 강한 동일시를 하는 것을 나타낸다. 왜냐하면, 그들 스스로가 일을 성사시키는 장본인들이란 사실을 잘 알고 있기 때문이다.

이러한 기질은 그들의 커리어나 상사, 얻게 되는 직위들과 중요한 관계를 가지게 된다. 태양은 어떤 중대한 지위에 있거나 그들이 존경하는 사람들을 위해 일을 하도록 만드는 경향이 있다. 그러면서도 자신들이 원하는 직위를 스스로의 힘으로 획득하고 싶은 강한 이상을 부추기기도 한다.

앵글을 다스림으로 태양은 임시적 중립이 된다. 그러나 태양이 받고 있는 다른 영향들에 따라 전갈 라시인들이 어떤 방식으로 직업적 목표를 달성할는지 여부를 결정하게 된다. 태양은 자연적 흉성으로서 그들이 가지고 있는 어떤 직업적인 우려들로 인해, 태양이 영향을 미치고 있는 영역들로부터 전갈 라시인들을 분리시킨다.

열 번째 로드로서 라그나에 있는 태양은, 힐러리가 얼마만큼 커리어 마인드를 가지고 태어났는지를 보여준다. 그러나 라지타디 아바스타에서 태양이 자체적으로 가진 저력은 (0.00)이다. 대신에 다른 행성들(달 83.7+화성 222.5-금성 107.8)의 도움으로 인해 (198.4)라는 힘을 가지고 있다. 그래서 자신의 힘과 의지로 대통령이 될 수 있었던 빌 클린턴과는 달리, 힐러리는 자신이 대통령이 될 수 있기 위해선 남편이나 다른 사람들의 도움이 많이 필요하다.

· 달은 아홉 번째 로드이다.

"달은 전갈인의 빛나는 광채이다."

달은 아홉 번째 로드로서, 전갈 라시인들의 영적인 정신상태를 나타낸다. 그들은 진리를 파악하는데 타고난 기질이 있다. 달은 그들이 가진 믿음이 그들 자신의 태도에 달려 있음을 나타낸다. 전갈 라시인들은 지식, 지혜, 영성, 그리고 철학 등에서 안락함을 추구한다.

달은 아홉 번째 하우스를 다스림으로 인해 최상의 길성이 된다. 뜨는 달은 자연적 길성으로서 은총을 알아보게 하며, 기쁜 행운을 가져다 준다. 그리고 그들의 이해가 증진됨에 따라 그들이 가진 능력도 늘어나게 됨을 나타낸다. 지는 달은 자연적 흉성으로서 철학적인 사색에 빠지게 하는 경향이 있다.

전갈 라그나에게 최고의 길성인 달이, 다른 행운의 하우스인 다섯 번째에 있는 힐러리는 현재, 달의 다샤를 지나고 있다. 그녀를 미국 역사상 최초의 여자 대통령으로 만들어 주고자 하는 행성이다. 반면, 2008년에는 태양의 다샤를 지나고 있었다. 위에서 보았듯이, 자체적 저력이 없는 태양의 다샤에 자신의 목표를 이루기는 역부족이었다.

· 화성은 첫 번째와 여섯 번째 로드이다.

"화성은 전갈인 꼬리에 있는 독이다."

화성은 첫 번째와 여섯 번째 로드로서, 전갈인들이 가진 위대한 에너지를 나타내며, 개인적인 약점과 취약성들을 극복하고 향진시키는 데 사용한다. 또한 외적인 장애물을 싸우는데 필요한 대단한 저력을 준다. 일단 파괴시키고 극복하게 되면 전갈인들에게 아주 큰 장점으로 작용하게 된다. 만약 도전을 받게 되는 경우, 화성은 그들을 아주 공격적인 성향으로 만들 수도 있다. 그런데 이런 성향이 그들을 아주 부지런한 일꾼으로 만들기도 한다. 그래서 서비스 직종도 잘 맞도록 해준다. 화성은 군대나 의료직에 타고난 재능을 준다. 의료직 중에서도, 화학물질을 다루거나, 침술, 자르고 뚫거나 하는 행위 등이 필요한 일에 아주 뛰어나다. 그들이 자신의 안녕을 지키고 적들을 파괴시키기 위해 싸우도록 한다.

라그나를 다스리는 화성은 전갈인들이 삶에서 올바른 자리를 찾아 안정되게 할 책임을 가지고 있다. 여섯 번째 로드십은, 그들이 약점을 극복하기 위해 스스로 싸워야만 하도록 만든다. 그러나 여섯 번째 하우스는 우파차야이기 때문에 시간이 지남에 따라 전갈 라시인들의 직위가 점점 더 나아진다는 것을 나타낸다. 화성은 또한 어려움을 잘 견디는 행성이기 때문에, 개인적으로 위대함을 성취할 수 있게도 할 수 있다.

한 개의 길조적 하우스를 다스리고, 다른 한 개의 흉조적 하우스를 다스리는 화성은 임시적 흉성이 된다. 그러나 화성은 라그나 로드인지라, 전갈 라시인들이 어떡하든 자신의 니치를 찾게 하는데 중요한 책임을 가지고 있다. 그래서 비록 어렵게 만드는 행성이긴 하지만 화성은 그들에게 이득을 가져다 준다. 또한 화성은 자연적 흉성으로서 삶에서 투쟁과 어려움들을 나타낸다. 그런데 이러한 어려움들은 전갈 라시인들이 자신의 생각과 아이디어들에 너무 강하게 집착하는 때문에 생기게 되는 것이다.

힐러리의 화성은 열 번째에서 딕 발라를 얻고 있는 파워풀한 라그나 로드이다. 라지타디 아바스타에서 저력이 (자체적 222.5+달 18.4+목성 109.6-수성 37.8) 총 (312.7)라는 엄청난 파워를 가지고 있다. 변호사로서 활동할 때 가장 관심을 가진 분야는 어린이들의 건강의료보험이었으며, 퍼스트레이디일 때도 국민건강정책에 가장 큰 관심을 보였다. 화성의 여섯 번째 로드십은 건강에 지대한 관심을 쏟게 하기 때문이다.

▣ 수성은 여덟 번째와 열한 번째 로드이다.

"수성은 전갈인들이 살고 있는 틈새이다."

수성은 여덟 번째와 열한 번째 로드로서, 전갈 라시인들이 필요로 하는 변환에 대한 욕망을 나타낸다. 수성은 자신의 욕망을 이루기 위해 다른 사람들과 교류를 하도록 만들며, 다른 사람들이 가진 자원의 덕을 보도록 한다. 수성은 전갈 라시인들에게 "정치인"이라는 라벨을 부여하고 있다.

가장 흉조적 하우스인 열한 번째와 어려운 여덟 번째 하우스를 동시에 다스기 때문에, 수성은 전갈 라시인들에게 가장 강도가 센 임시적 흉성이다. 목적을 달성하기 위해선 사회적으로 비통상적인 방법을 이용하거나, 또는 비밀스런 행동들에 개입을 할 수도 있게 만든다. 그러나 수성은 공평함과 친구들을 나타내기 때문에, 이러한 그들의 추구들은 결과적으로 주변 사람들을 이롭게 할 것이다. 자연적 길성으로서 수성은 그들이 원하는 것을 가지기 위해 흥정을 할 수 있는 능력을 준다.

힐러리는 1962년 7월 9일부터 17년간 계속되는 수성의 다샤에 있었다. 1962년 칼리지 시절부터 시작된 그녀의 넓은 정치적 활동과 야망은 아주 치밀하고 의도적이었다. 예일법대 시절에 만난 빌 클린튼과의 결혼도 미래의 커리어에 대한 공동협조와 보장을 바탕으로 한 파트너십이었다. 그래서 결혼 후 남편의 성을 따르는 관습을 배제하고 힐러리 로드함(Hillary Rodham)이라는 이름을 그대로 지키고 있다가, 빌의 정치적 지위가 향상됨에 따라, 나중에 힐러리 로드함 클린턴(Hillary Rodham Clinton)이라고 바꾸었다. 힐러리의 라그나에서 빛나고 있는 수성은, 절대 손해보지 않으려는 치밀성을 주고 있다. 결혼은 1975년이었는데, 수성-목성의 다샤를 지나고 있었다. 목성은 그녀의 배우자를 나타내는 DK행성이다.

· **목성은 두 번째와 다섯 번째 로드이다.**

"목성은 자신의 독으로부터 전갈을 보호한다."

목성은 두 번째와 다섯 번째 로드로서 탁월한 직관적 지성을 주는 행성이다. 목성은 자연스러운 스피치 능력, 좋은 기억력, 그리고 예시 과학과 카운셀링에 뛰어난 재능을 준다. 또한 목성은 돈복과 투자운을 주는 행성으로서 그들이 필요로 하는 것들은 뭐든지 현실화시키는 힘이 있다. 그들이 가진 창조적 능력은 물질적으로도 생산적이게 한다.

목성은 다섯 번째 로드십으로 인해 임시적 길성이다. 자연적으로도 길성이기에, 목성은 전갈인들을 물질적인 어려움으로부터 보호를 하고 있는 아주 훌륭한 축복의 행성이다.

힐러리의 목성은 물라트리코나 라시인 인마 라시에 있으면서, 엄청난 샬발라 저력을 가지고 있다. 라지타디 아바스타도 완벽한 가비타에 있다. 라시 차트에서 아무런 흉성의 영향도 없이 순수하게 (자체적 165.4+달 54.4+161.3) 총 (381.1)이라는 저력을 가지고 있다. 목성은 그녀의 DK(배우자) 행성이다. 빌 클린턴 같은 남편을 둔 그녀의 행운을 잘 나타내고 있다.

• 힐러리의 샬발라 포인트의 그래프

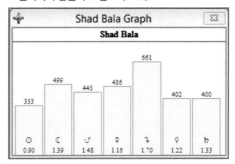

· **금성은 일곱 번째와 열두 번째 로드이다.**

"금성은 전갈인이 교접을 탐하게 하며, 배우자에게 자신을 희생할 수도 있게 한다."

금성은 일곱 번째와 열두 번째 로드로서 전갈인들이 자신의 배우자들과 완성시켜야 하는 카르마를 나타낸다. 금성은 전갈인들이 파트너 때문에 어떤 손실과 비용을 입게 할 수도 있다. 그리고 어떤 특정한 이성 멤버를 향해 강력한 매력을 느끼게 만들어 그들과의 카르마를 완성시키고 해결하는데 필요한 관계를 맺게 할 수도 있다.

금성은 두개의 중립 하우스를 다스리기에 임시적 중립이다. 하지만 열두 번째 로드십 때문에 손실을 가져올 수도 있다. 또한 지나친 성적활동으로 인해 생기를 잃게 할 수도 있다. 자연적 길성으로서, 금성은 매력을 주고, 유행하는 패션에 대한 재능을 준다. 그리고 금성이 영향을 미치고 있는 영역에서 장기투자를 할 수 있는 능력을 준다.

일곱 번째 배우자의 하우스에 있는 라후의 로드는 금성으로서, 라그나에서 금성과 케투와 합치를 하고 있다. 빌 클린턴은 1983년 1월부터 최연소 아르칸사스(Arkansas) 주지사로 지냈다. 그때 힐러리는 케투-라후 다샤를 지나고 있었다. 배우자 하우스의 로드인 금성과 엮인 두 노드(Nodes)는 그녀를 아르칸사스 주의 퍼스트 레이디로 만들면서 정치적 입문을 해 주었다. 그렇지만 침실의 기쁨을 상징하는 열두 번째 로드십을 가진 금성은, 빌의 무수한 여성편력을 감수하게도 만들었다.

· 토성은 세 번째와 네 번째 로드이다.

"토성은 전갈인의 구두쇠이다."

토성은 세 번째와 네 번째 로드로서, 아주 컨트롤되고 보호망 속에 있는 그들의 감정적인 욕구와 필요를 나타내는 행성이다. 다시 말하자면, 토성은 전갈인들이 가진 불안정한 감정적 에고이다. 토성은 전갈인들이 충족과 행복을 얻기를 기대하는 것들에 대해 끈질기고 컨트롤하는 태도를 나타낸다.

세 번째 하우스를 다스림으로 인해 토성은 임시적 흉성이며 감정상으로 자기 중심적이게 만든다. 그리고 자연적 흉성으로서 토성은 이러한 자기 중심적이고 매달리는 경향 때문에 전갈인들이 이별, 부족함, 손실들을 겪도록 만든다.

열 번째 하우스에서 적인 화성과 함께 있는 토성은, 적의 자리인 사자 라시에서 이중의 고난을 겪고 있다. 힐러리의 차트에서 유일하게 나쁜 라지타디에 시달리고 있는 행성이다. 그렇지만 열 번째 하우스는 토성이 아주 행복한 자리이기 때문에, 어느 정도 나쁜 효과들을 상쇄시켜주고 있다. 그녀를 워커홀릭으로 만들고 있는 주범이다. 빌클린턴이 처음 청혼했을 때, 자신의 커리어에 도움이 되지 않을 것 같아 거절을 했었다. 그러다가 2년 정도 지난 후에, 청혼을 다시 받아들이게 되었다. 빌 클린턴이 2차 대통령 임기를 마치기 전에 이미 혼자서 뉴욕으로 거주지를 옮겨, 뉴욕 주지사 출마를 위한 준비를 하기 시작했다. 그때 그녀는 금성-토성 다샤를 지나고 있었다. 힐러리 차트에서 토성의 워커홀릭적인 용의주도함을 엿볼 수 있다. 2016년 10월부터 힐러리는 달-토성의 시간에 들어선다. 어려운 라지타디 토성은 그녀에게 선거 마지막 순간까지 치열한 사투를 벌이게 만들 것이다.

▨ 힐러리 클린턴의 144 바바 요가의 조합

1. 첫 번째 로드인 화성은 열 번째 하우스에 있다: 라그나의 로드가 열 번째에 있으면, 아버지의 행복을 타고 났으며, 왕들에게 존중받으며, 사람들에게 알려져 있으며, 분명히 자신의 힘으로 부를 획득하게 될 것이다. 아버지는 보수적이면서도 여자관계가 복잡하여 어머니가 많이 고생하였다는 사실을 최근 인터뷰에서 밝혔다. 그렇지만 힐러리에게는 비록 딸이지만 많은 지지를 해주었다고 한다. 그녀는 식당에서 접시를 닦는 아르바이트를 하면서 자신의 힘으로 교육을 마쳤으며, 명성과 부도 이루었다.

2. 두 번째 로드인 목성은 두 번째 하우스에 있다: 부의 로드가 부의 장소에 있으면, (건강한)자부심을 가졌으며, 두 명 또는 더 많은 배우자의 수를 유지하며, 비록 제한 없이 자손들을 만들지만 자녀들이 부족하다. 목성은 최상의 라지타디에 있음을 위에서 밝혔다. 모니카와의 스캔들로 인해 깊은 타격을 입었을 때, 사람들의 예상과는 달리, 그녀는 남편을 용서해주고 가정을 지키기로 결심하였다. 이유는 어머니의 영향 때문이었다고 한다. 여성편력이 심했던 아버지를 용서해주고 끝까지 가족들을 보호했던 어머니의 강함이 자신의 거울이었다는 것이다. 목성의 신념과 자부심이 그대로 묻어나는 고백이 아닐 수 없다.

3. 세 번째 로드인 토성은 열 번째 하우스에 있다: 형제의 로드가 열 번째에 있으면, 모든 기쁨을 누리도록 타고 났으며, 부를 자신의 손으로 얻으며, 버릇없는 여자들을 부양한다. 분명히 버릇없는 남편을 부양했다고 할 수 있다.

4. 네 번째 로드인 토성은 열 번째 하우스에 있다: 행복의 로드가 카르마의 바바에 있으면, 왕족들에게 영광을 누리도록 타고 났으며, 연금술사이며, 아주 명랑하고, 모든 편안함을 즐기며, 자신의 감각들을 정복한 이다. 힐러리는 평생을 통해 오로지 자신의 목표 성취를 위한 길을 걸어왔다. 그녀가 어떤 다른 취미를 즐기거나 낭비, 사치 등을 하는 스토리는 들은 적이 없다. 국무장관 시절, 외국의 저명인사들과의 회의에서 화장도 하지 않은 채 생얼굴로 나타나 화제를 모았던 유명한 스토리도 있다.

5. 다섯 번째 로드인 목성은 두 번째 하우스에 있다: 자녀들의 로드가 부의 장소에 있으면, 그는 많은 자녀와 부를 소유할 것이며, 가족을 부양하는 이가 된다. 세상에서 아주 유명하며, 존경받으며, 여자들에게 인기를 누린다. 비록 외동딸 한 명 밖에 없지만, 최근에 손녀를 얻은 후 너무 행복해 하는 그녀가 앞으로 얼마나 더 많은 손주들을 가지게 될지는 두고 볼 일이다.

6. 여섯 번째 로드인 화성은 열 번째 하우스에 있다: 여섯 번째 로드가 열 번째 바바에 있으면, 명예를 즐기며, 자신의 마을/가족들에게 유명하며, 아버지에 대한 헌신이 없으며, 강연자이며, 다른 나라에 살며, 그리고 행복하다. 상당히 일치한다. 그녀가 아버지에 대해 개인적으로 어떤 감정을 가지고 있는지는 알려진 바가 없다.

7. 일곱 번째 로드인 금성은 첫 번째 하우스에 있다: 배우자의 로드가 라그나에 있으면, 그는 다른 사람의 아내들 사이에 있으며, 난봉꾼/자유 사상가이다. 사악하며, 눈에 띄며, 경솔하며, 그리고 바타(Vata)의 고통으로 가득하다. 힐러리가 자유 사상가임은 분명한 사실이다. 그리고 바타의 고통이란 풍風으로 인한 고충을 의미하는데, 그녀는 예민한 장腸을 가진 것으로 알려져 있다.

8. 여덟 번째 로드인 수성은 첫 번째 하우스에 있다: 여덟 번째 로드가 몸의 장소에 있으면, 그에게는 신체적 안녕함이 없을 것이며, 데바들과 브라민들을 경멸하며, 상처/농양/종양 등이 있다. 좋은 라지타디에 있는 수성은 이러한 부정적인 영향을 거의 보여주지 않고 있다. 그러나, 2012년 12월에 약간의 뇌진탕을 겪은 것으로 알려져 있다. 감리교도인 그녀가 다른 종교인들에 대해 가진 관점에 대해선 별로 알려진 바가 없다.

9. 아홉 번째 로드인 달은 다섯 번째 하우스에 있다: 행운의 로드가 자손들의 바바에 있으면, 자손들과의 행운이 가득하며, 구루에게 헌신하며, 현명하며, 다르마의 영혼이며, 판딧(학자)이다.

10. 열 번째 로드인 태양은 첫 번째 하우스에 있다: 카르마의 로드가 라그나에 있으면, 유식하며, 잘 알려졌으며, 부자이며, 통찰력이 있으며, 어린 시절에는 병이 있지만, 나중에는 행복하고, 날마다 부가 늘어난다.

11. 열한 번째 로드인 수성은 첫 번째 하우스에 있다: 이득의 로드가 라그나에 있으면, 사트빅으로 타고났으며, 부자이며, 행복하며, 모든 것을 초연하게 보며, 통찰력이 있으며, 말이 많고, 그리고 항상 이득을 보게 될 것이다. 9, 10, 11 바바들의 효과들은 거의 대부분 일치하고 있다.

12. 열두 번째 로드인 금성은 첫 번째 하우스에 있다: 손실의 바바가 라그나에 있으면, 소비하는 습관이 있으며, 약하며, 카파(Kapha) 질병이 있으며, 그리고 부와 배움이 없게 된다. 카파는 "물"과 연관된 고충을 의미한다. 1996년 "Whitewater 논란"에 관련되어 퍼스트 레이디로서는 처음으로 법원에 소환되어 증인을 서야 했다. 그때가 금성-라후 다샤를 지나고 있었다. 안타르 다샤 로드인 라후는 일곱 번째 하우스의 황소 라시에 있다. 금성의 라시에 있는 라후는, 금성이 가진 흥조적 자질들이 밖으로 표출되게 만들었던 것이다. 레윈스키 스캔들 때에도 빌의 말을 믿고 그를 보호하려다 자칫 거짓증언으로 몰릴 뻔한 위기도 겪었다. 그때는 금성-목성-금성의 시간을 지나고 있었다. 목성은 DK행성으로서 역시 카파이다. 배우자로 인한 위기를 겪게 만들었던 것이다. 이러한 두 사건으로 인한 엄청난 법률비용으로 인해, 빌이 임기를 마쳤을 때 오히려 상당한 빚을 지고 백악관을 떠났다고 한다.

⊠ 빌 클린턴(Bill Clinton)
– 1946년 8월 19일 9:00AM, Hope, Arkansas, USA

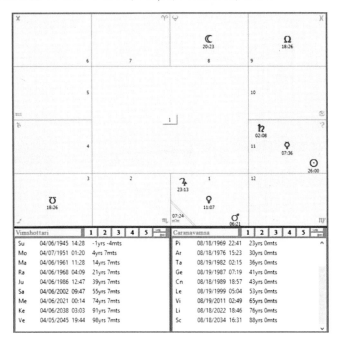

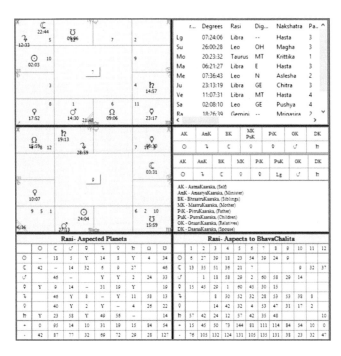

Ω	℧	Rasi - Avasthas				Bh	Sh
MuAg	☉	☾	♂	♀	♃	♀	♄
☉	0.0						
☾	177.2 +177.2	252.0	58.9 -153.1	135.3 3.6	23.8 +23.8	38.9 175.9	112.3 -112.3
♂		72.1 252.0	94.1		41.2 -41.2	79.2 214.9	3.3 -3.3
♀	53.8 0.0	19.9 +271.9	33.3 60.8	139.0	70.9 -70.9	42.9 -257.7	113.6 +113.6
♃					0.0		
♀		214.9 +252.0	214.9 94.1	6.3 +145.3	214.9 -214.9	214.9	16.1 +16.1
♄							0.0

Saptamsa

	Dign	Baladi	Jagradadi	Lord
☉	GE	Bala	Sushupti	Suddhajala
☾	E	Kumara	Svapna	Dadhi
♂	OH	Yuva	Jagrat	Kshiira
♀	OH	Kumara	Jagrat	Kshiira
♃	OH	Yuva	Jagrat	Madya
♀	E	Yuva	Svapna	Dadhi
♄	GE	Yuva	Sushupti	Kshara
Ω				Ikshurasa
℧				Ikshurasa
Lg				Kshiira

Navamsa

	Dign	Baladi	Jagradadi	Lord
☉	GF	Bala	Svapna	Nri
☾	OH	Mrita	Jagrat	Deva
♂	OH	Bala	Jagrat	Nri
♀	OH	Kumara	Jagrat	Rakshasa
♃	N	Mrita	Svapna	Deva
♀	GF	Vriddha	Svapna	Deva
♄	DB	Vriddha	Sushupti	Deva
Ω				Rakshasa
℧				Rakshasa
Lg				Rakshasa

• 빌의 샽발라 포인트의 그라프

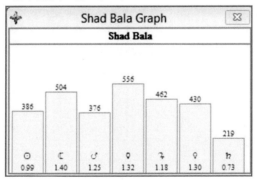

	☉	☾	♂	♀	♃	♀	♄
Shad Bala	386	504	376	555	462	430	219
	0.99	1.40	1.25	1.32	1.18	1.30	0.73

▣ 빌 클린턴의 빔쇼타리 다샤

Bill Clinton	Date: 08/19/1946 Time: 09:00:00	Vimshottari AntarDasa

Sun MahaDasa (-1y -4m)

Su/Su	04/06/1945 14:28
Su/Mo	07/25/1945 04:12
Su/Ma	01/23/1946 19:07
Su/Ra	05/31/1946 15:09
Su/Ju	04/25/1947 08:23
Su/Sa	02/11/1948 13:02
Su/Me	01/23/1949 12:33
Su/Ke	11/29/1949 23:29
Su/Ve	04/06/1950 19:33

Moon MahaDasa (4y 7m)

Mo/Mo	04/07/1951 01:20
Mo/Ma	02/05/1952 10:11
Mo/Ra	09/05/1952 11:34
Mo/Ju	03/07/1954 08:17
Mo/Sa	07/07/1955 08:02
Mo/Me	02/04/1957 15:15
Mo/Ke	07/07/1958 01:29
Mo/Ve	02/05/1959 02:52
Mo/Su	10/05/1960 20:33

Mars MahaDasa (14y 7m)

Ma/Ma	04/06/1961 11:28
Ma/Ra	09/02/1961 14:50
Ma/Ju	09/21/1962 02:56
Ma/Sa	08/28/1963 00:22
Ma/Me	10/05/1964 19:49
Ma/Ke	10/03/1965 00:34
Ma/Ve	03/01/1966 03:57
Ma/Su	05/01/1967 06:44
Ma/Mo	09/06/1967 02:46

Rahu MahaDasa (21y 7m)

Ra/Ra	04/06/1968 04:09
Ra/Ju	12/18/1970 07:51
Ra/Sa	05/12/1973 21:48
Ra/Me	03/18/1976 20:22
Ra/Ke	10/06/1978 05:11
Ra/Ve	10/24/1979 17:17
Ra/Sa	10/24/1982 10:44
Ra/Mo	09/18/1983 03:58
Ra/Ma	03/19/1985 00:41

Jupiter MahaDasa (39y 7m)

Ju/Ju	04/06/1986 12:47
Ju/Sa	05/24/1988 17:11
Ju/Me	12/05/1990 23:55
Ju/Ke	03/12/1993 21:05
Ju/Ve	02/16/1994 18:31
Ju/Su	10/17/1996 18:01
Ju/Mo	08/05/1997 22:40
Ju/Ma	12/05/1998 22:25
Ju/Ra	11/11/1999 19:50

Saturn MahaDasa (55y 7m)

Sa/Sa	04/06/2002 09:47
Sa/Me	04/09/2005 04:17
Sa/Ke	12/18/2007 06:55
Sa/Ve	01/26/2009 02:22
Sa/Su	05/23/2012 16:46
Sa/Mo	05/09/2013 16:18
Sa/Ma	10/08/2014 23:30
Sa/Ra	11/17/2015 18:56
Sa/Ju	09/23/2018 17:30

Mercury MahaDasa (74y 7m)

Me/Me	04/06/2021 00:14
Me/Ke	09/02/2023 15:14
Me/Ve	08/29/2024 20:00
Me/Su	06/30/2027 16:28
Me/Mo	05/06/2028 03:24
Me/Ma	10/05/2029 13:38
Me/Ra	10/02/2030 18:24
Me/Ju	04/21/2033 03:14
Me/Sa	07/28/2035 00:24

Ketu MahaDasa (91y 7m)

Ke/Ke	04/06/2038 03:03
Ke/Ve	09/02/2038 06:25
Ke/Su	11/02/2039 09:12
Ke/Mo	03/09/2040 05:14
Ke/Ma	10/08/2040 06:38
Ke/Ra	03/06/2041 10:00
Ke/Ju	03/24/2042 22:06
Ke/Sa	02/28/2043 19:32
Ke/Me	04/08/2044 14:59

Venus MahaDasa (98y 7m)

Ve/Ve	04/05/2045 19:44
Ve/Su	08/05/2048 07:07
Ve/Mo	08/05/2049 12:56
Ve/Ma	04/06/2051 06:37
Ve/Ra	06/05/2052 09:24
Ve/Ju	06/06/2055 02:50
Ve/Sa	02/04/2058 02:20
Ve/Me	04/05/2061 16:45
Ve/Ke	02/04/2064 13:13

© 2000- 2013 Kala Vedic Astrology Software

· 빌 클린턴: 천칭 라시 라그나

"천칭 라시를 라그나로 가진 사람들은 삶에서 주고받는 것의 함수관계, 모든 것에는 지불해야 할 가격이 있다는 사실을 인식하고 있다. 이러한 인식은 삶에서 그들이 지불할 능력이 되는 것만 원하거나, 하고 싶은 것만 하는 실용적인 능력을 부여하게 된다. 가격을 지불한다는 의미는, 자신의 욕망이나 포부, 필요를 채우기 위해선 무엇을 해야 하는지, 무엇을 포기해야 하는지 등을 잘 안다는 뜻이다. 그래서 천칭 라시는 가장 균형 잡힌 라그나로 꼽히고 있다. 흔히 삶의 균형이 무너지는 연유는 우리가 감당할 수 있는 것보다 더 많이 원하거나 지불하려 할 때 흔히 발생하기 때문이다.

천칭 라시인들의 진화목적은 맞은 편에 있는 산양 라시의 자질들을 계발하는 것이다. 산양 라시인들은 생각과 행동이 우선하며, 결과에 대한 걱정은 나중에 한다. 이러한 자질들은 천칭 라시인들이 계발해야 한다. 균형이란 항상 현재의 순간에서만 이루어지는 것이 아니기 때문이다. 만약 현재에 어떤 것들이 균형을 잃은 듯 혹은 불공평한 듯 보인다면, 단지 과거의 어떤 것에 대한 균형을 바로 잡기 위해서 혹은 미래에 창조될 어떤 것에 대한 균형을 잡기 위해서 지금 현재에 공간을 마련해 주고 있는 것임을 알아야 한다. 천칭 라시인들은 필요하다면 진취적이고, 의지적이고 충동적인 자질들을 계발할 필요가 있다. 파트너십은 독립적이고 강한 의지력을 가진 타입이든지, 아니면 어떤 식으로든 그들이 가진 개성이나 개인적인 충동성을 표현하게끔 도와주는 사람들과 맺어지는 경향이 있다(하늘의 금괴, 제4장 참고)."

저울을 심볼로 하는 천칭 라시의 가장 큰 특징은 "교역, 사업"이다. 빌 클린턴이 미국 42대 대통령으로 1993년부터 2001년까지 지내는 동안, 미국의 경제는 역사상 가장 장기간의 안정과 부흥을 누렸다. 그리고 2차 세계대전 이후 가장 큰 지지율을 받으며 임기를 마친 대통령으로 남아 있다. 대통령으로 선출되기 이전에는 아르칸사스(Arkansas) 주지사로 12년을 보냈다. 1979년, 겨우 31세라는 젊은 나이에 주지사로 당선된 그는, 아르칸사스 주의 경제와 교육제도를 증진시키는데 큰 기여를 하였다. 당시 미국 전역에서 최악의 교육 시스템을 가지고 있던 아르칸사스 주를 최상의 곳으로 전환시키는데 성공했으며, 어린이, 노인, 여자들의 보호와 권리를 향상시키는 건강사회복지제도도 굳혔다. 예일법대 재학 시 만난 아내 힐러리와도 배우자이자 커리어 동반자로 평생 같은 길을 걷고 있다. 빌 클린턴은 천칭 라시 라그나가 가진 장점들을 최고로 활용하고 있는 것이다.

이처럼 빌이 성공할 수 있었던 이유는 라그나에 라그나 로드를 포함한 세 개의 행성들이 몰려 있고, 파워와 지위를 나타내는 열한 번째 하우스에 태양을 포함한 세 개의 행성이 몰려 있으면서, 두 개의 하우스가 서로 라시 어스펙트를 주고 받고 있기 때문이다. 그래서 그가 가진 삶의 목적과 방향은, "자아"의 성취와 "파워"를 획득하는 데 집중되고 있다. 흥미롭게도 그의 아내인 힐러리 클린턴의 차트 역시, 라그나와 열한 번째 하우스가 강조되고 있다. 그녀의 라그나에는 파워를 나타내는 행성인 태양, 카르마의 행성인 케투, 열한 번째 하우스의 로드인 수성, 그리고 11, 12 바바의 로드인 금성 등 네 개의 행성들이 몰려 있다. 하지만 라그나 로드인 화성은 토성과 함께 열 번째 카르마의 하우스에 있다. 그리고 그녀의 차트에선, 빌의 경우와는 달리, 두 개의 하우스가 서로 라시 어스펙트를 하지 않고 있는 대신 행성 간의 어스펙트를 하고 있다. 라시 어스펙트는 원하는 것을 물질적으로 형상화 시키는 힘을 가지고 있다. 행성 간의 어스펙트는 서로의 성향에 영향을 미치지만 원하는 것을 형상화 시키는 힘은 없다(하늘의 금괴, 12장, 13장 참고). 그래서 빌은 "나(라그나)"가 원하는 것을 자신의 능력으로 쉽게 이루어 낼 수 있었던 반면에, 힐러리는 "나(라그나)"가 원하는 것을 얻기 위해선 빌의 후광을 입어야만 했던 것은 물론이며, 변호사와 국무장관으로서 많은 카르마(열 번째)를 행하여만 했던 것이다.

빌의 라그나에는 라그나 로드인 금성이 물라트리코나에 있으면서, 목성과 화성이 합치를 하고 있다. 금성이나 목성이 라그나에 있으면 출중한 외모를 주는데, 두 행성이 같이 있으니 더욱 훈남으로 만든다. 게다가 젊음과 패기의 행성인 화성까지 합치를 하다 보니, 키가 188센티미터에 달하는 장신이자 듬직하고 잘생긴 외모를 준다. 아르칸사스 주지사로 지낼 때, 동안 때문에 "소년 주지사"라는 별명이 따라 다녔을 정도이다.

▣ 천칭 라시의 경우, 하우스 로드들의 성향 (하늘의 금괴, 9장 참고)

· 태양은 열한 번째 로드이다.

"태양은 저울에 있는 금이다."

태양은 열한 번째 로드로서, 천칭 라시인들이 삶에서 얻고 싶어하는 것이다. 열한 번째 로드로서 임시적 흉성이 되는 태양은, 그들이 가장 충족시키고 싶어하는, 다른 어떤 것들을 희생해서라도 추구하고 싶어하는 바로 그러한 것들을 나타낸다. 궁극적으로 그들이 얻고 싶어하는 것은 자아이지만, 그러나 먼저 세상의 욕망들에 걸려 넘어져 보아야 한다. 태양은 자연적 흉성으로서 자신이 영향을 미치고 있는 영역에서 그들을 격리시킬 수도 있다. 그러나 뭔가 좀 더 바람직한 목적을 위해서이다.

태양은 빌의 AK행성으로 열한 번째 오운라시에 있다. 그가 원하는 것은 태양과 같은 파워, 지위였으며, 당연히 원하는 모든 것을 획득하였다. 그런데 태양은 임시적 흉성일 뿐만 아니라, 적인 토성과 합치를 하고 있기 때문에 지불해야 하는 대가가 크게 된다. 태양은 아버지를 나타내는 카라카이다. 빌은 출생시에 태양-라후 다샤에 있었다. 그가 태어나기 3개월 전에 친부가 교통사고로 세상을 떠났다. 그리고 토성은 낮은 계층을 의미한다. 당시 미국에선 아직 인종차별이 극심하던 시대인데, 빌은 백인이면서 흑인들 주거지에서 자라며 그들과도 잘 어울렸다. 한때 뮤지션을 꿈꿀 정도로 흑인들의 음악이었던 재즈나 색스폰에도 뛰어났다. 이러한 어릴 적의 열악한 성장환경이 차후에 백인 대통령 후보로서 흑인들에게 가장 많은 지지를 받는 이점으로 작용했다. 동시에 색스폰 연주의 후유증으로 보청기를 사용해야하는 청각장애도 생기게 되었다.

· 달은 열 번째 로드이다.

"달은 바자(basaar)이다."

달은 열 번째 로드로서, 천칭 라시인들을 어떤 식으로든지, 사회에 이득이 되는 커리어를 가지게 한다. 또한 달은, 시간이나 필요에 따라 바꿀 수도 있는, 혹은 바꾸기 쉬운 직업을 주기도 한다. 천칭 라시인들에게는 커리어 생활이 편안하다. 그러나 만약 달이 나쁜 영향하에 있으면, 직장에서의 불균형, 과도한 업무로 인한 탈진, 일 중독 현상 등을 나타낼 수도 있다.

달은 앵글로드로서 임시적 중립이 된다. 그러나 달에게 미치고 있는 다른 영향들에 따라, 천칭 라시인들이 커리어 목표달성을 위해 어떻게 행동할 것인가가 결정된다. 뜨는 달은 자연적 길성으로서 좋은 카르마들을 행하게 한다. 그리하여 달이 영향을 미치고 있는 영역들이 활짝 피도록 해준다. 지는 달은 자연적 흉성으로서, 천칭 라시인들이 행동에 필요한 것들을 유지하는데 관심이 부족하게 만든다. 지는 달이 영향을 미치고 있는 영역들이 잘 발휘를 하지도 못하게 한다. 그리고 커리어 때문에 달이 관장하는 삶의 다른 부분들은 모두 에너지가 고갈되어 버릴 수도 있다.

달은 물라트리코나 라시에 있어 가비타 아바스타에 있다. 그런데 지는 달로서 여덟 번째 하우스에 있으면서, 이웃에 다른 행성들은 아무도 없고 라후만 있다. 그래서 감정상으로 완전한 충족감을 얻기가 어렵다. 달의 신화에서 그처럼 많은 아내들을 두고도 사랑에 고파 밤하늘을 떠도는 달의 외로움을 내포하고 있다. 그에게 여자와의 스캔들이 많이 따라다니는 이유이다. 달은 어머니를 나타내는 카라카이기도 하다. 그래서 어머니로부터 충족감을 얻기도 어렵다. 그가 태어나자마자, 어머니는 대학에서 간호학을 공부하러 다른 주로 떠났으며 그는 조부모님 슬하에서 자랐다. 네 살이 되자 학업을 마친 어머니가 돌아왔지만, 곧 재혼을 했다. 그러나 양아버지가 알코올중독이고 폭력적이었기 때문에 어머니를 보호하기 위해 몇 차례나 경찰서도 들락거릴 만큼 양아버지에게 저항하며 자랐다. 빌 클린턴은 4살부터 십 년간 달의 다샤를 지나고 있었다. 그리고 이후, 레윈스키 스캔들이 터졌을 때는 목성-달의 다샤를 지나고 있었다. 달은 빌에게 감정적인 어려움들을 주는 행성이다.

· 화성은 두 번째와 일곱 번째 로드이다.

"화성은 장사꾼의 소유물들로서, 다른 사람들이 부러워할만한 가치를 가지고 있다."

화성은 두 번째와 일곱 번째 로드로서, 천칭 라시인들이 자신의 파트너들에게 소유적이게 만든다. 그러나 꼭 부정적인 방식으로 그러는 것은 아니다. 두 번째 하우스와 일곱 번째 하우스의 연결은 결혼에 적합하다. 화성은 열정적인 취향을 주며, 파트너십이나 결혼으로 인해 재물이 늘어날 수도 있다. 어쨌든, 화성은 천칭 라시인들이 로맨스나 비즈니스 등의 관계에서 생산적인 파트너십을 맺도록 하는 경향이 있다.

화성은 임시적 중립이다. 다른 영향들에 따라, 그들이 이성관계나 부를 추구하는 방식이 보다 자기 중심적일지, 아니면 좀 더 고상한 매너로 할는지 등을 결정하게 된다.

파트너 하우스의 로드이면서 라그나에서 라그나 로드와 같이 있는 화성은, 아내와의 파트너십이 가장 생산적일 수 있는 조합으로 만들어 주었다. 1961년부터 7년간 화성의 다샤는 그에게 일찌감치 정치적인 야망을 굳히도록 해주었다.

· 수성은 아홉 번째와 열두 번째 로드이다.

"수성은 장사꾼이 팔기 위해 가지고 있는 가격을 매길 수도 없을 만큼 이국적이며, 귀한 물건들이다."

수성은 아홉 번째와 열두 번째 로드로서, 천칭 라시인들이 가진 영성적 지식과 실질적인 믿음을 나타낸다. 그들은 필요할 때, 보다 더 큰 어떤 힘에 귀의함으로서 얻어지는 이득들을 잘 이해하고 있다. 수성은 또한 외국무역에 관한 재능을 준다. 아홉 번째 로드십으로 인해 수성은 임시적 길성이 된다. 무엇을 쥐고 있어야 할지, 무엇을 놓아야 할지를 잘 분별할 수 있는 지혜를 준다. 자연적 길성으로 수성은 그들이 거대한 재산을 이룰 수 있는 재능과 지성을 준다.

천칭 라그나에게 훌륭한 길성이면서 열한 번째에 있는 수성은 그에게 뛰어난 외교, 흥정 능력을 준다. 빌은 대통령 임기 동안, 외교정책에 어느 역대 대통령보다 더 적극적이고 활발했다. 두 번의 임기 동안 총 74개국을 방문하였는데 세계 영토의 75%에 속한다. 1992년 그가 대통령에 당선되었을 때, 목성-수성의 다샤를 지나고 있었다.

· 목성은 세 번째와 여섯 번째 로드이다.

"목성은 점점 늘어가는 장사꾼의 이득이다."

세 번째와 여섯 번째 로드로서 목성은 두 개의 우파차야 하우스들을 다스리고 있다. 그들에게 부를 주는 행성으로서, 전 인생에 걸쳐 점점 늘어가는 부를 줄 수도 있다. 목성은 세 번째와 여섯 번째 하우스의 로드로서 임시적 흉성이 된다. 그리고 목성이 영향을 미치고 있는 영역들을 향한 이기적인 욕구를 드러낸다. 그러나 자연적 길성이고 또 고귀한 품위를 가진 행성이기 때문에, 천칭 라시인들은 이러한 것들을 막무가내로 쫓지는 않을 것이다. 어떤 고서에 따르면, 목성은 천칭라시인들에게 라자요가를 가져다 준다고 한다. 왜 그런지에 대한 설명은 없지만, 이 작은 책자는 보배처럼 귀한 지식들로 가득 차 있어 실제로 아주 유용한 고서이다. 그러므로 비록 목성이 천칭 라시인들에게 두 개의 어려운 하우스들을 다스리고 있지만, 함부로 단언 지을 수가 없으며, 어쩌면 높은 지위를 가져다 줄 수도 있다.

목성은 힘과 노력을 나타내는 두 개의 하우스를 다스린다. 그러나 자연적 길성이기 때문에 강제적이 아닌 평화로운 본성을 준다. 여섯 번째 로드십이, 적의가 아니라 쉽게 용서하는 기질을 주기 때문이다. 목성은 자연적 길성인지라 그가 영향을 미치고 있는 영역에 충족을 가져다 준다. 그러나 대부분 일과 노력을 통해서 이루어진다.

목성은 그의 차트에서 DK(배우자) 행성이다. 라그나에 있는 목성은 첫 번째 하우스에서 딕발라를 얻고 있다. 멋진 아내를 두었지만, 그러나, 임시적 흉성인 목성은 아내와의 관계가 쉽지 않도록 만들며, 많은 시간과 노력을 해야 함을 나타낸다.

· 금성은 첫 번째와 여덟 번째 로드이다.

"금성는 바자(Bazaar)에 서 있는 남자이다."

금성은 첫 번째와 여덟 번째 로드로서, 천칭 라시인들이 자신에 대한 인식이 깊어짐에 따라 생에서 급진적인 변화를 겪게 될 것을 나타낸다. 이러한 변화는 주로 금성을 통해서 가슴 깊숙이 잠들어 있던 욕망이 깨어나게 함으로서 오게 된다. 금성은 또한 다른 사람들의 재원에 대해 집착하고, 마치 자기 것인 양 동일시하게 만든다.

라그나 로드로서 금성은 임시적 길성이다. 그래서 우아하고 현실적인 지혜를 통해 그들이 삶에서 자신들의 자리를 찾게 한다. 그러나 여덟 번째 로드십은 그들을 어느 정도 불안정적이게 만든다. 하지만 천칭 라시는 활동적(moveable) 라시이기 때문에, 어떤 식으로든지 변화를 거치게 되어 있다. 자연적 길성인 금성은, 자신이 영향을 미치고 있는 영역에, 안락함과 행복을 가져다주기도 한다. 그렇지만 여덟 번째 로드십은 어느 정도 "기대치 않았던"이라는 요소를 함께 가져다준다.

라그나 로드이면서 라그나에 있는 금성은 온갖 사치, 유익함과 안락함을 가져다준다. 그러나, 때로는 예기치 않았던 트러블에 깊이 빠지게 만들기도 한다. 여자들 때문에 무수한 법적 소송을 다루어야 했으며, 종래에는 한 여자로 인해 전세계적인 수모를 당하고 대통령직을 거의 박탈당할 뻔한 위기도 거쳤다. 목성-금성의 다샤에 그는 모니카 레윈스키와 스캔들을 만드는 실수를 하였다.

· 토성은 네 번째와 다섯 번째 로드이다.

"토성은 저울이다."

토성은 네 번째와 다섯 번째 로드로서 요가카라카가 된다. 앵글과 트라인을 동시에 다스리기에 천칭 라시인들에게 최상의 임시적 길성이 된다. 토성은 아주 실질적이며, 이지적인 머리와 인내심을 주며, 필요할 때는 냉철하고 분석적이며 분별력 있는 마음자세를 준다. 토성은 정신적인 평형성과 바른 결정을 내릴 수 있는 침착함을 준다. 그러나 이러한 자질은 살면서 체험적으로 익히게 된 재능이다. 그래서 천칭 라시인들은 실수들을 통해서 배울 줄 아는 라그나로 알려져 있다. 네 번째 내적 마음과 느낌의 하우스, 그리고 다섯 번째 지성의 하우스가 연결됨으로서, 토성은 아주 균형잡힌 마음자세를 만들어 줄 수 있다. 그러나 그들이 깊이 내재한 두려움과 불안정성을 극복할 수 있은 뒤에야, 비로소 그렇게 될 수 있다. 토성은 일반대중이 존경할 수 있는 품위를 주기도 하는지라 그들이 공적인 지위를 얻는데 도움이 된다. 자연적 흉성으로서 토성은 자신이 영향을 미치고 있는 영역으로부터 그들을 분리시킬 수도 있다. 그러나 이는 순전히 장기적인 안목에서 그들에게 최상의 행복과 성공을 가져다 주기 때문에 필요한 과정일 뿐이다.

토성은 비록 최상의 길성이지만, 그러나 적의 라시인 사자라시에 있을 뿐만 아니라, 오운라시에 있는 파워풀한 태양과 합치를 이루고 있다. 그래서 빌의 차트에서 가장 열악한 라지타디 아바스타에 있다. 다행히 친구인 수성이 합치를 하여 구제를 해주고 있지만, 그러나, 충분하지가 않다. 불량식품이나 기름진 음식을 좋아하는 그는 건강과 관련하여 과체중, 심장 수술, 종양제거, 무릎 수술, 청력, 알레르기 등외에도 여러 다른 어려움들을 겪었다. 토성은 거친 환경 속에서도 살아 남을 수 있는 능력을 나타낸다. 그래서 토성이 강한 사람들은 근본적인 체질이 아주 강하다. 최근 들어 급작스레 노화한 빌은, 아내의 선거운동을 하러 다니면서 건강의 적신호를 많이 보이고 있다. 2002년 4월 9일부터 19년간의 토성의 마하다샤에 들어서면서 그의 건강은 여러 가지 문제를 보이기 시작했다. 2015년 11월 17일부터 그는 토성-라후의 안타르 다샤에 있는데 2018년 9월 22일까지 계속된다. 라후는 토성과 비슷하다(5-1장 참조). 토성은 열한 번째 하우스에 있으면서 라그나에 있는 세 개의 행성들을 라시 어스펙트하고 있다. 라그나는 몸을 나타낸다. 이 기간 동안 그의 건강이 많이 위태로울 것임을 보여주고 있다.

▨ 빌 클린턴의 144 바바 요가의 조합

1. **첫 번째 로드인 금성은 첫 번째 하우스에 있다: 라그나 로드가 라그나에 있으면, 용감한 팔을 가졌으며, 적절한 신체의 축복을 받았으며, 합리적이며, 앞뒤로 움직이며, 두 명의 배우자를 유지하거나, 혹은 서로 잘 통하기도 한다.** 앞뒤로 움직인다는 뜻은 아주 적극적이고 활발하다는 의미이다. 그리고 옛날에는 여러 아내를 거느리는 것이 부와 파워의 상징이었다. 빌을 아주 잘 묘사하고 있는 수트라이며, 그가 잘 통하는 배우자를 가진 것은 분명한 사실이다.

2. **두 번째 로드인 화성은 첫 번째 하우스에 있다: 부의 로드가 라그나에 있으면, 자녀들을 가지며, 부와 합치며, 집안의 가시이며, 탐욕스럽고, 거칠고, 다른 사람들의 일을 행한다.** 빌은 양아버지에게 반항적이었다. 그리고 파워에 대한 의지가 어릴 적부터 분명하였다. 또한 자기 사업을 하는 것이 아니라, 국가 공직에 있었으니 다른 사람의 일을 행한 것에 해당한다.

3. **세 번째 로드인 목성은 첫 번째 하우스에 있다: 형제의 로드가 라그나에 있으면, 자신의 손으로 획득한 부를 가졌으며, 경배하는 것에 익숙하며, 성급하거나/잔인하며, 비록 총명하지만 배움이 없다.** 빌은 분명히 최고의 지성인이었지만, 높은 공직에 있는 사람으로서 여러 번 스캔들을 냈으니 여자들과의 관계에 있어서는 어느 정도 어리석음을 보였다고 할 수 있다.

4. **네 번째 로드인 토성은 열한 번째 하우스에 있다: 행복의 로드가 이득의 장소에 있으면, 숨겨진 질병으로 괴로움을 겪으며, 덕이 있고, 좋은 자질들을 갖추었으며, 자선적이고,**

다른 이들을 도우면서 **기뻐한다**. 앞에서 언급했듯이 토성은 그에게 건강과 관련된 많은 질병을 주고 있는 행성이다. 그리고 그는 특히 흑인들이나 다른 약자들을 돕는 데 아주 열성적이었다.

5. 다섯 번째 로드인 토성은 열한 번째 하우스에 있다: 자녀들의 로드가 이득의 바바에 있으면, 그는 유식하며, 사람들에게 사랑받으며, 작가이며, 훌륭한 전문성을 가졌으며, 많은 자녀와 상당한 부를 가지게 된다. 빌은 임기 이후, 책과 강연을 통해 많은 부를 축적했다. 그런데 다섯 번째 로드가 사자라시에 있으면 보통 자녀가 없거나 혹은 한 명 정도 있게 된다는 요가가 있다. 토성은 그에게 부와 명성은 주었으나, 많은 자녀를 주지는 않았다.

6. 여섯 번째 로드인 목성은 첫 번째 하우스에 있다: 여섯 번째 로드가 라그나에 있으면, 그는 몸이 약하며, 유명해지며, 자신의 사람들이 적敵이며, 좋은 자질들이 주어졌으며, 부자이며, 존경 받으며, 성급하다.

7. 일곱 번째 로드인 화성은 첫 번째 하우스에 있다: 배우자의 로드가 라그나에 있으면, 그는 다른 사람의 아내들 사이에 있으며, 난봉꾼/자유 사상가이다. 사악하며, 눈에 띄며, 경솔하며, 그리고 바타(Vata)의 고통으로 가득하다. 수트라 6과 7의 묘사들은 거의 일치하고 있다. 정치하려면 당연히 사악하거나 경솔한 면도 있어야 할 것이다.

8. 여덟 번째 로드인 금성은 첫 번째 하우스에 있다: 여덟 번째 로드가 몸의 장소에 있으면, 그에게는 신체적 안녕함이 없을 것이며, 데바들과 브라민들을 경멸하며, 상처/농양/종양 등이 있다. 그가 종교적 지위에 있는 사람들을 개인적으로 어떻게 생각하는지에 대해서는 알려진 바가 없다. 그러나 종교가 남부 침례교였다가, 개신교에 속하는 침례교로 전환하였다.

9. 아홉 번째 로드인 수성은 열한 번째 하우스에 있다: 행운의 로드가 이득의 바바에 있으면, 날이면 날마다 부를 획득하며, 고대/존엄한 이들에게 헌신하며, 덕이 있고, 그리고 항상 **정의롭다**. 수성은 양호한 라지타디 아바스타에 있기 때문에 대체로 좋은 자질들을 가져다 주고 있다.

10. 열 번째 로드인 달은 여덟 번째 하우스에 있다: 카르마의 로드가 홈의 바바에 있으면, 직업이 없도록 만들며, 오래 살며, 다른 사람들의 이름을 실추시키는 것을 주 목적으로 한다. 임기를 마친 이후, 일정한 직업이 없는 것은 사실이며, 요즘 들어 아내를 위한 선거운동을 하면서 공화당에 대한 공격을 많이 하고 있다.

11. 열한 번째 로드인 태양은 열한 번째 하우스에 있다: 이득의 로드가 이득의 바바에 있으면, 모든 일에서 이득을 얻으며, 학문적 열정이나 행복이 날로 늘어난다. 열한 번째 하우스에서 오운라시에 있는 태양이 그에게 파워를 가져다 주는 주 행성이다.

12. 열두 번째 로드인 수성은 열한 번째 하우스에 있다: 손실의 로드가 이득에 바바에 있으면, 수입들, 물건들, 그리고 다른 사람의 것들로 인해 손해를 보며, 때로는 그 것들을 통해 이득을 보기도 한다.** 대통령 재직시, 과거 주지사 시절 "Whitewater 논란"에 관련된 사건이 뒤늦게 알려져서 큰 위기를 거쳤다. "Whitewater 개발 사업"에 투자하였다가 많은 손해를 보았다. 그런데 당시 높은 공직에 있는 사람으로서 개인적 사업에 관여한 사실에 문제제기가 되었던 것이다. 결국 무죄로 판정을 받았지만, 빌과 힐러리의 이미지에 많은 타격을 입혔다. 이 사건은 2008년 힐러리의 대통령 선거 운동에 다시 언급되기도 했다.

⊠ 모니카 레윈스키(Monica Lewinsky)

- 1973년 7월 23일 12:21PM, San Francisco, CA, USA

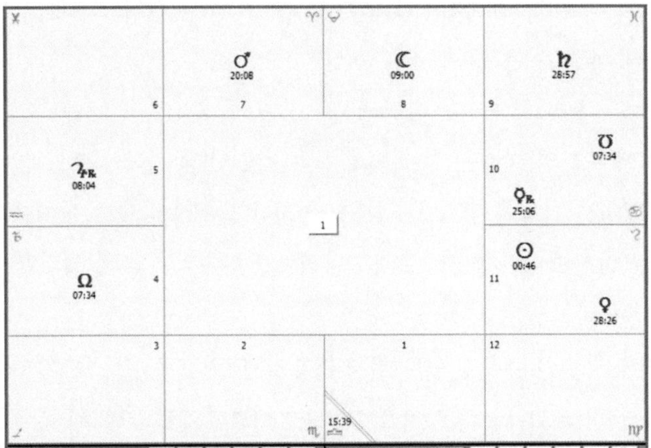

Vimshottari		
Ve	11/26/1969 07:00	-3yrs -7mts
Su	11/26/1989 03:16	16yrs 4mts
Mo	11/26/1995 14:08	22yrs 4mts
Ma	11/26/2005 00:16	32yrs 4mts
Ra	11/25/2012 16:57	39yrs 4mts
Ju	11/26/2030 01:35	57yrs 4mts
Sa	11/25/2046 22:35	73yrs 4mts
Me	11/25/2065 13:02	92yrs 4mts
Ke	11/25/2082 15:51	109yrs 4mts

Caranavamsa		
Ta	07/23/2000 01:17	27yrs 0mts
Ge	07/23/2003 18:44	30yrs 0mts
Cn	07/23/2004 00:32	31yrs 0mts
Le	07/23/2014 10:40	41yrs 0mts
Vi	07/23/2026 08:25	53yrs 0mts
Li	07/22/2036 18:33	63yrs 0mts
Sc	07/23/2046 04:41	73yrs 0mts
Sg	07/23/2051 09:44	78yrs 0mts
Cp	07/22/2053 21:22	80yrs 0mts

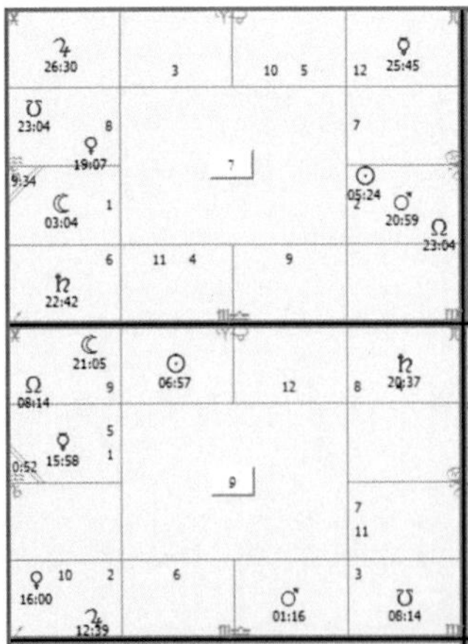

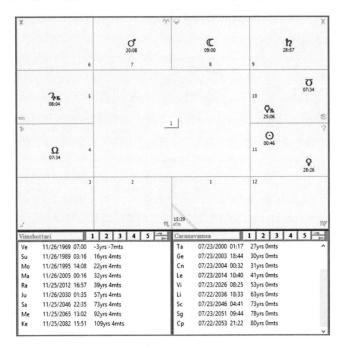

	r...	Degrees	Rasi	Dig...	Nakshatra	Pa..
Lg		15:39:10	Libra	--	Chitra	1
Su		00:46:22	Leo	MT	Pushya	4
Mo		09:00:39	Taurus	MT	Bharani	1
Ma		20:08:30	Aries	OH	Aswini	1
Me	R	25:06:33	Cancer	N	Pushya	2
Ju	R	08:04:23	Aqua...	E	Sravana	4
Ve		28:26:43	Leo	GE	Magha	4
Sa		28:57:28	Gemini	GF	Ardra	1
Ra		07:34:56	Capri...	--	Purvash...	2

AK	AmK	BK	MK PuK	PiK	GK	DK
♄	♀	☿	♂	☾	♃	☉

AK	AmK	BK	MK	PiK	PuK	GK	DK
♄	♀	☿	♂	Lg	☾	♃	☉

AK - AatmaKaaraka, (Self)
AmK - AmaatyaKaaraka, (Minister)
BK - BhraatruKaaraka, (Siblings)
MK - MaatruKaaraka, (Mother)
PiK - PitruKaaraka, (Father)
PuK - PutraKaaraka, (Children)
GK - GnaatiKaaraka, (Relatives)
DK - DaaraaKaaraka, (Spouse)

Rasi- Aspected Planets

	☉	☾	♂	☿	♃	♀	♄	☊	☋
☉	--	11	20		56	Y		14	
☾	37	--		31	15	35	10	31	14
♂	49		--	55	6	22	28	21	41
☿		8	17	--	54	2		25	Y
♃	45	45	27	34	--	50	18		1
♀	Y	25	34		19	--		21	
♄	4		18		40	59	--	56	
+	45	78	79	34	73	51	18	46	1
-	90	11	38	86	118	116	38	121	55

Rasi- Aspects to BhavaChalita

	1	2	3	4	5	6	7	8	9	10	11	12
☉	30	37	13	34	52	38	23	7				7
☾	13	56	41	26	11				4	24	41	24
♂	51	60	32	16	2				14	56	34	5
☿	36	34	7	45	49	35	20	4				10
♃	49	11				4	23	49	40	19	56	49
♀	9	33	35	11	36	51	36	21	5			
♄	37	12	38	51	36	47	27				35	52
+	93	78	42	56	85	90	79	74	46	19	56	59
-	131	165	124	126	101	84	49	7	18	80	110	87

Rasi- Aspected Planets									
	☉	☽	♂	♀	♃	♀	♄	Ω	☋
☉	--	11	20		56	Y		14	
☽	37	--		31	15	35	10	31	14
♂	49		--	55	6	22	28	21	41
♀		8	17	--	54	2		25	Y
♃	45	45	27	34	--	50	18		1
♀	Y	25	34		19	--		21	
♄	4		18		40	59	--	56	
+	45	78	79	34	73	51	18	46	1
-	90	11	38	86	118	116	38	121	55

Saptamsa

	Dign	Baladi	Jagradadi	Lord
☉	MT	Bala	Jagrat	Kshara
☽	F	Mrita	Svapna	Ikshurasa
♂	N	Vriddha	Svapna	Ikshurasa
♀	OH	Mrita	Jagrat	Kshiira
♃	OH	Bala	Jagrat	Kshiira
♀	GF	Vriddha	Svapna	Suddhajala
♄	E	Vriddha	Svapna	Suddhajala
Ω				Madya
☋				Madya
Lg				Aajya

Navamsa

	Dign	Baladi	Jagradadi	Lord
☉	EX	Kumara	Jagrat	Deva
☽	F	Kumara	Svapna	Rakshasa
♂	E	Bala	Svapna	Deva
♀	F	Yuva	Svapna	Nri
♃	OH	Yuva	Jagrat	Rakshasa
♀	E	Yuva	Svapna	Rakshasa
♄	GF	Vriddha	Svapna	Rakshasa
Ω				Rakshasa
☋				Rakshasa
Lg				Nri

• 모니카의 샬발라 포인트의 그래프

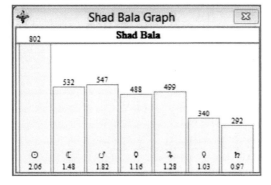

Shad Bala Graph

Shad Bala

802
532
547
488
499
340
292

☉	☽	♂	♀	♃	♀	♄
2.06	1.48	1.82	1.16	1.28	1.03	0.97

◙ 모니카 레윈스키의 빔쇼타리 다샤

| Monica Lewinsky | Date: 07/23/1973 Time: 12:21:00 | Vimshottari AntarDasa |

Venus MahaDasa (-3y -7m)

Ve/Ve	11/26/1969 07:00
Ve/Su	03/27/1973 18:23
Ve/Mo	03/28/1974 00:12
Ve/Ma	11/26/1975 17:53
Ve/Ra	01/25/1977 20:40
Ve/Ju	01/26/1980 14:06
Ve/Sa	09/26/1982 13:36
Ve/Me	11/26/1985 04:01
Ve/Ke	09/26/1988 00:29

Sun MahaDasa (16y 4m)

Su/Su	11/26/1989 03:16
Su/Mo	03/15/1990 17:00
Su/Ma	09/14/1990 07:55
Su/Ra	01/20/1991 03:57
Su/Ju	12/14/1991 21:11
Su/Sa	10/02/1992 01:50
Su/Me	09/14/1993 01:21
Su/Ke	07/21/1994 12:17
Su/Ve	11/26/1994 08:19

Moon MahaDasa (22y 4m)

Mo/Mo	11/26/1995 14:08
Mo/Ma	09/25/1996 22:59
Mo/Ra	04/27/1997 00:22
Mo/Ju	10/26/1998 21:05
Mo/Sa	02/25/2000 20:50
Mo/Me	09/26/2001 04:03
Mo/Ke	02/25/2003 14:17
Mo/Ve	09/26/2003 15:40
Mo/Su	05/27/2005 09:22

Mars MahaDasa (32y 4m)

Ma/Ma	11/26/2005 00:16
Ma/Ra	04/24/2006 03:38
Ma/Ju	05/12/2007 15:45
Ma/Sa	04/17/2008 13:10
Ma/Me	05/27/2009 08:37
Ma/Ke	05/24/2010 13:22
Ma/Ve	10/20/2010 16:45
Ma/Su	12/20/2011 19:32
Ma/Mo	04/26/2012 15:34

Rahu MahaDasa (39y 4m)

Ra/Ra	11/25/2012 16:57
Ra/Ju	08/08/2015 20:39
Ra/Sa	01/01/2018 10:36
Ra/Me	11/07/2020 09:10
Ra/Ke	05/27/2023 17:59
Ra/Ve	06/14/2024 06:06
Ra/Su	06/14/2027 23:32
Ra/Mo	05/08/2028 16:46
Ra/Ma	11/07/2029 13:29

Jupiter MahaDasa (57y 4m)

Ju/Ju	11/26/2030 01:35
Ju/Sa	01/13/2033 05:59
Ju/Me	07/27/2035 12:43
Ju/Ke	11/01/2037 09:53
Ju/Ve	10/08/2038 07:19
Ju/Su	06/08/2041 06:49
Ju/Mo	03/27/2042 11:28
Ju/Ma	07/27/2043 11:13
Ju/Ra	07/02/2044 08:38

Saturn MahaDasa (73y 4m)

Sa/Sa	11/25/2046 22:35
Sa/Me	11/28/2049 17:05
Sa/Ke	08/07/2052 19:43
Sa/Ve	09/16/2053 15:10
Sa/Su	11/16/2056 05:34
Sa/Mo	10/29/2057 05:06
Sa/Ma	05/30/2059 12:18
Sa/Ra	07/08/2060 07:44
Sa/Ju	05/15/2063 06:18

Mercury MahaDasa (92y 4m)

Me/Me	11/25/2065 13:02
Me/Ke	04/23/2068 04:02
Me/Ve	04/20/2069 08:48
Me/Su	02/19/2072 05:16
Me/Mo	12/25/2072 16:12
Me/Ma	05/27/2074 02:27
Me/Ra	05/24/2075 07:12
Me/Ju	12/10/2077 16:02
Me/Sa	03/17/2080 13:12

Ketu MahaDasa (109y 4m)

Ke/Ke	11/25/2082 15:51
Ke/Ve	04/23/2083 19:13
Ke/Su	06/23/2084 22:00
Ke/Mo	10/28/2084 18:02
Ke/Ma	05/29/2085 19:26
Ke/Ra	10/29/2085 22:48
Ke/Ju	11/13/2086 10:54
Ke/Sa	10/20/2087 08:20
Ke/Me	11/28/2088 03:47

~© 2000- 2013 Kala Vedic Astrology Software

▣ 모니카 레윈스키: 천칭 라시 라그나

빌 클린턴과 같은 천칭 라그나이다. 그래서 라그나와 하우스 로드들의 성향 분석은
생략하는 대신에, 그녀의 차트에 대한 전반적인 분석을 같이 해보기로 한다.

저자가 레윈스키 스캔들에 관심을 가지고 클린턴 사가에 대한 예시분석을 제시하게 된
동기는, 2015년 3월에 국제비영리재단 TED(Technology, Entertainment, Design) 강의에서,
그녀가 강연한 "수치심의 가격(The Price of Shame)"이라는 스피치를 듣게 된 후였다.
이전에는 한 번도 그녀에 대한 관심을 제대로 가져 본적이 없는데, 우연히 강의를 듣고
깊은 감명을 받게 되었으며, 인터넷의 파워, 특히 사이버폭력의 심각성에 대해 다시금
되새기게 되었다. 22분이 약간 넘는 동영상은 2016년 6월 말 현재 약 450만 뷰에 이르고
있다.

1998년에 전세계를 떠들썩하게 하였던 레윈스키 스캔들이 터졌을 때, 저자는
"모니카"라는 문제의 젊은 여성보다는, 어마어마할 정도의 국내외적인 수치심을 겪고 갖은
압박이나 난도질을 당하면서도 끝까지 대통령직을 사퇴하기를 거부하면서 버티던 빌
클린턴의 우직함과 용기에 더 깊은 감명을 받았었다. 그리고 힐러리 클린턴의 우아하고
현명한 대처에 같은 여성으로서 깊은 존경심을 느꼈다. 여느 정치인 같으면, 조금만 어떤
구설수에 올라도 금방 사퇴를 던지고 달아나기를 선택한다. 그렇지만 빌의 경우는 달랐다.
만약 그때 빌이 수치심과 압박에 못 이겨 대통령직을 사퇴하였더라면, 개인적으로나
국가적으로 가장 수치스런 대통령으로 역사에 남게 되었을 것이다. 그리고 오늘날의
힐러리 클린턴은 없었을 것이다. 빌은 역대 대통령 중에 가장 높은 지지율을 남기고
무사히 임기를 마쳤다. 임기 이후에도 대내외적으로 활발한 활동을 펼치며 많은 존경을
받고 또 정치외교적으로 높은 영향력을 행사하고 있다. 이처럼 대단한 역량을 전시할 수
있었던 이유는, 아주 파워풀한 열한 번째 하우스를 가지고 있기 때문이다. 특히 AK이면서
오운라시에 있는 태양은, 자신의 신념으로 철무장을 하고 어떤 상황에서건 흔들리지 않을
수 있는 절대적인 파워를 준다.

그런데 우리는 언제나 승자에게만 관심이 있지, 패자에 대해선 금방 잊고 만다. 승자의

스토리만 진실이 되고, 패자의 스토리는 마치 바람에 날리는 가랑잎처럼 이내 기억에서 날려 버리고 만다. 어느 누구도, 당시 정치적 스캔들의 희생양이 되어야 했던 22살의 어린 여성에게 무슨 일이 있었는지, 이후에 과연 어떻게 되었는지 제대로 관심을 두지 않았다. 힐러리 선거운동 시에도, 그녀의 존재나 이름이 언급되는 것도 거의 불문율로 금지되어 있다. 그러한 때, 다시 그녀의 존재가 다시 표면에 떠오르게 만든 것은 그녀가 준 "TED"스피치 때문이었다. 그 강의를 통해, 사람들이 한 번도 제대로 그녀를 한 인간으로서, 한 여자로서도 관심을 준 적이 없는 "모니카 레윈스키"라는 사람의 직접적인 스토리를 듣게 되었다. 그리고 그녀의 강의를 듣던 수많은 청중 속에선 깊은 침묵과 감동이 짙게 깔려 있었다.

그녀의 스피치가 특히 저자의 심금을 울린 이유는, 인터넷 시대를 맞아 점점 더 심각해져 가는 사이버 폭력성의 행패가 정말 안타깝기 때문이다. 얼굴과 얼굴을 맞대고 서로 직접적인 소통을 하며 진솔한 인간관계를 맺을 수 있는 기회는 점점 희박해지는 동시에, 컴퓨터 스크린이나 스마트 폰 뒤에 얼굴을 가린 채, 잔인한 댓글을 달거나 근거도 없는 허위사실들을 내포하면서 누군지도 모르는 사람들의 인생을 무자비하게 난도질 하는 무책임한 사람들 때문에, 수많은 사람들이 스스로 생명을 끊는 일이 무수하게 일어나고 있다. 우리나라에선 영화배우 최진실씨의 경우가 한 예이다. 모니카 레윈스키는 아직 인터넷 시대가 시작되기도 전에, 최초로 사이버 횡포의 희생양이 되어야 했다. 당시 고민 상담을 해주던 직장선배나 동료에게 순진하게 고백한 상사와의 정사가 비밀리에 녹음이 되어, 막 도래하기 시작했던 인터넷을 타고 전세계적으로 순식간에 퍼졌던 것이다. 그녀가 오랜 침묵을 깨고, 다시 대중 앞에 나서고, TED강의를 결심하게 된 이유도, 자신의 스토리를 호소하기 위해서가 아니라 "사이버 폭력"의 심각성에 대한 호소를 하기 위해서였다. 그러한 동기는, 2010년에 열여덟 살의 순진한 칼리지 게이학생이 동성애인과 사랑을 나누던 동영상이 룸메이트에게 비밀리에 녹화되어 다음날 인터넷에 유포되는 수치를 당하고 스스로 강물에 몸을 던져 자살을 했기 때문이었다. 뉴스를 시청하고 있던 모니카의 어머니가 눈물을 쏟으며 몸서리를 치던 모습을 보고, 자신과 가족들이 당했던 엄청난 지옥의 불을 다시금 상기하게 되었다고 한다. 그래서 다시는 그러한 희생자가 있어서는 안 된다는 사실을 그녀는 호소하고 싶었던 것이었다. 저자 역시도 갓 스무 살의 칼리지 아들을 둔 부모로서, 당시 그녀의 나이가 겨우 22살 밖에 안 되었다는 사실을 생각해보면, 어떻게 그녀가 지금껏 죽지 않고 살아남을 수 있었는지 감탄을 금할 수가 없다. 어느새 중년의 나이에 이르는 그녀의 앞으로 인생이 더 이상 "레윈스키 스캔들"에 매이지 않고, "모니카 레윈스키"라는 한 멋진 인간으로서 당당하게 펼쳐질 수 있기를 바라는 마음이 간절하다.

모니카 레윈스키의 차트에서 독특한 점은 샅발라(하늘의 금괴, 19장 참고)에서 태양의 포인트가 엄청 강하다는 것이다. 빌과 모니카는 같은 천칭 라그나일 뿐만 아니라 태양이 같은 사자라시에 있다. 빌의 태양이 가진 저력에 대해선 앞에서 이미 설명하였다. 그런데 빌의 차트에서 태양의 샅발라 포인트는, 0.99에 불과한 데 비해, 모니카의 태양은 2.06이라는 엄청난 포인트를 가지고 있다. 빌의 태양보다 2배나 넘는 저력을 가지고 있다. 태양은 아버지를 나타내는 카라카 행성이다. 아버지의 운이 없었던 빌에 비해, 모니카의 아버지는 저명한 종양학자로서, 스캔들이 터졌을 때 딸을 수치스러워하기보다는, 그녀를 살리고 명예를 회복시켜주기 위해 백방으로 뛰었다. 그리고 태양은 빌에게 AK행성인 반면에, 모니카에게는 DK(배우자) 행성이다. 점성학적으로 배우자라 함은, 비단 법률상의 배우자뿐만 아니라 육체관계를 맺은 모든 관계를 포함한다. 그럼으로 모니카의 차트에서 DK는 빌을 일컫는다. 그녀의 태양은, 무명의 백악관 인턴을 하루아침에 전세계적인 인물로 만들어 준 파워풀한 DK라고 할 수 있다. 그리고 그러한 태양의 파워로 인해, 지옥의 불과 같았던 수치스런 스캔들에도 끝끝내 이겨낼 수 있었던 것이다.

두 사람은 또한 달도 같은 황소 라시에 있다. 황소라시는 달의 물라트리코나 자리이다. 가비타 아바스타에 있는 두 사람의 달은, 서로의 감정이 처음부터 아주 잘 맞고 통했을 것이라는 사실을 짐작할 수 있게 한다. 그런데 빌의 차트에는 달의 주변에 아무런 받쳐주는 행성이 없는 반면에 라후만 달의 앞인 쌍둥이 라시에 있다. 모니카의 달은 양 옆에 화성과 토성이 있다. 가장 흉성인 두 행성 사이에서 헴잉(하늘의 금괴, 14장 참고)을 하고 있는 것이다. 대체로 달은, 주변에 길성이 받쳐주고 있어야 편안할 수 있다. 만약 홀로 있거나 흉성들이 있으면, 그러한 달은 감정이 편안하거나 안정적일 수가 없다. 그래서 두 사람의 달은 서로의 인생에서 엄청난 대가를 지불하게 만들었던 것이다.

▨ 모니카 레윈스키의 144 바바 요가의 조합

1. **첫 번째 로드인 금성은 열한 번째 하우스에 있다:** 라그나 로드가 이득의 장소에 있으면, 항상 이득을 보도록 타고 났으며, 온화한 태도를 가졌으며, 유명하며, 많은 배우자들을 유지하며, 덕을 갖추고 있다. 모니카의 금성은 최악의 라지타디 아바스타에 있다. 그래서 위에 나오는 좋은 효과들을 줄 수 없었다. 태양과 합치를 하고 있는데, 자체적 힘은 (0.00)인 반면에, 총 (-태양 200.5-달39.1) 마이너스 (239.6)이라는 포인트를 가지고 있다. 이처럼 금성이 열악한 상태에 있는 여성은, 특히, 애정관계에서 이용당하거나 형편없는 선택을 하게 만든다. 빌과의 관계 이전에도, 다니던 대학의 유부남 강사와 5년간 연인관계에 있었다. 그런데, 스캔들이 터지자, 전애인은 모니카와의 사적인 정보를 미디어에 파는 등, 파렴치한 행동을 보였다. 빌 클린턴과 관계를 가지기 시작할 때, 그녀는 태양-금성의 다샤를 지나고 있었다.

2. **두 번째 로드인 화성은 일곱 번째 하우스에 있다:** 부의 로드가 일곱 번째에 있으면, 그는 다른 이들의 배우자를 추구한다. 그리고 만약 파파가 어스펙트를 하거나 합치를 하면, 배우자를 잃어버리게 된다. 그녀가 다른 이들의 배우자를 추구한 것은 정확하다. 그러나 물라트리코나 자리에 있는 화성은 훌륭한 라지타디 아바스타에 있으며, 다른 흉성들의 영향을 받지 않고 있다. 그리고 목성과 태양, 금성에게 라시 어스펙트를 받고 있다. 그래서 그녀가 곧, 좋은 배우자를 만나게 될 것으로 예측된다.

3. **세 번째 로드인 목성은 다섯 번째 하우스에 있다:** 형제의 로드가 자녀들의 장소에 있으면, 자녀들이 있으며, 훌륭한 자질들을 가졌다. 만약 크루라(흉성)과 합치하거나 어스펙트를 받으면 잔인한 배우자를 유지한다. 목성은 역행하고 있어, 한결 더 좋은 효과를 가져다 준다. 라지타디 아바스타도 아주 훌륭하다. (자체적 124.8+태양 188.3+달 17.2+화성 6.9) 총 (337.2)의 플러스 포인트를 가지고 있다. 여자의 차트에서 목성은 남편을 나타내는 카라카 행성이다. 그런데 우파차야(하늘의 금괴, 8장 참고) 로드십으로 인해 늦은 결혼을 줄 것이지만, 훌륭한 배우자를 줄 것으로 예측된다.

4. **네 번째 로드인 토성은 아홉 번째 하우스에 있다:** 행복의 로드가 행운의 바바에 있으면, 모든 사람들에게 사랑을 타고 났으며, 신에게 헌신하며, 덕이 있고, 존경 받으며, 모든 편안함을

누리게 된다. 토성은 천칭 라그나에게 요가 카라카 행성인데, 아홉 번째 행운의 하우스에 있어, 훌륭한 아버지를 주었다. 그러나 토성의 라지타디 아바스타는 (자체적 0.00-달 11.1-화성 32.1) 총 (-21)이라는 마이너스 포인트를 가지고 있다. 그래서 아버지의 존재에 대한 심한 결핍의식을 주게 된다. 모니카가 열다섯 살 때 부모님은 이혼을 하였는데, 그로 인한 충격이 컸다. 아마도 이러한 이유로, 그녀는 나이가 많고 아버지 같은 남자들에게 끌리게 되었던 것 같다. 부모님이 이혼을 하던 때, 금성-수성-라후의 다샤를 지나고 있었는데, 나밤샤 차트에서 수성은 네 번째, 여덟 번째 바바들의 로드로서 어머니의 이혼을 의미한다. 라후는 라시 차트에서 토성의 라시인 악어라시에 있으면서 네 번째 바바와 합치를 하고 있다. 가정생활과 어머니의 불행을 나타내고 있는 것이다.

5. 다섯 번째 로드인 토성은 아홉 번째 하우스에 있다: 자녀들의 로드가 행운의 장소에 있으면, 자녀들이 있으며, 빛나는 로드 혹은 비슷한 이가 되거나 혹은 자의로 인해 작가가 된다. 유명하며 그리고 가문의 이름을 빛낸다. 열악한 라지타디 아바스타에 있는 토성은, 좋은 효과보다는, 안 좋은 효과들을 더 가져다 주었다. "모니카의 스토리"라는 자서전 책을 썼으니 작가라고 할 수 있다. 그리고 "레윈스키"라는 유대인 가문의 이름을 빛냈지만 안 좋은 사례를 통해서였다. 책이 출간된 시기는 1999년 2월 1일이었는데, 그때 달-목성-토성의 다샤를 지나고 있었다.

6. 여섯 번째 로드인 목성은 다섯 번째 하우스에 있다: 여섯 번째 로드가 자녀들의 장소에 있으면 부 등이 사람들의 입에 오르내리며, 자녀들이 친구들과 적의 관계에 있으며, 행복하며, 자수성가하며, 자비롭게 보살핌을 받는다. 모니카는 스캔들 이후, 이런저런 모델링이나 인터뷰를 통해 많은 돈을 벌었다. 그러나, 축적된 법률비용과 라이프 스타일을 유지하기에는 역부족이었다. 이후, 자신의 이름을 내건 핸드백 회사를 설립하여 큰 수입을 올렸지만 그래도 충분하지 않았다. 모니카는 캘리포니아의 유복한 환경에서 많은 사랑을 받으며 자랐다. 그래서 부모님의 이혼은 그녀에게 더 큰 충격으로 남게 되었던 것이다.

7. 일곱 번째 로드인 화성은 일곱 번째 하우스에 있다: 배우자의 로드가 일곱 번째 바바에 있으면, 결혼 생활의 행복이 주어지며, 현명하며, 눈에 띄며, 총명하며, 그리고 바타의 질병만이 있다. 바타의 질병은 대체로 비만이나 부적절한 체중의 형태로 나타난다. 모니카는 한 때,

"체중감소" 리얼리티 쇼에 참가하여 성공하면 백만 달러를 받는다는 계약을 체결했다. 그러나 시청자들의 반감으로 인해 TV 프로그램 중도에 하차해야 했으며, 삼십만 달러밖에 지급받지 못했다. 1999년 말, 그녀가 모델링 계약 체결을 하였을 때는 달-목성-화성의 다샤를 지나고 있었다. 그러나 이내 달-토성-토성의 다샤로 전환되면서, 열악한 라지타디의 토성은 그녀에게 좋은 효과들을 가져다 주지 못했다. 그래서 계약이 중도에 무산되고 말았던 것이다.

8. 여덟 번째 로드인 금성은 열한 번째 하우스에 있다: 홈의 로드가 이득의 바바에 있으면, 파파와 합치를 하면 부가 없으며, 슈바와 합치를 하면 어린 시절에는 힘들지만 나중에 행복하며 긴 수명을 누린다. 태양은 2급 정도의 파파(흉성)로 간주된다. 금성은 적의 라시에 있을 뿐만 아니라 태양과의 합치로 인해 많은 타격을 받고 있다. 그래서 태양-금성의 다샤에 빌 클린턴과 스캔들에 빠지게 되었던 것이다. 결과적으로 힘든 초창기를 보내야 했지만, 중년 이후에 행복을 누릴 것으로 예측된다.

9. 아홉 번째 로드인 수성은 열 번째 하우스에 있다: 행운의 로드가 카르마의 바바에 있으면, 왕이나 혹은 비슷한 이가 되며, 왕의 조언자 혹은 군대의 로드가 되며, 덕이 있고 사람들에게 칭송받는다. TED스피치 이후, 그녀에 대한 사람들의 시선이나 관심이 많이 누그러졌다. 이후 더 큰 성공이 기다리고 있을 것으로 예측된다. 2014년 5월, 라후-라후-수성의 다샤에 그녀는 "수치심으로부터 살아남기"라는 기사를 〈배너티 패어(Vanity Fair)〉라는 잡지에 투고한 것이 계기가 되어, 나중에 TED강연에도 초청받게 되었던 것이다.

10. 열 번째 로드인 달은 여덟 번째 하우스에 있다: 카르마의 로드가 홈의 바바에 있으면, 직업이 없도록 만들며, 오래 살며, 다른 사람들의 이름을 실추시키는 것을 주목적으로 한다. 스캔들 이후, 그녀는 일정한 직업을 가지는 어려움을 겪고 있다. 1995년부터 십 년간, 그녀는 달의 다샤를 지나고 있었다. 달의 다샤에 들어가자마자, 빌 클린턴과 스캔들이 생기게 되었으며 이후 오랫동안 온갖 시련을 겪어야 했다.

11. 열한 번째 로드인 태양은 열한 번째 하우스에 있다: 이득의 로드가 이득의 바바에 있으면, 모든 일에서 이득을 얻으며, 학문적 열정이나 행복이 날로 늘어난다. 1989년 11월부터 6년간의 태양의 다샤를 지나고 있었다. 그때부터 유대인 종교 고등학교와 칼리지에서

심리학을 전공하였다. 그리고 태양의 마지막 안타르 다샤, 즉 태양-금성의 다샤에 빌 클린턴과 스캔들에 빠지게 되었다. 그리고 2005년 달-태양의 다샤에 런던경제대학으로 유학을 떠났다. 열한 번째 로드이자 열한 번째 하우스에 있는 태양은 학위와 같은 타이틀을 나타낸다. 태양과 금성, 달, 이렇게 세 개의 행성이 네 번째 하우스에 있는 라후에게 라시 어스펙트를 하고 있다. 그리하여 2006년, 달-라후의 다샤에 사회심리학 석사학위를 취득하였다. 그리고 2012년 11월부터 18년간의 라후의 마하다샤에 진입한 그녀는, 미디어에 많은 기사들을 제보하기 시작하였으며, TED와 같은 국제강연회 등을 통해 많은 주목을 받기 시작했다.

12. 열두 번째 로드인 수성은 열 번째 하우스에 있다: 손실의 로드가 로얄 바바에 있으면, 로얄 가족들로 인해 비용을 쓰며, 아버지로 인해 아주 적은 행복만이 있다. 클린턴 사가로 인해 엄청난 비용을 썼다. 아버지와의 개인적인 관계에 대해선 알려져 있지는 않지만, 부모님의 이혼 이후에 아버지와 충분한 행복을 누리지 못한 것이, 남자에 대한 그녀의 결핍의식 형성에 큰 요소로 작용하였음이 분명하다. 1987년 부모님이 이혼을 하던 때 금성-수성의 다샤를 지나고 있었다.

베딕 점성학 입문서 Ⅱ

Vault of the Heavens

10

프린스 찰스 사가
(The Prince
Charles Saga)

보통 동화 속의 러브스토리는 먼저 위기나 어려움에 처한 공주가 있는 것으로 시작된다. 그리고 어디선가 백마를 탄 왕자가 나타나 마귀와 치열한 전투를 벌여서 공주를 극적으로 구제한 뒤, 두 사람은 영원히 행복하게 잘 살았다는 엔딩으로 끝이 난다. 이러한 스토리들은 특히, 어린 여자아이들의 심층의식 속에 깊은 뿌리를 내려, 이후 이들이 자라는 동안 동화 속의 왕자님 같은 남자를 만나 결혼을 하는 것이 마치 영원한 행복의 열쇠인 듯, 소위 "신데렐라 신드롬"이라는 비현실적인 환상을 부추기게 만든다. 하지만 현실은 동화와는 아주 다르다. 아무리 오래 연애를 했더라도 남녀 관계에서의 진정한 성공과 행복은 결혼 이전이 아닌, 결혼 이후에 달려 있다. 연애하는 중에는 서로가 최상의 모습만 보여주다가, 막상 결혼을 해서 한 지붕 아래 모든 생활을 같이 해야 하는 현실에 마주하게 되면, 그동안 익숙하던 표면적인 모습이나 감정보다는, 저 깊은 의식 속에 꽁꽁 숨어 있던, 우리 자신조차도 모르고 있던 온갖 업식들이 차근차근 올라와서 현실과 끊임없이 부닥치도록 만들기 때문이다. 그리하여 많은 남녀가 결혼 이후에 상대가 많이 변했다는 비난, 혹은 속았다는 원망을 하면서 안 좋게 갈라서는 경우들이 자주 일어난다. 사실은 누구도 변했거나 속인 것이 아니라, 단지 서로에 대한 완전한 실체를 모르고 있었던 것뿐이다. 사람은 유아기, 사춘기, 청년기, 장년기 그리고 노년기 등을 거치면서 신체적, 감정적, 영적으로 늘 변화하는 과정에 있다. 이러한 각자 다른 모습들은 모두 우리의 일부분이기에 어느 모습도 진정한 내가 아니었다고 할 수는 없다. 우리는 마치 시간과 공간이라는 삶의 무대 위에서 매번 주어지는 다른 역할들을 해 나가는 배우와도 같다. 비록 배우는 같은 한 사람이지만, 맡은 역할들이 늘 다르기 때문에 그때마다 잘 적응할 수 있어야 성공적으로 무대를 마칠 수 있는 법이다. 마찬가지로 남녀관계에서의 결말은 결혼에 골인함으로써 끝나는 것이 아니라 긴 세월을 두고 직접 살을 맞대며 같이 부딪히고 살아보아야만 비로소 알 수 있다. "왕자와 공주는 결혼하여 영원히 행복하게 살았습니다"라는 결말은 그야말로 동화 속에서나 있을 법한 일이지, 현실과는 전혀 무관한 허위인 것이다.

팔구십 년대에 전세계 뭇 여성들의 부러움과 환상을 한 몸에 받았던 영국의 왕세자비 다이애나는 전형적인 동화 속의 공주님이었다. 그녀는 고등학교 졸업시험도 두 번이나 떨어질 만큼 공부에는 그다지 재능이 없었다. 부모님도 이혼을 하여 런던의 작은 아파트에서 동생과 친구들과 함께 살며, 비록 귀족 출신임에도 불구하고 부잣집 보모나 파트타임 유치원 교사 등을 전전하며 생활비를 벌고 있었다. 그러던 앳된 스무 살

시절에 영국의 왕세자 찰스를 만나 바로 청혼을 받고 결혼에 골인함으로써 하루아침에 대영제국의 왕세자비라는 급격한 신분상승을 이룰 수 있었다. 1981년 7월 29일에 행해진 이들의 결혼식은 가히 세기의 결혼식으로 남아 있을 만큼 성대하게 이루어졌다. 아직 TV가 그다지 흔하지 않던 시절에 전세계적으로 7억5천만 명이 시청할 정도로 엄청난 관심을 모았다. 그리고 다이애나는 20세기에 최대로 사진이 많이 찍힌 사람으로 꼽힐 만큼, 그녀의 일거수일투족은 어디를 가든지 엄청난 관심과 화제를 모았다. 이내 두 왕자를 줄줄이 낳음으로써 왕실에서, 그리고 전세계적으로도 그녀의 직위는 마치 철옹성처럼 단단하게 굳히는 듯 보였다. 하지만 이러한 동화 같은 결혼은 약 5년이 지나면서 서서히 삐걱거리는 적신호들이 여기저기서 불거지기 시작했다. 공주와 왕자 사이에는, 그들이 결혼하기 이전부터 이미 마녀가 끼어 있었던 것이다. 그리고 왕자는 젊고 아리따운 공주보다는, 자꾸만 늙고 미운 마녀에게 계속해서 돌아가고 있었다. 상심한 공주는 왕자와 마녀에게 받은 상처를 왕실 시종들과 가까이 하며 몰래 위로를 받고 있었다. 시간이 지날수록 왕자와 마녀와의 관계는, 공주의 반발이나 뭇 사람들의 갖은 질타와 비난에도 불구하고 점점 더 깊어 가기만 했다. 왕자와 공주의 관계도 더 이상 돌이킬 수 없을 만큼 깊은 골이 배이게 되었다. 마침내 동화 같은 결혼은 숱한 구설수를 남기고 15년 만에 이혼으로 그리고 교통사고로 인한 공주의 급작스런 사망으로 끝나게 되었다. 반면에 왕자와 마녀는 그들 나름대로 긴 시련과 인내의 시간을 지나고 "마침내 결혼하여 행복하게 아주, 아주 오래 살았습니다"라는 기존동화와는 전혀 다른 엔딩을 거두게 되었다.

그런데 스토리의 진짜 반전은 공주의 이혼이나 죽음이 아니라, 천사와 같던 공주의 동화를 깨뜨린 주범으로 온갖 비난과 모욕을 받던 마녀, 카밀라 파커 보울즈가, 사실상 마녀가 아니라 왕자의 진정한 소울메이트였음을 증명해 보였다는 사실이다. 어떤 눈에 띄는 행동들을 하거나 완강한 자세로 결백을 증명했던 것이 아니라, 오로지 침묵과 용기, 헌신, 그리고 사랑으로 근 45년이라는 세월을 버티면서 말이다. 그리하여 마녀는 왕실가족들뿐만 아니라, 안타깝게 요절한 공주만을 애모하던 세상 사람들의 차가운 심장을 녹이는 데도 마침내 성공할 수 있었다.

이처럼 처음에는 전형적인 동화 같던 스토리가 전혀 다른 반전으로 행복과 성공을 거둔 프린스 찰스 사가에 대해 베딕 점성학적인 관점에서 세 사람의 차트들을 같이 비교 분석해보기로 한다.

⊠ 프린세스 다이애나(Princess Diana)
- 1961년 7월 1일 19:45PM, Sandringham, UK

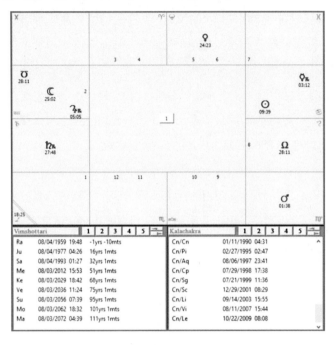

Saptamsa

	Dign	Baladi	Jagradadi	Lord
☉	N	Vriddha	Svapna	Ikshurasa
☾	OH	Bala	Jagrat	Madya
♂	N	Vriddha	Svapna	Suddhajala
♀	E	Kumara	Svapna	Suddhajala
♃	OH	Mrita	Jagrat	Kshiira
♀	E	Vriddha	Svapna	Kshiira
♄	OH	Yuva	Jagrat	Kshara
Ω				Suddhajala
☋				Suddhajala
Lg				Ikshurasa

Navamsa

	Dign	Baladi	Jagradadi	Lord
☉	E	Bala	Svapna	Rakshasa
☾	MT	Yuva	Jagrat	Nri
♂	EX	Yuva	Jagrat	Deva
♀	GE	Bala	Sushupti	Deva
♃	N	Yuva	Svapna	Nri
♀	N	Kumara	Sushupti	Nri
♄	N	Vriddha	Svapna	Rakshasa
Ω				Rakshasa
☋				Rakshasa
Lg				Rakshasa

Rasi - Avasthas   [Ω] [☋]   [Bh] [Sh]

MuAg	☉	☾	♂	♀	♃	♀	♄
☉	28.5	17.7 +17.7	5.2 +5.2	22.4 -22.4	22.5 +81.7		24.2 108.8
☾		0.0					
♂			0.0				
♀				0.0			
♃	9.0 +37.5	19.9 +19.9	46.1 +46.1	3.7 0.0	59.2	54.0 123.0	
♀	15.6 12.9	30.1 0.0	84.8 0.0	9.0 +9.0	50.5 8.7	123.0	58.0 +191.0
♄	52.5 -24.0	133.0 0.0	95.5 0.0	23.9 0.0	133.0 59.2	70.3 +193.3	133.0

Shad Bala Graph

Shad Bala

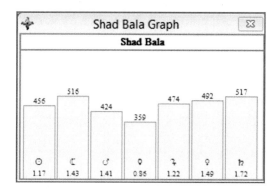

☉	☾	♂	♀	♃	♀	♄
456	516	424	359	474	492	517
1.17	1.43	1.41	0.85	1.22	1.49	1.72

Princess Diana	Date: 07/01/1961 Time: 19:45:00	Vimshottari AntarDasa

Rahu MahaDasa (-1y -10m)		Jupiter MahaDasa (16y 1m)		Saturn MahaDasa (32y 1m)	
Ra/Ra	08/04/1959 19:48	Ju/Ju	08/04/1977 04:26	Sa/Sa	08/04/1993 01:27
Ra/Ju	04/16/1962 23:30	Ju/Sa	09/23/1979 08:50	Sa/Me	08/06/1996 19:56
Ra/Sa	09/09/1964 13:27	Ju/Me	04/04/1982 15:34	Sa/Ke	04/16/1999 22:35
Ra/Me	07/17/1967 12:01	Ju/Ke	07/10/1984 12:44	Sa/Ve	05/29/2000 18:01
Ra/Ke	02/02/1970 20:51	Ju/Ve	06/16/1985 10:10	Sa/Su	07/29/2003 08:26
Ra/Ve	02/21/1971 08:57	Ju/Su	02/15/1988 09:40	Sa/Mo	07/07/2004 07:57
Ra/Su	02/21/1974 02:23	Ju/Mo	12/05/1988 14:19	Sa/Ma	02/05/2006 15:09
Ra/Mo	01/15/1975 19:37	Ju/Ma	04/04/1990 14:04	Sa/Ra	03/17/2007 10:36
Ra/Ma	07/16/1976 16:20	Ju/Ra	03/11/1991 11:30	Sa/Ju	01/21/2010 09:10

Mercury MahaDasa (51y 1m)		Ketu MahaDasa (68y 1m)		Venus MahaDasa (75y 1m)	
Me/Me	08/03/2012 15:53	Ke/Ke	08/03/2029 18:42	Ve/Ve	08/03/2036 11:24
Me/Ke	12/31/2014 06:53	Ke/Ve	12/30/2029 22:05	Ve/Su	12/03/2039 22:46
Me/Ve	12/28/2015 11:39	Ke/Su	03/02/2031 00:52	Ve/Mo	12/03/2040 04:35
Me/Su	10/28/2018 08:07	Ke/Mo	07/07/2031 20:54	Ve/Ma	08/03/2042 22:16
Me/Mo	09/03/2019 19:04	Ke/Ma	02/05/2032 22:17	Ve/Ra	10/04/2043 01:03
Me/Ma	02/02/2021 05:18	Ke/Ra	07/04/2032 01:39	Ve/Ju	10/03/2046 18:29
Me/Ra	01/30/2022 10:04	Ke/Ju	07/23/2033 13:46	Ve/Sa	06/03/2049 17:59
Me/Ju	08/18/2024 18:53	Ke/Sa	06/28/2034 11:11	Ve/Me	08/03/2052 08:24
Me/Sa	11/24/2026 16:03	Ke/Me	08/07/2035 06:38	Ve/Ke	06/04/2055 04:52

Sun MahaDasa (95y 1m)		Moon MahaDasa (101y 1m)		Mars MahaDasa (111y 1m)	
Su/Su	08/03/2056 07:39	Mo/Mo	08/03/2062 18:32	Ma/Ma	08/03/2072 04:39
Su/Mo	11/20/2056 21:24	Mo/Ma	06/04/2063 03:22	Ma/Ra	12/30/2072 08:02
Su/Ma	05/22/2057 12:18	Mo/Ra	01/03/2064 04:46	Ma/Ju	01/17/2074 20:08
Su/Ra	09/27/2057 08:20	Mo/Ju	07/04/2065 01:29	Ma/Sa	12/24/2074 17:33
Su/Ju	08/22/2058 01:34	Mo/Sa	11/03/2066 01:14	Ma/Me	02/02/2076 13:00
Su/Sa	06/10/2059 06:13	Mo/Me	06/03/2068 08:26	Ma/Ke	01/29/2077 17:46
Su/Me	05/22/2060 05:44	Mo/Ke	11/02/2069 18:40	Ma/Ve	06/27/2077 21:08
Su/Ke	03/28/2061 16:41	Mo/Ve	06/03/2070 20:04	Ma/Sa	08/27/2078 23:55
Su/Ve	08/03/2061 12:43	Mo/Su	02/02/2072 13:45	Ma/Mo	01/02/2079 19:57

~© 2000- 2013 Kala Vedic Astrology Software

◼ 프린세스 다이애나: 인마 라시 라그나 (하늘의 금괴, 4장 참고)

"인마 라시를 라그나로 가진 사람들은 어떤 믿음, 철학, 종교 혹은 규율 등에 기준으로 해서 삶을 살아간다. 그들은 자칫 자신들의 믿음에 희생양이 되기 쉽다. 이상적으로 여기고 있는 모형들이 전체적인 정체성을 완전히 둘러 쌓고 있기 때문이다. 그들은 삶에 어떤 목적과 의미를 부여하며 살기 위해 갈망한다.

그들이 가진 진화적 목적은 맞은편에 있는 쌍둥이 라시의 자질을 계발하려는 것이다. 인마라시 인들은 자신들이 가진 이상, 믿음 등을 테스트하는 것을 배워야 하고, 또 필요한 경우에는 유동적일 수도 있어야 한다. 그들이 믿고 있는 것을 테스트하여, 정말로 믿을만한 가치가 있는지, 그리고 현실적으로도 맞는지 등 자세한 연구를 통해 알아볼 수 있어야 한다. 또한 그들은 적당히 즐기고 노는 법도 배울 수 있어야 한다. 모든 것들이 꼭 어떤 거창한 목적을 가지고 있어야 하는 건 아니기 때문이다. 파트너십은 그들보다 더 호기심이 많고, 경험이나 놀기를 좋아하는 타입과 맺어진다. 아니면 그들에게서 이러한 자질들을 끌어낼 수 있는 사람들과 맺어지는 경향이 있다."

라그나의 안녕 상태는 라그나 로드에 많이 좌우된다. 프린세스의 라그나는 인마 라시로서, 로드인 목성은 세 번째 하우스에서 달과 케투, 그리고 두 번째 바바 포인트와 합치를 하고 있다. 또한 친구 태양에게 어스펙트를 받는 동시에 적인 수성과 금성에게도 어스펙트를 받고 있다. 케투는 흉성이지만 그러나, 목성과 케투의 합치는 대체로 좋은 효과들을 가져온다. 그러므로 라그나 로드인 목성은 평균적인 아바스타에 있다. 두 번째 바바 포인트는 얼굴을 나타내는데, 목성과 달과 합치하여 프린세스에게 훤하고 고상한 외모를 주었다. 미모와 품위를 주는 금성도 오운 라시에 있으면서 라그나와 라그나 로드 모두에게 어스펙트를 하고 있다. 프린세스의 외적인 매력을 더해주고 있는 것이다(Rasi-Aspects to Planets와 Rasi-Aspects to Bhava Chalita 도표 참조).

그런데 프린세스의 차트에서 정말 아쉬운 점은, 앵글 하우스에 아무런 길성은 없이 흉성인 화성만 열 번째 하우스에 있다는 것이다. 트라인(1,5,9) 하우스들은 차트를 받쳐 주고 있는 기둥인 반면, 앵글 하우스(1,4,7,10)들은 차트를 보호해주는 방어망이다. 특히, 열 번째 하우스는 가장 강력한 앵글이기 때문에, 어느 행성이든 그곳에 있으면 아주 활발하게 저력을 발휘할 수 있다. 화성은 열 번째에서 딕 발라를 얻기 때문에 더욱 강해진다. 그런데 적의 라시인 처녀 라시에 있기 때문에 슈디타 아바스타에 있다. 그래서 화성은 좋고 나쁜 효과들을 같이 가져오게 된다. 이처럼 행성이 섞인 효과들을 가진 경우, 보통 나쁜 효과들은 건강이나 수명에 관련된 어려움들로 나타나는 성향이 있다. 게다가 라시 차트에서 세 번째, 네 번째 바바포인트가 산양 라시에 있고, 열한 번째, 열두 번째 바바 포인트가 전갈라시에 있어 화성의 흉악한 로드십은 프린세스의 건강이나 수명에 직접적인 경고음을 울리고 있다. 그녀가 36살이라는 젊은 나이에 사고로 세상을 떠나게 만드는 데 큰 비중을 차지하였던 것이다.

▣ 인마 라그나의 경우, 하우스 로드들의 성향 (하늘의 금괴, 9장 참고)

· 태양은 아홉 번째 로드이다.

"태양은 센토(Centaur)의 활이며, 인마와 이름이 같은(Dhanus) 귀한 무기이다."

태양은 아홉 번째 로드로서, 인마 라시인들이 가진 믿음이나 이상과 자기동일시를 하고 있는 행성이다. 태양은 그들이 가진 높은 덕과 바르고 영적이거나 종교적 본성을 나타낸다. 목성은 진리와 지식, 가르침 등을 나타내며, 그리고 독자적으로 그러한 것들을 찾고자 하는 인마 라시인들의 타고난 영감을 나타낸다. 그리하여 자연적으로 그들이 스스로 자신의 스승이 될 수 있게 만든다.

태양은 아홉 번째 로드로서 훌륭한 임시적 길성이 되며, 확고하며 이상적인 다르마의 행성이다. 자연적 흉성으로서 태양은 인마 라시인들이 다르마적 삶을 추구하는데 따르는 희생을 요구하며 그래서 태양이 영향을 미치고 있는 다른 영역들로부터 격리를 시킬 수도 있다.

프린세스는 수많은 자선단체들의 후견인으로 아주 적극적이며 활동적으로 활약했다. 특히, 에이즈(AIDS)와 나병환자들에 관련된 건강사업에 아주 적극적인 관심을 보였다. 당시만 해도, 단순한 신체 접촉으로 에이즈 감염 가능성 등에 대해 아직 제대로 알려진 바가 없었다. 그런데도 에이즈 환자들과 악수나 포옹을 망설이지 않았을 뿐 아니라, 에이즈에 걸린 갓난아기를 품에 안고 있을 때 찍힌 유명한 사진은 그녀가 가진 진정한 용기와

자비심을 대변하는 전설처럼 지금까지 전해져 오고 있다. 다르마 행성으로서 게 라시에 있는 태양은 환자들과 직접적 접촉을 삼가라는 왕실의 경고에도 불구하고, 다른 사람들은 터부(Taboo)처럼 여기며 피하던 이들에게 성모 마리아와 같은 자애심을 거침없이 표출하게 만들었다.

· 달은 여덟 번째 로드이다.

"달은 센토가 가진 반인반마로서의 불완전함이며, 죽음의 필요성을 받아들이는 그의 무사적 정신자세이다."

달은 인마 라시인들이 가진 불안정한 정신 자세와 사물의 깊이를 파고들도록 자극하고 있는 내적인 불편함을 나타낸다. 달은 심리적으로 분석을 할 수 있는 타고난 능력을 준다. 그들은 세상에서 일어나는 변화, 어려움, 죽음 등이 현상적 삶에 내재하고 있는 필요와 조화의 일부분이라는 사실을 잘 알고 있다. 달은 그러한 와중에서도 그들이 편안함을 느낄 수 있는 능력을 준다. 그들은 순리대로 내려놓고 따라가는 행동들이 삶에서 행운, 지식, 진리를 얻기 위해 피할 수 없는 과정임을 잘 알고 있다.

달은 여덟 번째 하우스를 다스리기에 임시적 중립이 된다. 그러나 원래 섬세한 본성을 가진 달은, 여덟 번째 하우스를 다스리는 다른 행성들처럼, 큰 위기를 가져오지는 못한다. 그래서 BPHS에 따르면, 달은 비록 여덟 번째 로드이지만 해롭지가 않다. 만약 뜨는 달이면 진정한 길성이 되며, 변화를 통한 성장을 가져다 줄 수 있게 된다. 그러나 지는 달이면, 어렵거나 고통스러운 고비, 기대치 않았던 손실 등을 가져올 수도 있다. 그러나 보통은 쉽게 극복할 수 있는 것들에 한해서만 일어난다. 달은 재활하고 치유하는 데 빠르기 때문이다.

프린세스의 달은 지는 달이다. 그러나 여자의 차트에서 달은 무조건 길성이다. 목성과 합치를 하여 무디타 아바스타에 있으며, 친구인 태양과 수성에게 라시 어스펙트까지 받고 있다. 그래서 아주 길조적이다. 굉장히 순수하며, 자선적이며, 너그럽고, 모성적인 성향을 준다. 그리고 여덟 번째 하우스의 로드이면서 부를 나타내는 두 번째 바바 포인트와 합치를 하는지라, 결혼을 통한 갑작스런 부의 획득을 준다. 게다가 여자의 차트에서 목성은 남편을 나타내는 카라카이다. 프린세스의 달은, 일개 고졸 유치원 교사에서 순식간에 영국왕실의 왕세자비로서 부와 영광을 누리는 엄청난 행운을 가져다 주었다. 게다가 케투가 합치를 하고 있어, 이러한 행운은 전생에서 넘어온 메리트임을 보여준다.

· 화성은 다섯 번째와 열두 번째 로드이다.

"화성은 센토의 화살이다."

화성은 다섯 번째와 열두 번째 로드로서, 스스로 배우는 데 타고난 능력을 제공한다. 정신적 기질은 활동적이고 상상력이 강하면서도 논리적이다. 이러한 기질들은 훌륭한 전략적, 기술적 능력을 준다. 영적 수행과 깨달음의 하우스들을 다스림으로 인해, 화성은 금욕생활과 혼자서 영적 노력을 쏟게 하는 행운이다. 화성은 문제를 해결할 수 있는 정신적 능력과 지식을 준다.

화성은 다섯 번째 하우스를 다스림으로 인해, 인마 라시인들에게 임시적 길성이며 지성을 준다. 자연적 흉성으로서 화성은 그들이 아는 것들에 대해 지략이나 인내심을 부족하게 한다. 그래서 다른 사람들과 마찰을 겪게 할 수도 있다.

프린세스는 아주 현실적이고도 강한 독립의식, 그리고 자신의 의지를 체계적인 행동으로 밀고 나갈 수 있는 조직력을 함께 갖추고 있었다. 비록 학업적으로는 뛰어난 학생이 아니었지만, 예술적인 재능을 타고 났다. 뛰어난 피아노 연주가였으며, 수준급 요리솜씨와 댄스강사로 일할 만큼 춤 실력도 뛰어났다. 아버지가 백작이었기 때문에 그녀는 "레이디"라는 공식 호칭을 가진 귀족이었다. 그럼에도 생활비를 벌기 위해 런던에서 파티 플래너, 보모, 남의 집 클리닝 일도 마다하지 않을 정도로 열심히 뛰었다. 왕세자비가 된 후에는, 200여 개 다양한 자선, 사회단체들의 후견인이 되는가 하면, 여왕을 대신하여 하루가 멀다 하고 전세계를 방문하면서 외교활동에도 열심이었다. 그렇게 바쁜 와중에도, 왕자들이 태어나자 그들의 양육이나 교육에 있어선 철저하게 자신의 방식을 고집하였다. 왕실에서 선발한 보모들을 모두 거부하고 자신이 원하는 사람들만 고용하는가 하면, 왕자들을 가능하면 직접 유치원이나 학교에 보내려 하고, 학부모로서의 의무도 여느 학생들 부모들과 다름없이 열성적으로 참가하였다. 가능하면 자신의 공적인 스케줄도 왕자들의 생활시간표에 맞추어 짜도록 만들었다. 그래서 왕실에선 드물게, 두 왕자들은 어머니인 프린세스 다이애나와 아주 친밀하고 깊은 애정을 나누며 자랄 수 있었다. 하지만 그녀의 이러한 독보적인 행각은 보수적인 황실주변인들, 그리고 특히 시아버지인 필립 공작과 잦은 마찰을 일으켰다.

· 수성은 일곱 번째와 열 번째 로드이다.

"수성은 센토의 카리스마이다."

수성은 일곱 번째와 열 번째 로드로서, 생산적인 파트너십 또는 사업적 파트너십에서 타고난 능력을 준다. 이러한 로드십으로 인해 수성은 그들이 커리어에 도움이 되거나 직위를 얻게 해 주는 결혼을 원하게 만드는 경향이 있다. 또한 수성은 대중적인 성공, 지위, 화술에 뛰어난 능력을 준다. 직업은 다른 사람들과 연결을 잘 해주는 것일 수도 있다. 수성은 또한, 일과 노는 것을 잘 조화시킨다.

두 개의 앵글을 다스림으로 인해 수성은 임시적 중립이다. 그러나 자연적 길성인 수성은 그들의 노력을 지지할 수 있는 직업적 재능이나 파트너를 준다.

프린세스의 수성은 일곱 번째 바바 포인트의 로드이면서, 여덟 번째 하우스에서 태양과 합치를 하고 있다. 그리고 오운라시에 있는 금성에게 라시 어스펙트를 서로 주고받고 있다. 금성과 수성이 합치를 하거나 상호 어스펙트를 하면 최상의 조합이 된다. 그녀가 많은 사람들에게 사랑을 받을 수 있었던 이유이다. 그런데 태양은 여덟 번째 바바 포인트의 로드이면서, 여덟 번째 하우스에 있다. 수명에 치명타를 가할 잠재성을 가지고 있는 것이다. 이러한 태양과 함께 있는 수성은, 결혼과 배우자를 통해 갑작스런 부의 획득과 신분상승이라는 행운을 가져다 주는 동시에 그녀에게 죽음을 가져다주기도 했다. 그녀가 1997년 8월 31일 사고를 당했을 때, 다샤는 토성-수성-태양의 시간이었다. 당시 운행(Transit) 중이던 태양과 수성은, 프린세스의 화성 위를 겹치고 있었다. 앞에서 화성이 가진 잠재적 위험성을 이미 설명하였다. 게다가 라후는 사자라시에서 죽음을 나타내는 여덟 번째 바바포인트와 합치를 하고 있는데, 사고가 난 당시 운행 중이던 라후도 화성 위에 겹치고 있었다. 예측할 수 없는 파괴적 성향을 가진 라후는 태양, 수성, 화성이 품고 있던 비극의 심포니를 급작스런 형태로 표출시켰던 것이다.

· 목성은 첫 번째와 네 번째 로드이다.

"목성은 센토의 몸이다."

목성은 길성으로서 네 번째 행복의 하우스와 첫 번째 개성의 하우스를 다스리기에 즐겁고 낙천적인 개성을 준다. 행복해지기 위해선 자신의 존재에 대한 어떤 목적의식을 가지게 한다. 목성은 그들에게 조국에 대한 강한 친밀감을 가지게 하며, 그래서 어떤 애국자 비슷한 그런 존재들로 만든다. 또한 어머니에 대한 강력한 동일의식을 가지고 있으나, 일반적으로 어머니와 비슷한 이상이나 믿음을 가지고 있는 건 아니다.

목성은 라그나를 다스리기에 임시적 길성이 되며, 인마 라시인들에게 삶의 의미와 행복을 준다. 자연적 길성으로서 목성은 보통 본인들의 능력과 매너로 인한 증진, 행운, 그리고 지혜를 가져다 준다. 에소테릭한 표현을 빌자면, 목성은 영적인 여행을 위해 쓰이는 "몸"의 운송 수단이라고 할 수 있다.

목성과 달의 조합이 세 번째 하우스에 있을 때, 위에서 언급한 목성의 좋은 효과들뿐만 아니라, 음악과 예술적인 재능을 가져다준다. 그녀가 가진 온화하고 밝은 사교술은 누구든 같이 있는 사람들이나 주변을 활짝 밝혀 주었으며, 그리고, 뛰어난 댄스 솜씨는 더욱 유명하다. 할리우드 배우 존 트라볼타와 같이 춤을 추던 모습은 마치 선녀가 지상에 내려온 듯 지켜보는 사람들을 매료시켰다.

· 금성은 여섯 번째와 열한 번째 로드이다.

"금성은 센토의 메달(medals)이다."

금성은 여섯 번째와 열한 번째 로드로서, 인마 라시인들이 자신의 성공에 대해 점점 으스대는 경향이 있도록 만든다. 이러한 하우스들을 다스리는 금성은, 그들이 노력의 결실로 얻은 좋은 것들에 너무 빠지게 할 수도 있다.

금성은 이러한 로드십으로 인해 으뜸가는 흉성이 되며, 그들이 가진 자부심 때문에 반대나 경쟁 등에 맞서야 할 수도 있다. 자연적 길성으로서 이러한 하우스들을 다스리는 금성은, 기략과 우아함을 주어서 그들이 어려움을 성공으로, 패배를 승리로 바꿀 수 있도록 만든다.

금성은 오운라시인 황소 라시에 있어 온갖 물질적 풍요로움을 가져다주었다. 그러나 여섯 번째 하우스에 있는 금성은 애정의 결핍증을 가지게 한다. 게다가 인마 라그나에게 으뜸가는 흉성으로서, 다섯 번째, 여섯 번째 바바 포인트들과 합치를 하고 있다. 다섯 번째 혹은 일곱 번째 바바와 연관된 금성은 결혼의 파탄이나 혼외정사를 가지게 하는 조합이다. 1985년 6월 16일부터 목성-금성의 다샤였는데, 왕세자부부의 삐거덕거리던 결혼생활에 대한 뉴스가 터지기 시작했으며, 그리고 승마강사였던 제임스 휴위트(James Hewitt)와 5년간 정사를 나누었던 사실도 밝혀졌다.

· 토성은 두 번째와 세 번째 로드이다.

"토성은 화살을 당기고 있는 센토의 강한 팔이다."

두 번째 소유재산의 하우스와 세 번째 이지, 재주, 재능의 하우스를 다스리는 토성은, 인마 라시인들이 자신의 지적인 능력에 대해 가지고 있는 집착을 나타낸다. 그리고 겨우 몇 개 안되는 귀한 것들을 지키려 애를 쓰는, 그들의 불안정한 에고에서 나오는 경직성을 보여준다. 토성은 지성의 정확함과 아주 조리 있게 아이디어를 제시할 수 있는 능력을 주어서, 인마인들을 훌륭한 선생으로 만들기도 한다. 하지만 어떤 다른 조정을 해주는 영향들이 없는 한, 그들은 자신의 아이디어에 대한 상당한 경직성과 집착을 가지게 한다. 그리하여 최상의 학생들은 되지 못하지만, 삶의 직접적인 경험을 통해 배우는 능력은 아주 뛰어나다. 토성은 부와 노력의 하우스들을 다스리기에 인마인들에게 자신의 노력을 통해 부를 얻을 수 있는 능력을 준다. 이러한 것들을 성취하는 데는, 부족함이나 지연이 자주 있게 된다. 원하는 부를 현실화 시킬 수 있기 전까지, 그들이 배워야 하는 어떤 레슨들이 있기 때문이다. 그들의 가족이나 형제들은, 보통 그들이 어떤 희생을 치르거나 어느 정도 고통을 경험해야 하는 영역들이다.

토성은 세 번째 하우스를 다스리기에 임시적 흉성이 된다. 자신의 노력으로 번 것들이나, 성공하기를 원하는 것들에 대해, 어느정도 이기적인 성향을 가지도록 한다. 그리고 자연적 흉성으로서, 보통 이기심이나 필요한 자원이 부족한 탓으로 인해, 그들이 원하는 것들로부터 격리나 손실을 겪도록 만들기도 한다.

프린세스의 토성은 오운라시에 있으면서 역행을 하고 있다. 그래서 스바시타 아바스타에 있다. 두 번째 하우스는 부모님을 포함한 가족을 나타낸다. 아버지가 공작이었던 귀족 출신 집안이었다. 그런데 프린세스가 태어나기 한 해 이전에 오빠가 태어났지만 갓난아기 때 죽었다. 이후 다이애나와 여동생이 태어났다. 대를 이을 아들을 생산해야 한다는 집안의 압박에 시달리던 어머니는 런던 병원에 끌려가서 온갖 검사까지 받는 수모를 겪었다. 이후 막내 남동생이 태어났지만, 아들 생산에 얽힌 부모님의 갈등과 스트레스는 이미 돌이킬 수 없는 지경에 있었다. 그리하여 1969년에 부모님은 이혼하기에 이르렀다. 그때 프린세스는 라후-수성-토성 다샤에 있었다. 수성은 여덟 번째 하우스에 있는데, 여덟 번째는 부모님을 나타내는 아홉 번째 하우스로부터 열두 번째에 있다. 열두 번째는 격리와 잃음을 나타낸다. 토성은 두 번째 오운하우스에서 행운을 나타내는 아홉 번째 하우스에 있는 라후에게 라시 어스펙트를 받고 있다. 그래서 토성은 가족적 지위와 부, 그리고, 가족의 결핍과 죽음을 동시에 가져다 주었다. 왕세자비가 되었을 때는, 목성-토성-라후 다샤였으며, 이혼이 완결되었을 때는 토성-토성-라후 다샤였으며, 죽음의 사고 당시에는 토성-수성-태양의 다샤에 있었다.

☒ 프린세스 다이애나의 144 바바 요가의 조합

1. 첫 번째 로드인 목성은 세 번째 하우스에 있다: 라그나 로드가 형제들의 장소에 있으면, 사자와 같은 용맹함을 타고 났으며, 모든 성공을 거두게 될 것이며, 존경 받으며 총명하고 그리고 두 명의 배우자를 유지한다. 상당 부분이 일치한다. '배우자'라 함은 합법적 관계 이상을 모두 포함한다. 그녀에게는 몇 명의 연인들이 있었다.

2. 두 번째 로드인 토성은 두 번째 하우스에 있다: 부의 로드가 부의 장소에 있으면, (건강한) 자부심을 가졌으며, 두 명 또는 더 많은 배우자의 수를 유지하며, 비록 제한 없이 자손들을 만들지만 자녀들이 부족하다. 여러 명의 배우자에 대한 강조를 하고 있다. 그리고, 왕세자비로서 두 명의 자녀는 부족하다고 할 수 있다.

3. 세 번째 로드인 토성은 두 번째 하우스에 있다: 형제의 로드가 두 번째에 있으면, 땅달하며, 용감하지만 이기지 못하며, 아주 적게 진취적이거나 행복하지도 않으며, 아마도 다른 이들의 배우자나 부를 원할 수도 있다. 그녀는 고질적인 우울증과 신경증에 시달렸던 것으로 알려져 있다. 그리고 한때 카밀라로 인한 스트레스 때문에 심한 체중변동에 시달리기도 했다. 바람 피우는 남편에 맞서 자신도 맞바람을 피웠지만, 결국엔 사랑의 패자로 세상을 떠나는 비운을 겪었다.

4. 네 번째 로드인 목성은 세 번째 하우스에 있다: 행복의 로드가 형제의 장소에 있으면, 용감하고 덕을 타고났으며, 하인들이 있으며, 그는 부지런하고 질병으로부터 자유롭고 자선적이며, 자신의 손으로 부를 획득하였다. 상당 부분 일치하고 있다.

5. 다섯 번째 로드인 화성은 열 번째 하우스에 있다: 자녀들의 로드가 로얄 바바에 있으면, 그에게 라자 요가를 가져다주며, 많은 안락함을 즐기며, 사람 중에 축복받은 이로 이름을 날린다. 상당 부분이 일치하고 있다. 그러나 앞에서 설명했듯이, 슈디타 아바스타에 있는 화성은, 그녀가 자신의 로얄 지위에 대해 그다지 상관하지 않게 만들었다. 그래서 이혼을 감행하였다.

6. 여섯 번째 로드인 금성은 여섯 번째 하우스에 있다: 여섯 번째 로드가 악의 장소에 있으면, 그는 자기 인척들 간에 적의가 있으며, 다른 사람들과 우호적인 관계에 있으며, 부나 행복 등이 적당하다. 상당히 일치한다. 그녀의 부는 이혼으로 인해 줄었다고 할 수 있다.

7. 일곱 번째 로드인 수성은 여덟 번째 하우스에 있다: 배우자의 로드가 죽음의 바바에 있으면, 그는 결혼 생활의 행복이 없으며, 아내는 계속되는 질병에 시달릴 뿐만 아니라 고약한 성품이며, 궁합이 맞지 않다. 상당히 일치한다.

8. 여덟 번째 로드인 달은 세 번째 하우스에 있다: 홈의 로드가 형제들의 바바에 있으면, 형제들과의 행복이 없도록 타고났으며, 나른하며, 하인들에 잊혀졌으며, 부족한 힘을 타고 났다. 갓난아기 오빠의 죽음으로 인해, 부모님의 관계가 악화되었을 뿐만 아니라, 자랄 때 형제들간의 화목도 그다지 애틋하지는 않았다.

9. 아홉 번째 로드인 태양은 여덟 번째 하우스에 있다: 행운의 로드가 죽음의 바바에 있으면, 그에게 행운이 없도록 만들며, 손위형제와의 행복이 없을 것이다. 손위 형제와의 행복이 없는 것이 일치한다. 그리고 행운도 일찍 끝나게 되었다.

10. 열 번째 로드인 수성은 여덟 번째 하우스에 있다: 카르마의 로드가 흠의 바바에 있으면, 직업이 없도록 만들며, 오래 살며, 다른 사람들의 이름을 실추시키는 것을 주 목적으로 한다. 자신만의 직업이 없었다. 왕세자비는 직업이 아니라 역할에 속한다. 영국 왕실의 이름을 실추시켰다고 할 수 있다. 오래 살지 못한 것은 다른 행성들의 복합적인 영향 때문이었다.

11. 열한 번째 로드인 금성은 여섯 번째 하우스에 있다: 이득의 로드가 질병의 바바에 있으면, 질병과 연관되도록 타고났으며, 잔인한 마음을 가졌으며, 외국에서 떠돌며, 그리고 적들에게 억눌린다. 상당히 일치한다. 그녀가 가장 관심을 가졌던 자선사업은 건강, 특히 에이즈와 나병에 관한 것이었다.

12. 열두 번째 로드인 화성은 열 번째 하우스에 있다: 손실의 로드가 로얄 바바에 있으면, 로얄 가족들로 인해 비용을 쓰며, 아버지로 인해 아주 적은 행복만이 있다. 상당히 일치한다. 그녀는 어머니와 더욱 가까웠다. 자세한 사실은 알려진 바 없지만, 그녀가 아버지에 관한 언급을 거의 한 적이 없다.

⌧ 프린스 찰스 (Prince Charles)
- 1948년 11월 14일 21:14PM, London, UK

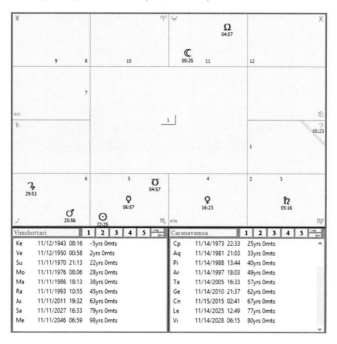

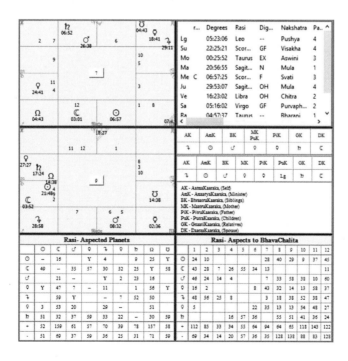

Saptamsa

	Dign	Baladi	Jagradadi	Lord
☉	DB	Kumara	Sushupti	Kshiira
☾	E	Mrita	Svapna	Suddhajala
♂	OH	Mrita	Jagrat	Ikshurasa
☿	OH	Vriddha	Jagrat	Madya
♃	N	Mrita	Sushupti	Suddhajala
♀	GF	Bala	Svapna	Aajya
♄	DB	Kumara	Sushupti	Madya
☊				Madya
☋				Madya
Lg				Kshiira

Navamsa

	Dign	Baladi	Jagradadi	Lord
☉	N	Kumara	Sushupti	Deva
☾	E	Mrita	Svapna	Deva
♂	F	Kumara	Svapna	Deva
♀	EX	Mrita	Jagrat	Rakshasa
♃	OH	Mrita	Jagrat	Rakshasa
♀	GF	Mrita	Svapna	Nri
♄	MT	Yuva	Jagrat	Nri
☊				Nri
☋				Nri
Lg				Nri

Rasi - Avasthas

MuAg	☉	☾	♂	♀	♃	♀	♄
☉	72.9	19.5 +19.5		35.3 -7.9	4.5 +4.5		10.4 -10.4
☾		0.0					
♂	20.0 +93.0	6.8 0.0	20.0	20.0 +27.4	14.1 +14.1	0.8 417.9	7.6 -7.6
♀	13.3 72.9	21.5 +21.5	3.2 16.8	27.4	5.2 -5.2		27.4 +27.4
♃					0.0		
♀	21.0 51.9	417.9 0.0	136.3 20.0		198.5 -198.5	417.9	
♄							0.0

Shad Bala Graph

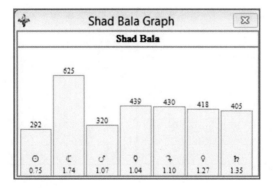

Shad Bala

☉	☾	♂	♀	♃	♀	♄
292	625	320	439	430	418	405
0.75	1.74	1.07	1.04	1.10	1.27	1.35

▣ 프린스 찰스의 빔쇼타리 다샤

Prince Charles	Date: 11/14/1948 Time: 21:14:00	Vimshottari AntarDasa

Ketu MahaDasa (-5y 0m)

Ke/Ke	11/12/1943 08:16
Ke/Ve	04/09/1944 11:39
Ke/Su	06/09/1945 14:26
Ke/Mo	10/15/1945 10:28
Ke/Ma	05/16/1946 11:51
Ke/Ra	10/12/1946 15:13
Ke/Ju	10/31/1947 03:20
Ke/Sa	10/06/1948 00:45
Ke/Me	11/14/1949 20:12

Venus MahaDasa (2y 0m)

Ve/Ve	11/12/1950 00:58
Ve/Su	03/13/1954 12:20
Ve/Mo	03/13/1955 18:09
Ve/Ma	11/11/1956 11:50
Ve/Ra	01/11/1958 14:37
Ve/Ju	01/11/1961 08:03
Ve/Sa	09/12/1963 07:33
Ve/Me	11/11/1966 21:58
Ve/Ke	09/11/1969 18:26

Sun MahaDasa (22y 0m)

Su/Su	11/11/1970 21:13
Su/Mo	03/01/1971 10:58
Su/Ma	08/31/1971 01:52
Su/Ra	01/07/1972 21:54
Su/Ju	11/29/1972 15:08
Su/Sa	09/17/1973 19:47
Su/Me	08/30/1974 19:18
Su/Ke	07/03/1975 06:15
Su/Ve	11/12/1975 02:17

Moon MahaDasa (28y 0m)

Mo/Mo	11/11/1976 08:06
Mo/Ma	09/11/1977 16:56
Mo/Ra	04/12/1978 18:20
Mo/Ju	10/12/1979 15:03
Mo/Sa	02/10/1981 14:48
Mo/Me	09/11/1982 22:00
Mo/Ke	02/11/1984 08:14
Mo/Ve	09/11/1984 09:38
Mo/Su	05/13/1986 03:19

Mars MahaDasa (38y 0m)

Ma/Ma	11/11/1986 18:13
Ma/Ra	04/09/1987 21:36
Ma/Ju	04/27/1988 09:42
Ma/Sa	04/03/1989 07:07
Ma/Me	05/13/1990 02:34
Ma/Ke	05/10/1991 07:20
Ma/Ve	10/06/1991 10:42
Ma/Su	12/05/1992 13:29
Ma/Mo	04/12/1993 09:31

Rahu MahaDasa (45y 0m)

Ra/Ra	11/11/1993 10:55
Ra/Ju	07/24/1996 14:36
Ra/Sa	12/18/1998 04:33
Ra/Me	10/24/2001 03:07
Ra/Ke	05/12/2004 11:57
Ra/Ve	05/31/2005 00:03
Ra/Su	05/30/2008 17:29
Ra/Mo	04/24/2009 10:43
Ra/Ma	10/24/2010 07:26

Jupiter MahaDasa (63y 0m)

Ju/Ju	11/11/2011 19:32
Ju/Sa	12/29/2013 23:57
Ju/Me	07/12/2016 06:40
Ju/Ke	10/18/2018 03:51
Ju/Ve	09/24/2019 01:16
Ju/Su	05/25/2022 00:46
Ju/Mo	03/13/2023 05:25
Ju/Ma	07/12/2024 05:10
Ju/Ra	06/18/2025 02:36

Saturn MahaDasa (79y 0m)

Sa/Sa	11/11/2027 16:33
Sa/Me	11/14/2030 11:02
Sa/Ke	07/24/2033 13:41
Sa/Ve	09/02/2034 09:07
Sa/Su	11/01/2037 23:32
Sa/Mo	10/14/2038 23:03
Sa/Ma	05/13/2040 06:15
Sa/Ra	06/24/2041 01:42
Sa/Ju	04/30/2044 00:16

Mercury MahaDasa (98y 0m)

Me/Me	11/11/2046 06:59
Me/Ke	04/08/2049 21:59
Me/Ve	04/06/2050 02:45
Me/Su	02/03/2053 23:13
Me/Mo	12/11/2053 10:10
Me/Ma	05/13/2055 20:24
Me/Ra	05/09/2056 01:10
Me/Ju	11/26/2058 09:59
Me/Sa	03/03/2061 07:10

© 2000 - 2013 Kala Vedic Astrology Software

▣ 프린스 찰스: 사자 라시 라그나

"라그나가 사자 라시인 사람들은 든든하고 자신감 있는 성격을 가졌다. 원하는 것이나 되고 싶은 어떤 것이든 의지적 힘으로 이루어 낼 수 있다. 그들은 자신의 영감을 따라가면서 스스로의 운명을 창조해낸다. 그리하여 뭐든지 필요한 것들을 자신에게 끌어당기는 마력을 가지고 있다.

사자 라시인들의 진화적 목적은 반대편에 있는 물병 라시의 초연한 자질들을 자신이 가진 개성 안에서 계발하는 것이다. 자신만 충족시키기 위해서가 아니라, 다른 사람들에게도 유익할 수 있도록 창조해야 한다는 사실도 알아야 한다. 어떤 식으로든 다른 사람들에게 도움이 되거나 영감이 되지 못한다면, 그들이 무엇을 창조하든지 결코 오래가지 못한다는 사실도 기억해야 한다. 또한 일곱 번째 하우스에 있는 물병 라시는 자신들이 다른 사람들 앞에서 불안해지는 모습을 마주하도록 만들기도 한다. 그리하여 나아지기 위해 더 열심히 노력하거나 초연할 수 있는 자질들을 개발하게 만든다. 일곱 번째 하우스에 있는 물병자리가 가진 진화적 필요성은, 사자 라시 인들이 가지고 있는 불안정한 자질들을 드러내거나, 또는 그들을 휴머니스트적으로 만드는 파트너들을 주는 경향이 있다(하늘의 금괴, 4장)."

프린스 찰스는 영국의 왕세자로서 출생 때부터 현재까지 전체 인생이 항상 대중의 지대한 관심 속에 있었다. 그래서 그가 가진 직위 밖에서, 진정한 한 인간으로서, 그리고 한 남자로서 공평한 평가를 제대로 받지 못했다는 억울한 면이 있다. 특히 프린세스 다이애나의 빛에 가려서, 그의 훌륭한 점들이나 업적, 공헌들은 전혀 무시당한 채, 세상과 사람들에게 매도질을 당한 희생양이라고도 할 수 있다. 찰스 왕자가 3살 때 어머니가 여왕의 자리에 오르면서, 차후 왕위를 계승할 왕세자로 책봉된 뒤이래, 어느새 70세를 코앞에 둔 노인이 되어, 대영제국의 역사상 가장 오래 왕세자 자리에 있는 사람이라는 기록을 세우고 있다. 그리고 장수하시는 여왕 어머니 때문에, 그는 왕이 되어보지도 못한 채, 아들 윌리엄 왕자에게 바로 왕위가 넘겨질 수도 있는 위기에 놓여 있다. 이제는 자신과 아내 카밀라에 대한 사람들의 반감이 어느 정도 누그러진 상태이지만, 그러나 죽은 지 20년이 다 되어가는 프린세스 다이애나에 대한 여전한 열정이 그녀의 아들에게 그대로 전가되어, 대다수의 국민은 윌리엄 왕자가 바로 왕위에 오르기를 희망하고 있기 때문이다.

프린스 찰스가 이처럼 왕세자나 왕으로서 사람들의 선망을 받지 못하는 이유는 사자 라시의 로드인 태양이 가장 힘이 없는 네 번째 하우스에 있기 때문이다. 태양은 중천에 하늘 한가운데서 빛나고 있을 때 가장 파워풀하다. 그래서 태양은 정오의 자리인 열 번째 하우스에서 딕 발라를 얻게 된다. 정반대에 있는 네 번째는 태양의 빛이 가장 약한 때이다. 샅발라 저력도 태양은 가장 열악하다. 게다가 케투와 합치를 하고 있다. 은하를 휘젓는 스토리에서 라후는 달을, 케투는 태양을 특히 삼키기 좋아한다는 사실을 배웠다. 남자의 차트에서 태양과 케투가 합치를 하게 되면 자존감에 더욱 직접적인 피해를 입히게 된다(하늘의 금괴, 제26장 참조). 다행히 태양은 친구인 전갈 라시에서 수성과 합치를 하고 있으며, 앞에서는 목성과 화성이, 뒤에서는 금성이 모두 훌륭한 라지타디에 있으면서 태양을 받쳐주고 있기 때문에, 왕세자 신분으로 부와 영광을 누리게 해준다. 하지만 왕위까지 오를 수 있기엔 라그나 로드의 역량이 많이 부족하다.

▣ 사자 라시의 경우, 하우스 로드들의 성향(하늘의 금괴, 제9장 참고)

· 태양은 첫 번째 로드이다.

"태양은 사자의 고귀하고 영감적인 개성이다."

라그나 로드로서 태양은, 사자 라시인들에게 확고한 자아의식에서 발산되는 파워와 매력을 부여한다. 모든 행성을 태양을 중심으로 회전하면서, 태양 빛의 이득을 받고 있다. 이와 마찬가지로, 태양은 사자 라시인들에게 다이나믹하고 영감에 찬 개성을 통해서 발산되는 빛을 준다. 그리고 많은 공간을 필요로 하는 개성을 주기도 한다.

라그나를 다스림으로 인해 태양은 첫 번째로 으뜸가는 길성이 된다. 타고난 운명을 완성시키기 위해 필요한 것들을 자신들에게 끌어당기는 능력을 준다. 태양은 또한 자연적 흉성으로서 개성을 제한시키거나 빛을 감소시키는 것들로부터 격리를 일으킬 수도 있다.

라그나 로드인 태양은 딕발라는 부족하지만 여전히 프린스를 보호해주는 길성이다. 태양과 수성의 합치는 총명함을 주는 요가인데, 창조 지성을 나타내는 다섯 번째 바바 포인트와 같이 있다. 그래서 프린스 찰스는 영국 왕실에서 최초로 대학 졸업장을 가진 사람이다.

· 달은 열두 번째 로드이다.

"달은 사자의 덴(den, 개인적 은둔 공간)이다. 사자가 따뜻한 햇볕 아래 쉬고 있는 곳, 또한 앞발에 박힌 가시처럼 사자가 숨기고 있는 예민성이기도 하다."

달은 열두 번째 로드로서, 사라 라시인들에게 필요한 정신적, 감정적 웰빙을 주는 휴양과 은둔을 나타낸다. 그들의 고고한 개성 뒤에 가려진 섬세한 느낌들, 감정, 따뜻함 등을 달이 대변하고 있다. 달은 쉬고 싶은 강력한 욕구를 준다. 그리고 영적인 차트를 가진 이들에게는, 영적으로 묵상하고 명상하는 기질을 부여하기도 한다.

열두 번째 하우스를 다스리는 달은 임시적 중립이 된다. 뜨는 달은 원하는 것들을 충족시키는데 비싸게 지불하게 하거나, 아니면, 보통 장기적 투자를 통해 주게 된다. 사자 라시인들은 사교적으로도 활발하다. 그런데 달은 일반적으로 지나치게 사치를 하거나 비싸게 놀도록 하는 경향이 있다. 지는 달은 정신적으로 상당히 내향적이고 은둔적이게 하는 경향이 있다.

프린스의 달은 열 번째 하우스에서 라후, 그리고 열한 번째 바바 포인트와 합치를 하고 있다. 고양의 품위인 황소라시에서 가비타 아바스타에 있을 뿐 아니라 보름달이기 때문에 아주 길조적이다. 열한 번째 바바는 파워와 지위를, 달은 어머니를 나타낸다. 라후는 황소라시의 로드인 금성의 품위를 따르는데, 금성은 물라트리코나 라시에 있다. 그래서 라후는 달이 가진 파워를 극대화 시켜준다. 영국의 여왕을 어머니로 둘 법도 하다. 하지만 동시에 라후는 달을 손상시키고 있다. 태양은 영혼을, 달은 마음을 나타내는데, 프린스의 영혼과 마음은 라후-케투의 축에 끼여서, 물질적인 풍요로움을 가졌을지 모르나 내면에는 존재적인 공허함이 있다. 그래서 사람을 끌 수 있는 매력이 부족할 수밖에 없으며, 스스로에 대한 자신감도 많이 부족하다.

· **화성은 네 번째와 아홉 번째 로드이다.**

"화성은 사자의 심장이며 영토유지 본성이다."

화성은 네 번째와 아홉 번째 하우스의 로드로서, 사자 라시인들에게 지혜, 믿음, 이상 등에서 나오는 내면적인 힘과 용기를 준다. 화성은 그들이 법률, 이상, 집 등을 지키기 위해 싸우고 보호하도록 힘을 부여한다. 또한 영역을 확장하는데 필요한 여행을 주기도 한다.

화성은 앵글과 트라인을 동시에 다스리기 때문에 사자 라시인들에게 요가카라카이며 또 가장 큰 길성이다. 자연적 흉성으로서 화성은, 의지력과 노력을 통해 행운을 얻게 하며, 그들이 이상이나 믿음 등으로 인해 다른 이들과 갈등을 일으킬 잠재성도 가지고 있다.

화성은 요가 카라카 이면서, 다섯 번째 하우스에서 물라트리코나 라시에 있는 목성, 그리고 여섯 번째 바바 포인트와 합치를 하고 있다. 최고의 무디타 아바스타에 있는 화성이다. 목성과 화성의 합치는 특히 부를 가져다주는 조합인데 행운의 다섯 번째 하우스에서 일어나고 있으니, 그가 가진 부는 보통 사람의 머리로는 상상하기도 어려울 정도임을 나타낸다. 그런데 목성이 다섯 번째 하우스에 있으면 훌륭한 창조지성을 준다. 요가 카라카 화성까지 도와주고 있다. 프린스는 뛰어난 수채화가이며, 몇 권의 책들을 쓰기도 했다. 관심분야는 역사, 건축, 환경 등이다. 목성은 역사나 전통, 화성은 건축과 관련이 있다. 그리고 조종사의 자격증이 있으며, 다양한 스포츠, 승마, 비행 등의 취미를 즐기는 무척 활동적인 사람이다. 여섯 번째 바바 포인트와 화성의 조합은 훌륭한 스포츠맨으로 만든다.

· **수성은 두 번째와 열한 번째 로드이다.**

"수성은 사자가 정글의 왕으로서 내리는 연설이다."

수성은 두 번째와 열한 번째 로드로서, 사자 라시인들이 멋진 웅변을 통해 개성을 살리고, 자신이 이룬 성공이나 명예에 대해 자랑하도록 해준다. 또한 수성은 그들의 이름을 높일 수 있는 타이틀을 쉽게 제공한다. 수성은 가장 두드러지는 두 개의 재산 하우스들을 다스림으로 인해, 그들이 무역이나 상업에 아주 뛰어난 능력을 준다.

열한 번째와 두 번째 하우스를 다스림으로 인해, 수성은 그들이 재산을 모으거나 욕구를 충족하려 할 때, 이기적 성향을 줄 수도 있다. 그리하여 임시적 흉성이 된다. 그러나 자연적 길성으로서, 수성은 부를 얻고 욕구를 충족시키는 데 필요한 실질적인 재주와 재능들을 준다.

프린스는 첼로와 그림 그리기를 즐기는 예술가이다. 직접 그린 수채화들의 전시회를 열고, 작품도 팔며, 아트에 관련된 책을 내기도 했다. 예술협회 후견인으로서, 특히 젊은이들의 아트에 많은 지지를 해주고 있다. 그리고 연극을 좋아하는데 셰익스피어, 코미디, 마술 등을 즐긴다. 모두 수성이 가진 자질들이다. 네 번째 전갈라시에서 케투와의 조합은 신비로운 것을 좋아하는 성향을 준다. 그는 마술협회 오디션에 합격한 뒤, 본인이 무대에서 마술을 직접 공연하기도 했다.

· 목성은 다섯 번째와 여덟 번째 로드이다.

"목성은 사자의 자부심(그의 새끼들, 그의 창조물들)이며 관대함이다."

창조성의 하우스와 죽음과 수명의 하우스를 다스리는 목성은, 죽은 후에도 남을 수 있는 것들이나, 터부(taboo)를 깨뜨리는 것들을 만들어 낼 수 있는 창조적 지성을 준다. 지식과 어컬트의 하우스들을 다스리는 동시에, 목성 자신이 바로 지식의 행성인지라, 사자 라시인들에게 어컬트 지식과 변환을 가능케 하는 영적수행에 탁월한 능력을 부여한다. 목성은 다섯 번째와 여덟 번째 로드로서, 그들이 행운을 다른 사람들과 나눠가지게 하거나, 지식으로 다른 사람들에게 이롭게 하고자 하는 성향을 가지게 한다. 또한 목성은 그들이 투기를 통해 갑작스런 부를 얻게 하는 능력이 있다. 하지만 여덟 번째 하우스 로드십은 그러한 부와 행운을 어느 정도 불안정하게 만든다.

다섯 번째 로드십으로 목성은 임시적 길성이다. 그러나 여덟 번째 로드십과 나누고 있기 때문에, 지식과 깨달음을 가져다 주는 동시에, 변화, 위기 등의 동반자들도 함께 데리고 다닌다. 목성은 자연적 길성으로서 사자 라시인들에게 이득을 주지만, 그러나 때로는 무모하기도 하다. 여덟 번째 로드십은 목성에게 가끔씩 파괴를 일으키게도 한다. 하지만 그대신 더욱 위대한 영감을 제시하게 될 것이다.

물고기 라시에는 여덟, 아홉 번째 바바 포인트가 있다. 그래서 프린스의 목성은 부모에게 받은 부를 가져다 준다. 목성은 또한 자녀들의 카라카로서 다섯 번째 자녀의 하우스에 있다.

프린스는 영국 왕족들 중에서 최초로 왕자들의 출산을 함께 지켜본 사람이다. 직접 역사, 건축, 예술에 관련된 책들을 쓰기도 했다. 그리고 다이애나와 결혼 중에도 당시 유부녀였던 카밀라와 계속 관계를 가졌다. 기존의 보수적 왕실의 사람으로서 많은 터부를 깨뜨렸다고 할 수 있다.

· 금성은 세 번째와 열 번째 로드이다.

"금성은 사자의 자부심(그가 가진 에고)이다."

세 번째와 열 번째 하우스를 다스리는 금성은, 사자 라시인들이 재능과 지위 등을 앞세워 잘난 척 하게끔 만들 수도 있다. 길성이면서 세 번째 노력의 하우스, 그리고 열 번째 카르마(행동)의 하우스들 다스리는지라, 금성은 그들에게, 너무 고단할 정도로 열심히 노력은 하지 않으려는 게으른 자부심을 준다. 또한 금성은, 그들의 행동에 어떤 드라마틱한 요소를 가미시켜서 자랑하기를 잘하고 좋아하게 만든다.

금성은 세 번째 하우스 로드십으로 인해 임시적 흉성이 된다. 그래서 자신의 행동이나 흥미를 추구할 때 자기 위주의 기질을 보이도록 만들기도 한다. 그러나 자연적으로는 길성인지라, 금성은 그들의 행동에 재능과 우아함을 주어 만사가 순조롭게 형통되도록 해준다.

금성은 예술과 취미를 나타내는 세 번째 하우스에서 물라트리코나 라시에 있다. 그리고 네 번째 바바 포인트와 합치하였으며, 고양의 품위에 있는 달과 라후에게 라시 어스펙트를 받고 있다. 최고의 물질적 풍요로움을 주는 조합이다. 게다가 황소라시에 있는 라후는 금성이 로드십을 가지고 있기 때문에, 프린스의 지위에 화려함을 극대화시킨다. 또한 프린스가 수채화에 관심이 많으며, 전시회도 열고, 작품도 팔 만큼 예술적이게 만들어 주었다. 그러나 금성과 라후의 어스펙트는 비정상적인 이성관계를 주는 경향이 있다. 일국의 왕세자이자 유부남이면서, 다른 유부녀와의 관계를 계속하는 이기적이고 부도덕함을 보였다.

· 토성은 여섯 번째와 일곱 번째 로드이다.

"토성은 사자의 아내로서, 정작 사냥을 하는 본인이다."

여섯 번째 봉사의 하우스와 일곱 번째 배우자와 파트너의 하우스를 다스리는 토성은, 다른 사람들에게 섬김을 받거나, 어렵고 잡동사니 일들은 다른 사람들에게 시키려는 사자 라시인들의 강한 성향을 나타낸다. 여섯 번째 하우스는 이혼, 혹은 파트너로 인한 손실 등을 나타내는 하우스이기도 하다. 그런데 일곱 번째 배우자와 파트너의 하우스가 같이 결합되어, 사자 라시인들이 파트너십에는 능숙하지 못하도록 만든다. 그러나 토성은 카르마의 로드이기 때문에, 그들이 아무리 하기 싫어해도 하는 법을 배우는 외에는 별 다른 방도가 없도록 만든다. 여섯 번째 하우스는 부채, 빚과 카르마 요가의 하우스이기도 하다. 토성은 사자 라시인들에게 파트너나 사회에 갚아야 할 카르믹 빚을 줄 수도 있다. 그래서 그들이 주변에 이득이 되는 행동을 하는 카르마 요기의 정신적 자세를 계발할 수 있도록 만든다. 토성이 최상의 컨디션에 있으면, 그들에게 비 개인적 관계들을 통한 서비스를 받게 해 줄 수도 있다.

토성은 보통 그들이 필요로 하는 파트너십을 충족시키는데 지연을 일으킨다. 그리하여 일반적으로 사자 라시인들이 가장 불안하게 느끼는 영역이 바로 파트너십이다. 이 영역은 그들 내면에 있는 불안정성과 정면으로 마주서서 해결해야 하는 분야이기도 하다. 하지만 우파차야(여섯 번째 하우스) 로드십이기 때문에, 토성은 사자 라시인들이 파트너십을 향상시키고자 노력하고 성장하도록 만든다. 그리하여 시간이 지남에 따라, 그들이 충분히 배웠거나, 파트너들에게 진 카르믹 빚을 다 갚았을 때, 파트너십도 덩달아 나아질 수 있도록 만들어 준다. 여섯 번째 로드십으로 인해 토성은 임시적 흉성이 된다. 그래서 다른 사람들이 그들에게 이기적 이도록 만들거나, 과거에 지은 나쁜 카르마가 파트너나 적이라는 대상을 통해 나타나게 만들 수도 있다.

프린스는 여우사냥의 취미를 즐겼다. 그리고 환경이나 자연, 건강식과 유기농 산업, 허브, 대체의학 등에도 깊은 관심을 나타내고 있다. 의사협회에서 집단 항의를 받을 정도로 적극적인 대체의학 우호활동을 펼치기도 했다. 그리고 첫 번째 결혼생활은 행복하지 않았지만, 온갖 시련을 감내하고 어렵게 쟁취한 두 번째 결혼 생활에서는 아주 행복하다. 젊은 왕자들이 어머니의 불행에 직접적인 원인이었던 레이디 카밀라를 용서한 이유도,

그녀가 "아버지를 행복하게 해주기 때문"이었다. 하지만 이들은 카밀라를 새어머니가 아니라 "아버지의 아내"로 칭하고 있다.

▨ 프린스 찰스의 144 바바 요가의 조합

1. 첫 번째 로드인 태양은 네 번째 하우스에 있다: 라그나 로드가 행복의 장소에 있으면, 어머니와 아버지와의 행복을 타고 났으며 많은 형제와 같이 있으며, 아름다운 자질들을 가지고 있다. 대부분 일치하지만, 그러나 샽발라와 딕 발라가 낮기 때문에 중간 정도의 효과들만 가져올 수 있었다.

2. 두 번째 로드인 수성은 네 번째 하우스에 있다: 부의 로드가 형제의 장소에 있으면, 용감하게 타고 났으며 총명하며 덕이 넘치고 원기왕성하며 만약 슈바(길성)와 섞으면 적극적이다. 파파(흉성)와 섞으면 신들을 원망한다. 태양은 흉성에 속한다. 그러나 라그나 로드이기 때문에 수성에게 그다지 해롭지가 않다. 그래서 그가 신들을 원망하는지 어떤지는 알 수 없지만, 종교적 불이익을 약간 겪었다. 이혼을 둘러싼 교회와의 충돌이나, 왕세자인데도 두 번째 결혼은 교회에서가 아니라 민간인 결혼식을 올려야 했다. 그리고 갑작스러운 교황의 서거로 인해 두 번째 결혼식을 예정보다 하루 미루어야 했다.

3. 세 번째 로드인 금성은 세 번째 하우스에 있다: 형제의 로드가 형제의 장소에 있으면, 형제들과 행복이 주어졌으며, 부와 자녀들을 누리며, 명랑하고, 즐겁게 편안한 사람이다. 대체로 일치한다.

4. 네 번째 로드인 화성은 다섯 번째 하우스에 있다: 행복의 로드가 자녀의 바바에 있으면, 행복하고, 모두에게 사랑 받으며, 덕이 높은 비슈누 헌신자이며, 존경받으며, 자신의 손으로 획득한 부를 가졌다. 적을 나타내는 여섯 번째 바바 포인트와 합치하였기 때문에 부정적인 효과들이 뒤섞여서 나타났다.

5. 다섯 번째 로드인 목성은 다섯 번째 하우스에 있다: 자녀들의 로드가 자녀들의 바바에 있으면, 슈바와 합치를 하였으면, 그는 자녀들을 가질 것이다. 파파와 합치를 하였으면, 그는 자녀들을 원할 것이다. 그리고 좋은 자질들을 가졌으며 친구들에게 헌신적이다. 목성은 훌륭한 품위에 있지만, 화성(파파)과 합치를 하여 아들들과의 관계가 원활하지 않았다. 왕세자 신분을 활용하여 "프린스의 트러스트(The Prince's Trust)"라는 자선단체를 설립하고선, 많은 후견이나 자선활동들을 하며 특히 젊은이들의 교육과 환경보호에 적극적이다. 아들인 두 왕자들과 함께 인종차별을 반대하는 국제적 운동에도 참여를 하고 있는 휴머니스트이기도 하다.

6. 여섯 번째 로드인 토성은 두 번째 하우스에 있다: 여섯 번째 로드가 부의 장소에 있으면, 성급하거나/잔인하며, 자신의 마을에서 유명하며, 먼 나라에 속하며, 행복하며, 그리고 항상 자신의 일에 헌신적이다. 성격이 성급한지에 대해선 공개적으로 알려지지 않았지만, 다양한 스포츠와 승마, 사냥, 그리고 비행조종 등을 즐기는 프린스의 성격이 결코 유하지는 않을 것임을 쉬이 짐작할 수 있다.

7. 일곱 번째 로드인 토성은 두 번째 하우스에 있다: 배우자의 로드가 부의 장소에 있으면, 많은 여자들을 가졌으며, 아내와의 합치로 부를 얻으며, 그리고 할 일을 미루는 사람이다. 프린스의 인기는 프린세스 다이애나와의 결혼으로 높이 올랐다가, 이후, 카밀라와의 스캔들과 프린세스의 죽음으로 인해 이미지에 심한 타격을 입었다. 국민 대다수는 그가 왕이 되기를 원치 않는다.

8. 여덟 번째 로드인 목성은 다섯 번째 하우스에 있다: 흠의 로드가 자손들의 바바에 있으면, 맹하게 타고 났으며, 분별력이 아주 적으며, 장수하고 부자이다. 어느 정도 일치하는 사실들이다.

9. 아홉 번째 로드인 화성은 다섯 번째 하우스에 있다: 행운의 로드가 자손들의 바바에 있으면, 자손들과의 행운이 가득하며, 구루에게 헌신하며, 현명하며, 다르마의 영혼이며, 판딧(학자)이다. 화성은 요가 카라카이자, 목성과의 합치로 인해 많은 부와 행운을

타고나게 만들었다. 그러나 여섯 번째 바바 포인트가 합치를 하고 있어 화성의 다르마적 자질들을 손상시키고 있다. (하늘의 금괴, 제15장 참조) 그래서 화성은 프린스의 캐릭터 면에서 소신이나 용기가 부족하게 만들고 있다. 그는 우유부단한 성격으로 알려져 있다.

10. 열 번째 로드인 금성은 세 번째 하우스에 있다: 카르마의 로드가 형제의 장소에 있으면, 형제들과 하인들과의 행복이 주어졌으며, 용감하며, 덕이 완벽하고, 말이 많고, 그리고 정직한 사람이다. 금성은 열 번째 하우스의 로드이지만, 그러나, 그 곳에는 열한 번째 바바 포인트가 있기 때문에 로드인 금성에게 흉조적인 자질들도 같이 주게 된다. 그래서 좋고 나쁜 효과들이 조율되어 절반 정도로 뒤섞여서 나타난다.

11. 열한 번째 로드인 수성은 네 번째 하우스에 있다: 이득의 로드가 행복의 바바에 있으면, 어머니의 가족에게 이득을 보게 되며, 신성한 장소들로 여행하며 집과 토지의 행복이 주어졌다. 상당히 일치한다.

12. 열두 번째 로드인 달은 열 번째 하우스에 있다: 손실의 로드가 로얄 바바에 있으면, 로얄 가족들로 인해 비용을 쓰며, 아버지로 인해 아주 적은 행복만이 있다. 프린세스와의 이혼으로 인해 많은 손실을 겪었다. 그리고 아버지보다는 여왕 어머니를 둔 이득이 더 큰 것은 사실이다.

카밀라 파커 보울즈(Camilia Parker Bowles)
- 1947년 7월 17일 7:00AM, London, UK

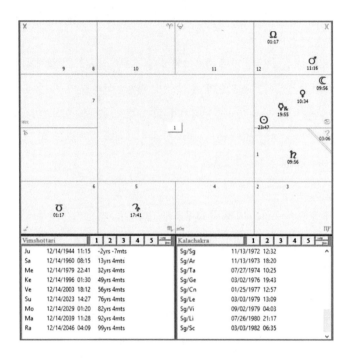

Saptamsa

	Dign	Baladi	Jagradadi	Lord
☉	E	Yuva	Svapna	Kshiira
☽	E	Vriddha	Svapna	Ikshurasa
♂	GF	Vriddha	Svapna	Dadhi
☿	N	Kumara	Svapna	Dadhi
♃	GE	Mrita	Sushupti	Dadhi
♀	EX	Yuva	Jagrat	Ikshurasa
♄	EX	Kumara	Jagrat	Dadhi
☊				Kshara
☋				Kshara
Lg				Kshara

Navamsa

	Dign	Baladi	Jagradadi	Lord
☉	N	Bala	Sushupti	Nri
☽	N	Bala	Svapna	Rakshasa
♂	EX	Vriddha	Jagrat	Deva
☿	E	Mrita	Svapna	Rakshasa
♃	MT	Kumara	Jagrat	Rakshasa
♀	MT	Bala	Jagrat	Deva
♄	GF	Mrita	Svapna	Rakshasa
☊				Deva
☋				Deva
Lg				Deva

Shad Bala Graph

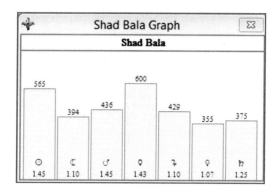

Shad Bala

☉	☽	♂	☿	♃	♀	♄
565	394	436	600	429	355	375
1.45	1.10	1.45	1.43	1.10	1.07	1.25

Carmilla Parker Bowles	Date: 07/17/1947 Time: 07:00:00		Vimshottari AntarDasa

Jupiter MahaDasa (-2y -7m)

Ju/Ju	12/14/1944 11:15
Ju/Sa	02/01/1947 15:39
Ju/Me	08/14/1949 22:22
Ju/Ke	11/20/1951 19:33
Ju/Ve	10/26/1952 16:58
Ju/Su	06/27/1955 16:28
Ju/Mo	04/14/1956 21:07
Ju/Ma	08/14/1957 20:52
Ju/Ra	07/21/1958 18:18

Saturn MahaDasa (13y 4m)

Sa/Sa	12/14/1960 08:15
Sa/Me	12/18/1963 02:44
Sa/Ke	08/27/1966 05:23
Sa/Ve	10/06/1967 00:49
Sa/Su	12/05/1970 15:14
Sa/Mo	11/17/1971 14:45
Sa/Ma	06/17/1973 21:57
Sa/Ra	07/27/1974 17:24
Sa/Ju	06/02/1977 15:58

Mercury MahaDasa (32y 4m)

Me/Me	12/14/1979 22:41
Me/Ke	05/12/1982 13:41
Me/Ve	05/09/1983 18:27
Me/Su	03/09/1986 14:55
Me/Mo	01/14/1987 01:52
Me/Ma	06/14/1988 12:06
Me/Ra	06/11/1989 16:52
Me/Ju	12/30/1991 01:41
Me/Sa	04/05/1994 22:52

Ketu MahaDasa (49y 4m)

Ke/Ke	12/14/1996 01:30
Ke/Ve	05/12/1997 04:53
Ke/Su	07/12/1998 07:40
Ke/Mo	11/17/1998 03:42
Ke/Ma	06/18/1999 05:05
Ke/Ra	11/14/1999 08:28
Ke/Ju	12/01/2000 20:34
Ke/Sa	11/07/2001 17:59
Ke/Me	12/17/2002 13:26

Venus MahaDasa (56y 4m)

Ve/Ve	12/14/2003 18:12
Ve/Su	04/15/2007 05:34
Ve/Mo	04/14/2008 11:23
Ve/Ma	12/14/2009 05:04
Ve/Ra	02/13/2011 07:51
Ve/Ju	02/13/2014 01:18
Ve/Sa	10/14/2016 00:48
Ve/Me	12/14/2019 15:12
Ve/Ke	10/14/2022 11:40

Sun MahaDasa (76y 4m)

Su/Su	12/14/2023 14:27
Su/Mo	04/02/2024 04:12
Su/Ma	10/01/2024 19:06
Su/Ra	02/06/2025 15:08
Su/Ju	01/01/2026 08:22
Su/Sa	10/20/2026 13:01
Su/Me	10/02/2027 12:33
Su/Ke	08/07/2028 23:29
Su/Ve	12/13/2028 19:31

Moon MahaDasa (82y 4m)

Mo/Mo	12/14/2029 01:20
Mo/Ma	10/14/2030 10:10
Mo/Ra	05/15/2031 11:34
Mo/Ju	11/13/2032 08:17
Mo/Sa	03/15/2034 08:02
Mo/Me	10/14/2035 15:14
Mo/Ke	03/15/2037 01:28
Mo/Ve	10/14/2037 02:52
Mo/Su	06/14/2039 20:33

Mars MahaDasa (92y 4m)

Ma/Ma	12/14/2039 11:28
Ma/Ra	05/11/2040 14:50
Ma/Ju	05/30/2041 02:56
Ma/Sa	05/06/2042 00:22
Ma/Me	06/14/2043 19:48
Ma/Ke	06/11/2044 00:34
Ma/Ve	11/07/2044 03:56
Ma/Su	01/07/2046 06:43
Ma/Mo	05/15/2046 02:45

Rahu MahaDasa (99y 4m)

Ra/Ra	12/14/2046 04:09
Ra/Ju	08/26/2049 07:51
Ra/Sa	01/19/2052 21:48
Ra/Me	11/27/2054 20:22
Ra/Ke	06/14/2057 05:11
Ra/Ve	07/02/2058 17:17
Ra/Su	07/02/2061 10:43
Ra/Mo	05/27/2062 03:57
Ra/Ma	11/26/2063 00:41

~© 2000- 2013 Kala Vedic Astrology Software ~

▣ 카밀라 파커 보울즈: 사자라시 라그나 (프린스 찰스와 같음)

2005년에 마침내 프린스 찰스와 결혼식을 올린 카밀라 파커 보울즈는 정식 왕세자비로서 "공작부인(Douchess of Cornwall)"이라는 공식적인 직함을 가지게 되었다. 그러나 대중들이나 미디어에서는 그녀를 공식적 직함보다는 "카밀라"라는 이름으로 계속 부르고 있다. 프린세스 다이애나가 세상을 떠난 지 20년이 되었건만, 여전히 카밀라에 대한 대중의 불편한 감정들을 그대로 반영하고 있는 것이다. 그녀는 프린세스 다이애나의 동화 같은 러브스토리를 깨뜨리고 죽음으로 내몬 마녀처럼 취급받으며, 온 세상의 손가락질과 지탄을 한몸에 받아 왔다. 보통 사람으로선 상상조차 하기 힘든 엄청난 수모와 비난에도 불구하고 한결같은 침묵으로 오랜 세월을 버티던 그녀는 마치 아무런 자기 생각이나 개성, 목소리도 없는 그림자 같은 여자처럼 여겨졌다. 하지만 세월 앞에 이길 장사는 아무도 없듯이, 왜곡된 진실은 오직 시간이 정확한 심판을 해줄 수 있는 법이다. 이제서야 사람들은 카밀라가 마녀가 아니라 프린스 찰스의 운명이었으며 그가 평생 사랑하고 의지해온 진정한 소울메이트였다는 사실을 인정하고 이해하게 되었다. 두 사람은 프린세스 다이애나와의 결혼 이전에 이미 서로 사랑하는 연인 사이였다. 그리고 레이디 카밀라는 프린스 찰스가 어려움에 처할 때마다, 항상 그의 편을 들어주며 위로해주던 유일한 아군이었다. 그녀는 프린세스 다이애나처럼 젊거나 미인도 아니었으며, 대중들의 인기를 끌 만한 매력적인 사람도 아니었다. 게다가 아이 둘이 딸린 이혼녀였다. 그런데 평소 우유부단하기로 잘 알려진 프린스 찰스가, 영국의 왕세자로서 세상의 갖은 비난이나 모욕을 감수하면서까지 사랑을 쟁취하기 위해 오랫동안 싸우게 만든 레이디 카밀라에게 분명히 특별한 어떤 힘이 있었다는 사실을 이제는 세상 사람들도 인정하고 수용하기에 이르렀다. 설사 공인이 아니라 이름 없는 한 개인이라도 그처럼 공개적이고 극단적인 적의와 비난을 감수하면서 오직 사랑과 침묵으로 수십 년을 인내할 수 있다는 사실은, 정말 대단한 캐릭터가 아니고서는 불가능하기 때문이다. 사적으로 그녀를 잘 알고 있는 사람들은 카밀라가 미디어 이미지에서 표출하고 있는 것처럼 악한 마녀도 아니고, 그렇다고 수동적으로 끌려다니는 종이인형 같은 약골도 아닌, 아주 속이 깊으면서도 명랑하며 확고한 자기 개성을 가진 강한 여자라고들 입을 모으고 있다. 레이디 카밀라의 차트를 살펴보면 그러한 말들이 아주 사실임을 알 수 있다.

먼저 레이디 카밀라는 프린스 찰스와 같은 사자 라시 라그나를 가지고 있다. 대체로 라그나가 같은 사람들은 친구처럼 서로 잘 통한다. 자연을 좋아하고, 승마, 그림 등, 취미가 많이 비슷했던 두 사람은 1971년 처음 만났을 때부터 서로 잘 통했다. 그래서 상류 사회층에서 잘 알려진 연인 사이였다. 이들이 1973년에 급작스레 헤어진 이유는 농촌 여장부 같았던 당시의 레이디 카밀라가 왕세자비로 적합하지 않아 반대에 부딪혔기 때문이다.

라그나 로드인 태양이 AK이기도 한 동시에, 샅발라저력이 제일 강하다. 라지타디 아바스타도 아무런 적의 영향이 없이 오직 플러스 포인트만 가지고 있다. 라시-아바스타즈(Rasi-Avasthas) 차트에서 태양은 (자체적 141.3+달 49.3+목성 182.0) 총(372.6) 플러스 포인트만 가지고 있다. 태양은 열두 번째 하우스에 있으면서 수성, 금성, 달과 합치를 이루고 있다. 레이디 카밀라의 차트에서 가장 핵심적인 하우스가 열두 번째(감춰진)이다보니, 원래는 강인한 캐릭터이지만 겉으로는 잘 드러나지 않으며, 그림자처럼 존재감도 부족하다. 그렇지만 프린세스 다이애나와는 비교가 되지 않을 정도로 프린스 찰스와 여러모로 훌륭한 궁합을 이루고 있다.

프린스 찰스의 라후는 프린세스 다이애나의 금성 위에 겹치고 있다. 그리고 프린세스의 라후는 프린스 찰스의 라그나 위에 겹치고 있다. 이것은, 다이애나가 찰스에게 먼저 매료되었음을 보여준다. 사실, 프린스 찰스는 다이애나와 사랑에 빠진 것은 아니었다. 다만, 존경하던 삼촌이 죽은 후 슬픔에 잠겨 있던 프린스를 그녀가 위로해 주었던 것이 청혼을 하는 동기가 되었는데, 삼촌이 평소 말씀하던 이상적인 왕세자비의 기준에 다이애나가 잘 들어맞았기 때문이었다. 그러니까, 다이애나의 훌륭한 금성에 찰스의 라후는 끌리게 되었던 것이다. 반면 다이애나는 왕자가 가진 품위에 첫눈에 완전 매료되었다고 한다. 이후 이들의 결혼생활이 순조롭지 않았던 이유는, 두 사람 사이의 13살이라는 나이격차와 프린스의 마음은 언제나 연인 카밀라에게 가 있었기 때문이었다.

레이디 카밀라의 라후-케투는 프린스의 차트에 아무런 영향을 미치지 않고 있다. 대신에 프린스의 케투가, 카밀라의 목성 위에 겹치고 있다. 프린스의 태양과 달은 라후-케투 축에 끼여서 아주 손상되어 있는 상태이다. 그런데, 카밀라의 훌륭한 목성이 프린스의 혼란스런 영혼과 마음에 든든한 버팀목이 되어 주고 있는 것이다. 카밀라의 목성은 라시-아바스타즈 차트에서 아무런 적의 영향을 없이 (자체적 214.7+태양 77.8+달 18.3) 총 (310.8)이라는 플러스 포인트만을 가지고 있다. 일반적으로 목성이 네 번째 하우스에 있으면 선천적으로 낙천적이고 선하며 안정적인 캐릭터를 준다. 특히 훌륭한 라지타디 아바스타에 있는 카밀라의 목성은, 미모나 젊음으로서가 아니라, 한결같은 편안함으로 프린스 찰스를 꾸준히 지켜주는 영성적 힘, 영혼의 쉼터와도 같았다.

⊠ 카밀라 파커 보울즈의 144 바바 요가의 조합

1. 첫 번째 로드인 태양은 열두 번째 하우스에 있다: 라그나 로드가 손실의 바바에 있으면, 신체적 안녕이 뺏길 것이며, 헛되게 낭비를 하며, 만약 라그나 로드가 슈바의 어스펙트나 합치를 얻지 못하고 있으면 화를 아주 잘 내는 사람이 된다. 태양은 훌륭한 라지타디 아바스타에 있으며, 네 번째 하우스에 있는 목성으로 인해, 부정적인 효과들을 극소화 시키게 된다. 그녀가 프린스 찰스를 처음 만난 시기는 1971년 토성-태양의 다샤였다.

2. 두 번째 로드인 수성은 열두 번째 하우스에 있다: 부의 로드가 손실의 장소에 있으면, 성급하고, 부를 뺏기게 되며, 다른 이들의 재산을 탐하며, 첫 번째 아이로 인한 행복이 결코 없을 것이다. 카밀라는 귀족 상류층 출신이며 사업가인 아버지 덕으로 유복한 환경에서 자라났다. 첫 번째 남편도 비슷한 귀족 상류층으로 한때 프린스 찰스의 여동생과 연인 사이였던 백만장자 가족 출신이었다. 그래서 카밀라는 다른 이들의 재산 복을 많이 누렸다고 할 수 있다. 그녀가 첫 번째 남편과 사귀기 시작한 것은 1965년 이후, 토성-수성의 시간이었다.

3. 세 번째 로드인 금성은 열두 번째 하우스에 있다: 형제의 로드가 손실의 장소에 있으면, 악한 행위들에 낭비하며, 그들의 아버지는 잔인하며, 여자들을 통해 행운이 깃든다. 유부녀로서 프린스 찰스와 관계를 계속 이어갔으니 악한 행위라고 할 수 있다. 그리고 카밀라는 굉장히 사교적이고 여자 절친들이 많은 것으로 알려져 있다. 스캔들로 인해 어려움을 겪을 때 많은 도움을 주었다고 한다.

4. 네 번째 로드인 화성은 열한 번째 하우스에 있다: 행복의 로드가 이득의 장소에 있으면, 숨겨진 질병으로 괴로움을 겪으며, 덕이 있고, 좋은 자질들을 갖추었으며, 자선적이고, 다른 이들을 도우면서 기뻐한다. 2007년에 자궁제거수술을 하였지만 자세한 병명이나 이유는 알려진 바가 없다.

5. 다섯 번째 로드인 목성은 네 번째 하우스에 있다: 자녀들의 로드가 행복의 바바에 있으면, 그는 행복한 사람이며, 어머니와의 행복이 주어졌으며, 락시미와 같이 있으며, 현명한 이해력을 가졌으며, 왕이나 수상 혹은 구루일 것이다. 목성은 훌륭한 라지타디 아바스타에 있는지라 위에 언급된 모든 좋은 효과들을 가져다 주었다. 어머니와도 아주 가까운 사이였다고 한다. 그녀는 목성의 다샤에 태어나 13살까지 목성의 다샤에서 자라났다. 아주 유복하고 행복한 어린 시절을 보냈다.

6. 여섯 번째 로드인 토성은 첫 번째 하우스에 있다: 여섯 번째 로드가 라그나에 있으면, 그는 몸이 약하며, 유명해지며, 자신의 사람들이 적敵이며, 좋은 자질들이 주어졌으며, 부자이며, 존경 받으며, 성급하다. 첫 번째 하우스에 있는 토성은, 레이디 카밀라가 상류층 여성임에도 불구하고 화장기 없는 얼굴에 청바지와 티셔츠를 입고 마치 농촌여성처럼 평퍼짐하며, 외모에는 신경 쓰지 않도록 만들었다. 이후 프린스 찰스는 그녀가 황태자비의 모습에 적절하도록 이미지 컨설턴트를 고용하여 외모 개선을 할 수 있도록 도왔다. 토성은 일곱 번째 로드이기도 한지라, 배우자의 덕으로 외모를 향상시킬 수 있었던 것이다.

7. 일곱 번째 로드인 토성은 첫 번째 하우스에 있다: 배우자의 로드가 라그나에 있으면, 그는 다른 사람의 아내들 사이에 있으며, 난봉꾼/자유 사상가이다. 사악하며, 눈에 띄며, 경솔하며, 그리고 바타(Vata)의 고통으로 가득하다. 상당한 일치를 한다. 그리고 토성은 DK(배우자) 카라카이기도 하다. 그녀가 프린스 찰스를 처음 만난 시기는 1971년 중반이었는데, 토성-태양의 다샤를 지나고 있었다. 토성은 일곱 번째 로드이자 DK이며 라그나인 사자 라시에 있다.

8. 여덟 번째 로드인 목성은 네 번째 하우스에 있다: 흠의 로드가 행복의 바바에 있으면, 어린아이 때 어머니를 잃으며, 집과 토지의 행복이 부족하며, 의심의 여지가 없이 가짜 친구이다. 물고기 라시에는 여덟 번째, 아홉 번째 바바 포인트가 합치를 하고 있다. 그래서 훌륭한 라지타디에 있는 목성은 최상의 효과들만 가져오게 해 주었다.

9. 아홉 번째 로드인 화성은 열한 번째 하우스에 있다: 행운의 로드가 이득의 바바에 있으면, 날이면 날마다 부를 획득하며, 고대/존엄한 이들에게 헌신하며, 덕이 있고, 그리고 항상 정의롭다. 상당한 일치를 한다. 그러나 쌍둥이 라시에 화성이 있게 되면, 어떤 식으로든 전투를 가져온다. 그녀의 삶 전체가 운명적 사랑을 쟁취하기 위한 전투였다고 할 수 있다. 그렇지만 쌍둥이 라시는 화성에게 적의 라시이기 때문에 전투가 정의로웠다고는 할 수 없다.

10. 열 번째 로드인 금성은 열두 번째 하우스에 있다: 로열티의 로드가 손실의 바바에 있으면, 왕족들 빌딩에 비용을 쓰며, 계속해서 적들을 두려워하며, 그리고 또한 똑똑하며 생각이 깊다. 상당한 일치를 한다.

11. 열한 번째 로드인 수성은 열두 번째 하우스에 있다: 이득의 로드가 손실의 바바에 있으면, 항상 좋은 일에 비용을 쓰며, 열망하고, 많은 정부가 있으며, 그리고 외국인들/야만인들과 형제처럼 교제를 한다. 수성은 나쁜 라지타디 아바스타에 있다. 그래서 안 좋은 효과들을 더 많이 나타내게 된다.

12. 열두 번째 로드인 달은 열두 번째 하우스에 있다: 손실의 로드가 손실의 바바에 있으면, 지나친 비용들을 만들며, 신체적 행복이 없으며, 화를 낼 것이며, 다른 사람들을 싫어하는 사람이다. 달은 오운라시에 있으면서 길성들과 합치를 이루고 있다. 그래서 좋은 효과들을 더 많이 가져다 준다.

베딕 점성학 입문서 Ⅱ

Vault of the Heavens

11

결론 – 숙명,
운명 그리고 자유의지
(Fate, Destiny
& Free Will)

서양 점성학이든, 베딕 점성학이든, 일반적으로 점성학자들이 자주 받는 질문은 "과연 운명이란 게 있는지, 만약 있다면 운명은 고정되어 있는지, 아니면 자유의지로 바꿀 수가 있는지" 하는 것이다. 운명론적 사상을 바탕으로 형성된 동양문화에서는 이러한 질문이 그다지 심각한 논란이나 고민의 대상이 되지 않는다. 그러나 합리적이고 논리적인 이성의 사고방식에 기인하여 형성된 서양문화에서는 찬반이라는 양극적인 관점으로 나뉘어 여전한 논쟁거리가 되고 있다.

　　"운명"을 영어로는 'fate 혹은 destiny'라고 한다. 보통 사람들이 "Fate"이라고 말할 때는, 마치 바위에 새긴 글처럼 지울 수 없고 고정된 "숙명"적인 개념을 의미한다. 그러나 "Destiny"라고 말할 때는, 흘러가는 물처럼 "필연적이면서도 유동적인" 의미를 담고 있다. 예를 들어, 산이나 강을 타고 흘러내리는 물들이 모두 바다로 흘러가게 되어 있다는 사실은 "숙명"에 해당한다. 하지만 언제, 어디서, 어떻게 바다에 합류할 것인지는 개개의 물줄기가 가진 "운명"에 달려 있다고 할 수 있다. "Free Will, 자유의지"라는 것은, 어떤 결과에 대해 내가 원하거나 의도하는 대로 마음대로 조종할 수 있는 권한을 의미한다. 그러니까 산속에 흐르는 약수나 개울물과도 같은 개개인이 순전히 자신의 자유의지를 사용해, 언제 어디서 어떤 모습으로 바다에 합류할지 아닌지를 결정할 수 있다고 말하는 것과도 같은 것이다.

　　과연 그럴까? 정말 우리에게는, "나"의 삶을 내가 원하는 대로 마음대로 조종할 권한이 있을까? 아니면, 마치 바위에 새긴 돌처럼 내가 태어나는 순간부터 모든 것이 이미 확고하게 결정되었기 때문에 아무리 날뛰고 설친들 어떤 미미한 운명의 변화도 기대할 수 없는 것일까? 이에 대한 대답을 영어로 표현한다면, "It depends(경우에 따라 다르다)."라고 할 수 있다.

　　그렇다면 "죠티쉬 혹은 베딕 점성학"이라는 두 개의 호칭으로 불리고 있는 인도 점성학은 "운명과 자유의지"를 어떻게 설명하고 있는가?

　　인도 점성학인 죠티쉬가 베딕 점성학으로 불리게 된 계기는, 서양인으로서는 최초로 인도에서 최고 직위의 스승을 뜻하는 "아차리야(Acharya)"라는 타이틀을 받은 프롤리 박사(Dr. David Frawley)가 그렇게 이름을 붙이면서부터였다. 힌두이즘, 특히 아유르베다의 전문가인 그는 미국에서 최초로 죠티쉬에 대한 소개를 하고 국제 콘프런스도 시작한 사람이기도 하다. 그의 선두적이고 뛰어난 조직능력으로 인해 1992년 제1회 Vedic Astrology International Conference(베딕 점성학 국제 컨퍼런스)를를 시발로 이후, 베딕 점성학은 하나의 체계적이고 합리적인 인문정신과학으로서, 서구사회 지성인들 사이에서 집중적인 연구와 지대한 관심 대상으로 꾸준히 발전되어 올 수 있었다.

현존하는 베딕 점성학자들 중에서 최고 권위적 인물인 미스터 라오는 프롤리 박사가 1993년 제2회 컨퍼런스에 주요연사로 초청하여 인도사회 밖으로 알려지게 되었는데, 그의 강연은 아직 죠티쉬가 생소하던 미국과 서양사회에 큰 부흥을 일으키는데 결정적인 역할을 하였다. 프롤리 박사가 "Vedic Astrology, Before and After Rao(라오 이전과 이후의 베딕 점성학)"으로 극찬할 만큼, 미스터 라오의 근대적이며 체계적인 죠티쉬 방식은 이지와 합리적 사고를 우선시 하는 서구인들에게 깊은 공감대를 얻게 되었다. 미스터 라오의 어머니는 실제로 높은 영적 경지에 도달했던 성자였는데, 그는 어머니가 논리나 객관성보다는 직관적 파워에 의존하여 사람들에게 죠티쉬 상담을 해 주는 것을 보고 자랐었다. 그래서 종교나 미신적 태도로 무조건 죠티쉬를 신봉하는 사람들에 대한 깊은 불신감을 가지고 있었다. 또한 젊은 날에는, 정부의 공직에 근무하는 바쁜 와중에도, 영적인 아버지와도 같았던 스승님의 아쉬람 매니저 일들을 도맡아서 하면서 온갖 엉터리 점성술가들이 아쉬람에 찾아오는 순진무구한 사람들을 대상으로 사기를 치는 예들을 수 없이 목격하고 직접 경험하였다. 그리하여 미스터 라오는 죠티쉬가 단순히 흥복을 점치는 점술이 아니라 운명을 바꿀 수 있는 하나의 신성한 영성과학이라는 사실을 증명하기 위해 평생을 걸쳐 갖은 노력과 열정을 기울이게 되었다. 컴퓨터 시대가 채 도래하기도 전이었는데, 그는 수천 개의 차트들을 일일이 수작업으로 계산하여 서로 비교하고 대조하는 작업들을 밤낮으로 하였다. 그렇게 얻어진 방대한 양의 연구자료결과들을 점성학 매거진에 연재 투고하거나 정기적으로 학계에 발표하기도 했다. 은퇴한 이후에는 저술활동에 전념하여 수십여 권에 달하는 죠티쉬 책들을 쓰거나 편집하기도 하였다. 하지만 이러한 미스터 라오의 새롭고 학문적인 죠티쉬 접근방식은 그렇지 못한 인도의 기존 죠티샤들에게서 쏟아지는 엄청난 비난과 반발, 적대감 등을 감수하게도 만들었다. 그렇지만 죠티쉬가 하나의 과학으로 받아들여지기 위해서는 먼저 원리 원칙적으로 검증할 수 있고, 누구에게나 보편적으로 적용될 수 있어야 한다는 미스터 라오의 주장은, 이지적 사고를 가진 서구인들에겐 아주 환영을 받을 수 있었다. 그리하여 미스터 라오의 명성과 그의 근대적 죠티쉬 접근방식은 서구사회에서 빠르게 확산될 수 있었다.

하지만 이렇게 과학적이고 합리적인 방식의 베딕 점성학을 옹호하는 미스터 라오였지만, 수십 년 동안의 점성학적 커리어를 통해 그가 내렸던 점성학적 예측들의 정확성은, 결과적으로 반반이라고 할 수 있다. 그가 공개적으로 내린 많은 점성학적 예측들이 사실로 증명된 경우도 많지만 그렇지 못한 경우도 많았다. 사적으로 내린 점성학적 예측들이 얼마나 정확했는지는 미스터 라오조차도 제대로 확인할 방법이 없다. 점성학 상담을 받으러 온 사람들이 오랜 세월이 흐른 뒤 다시 찾아와서 당신의 예언이 맞았거나 틀렸다는 식으로 보고하는 경우들이 드물기 때문이다. 미스터 라오에 의하면, 아무리 뛰어난 죠티샤라도 정확할 수 있는 확률은 60퍼센트에 불과하다고 한다.

이 말인즉 선, 베딕 점성학이라는 학문의 신빙성이 그 정도 밖에 되지 않는 다는 뜻과는 전혀 다르다. 베딕 점성학의 성서와도 같은 "브리핱 파라샤라 호라 샤스트라(Brihat Parashara Hoa Shastra, BPHS)"에 담긴 점성학적 지식은 100퍼센트 정확하고 완벽하다. 단지 베딕 점성학을 하는 죠티샤의 개인적 능력에 따라, 예측의 정확도가 천차만별하게 되는 것이다.

언스트 윌헴(Ernst Wilhelm)에 의하면, BPHS에 담긴 방대한 점성학적 지식을 완벽하게 마스터하려면 몇 생이 걸려도 모자란다고 한다. 그러나, 상대적으로 단기간 내에 습득이 가능한 "재미니 우파데샤(Jamini Upadesa)"라는 작은 고서에 담긴 재미니 점성학을 적용하게 되면, 최소한 80퍼센트 이상의 정확한 예측이 가능하다고 한다. 그리하여 파라샤라 점성학과 재미니 점성학을 같이 조합하게 되면, 100퍼센트 완벽한 예측이 쉽게 가능할 수도 있다는 결론을 그는 내리고 있다.

그렇지만, 점성학적으로 100퍼센트 완벽한 예측을 할 수 있다는 말은, 우리의 삶을 100퍼센트 완벽하게 예측할 수 있다는 말과는 전혀 다르다. 유명한 "요기의 자서전"을 쓴 파라마한사 요가난다의 스승이자 깨달음을 얻은 죠티샤였던 쉬리 유크테스와라(Sri Yukteswar)에 따르면, 인간의 운명은 75퍼센트가 운명, 25퍼센트가 자유의지에 달려있다고 한다. 그러니까 아무리 100퍼센트 완벽한 점성학적 예측이라도 인간 삶의 75퍼센트까지만 알 수 있다는 말과도 동일하다. 앞에서 인용한 미스터 라오의 "60퍼센트"와 상당히 근접하고 있음을 알 수 있다. 나머지는 우리들의 자유의지에 달려 있다고 한다. 개인이 원하는 대로, 의도하는 대로, 결과를 조정할 수 있는 힘의 영역인 것이다. 그런데 아이러니컬하게도 겨우

25퍼센트에 해당하는 자유의지를 이용하여 나머지 75퍼센트의 정해진 운명을 바꿀 수 있다고 한다. 즉, 우리의 운명을 100퍼센트 바꿀 수 있는 힘을 우리가 가지고 있다는 뜻이기도 하다. 이러한 25퍼센트에 해당하는 자유의지를 대변하는 행성이 바로, 태양과 달이다. 나머지 다섯 개 행성들은 75퍼센트 정해진 운명을 결정한다.

우리가 살고 있는 물질적 세상은 불, 공기, 흙, 물, 에테르, 이렇게 다섯 가지 요소로 구성되어 있다. 이러한 다섯 가지 요소가 만들어 내는 온갖 정보들을 우리가 가진 오각 기능 시각, 촉각, 후각, 미각, 청각, 이렇게 다섯 가지 감각 기능들을 통해 내면의 자아, "나"라는 사람의 실체에게 전달하면, "나"는 입력된 정보들을 가공하여 어떤 특출한 반응들을 외부에 내보내게 된다. 이러한 반응들은 행동들로 나타나며, 행동들은 이에 맞는 결과들을 가져오게 된다. "나"라는 사람이 행동주체이기 때문에 행동결과에 대한 권한이나 책임도 전적으로 "내"게 있는 것이다. 그러므로 "내"가 어떤 결과들을 원하느냐에 따라 "나"의 감각기능에 전달된 정보들을 "내"가 어떤 행동으로 나타낼지에 대한 자유의지를 행사할 수 있는 권한도 "나"에게 있다는 말과 동일하다.

예를 들어서, TV에서 나오는 광고에 대한 시청자들의 반응이, 같은 광고인데도 다른 행동의 결과들을 가져오는 경우와 비교할 수 있다. 광고에 나오는 물건이 사람들의 마음에 꼭 든다고 가정할 때, 살 능력이 되는 사람들은 쉽게 살 수도 있지만, 살 능력이 안 되는 사람은, 가지고 싶은 욕망을 참거나, 혹은, 어떻게든 돈을 마련해 사려고 노력을 하게 될 것이다. 혹은 살 능력이 안되지만, 가지고는 싶고, 그렇다고 게을러서 노력을 기울이기는 싫어, 공연히 TV 광고나 물건을 사는 다른 사람들을 매도하는 등의 비열한 반응으로 대처할 수도 있다. 혹은, 마음에 들고 살 능력도 되지만, 굳이 필요한 물건이 아니기에, 사고 싶은 충동성을 자제할 수도 있을 것이다. 그래서 돈만 절약한 것이 아니라 한두 번 쓰고 집안에서 이리저리 치이게 되는 비극을 방지하는 효과를 가져 올 수도 있을 것이다. 이처럼 같은 광고를 접하였는데도 이에 따르는 다양한 반응들과 행동들은 전혀 다른 결과들을 가져오게 되는 것을 알 수 있다. TV 광고에 나오는 물건은 75퍼센트 물질적 영역에 속하지만, 어떤 반응을 보이고 어떤 방식의 행동이나 만족도를 원하느냐 하는 것은 25퍼센트, "나"라는 사람의 자유의지 선택권한에 속한다. 그러한 순간순간의 반응과 행동들이 쌓여서 우리들의 운명을 만들게 되는 것이다. 매사에 합리적이고 논리적인 선택을 하는 사람들은 자신의 운명을 행복과 충족적으로 이끌어 갈 수 있을 것이며, 매번 나쁘고 비합리적인 선택을 하는 사람들은 그만큼 삶의 질이 떨어지는 쪽으로 운명을 이끌어 가게 될 것이다. 그리하여 우리들 삶의 양태나 질도 무척 달라질 수밖에 없다.

이렇게 우리가 받는 외부적 자극을 담당하는 감각 기능 중에, 시각을 다스리는 "불"의 요소는 화성이 주관하며, 촉각을 다스리는 "공기"의 요소는 토성이 주관하며, 후각을 다스리는 "흙"의 요소는 수성이 주관하며, 미각을 다스리는 "물"의 요소는 금성이 주관하며, 청각을 다스리는 "에테르"의 요소는 목성이 주관한다. 이 들의 조합으로 이루어지는 물질적 세상이 75퍼센트의 고정된 운명의 영역이다. 이러한 다섯 가지 유형의 주어진 정보들을 가공하는 "나"라는 사람의 실체, 영혼과 마음은, 태양과 달이 주관하며 나머지 25퍼센트 유동적인 자유의지 영역을 담당하고 있다. 그러므로 우리는 자유의지로 고정된 운명을 바꿀 수 있다고 할 수 있다.

그런데 "자유의지"를 사용하고 있다고 생각하는 사람 중에 사실은 99.99퍼센트가 단순히 습관성에 의해 행동하며 자신들의 숙명에 이리저리 끌려 다니고 있다. 이러한 습관들이나 행동의 기준, 양상들이 차트(Horoscope)에 그대로 반영되어 있다. 그것이 바로 행성들이 나타내고 있는 라지타디 아바스타즈이다.

출생차트에 분포되어 있는 행성들의 패턴들을 통해, 점성학자들은 차트 주인이 어떤 식으로 반응하고, 사고하고, 행동할 것이라는 것을 정확하게 예측할 수 있다. 흡연자들이 내일도, 모레도 담배를 피울 것이라는 사실을 쉽게 예측할 수 있는 것과 조금도 다르지 않다. 태어난 생명이면 누구나 반드시 병들고 늙고 죽는다는 것이 생로병사의 진리이다. 우리의 출생차트는 그러한 진리를 반영하고 있다. 차트에서 행성들이 나타내고 있는 심볼들을 통해, 어떤 일이 차트 주인의 미래에 일어날 것인지를 숙련된 점성학자일수록 더욱 쉽고 정확하게 읽을 수 있다. 행성들의 라지타디 아바스타즈에 따라 무의식적이거나 습관적으로 반응하는 차트 주인의 행동이 어떤 결과들을 가져오고, 그러한 결과들이 또 다시 어떤 연쇄적 반응과 행동들을 가져올지 하는 예측은 75퍼센트 고정된 운명의 영역이기 때문이다. 그러므로 진정으로 자유의지를 사용할 수 있기 위해서는 차트 주인이 자신의 라지타디 아바스타즈 영향권 밖에서 반응하고 행동할 수 있어야 하는 것이다. 그래야 다른 결과들을 가져올 수 있고, 자신의 삶도 다른 형태의 운명으로, 자신이 원하고 상상하는 대로 조정할 수가 있게 되는 것이다.

그렇게 일곱 행성의 라지타디 아바스타즈 영향권 밖에서 운명을 바꿀 수 있는 기로가 라후 - 케투의 축에 걸려 있다. 라후와 케투는 자유의지의 영역인 태양의 길과 달의 길이 같이 만나게 되는 점들로서 자체적인 라지타디 아바스타즈를 가지고 있지 않다. 그래서 다른 행성들의 영향에 따라 자신들의 행동방침을 결정한다. 태양은 영원불변하는 우리의 영혼, 대자아를 나타낸다. 달은 조건화된 개인의식, 우리에게 익숙하고 편안한 습관들의 덩어리로 구성된 마음, 소자아를 나타낸다. 그러한 영혼과 마음의 길이 서로 만나는 교차점에서 생기는 라후와 케투가, 진정한 "운명"적 행성들인 것이다. 그런데 여덟 번째, 아홉 번째 행성들인 라후와 케투는 다른 일곱 행성처럼 물질적인 실체를 가지고 있지 않다. 그래서 전혀 예측이 불가능하다. 개인의 의식 속에 깊이 배인 습관성들 너머에 있는 유일한 행성들이기 때문이다. 우리가 인지할 수 있는 의식적 세계의 뒤에 감춰진 잠재의식, 무의식 세계를 나타내는 이들은, 마치 원자핵처럼 아주 강력하고 집중적인 에너지 파워를 가지고 있다. 그리하여 우리의 삶에서 반드시 일어나게 되어 있는 운명적 사건들, 절대로 피할 수 없는 카르믹적인 사건들을 갑작스럽게 만들어 내곤 한다. 이러한 예들을 본문 내에서 여러 차트들의 분석을 통해 이미 충분히 살펴보았다.

라후와 케투가 만들어 내는 운명적 사건들을 피해갈 수 있는 방법은 절대 없다. 개개의 물줄기들이 언젠가는 반드시 바다에 합류해야 하는 것처럼, 일곱 행성들이 만들어 내는 물질적 세상의 궁극적 목적은 개인의식이 우주의식으로 승화하여 우주적 대양을 의미하는 신(God)과의 합치를 이루기 위함이기 때문이다. 그러한 합치를 사람들은 깨달음(Enlightenment)이라고도 말한다. 아수라였던 스바바누가 암리타를 얻을 수 있었던 이유도, 다른 아수라들이 누가 먼저 암리타를 마실 것인가를 놓고 싸우는 와중에 혼자서 깨어있었기 때문에 데바들 틈에 끼여 성공적으로 영생불멸을 얻을 수 있었다. 그러므로 우리가 진정으로 운명을 바꾸고자 한다면, 습관적이고 무지하게 반복되는 행동으로 만들어 내는 숙명의 굴레에서 먼저 깨어날 수 있어야 한다. 깨어 있을 때, 우리 주변에 어떤 일이 일어나고 있는지, 우리의 삶이 어디서, 어디로, 어떻게 흘러가고 있는 지를 제대로 파악할 수 있게 된다. 그리하면 자유의지력을 제대로 발휘하여 운명의 흐름을 원하는 방향으로 조율할 수도 있을 것이다. 그러한 깨달음의 길이 라후와 케투의 축을 따라 놓여져 있다. 그 길을 따라갈 때 우리는 진정한 깨달음과 영원한 행복이 얻을 수 있다.

그렇다면 어떻게 해야 라후와 케투의 길을 따라 제대로 잘 걸을 수 있을까? 바로 오늘부터 "한 가지" 다른 일들부터 제대로 하기 시작하는 것이다. 지금 이 순간에 "한 가지" 바른 선택과 행동을 할 수 있게 되면, 지금까지와는 전혀 다른 결과를 가져오게 될 것이며, 그러면, 또 다른 형태의 선택과 행동을 할 수 있는 기회로 계속하여 이어질 수 있게 된다. 한 순간에 깨어 있을 수 있음으로 인해 영생불멸의 깨달음을 얻게 되는 것이다. "내"게 익숙한 습관이나 고집대로 이끌려 가는 숙명이 아니라, "내"가 가게 되어 있는 길을 따라 순순히 같이 걸을 때 삶은 운명으로 전환될 수 있는 것이다. 진정한 자유의지는, 숙명을 운명으로 바꿀 수 있기 위한 노력에만 바르게 사용되질 수 있다. 그 외에 우리가 자유의지라고 우기며 하는 행동들은 모두, 의식 속에 깊이 배인 무의식적이고 습관적인 카르마의 영향하에서 행동하는 것에 지나지 않는다. 운명은 반드시 자유의지로 바뀔 수 있다. 그러나 자유의지라 함은, "내"가 "나"를 삶의 흐름에 맡길 수 있는 의지를 말한다. "내"가 삶을 살려고 발버둥치는 것이 아니라, "삶"이 "나"를 살 수 있도록 내맡김을 의미한다. 그러할 때, 25퍼센트의 자유의지는 75퍼센트 고정된 운명을 변화시킬 수 있게 되는 것이다.

지금껏 이 책을 통해 소개한 파라샤라 점성학은 달의 길을 위주로 하며, 아직 소개하지 못한 재미니 점성학은 태양의 길을 위주로 하고 있다. 태양과 달은 서로 분리할 수 없는 행성들인 것처럼, 두 개의 점성학을 합해야만 보다 완전하게 베딕 점성학을 이해할 수 있게 된다. 베딕점성학의 지침서로 쓰여진 언스터 윌헴의 『하늘의 금괴』는 파라사랴 점성학에 초점을 맞추고 있는데, 이 책만 해도 이미, 각 장章별로 몇 권의 책을 써도 충분하지 않을 만큼 방대한 정보들을 담고 있다. 저자와의 협약하에 두 개의 장章들에 대한 번역은 생략하였는데, 그중 한 개가 이 책들을 통해 밝힌 "라지타디 아바스타즈(Lajjitaadi Avasthas)"이다. 다른 한 개는 "샤야나디 아바스타즈(Shyanaadi Avasthas)"인데, 소개서에 해당하는 이 책에 포함하기엔 너무 전문적 내용이어서 아예 언급조차 할 수가 없었다. 이에 비해 재미니 점성학은 두세 권 정도의 책으로 모두 커버가 가능할 만큼 간략하기 때문에 오히려 파라샤라 점성학보다 재미니 점성학이 더 배우기 쉽다는 장점이 있다. 그러나 파라샤라 점성학의 기초가 다져지지 않고서는 배움을 시도할 수 없는 전문적 점성학 분야이다. 이제 겨우 베딕 점성학의 기초만 살짝 건드린 것에 지나지 않기에, 어느 세월에 재미니 점성학까지 갈 수 있을지 알 수 없다. 그러나 한국에 베딕 점성학을 알리기 위해 이제 한 걸음을 떼었으니, 나머지는 운명의 흐름에 맡기는 수밖에 없다. 모쪼록, 내가 뗀 이 발걸음이, 숙명의 어둠 속에서 헤매고 있는 많은 영혼에게 운명의 빛줄기를 보여줄 수 있는 바른 걸음이기만을 간절히 바랄 뿐이다.

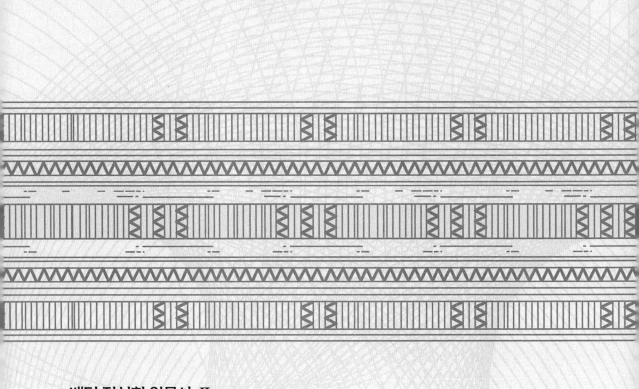

베딕 점성학 입문서 II

Vault of the Heavens

후기

미스터 라오(Mr. K. N Rao, Kotamraju Narayana Rao)에 대하여

1931년생인 미스터 라오는 현존하는 인도 점성학자들 중에 최고 거장인 인물이다.

그가 설립한 뉴델리의 죠티쉬 칼리지(The Bharatiya Vidya Bhawan, New Delhi)코스는 지금까지도 수천 명의 졸업생과 연구생들을 양산하고 있는 전 세계적으로 가장 큰 점성학 전문기관이다. 그는 또한 인도 대학들이 죠티쉬를 하나의 코스로 포함하게 하는데 성공시킨 인물이기도 하다. 그러나 그는 다른 인도 점성학자들과는 달리, 죠티쉬를 하나의 직업으로서가 아니라 영적 수행 수단으로서 평생을 바쳐 연구하고 헌신하며, 수많은 사람들의 상담을 무료로 해주며 봉사해왔다. 인도 헤럴드 영어신문의 창시자이자 독립운동가였던 아버지와 점성학자였던 어머니를 둔 브라민 집안 출신인 그는, 동시대 사람들에 비해 드물게 영문학 석사학위까지 가지고 있는 엘리트였다. 국가 고위직 공무원(Director General of Indian Audit and Accounts Service)으로 지내다가 은퇴한 그는, 훤칠한 키와 잘생긴 외모, 그리고 학창시절 운동선수로까지 활약한 탓에 젊은 날부터 뭇 여성들에게 흠모의 대상이었지만, 평생을 독신으로 살며 깨달음을 위한 영성의 길만을 고집해온 인물이다. 어릴 때부터 어머니에게서 죠티쉬를 배운 그는, 이후 성인이 되어서 죠티쉬를 하지 않으려고 무수히 피해 다녔다. 그의 관심은 오로지 영적인 깨달음에만 있었는데, 주중에는 공무원 생활을 하며, 주말에는 아쉬람이나 성인들을 찾아다니며 가르침과 영성을 구하는 생활을 계속했다. 그러나 구루들이 한결 같이 그에게 죠티쉬를 계속할 것을 종용하였는지라, 할 수 없이 낮에는 직장생활을 하고 밤에는 자신을 찾아오는 사람들을 상담하면서, 꾸준하게 죠티쉬 연구도 계속 이어갔다. 그러나 공무원 신분이었기에 자신의 죠티쉬 활동이 공공리에 알려지지 않도록 많이 신경을 써야 했다. 그럼에도 비밀리에 그를 찾아와 조언을 구하는 사람들은 수상이나 장관급 같은 정부고위관리들이 주를 이루고 있다. 그가 가지고 있는 방대한 출생정보 데이터에는 이러한 비밀스런 상담자 내역들이 모두 고스란히 보존되어 있다.

그가 죠티샤로서 본격적인 두각을 나타내고 유명해지게 된 계기는, 1993년에 미국에서 열린 제2회 베딕 점성학 컨퍼런스에 주요 연사로 초빙되면서부터였다. 당시 육십 세였던 미스터 라오는 공직에서 은퇴를 한 후였기 때문에 좀 더 자유롭게 많은 점성학 저서를 집필하고 집중적 연구와 가르침에도 집중하는 죠티쉬 활동을 펼치고 있었다. 그런데 현재까지 서양에서 힌두이즘의 대가로 존경 받고 있는 프롤리 박사(Dr. David Frawley)가 뛰어난 영어실력과 죠티쉬 능력을 고루 갖춘 미스터 라오의 재능을 발견하고 미국으로 초청하게 되었던 것이다. 프롤리 박사가 "Vedic Astrology, before and after Rao(베딕 점성학, 라오가 오기 이전과 이후)"라고 극찬할 만큼, 미스터 라오의 방문은 미국뿐만 아니라 서양사회 전역에 죠티쉬 열풍을 불러 일으키게 되었다. 닥터 쵸프라 같은 저명한 사회 인사들이 그의 상담을 받기 위해 줄을 서고 기다려야

했다. 그리하여 이후 2년간에 걸쳐, 미국을 수차례나 장기 방문하며 전국을 돌며 죠티쉬 공개강의 코스와 상담 투어를 벌였다. 저자가 미스터 라오와 개인적인 친분을 맺게 된 계기도 그때였다. 뉴저시(New Jersey)주에서 열린 미스터 라오의 죠티쉬 코스에 참가했다가, 개인적인 스승으로 모시는 행운을 얻게 되었다. 이후 미국에 오실 때마다, 저자가 있던 아이와주 패어필드에 꼭 들리셔서 공개 강의와 상담을 하곤 하셨다. 패어필드는 저자가 유학하고 있던 마하리쉬 국제 명상대학을 중심으로 이루어진 영적 커뮤니티였기 때문에, 죠티쉬에 대한 관심도 지대했다. 그때 그분을 사적으로 영접하고 세미나 등을 주최하는 일을 도맡아 했었다. 개인들 상담하는 자리에 같이 앉아 직접 가르침을 전수 받는 영광을 누리기도 했다.

그런데 미스터 라오는 비록 천재적인 죠티샤지만, 성격이 워낙 대쪽 같고 바른 말만을 거침없이 하는 스타일인지라 인도뿐만 아니라 미국사회에서도 그를 불편해 하는 적들이 많았다. 평생을 받쳐 죠티쉬를 영적 수행과 봉사를 위한 고고한 학문으로서만 연구발전 시켜온 미스터 라오는, 너무 물질적이고 속물적인 관점으로 죠티쉬를 남용하려 드는 미국인들과 미국사회에 무척 실망하시게 되었다. 그래서 1995년 11월 방문을 끝으로 다시는 미국 땅에 발을 디디지 않겠다고 폭탄선언을 하고 돌아가셨다. 그리고는 『Astrological Journey Through History, Mystery and Horoscopes(역사, 신비, 차트들을 통해 들여다보는 점성학의 여행, 1996년)』이라는 책을 내셨는데, 프롤리 박사를 포함하여 연관된 거의 모든 미국인 점성학자들을 폭로하고 질책하는 내용들을 담고 있었다. 저자의 이름도 그 책에서 언급이 되었는데, 드물게 칭찬을 받은 경우였는지라, 당시에 같이 배운 동료 죠티샤들에게 질투와 부러움을 같이 받는 에피소드도 생겼다. 그리고 그 책을 계기로, 미국 점성학계에서는 미스터 라오에 대한 적과 아군으로 분명한 선이 그어지게 되었다. 그래도 다른 서양사회에서는 아군 그룹들이 훨씬 우세한데, 미국 방문을 멈춘 뒤, 수년간에 걸쳐 러시아와 유럽에 초빙되어 많은 죠티샤들을 양성하셨기 때문이었다. 이제는 너무 연로하시어 해외여행을 하실 수 없지만 여전히 뉴델리의 죠티쉬 칼리지에서 후세들을 양성하며 지도하고 계신다. 현재까지 미스터 라오가 집필한 점성학 저서는 17권이며, 지도편집을 함께 한 책은 8권에 달한다. 이외에도 〈Journal of Astrology〉 매거진 편집장으로 직접 작성한 점성학 에세이들의 거대한 콜렉션이 있다.

신을 찾아 나선 삶의 여행

타고난 성격이 내성적이고 외톨박이 기질이 있었던 나는, 어린 시절부터 나만의 사색이나 공상에 잠기며 혼자 노는 습관이 있었다. 그리고 그렇게 혼자 노는 데는 책이나 만화책보다 더 좋은 친구가 없었다. 읽을 책이 흔치 않았던 시절, 학교 도서관이나 이웃집, 만화방 등에서 읽을거리만 눈에 뜨이면 닥치는 대로 빌려서 읽어대곤 했다. 딱딱한 학교공부 에는 별로 흥미를 느끼지 못해 학교성적은 언제나 중간을 겉돌았다. 하지만 독서량은 엄청 많았고 책을 읽는 속도도 무지 빨랐는데, 학교 도서관이나 만화방에서 더 이상 빌릴 책이 없어지면 읽은 책을 읽고 또 읽고 할 정도였다.

당시 어린 내 마음을 특히 사로잡았던 책들은 그리스 신화들이었다. 하늘과 땅, 바다와 숲, 그리고 강물 등등, 대자연 속에 다양한 모습으로 존재하는 환상적이고 신비로운 신들의 이야기는 꿈과 상상의 날개를 달아 나를 다른 세계로 데려가곤 하던 내 어린 영혼의 쉼터와도 같았다. 하늘을 떠다니는 흰 구름은 마치 제우스 신의 휘날리는 수염과도 같았다. 뜨겁게 타고 있는 태양 속에는 마차를 끌고 달려가는 아폴로 신이 보이는 듯 했다. 드넓은 바다를 힘차게 가르며 올라오는 포세이돈, 숲 속 님프들을 울린 죄로 강물에 비친 자신의 이미지와 슬픈 사랑에 빠져야 했던 나르시스, 그런 신들을 애모하고 동경하던 어린 마음은 이후 자라면서 과연 신은 존재하는가 아닌가, 존재한다면 어떤 모습일까, 언젠가 나도 만날 수 있을까 하는 막연한 그리움과 설렘으로 변해가게 되었다. 그렇게 대자연 속에 숨겨져 있는 눈에 보이지 않은 어떤 힘에 대한 어린 시절 희미한 동경은 성인이 되면서 본격적으로 정신세계 영적인 삶을 걷게 하는 계기가 되었다.

가슴 속에 존재하던 막연한 그리움, 언제가 꼭 만나고 싶은 이를 기다리는 설렘은 나를 이방인처럼 현실에서 늘 겉돌게 하였다. 집에서도 학교에서도 친구들 간에도 언제나 까닭 모를 고뇌와 아픔을 홀로 지고 다녔다. 지금 생각해보면 인간존재에 대한 근본적 갈등과 의문에서 비롯된 조숙한 정신적 방황이었는데, 일찌감치부터 느끼기 시작한 그러한 존재적 아픔과 슬픔을 주변과 사람들로부터 한 발치 떨어져 나만의 공간 안에서 지내는 것으로 스스로를 보호하고 있었던 것 같다. 그래서 늘 꿈꾸듯이 아련한 마음으로 혼자 있는 시간을 더 즐기며 어린 시절을 보냈다. 하지만 불투명하기만 했던 어린 마음에도, 전 우주를 관장하고, 오묘한 자연의 질서를 지탱하는 어떤 거대한 힘에 대한 존재의식은 아주 뚜렷하고 분명하였다. 그 힘을 사람들은 종교를 통해 찾고 있었다. 나는 내가 찾고 있던 그 힘에 대해 어떠한 이름이나 형상들로도 쉽게 설명하거나 규정지울 수가 없었다. 그러기엔 그 힘의 실체가 훨씬 더 거대하다는 걸 본능적으로 깨닫고 있었기 때문이다. 그래서 종교보다는 철학에 더 끌림을 느꼈다. 선천적으로 회의적인 경향을 가지고 있어서 신념이나 믿음을 바탕으로 하는 종교보다는 추상적인 개념들을 이성적으로 논리 정연하게 설명하는 철학이 적성에 더 잘 맞았다.

그러던 어느 날, 칠팔십 년대에 서양에서부터 시작된 뉴에이지 영성 운동의 선두주자였던 오쇼 라즈니쉬와 크리슈나무르티 책들을 통해 힌두이즘을 만나게 되었다. 그들은 이지적이고 논리적인 언어로 신의 실체에 구체적으로 표현을 하고 있었다. 신이란 외부에 존재하는 어떤 절대적인 힘인 동시에 실제로는 우리 모두의 내면에 존재하는 분명한 경험적 경이로움이라는 것이었다. 그들이 설명하고 있는 신의 실체는 그 동안 내가 막연하게 느끼고 있던 힘의 실체와 일치했다. 어떤 이름이나 형상도 초월하여 존재하고 있는, 오각으로 확인할 수 없는, 그러나 분명히 존재하고 있는 내면적 경험의 실체. 그러한 실체가 신이라고 말하는 그들로부터 나는 강한 공감대를 형성할 수 있었다. 그리하여 인간이 본능적으로 갈망하는 신에 대한 헌신과 사랑을 이성과 직관, 그리고 직접적인 경험을 통해 풀어나가는 인도 신비철학에 깊이 빠지게 되었다. 하지만 아무리 책을 많이 읽어도, 직접적인 경험을 시켜줄 스승이 없으니 한계에 부닥쳐 고민하였다. 힌두이즘에 대해 번역되어 있는 책들도 당시엔 흔하지 않았다. 그래서 라즈니쉬를 만나러 인도로 가기 위해 영어공부를 본격적으로 시작하였는데, 그러던 중 우연히 초월명상을 배우게 되었다. 초월명상은 인도에서 유래된 명상기법인데 지금은 고인이 되신 성 마하리쉬에 의해 창조되어 이미 전세계적으로도 수많은 수행자와 명상센터, 명상대학들을 가지고 있던 유명한 국제명상기법이었다. 비틀즈나 닥터 쵸프라(Dr. Chopra), 존 그레이(John Gray), 라비상카르(Ravi Shankar) 등이 모두 성 마하리쉬의 유명한 제자들이었다. 그러나 당시, 초월명상의 그러한 유명세를 알 리가 없던 나는, 그저 인도명상법이라는 사실에만 끌려 배우기로 마음을 정했을 뿐이었다. 아침저녁으로 이십 분씩 하는 간단한 명상법이었는데, 애초에 별다른 기대나 경험을 바랐던 건 아니었다. 그런데, 막상 눈을 감고 내면으로 들어가면 그렇게 마음이 편안할 수가 없었다. 마치 어린 시절 내가 즐겨 찾던 영혼의 쉼터로 되돌아온 듯한 기분이었다.

무엇보다도 눈을 감으면 모든 근심 걱정이 사라질 수 있어서 좋았다. 뭔가 오래전부터 아주 익숙한 듯한 느낌, 편안하고도 자유로워지는 듯한 느낌, 서서히 내면에서 알지 못할 기쁨이나 자신감도 생겨났다. 혼자이면서도 혼자이지 않은 것을 분명히 느낄 수 있었다. 그 동안 내가 갈망하던 신에 대한 막연한 믿음도 싹트기 시작했다. 그래서 버스나 전철 안에서건, 도서관이나 집 다락방에서건, 누구의 방해도 없이 혼자일 수 있는 곳이면 눈을 감고 앉아서 명상을 하기 시작했다.

그렇게 본격적으로 걷기 시작한 영적 삶은 조용하고 소극적이던 나를 내외부적으로 빠르게 변화시켜가기 시작했다. 명상을 시작한지 몇 개월도 지나지 않아 계획하지도, 기대하지도 않았던 변화들이 연달아서 생겨났다. 그동안 지병을 앓으시던 엄마가 돌아가면서 남겨주신 자금과 저축금을 이용해, 나는 다니던 직장에 과감하게 사표를 내고 홍콩에서 육 개월 동안 초월명상교사과정을 받기 위해 떠났다. 교사코스를 마치고 돌아온 후, 몇 개월 동안 초월명상을 가르쳤다. 그래도 만족하지 못하고 미국 아이와주에 있는 마하리쉬 국제대학교로 유학을 떠나게 되었는데, 영어공부도 좀 더 하면서 그토록 갈망하던 신의 세계에 좀 더 가까이 가고 싶은 갈망에서였다. 그렇게 내외적인 수행경험이 쌓임에 따라 나의 관심도 힌두신비철학에서 점성학, 요가(Yoga), 그리고 불교 순으로 점차적으로 옮겨가게 되었다. 그런데 독신으로 살며 영적인 삶에만 전념하며 살고 싶었던 이십 대의 꿈과는 달리, 인연의 법칙에 의해 유학생활 중 만나게 된 외국인 남편과 그때 태어난 외동아들은 내가 타고난 언어와 문화적 배경과는 완전히 단절된 채, 인도도 미국도 아닌 말레이시아라는 외지에 나를 데려다 놓았다. 그리고는 말레이시아 특유의 다문화, 다국적인 가정생활 속에서 계속 꾸준한 영성 수행과 공부, 그리고 현지인들에게 요가와

명상을 가르치는 선생의 역할을 겸비하며 근 이십 년이란 세월을 인내해야만
했다. 뭔지 모를 어떤 힘에 끌려 그 힘의 실체를 알고자 시작한 삶의 여행이
이처럼 긴 세월을 인고해야 하는 어렵고 외로운 길일 줄은 정말 짐작조차 하지도
못했다. 하지만 아무리 타국생활이 힘들거나 외롭더라도 한순간도 포기할 수
없었던 어떤 존재에 대한 내면의 갈망은 참으로 끈질기고 집요했다. 동시에 나를
굳게 지켜주던 어떤 신념이기도 했다.

그러던 어느 날, 연로하시던 아버지가 돌아가셨다는 비보를 접하고 급하게
혼자 한국으로 돌아와 장례식에 참가하게 되었다. 그렇게 외국생활 이십여 년
만에 아버지의 장례식장에서 다시 만나게 된 가족, 친지들의 모습에서, 나는
깊은 충격을 받게 되었다. 그동안 잊고 살아왔던 "진정한 나"의 존재에 대한 각성
때문이었다. 형체나 실체를 알 수 없는 신의 존재를 만나기 위해 삶의 여행을
떠나는 대신에, 정작 나는 지극히 현실적인 삶, 내가 태어나고 자라난 언어와
문화의 뿌리, 그리고 "진정한 나"에 대한 존재의 소중한 가치는 까마득하게 잊고
살고 있었던 것이다. 그리고는 마치 고행을 하듯 한길로 긴 세월을 버티며 사는
동안, 나 자신은 도대체 어떤 존재이고, 무엇을 필요로 하며, 누군가의 아내나
엄마, 요가선생이기 이전에 한 인간으로서 과연 행복한지 아닌지에 대해 한 번도
제대로 돌아보지 않았던 것을 깨닫게 되었다. 신의 실체를 알고자 하는 열망
때문에 그것을 쫓아가며 사느라, 정작 우리네 인간들이 사는 세상에서 평범하고
소소한 행복을 추구하며 느낄 수 있는 방법에 대해선 놓친 채, 밖으로는 비록
웃지만 정작 안으로는 꽁꽁 얼어붙은 얼음여자처럼 살고 있었던 것이다.

그리하여 삶의 여행을 다시 되돌아 걷기 시작했다. 그러나 이번에는
하늘 어딘가에 살고 있는 신들이 아니라 세상에 살고 있는 사람들을 만나기
위해서였다. 그러는 중에 접하게 된 Mr. Ernst Wilhelm의 가르침을 통해 비로소

그렇게 오랫동안 갈구하던 "진정한 나" 그리고 "신"을 깨닫고, 그러한 깨달음을 현실에 접목하며 살 수 있는 방법을 배울 수 있게 되었다. 흰 구름처럼 긴 수염을 휘날리는 신을 만나고 싶어 나섰던 기나긴 삶의 여행길에서, 나는 태양과 달, 그리고 기타 다른 별들의 모습을 한 신들인 토. 수. 화. 기. 공 등의 에너지 속에 감춰져 있는 베딕신들을 만날 수 있었다. 그리고 그 안에 내재하는 심오하고 절묘한 인연과 인과의 법칙에 의해 어떻게 나와 다른 사람들의 삶이 서로 엮여있고 상호작용하고 있는지 하는 존재의 의문들을 이해하고 또 풀 수도 있게 되었다.

앞으로 계속해서 써나갈 점성학 책들에는 그 동안 나의 여행길에서 만난 신과 별들, 그리고 삶의 이야기들도 포함될 것이다. 토성의 십자가가 내게 부여한 삶의 무게를 그 동안 혼자서만 쥐고 끙끙대며 살고 있었다. 이제는 내 짐보다는, 다른 사람들의 십자가, 삶의 무게들을 같이 나누고, 같이 내려놓을 수 있는 법을 연구해 나가다 보면, 우리 모두의 여행길이 좀 더 수월해지지 않을까 생각한다. 나는 여전히 여행길을 걷고 있다. 앞으로도 또 얼마나 많은 길을 걸어야 할지 나는 모른다. 그러나 한 가지 분명한 것은, 나처럼 신과 별들을 만나고 싶어 하는 삶들이 내가 걷고 있는 여행길을 계속해서 더 많이 참여하게 될 것이라는 것이다. 그래서 나는 앞으로 더 이상 혼자이지 않아도 될 것이다.

2016년 8월
말레이시아에서